Siedler

Buch

Im August 1996 wurde im belgischen Charleroi ein stellen-
loser Elektriker verhaftet: Marc Dutroux – sein Name ging
um die Welt. Doch diese Verhaftung war nicht das Ende,
sondern erst der Beginn eines Alptraums. Der Kriminalfall
wurde zur Staatskrise. Von den höchsten Ebenen der Politik, der Justiz und der Polizei bis in die letzten Winkel der
Verwaltung blieb kein Bereich der Gesellschaft von den
Enthüllungen um den Kindermörder und seine Hinter-
männner verschont.
Wie unter einem Brennglas zeigen sich in dieser Krise die
eigentlichen Probleme, mit denen westliche Demokratien
heute zu kämpfen haben: Mit sich selbst beschäftigte
Bürokratien, die sich gerade dann gegen die Bürger wenden, wenn diese ihre Hilfe wirklich benötigen. Die Durchdringung des Staates mit Klientelinteressen der Parteien
und Seilschaften. Die Frage nach den Grenzen sexueller
Enttabuisierung und den Gefahren moralisierender Gegen-
bewegungen. Die Illusionen des liberalen Strafrechts in
einer verrohenden Gesellschaft. Politikverdrossenheit als
Folge ungelöster Strukturprobleme und der Gleichgültigkeit staatlicher Eliten.
Nicht zuletzt stellt dieser Skandal auf völlig neue Weise
die Frage nach den Kompetenzen und der Bedeutung der
Nationalstaaten. Belgien, 1830 als Kunstnation zusammengeschmiedet und heute heillos in einen flämischen und
einen wallonischen Teil zerfallen, bietet ein paradoxes
Beispiel für die Zukunft Europas: Auf der einen Seite ist
das Land Vorreiter und Hauptsitz der Europäischen
Union, auf der anderen Seite festigen sich gerade hier
partikularistische Strukturen und drohen den Staat zum
Verschwinden zu bringen. Genau diese Lücke haben
Dutroux und seine Helfershelfer genutzt.

Autor

Dirk Schümer, geboren 1962, ist seit 1991 Redakteur im
Feuilleton der Frankfurter Allgemeinen Zeitung und seit
1996 Korrespondent für Nordeuropa, Belgien und die Niederlande. Seine Reportagen und Bücher, zuletzt »Gott ist
rund. Die Kultur des Fußballs« (1996), weisen ihn als her-
ausragende Stimme einer neuen Autorengeneration aus.

Dirk Schümer

Die Kinderfänger

Ein belgisches Drama von
europäischer Dimension

Siedler

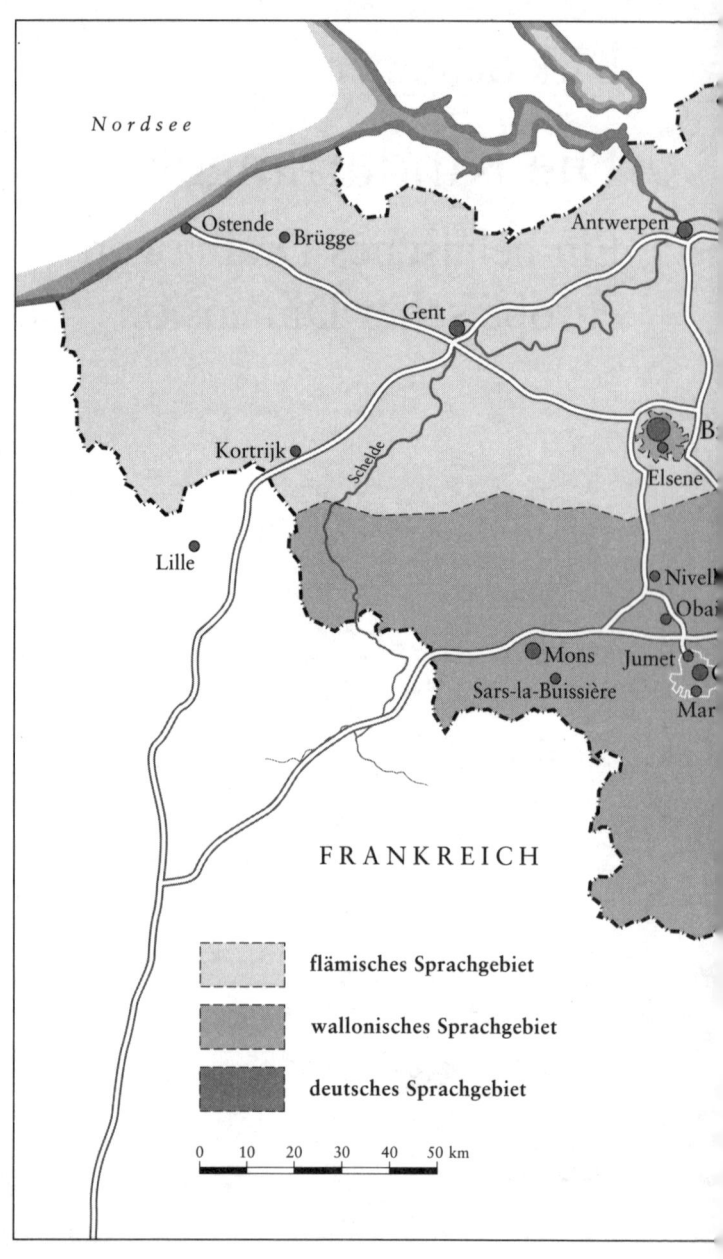

Nordsee

Ostende • Brügge

Antwerpen •

Gent

B

Kortrijk •

Elsene

Scheide

Lille •

• Nivel

Obai

• Mons   Jumet •

Sars-la-Buissière

Mar

FRANKREICH

flämisches Sprachgebiet

wallonisches Sprachgebiet

deutsches Sprachgebiet

0   10   20   30   40   50 km

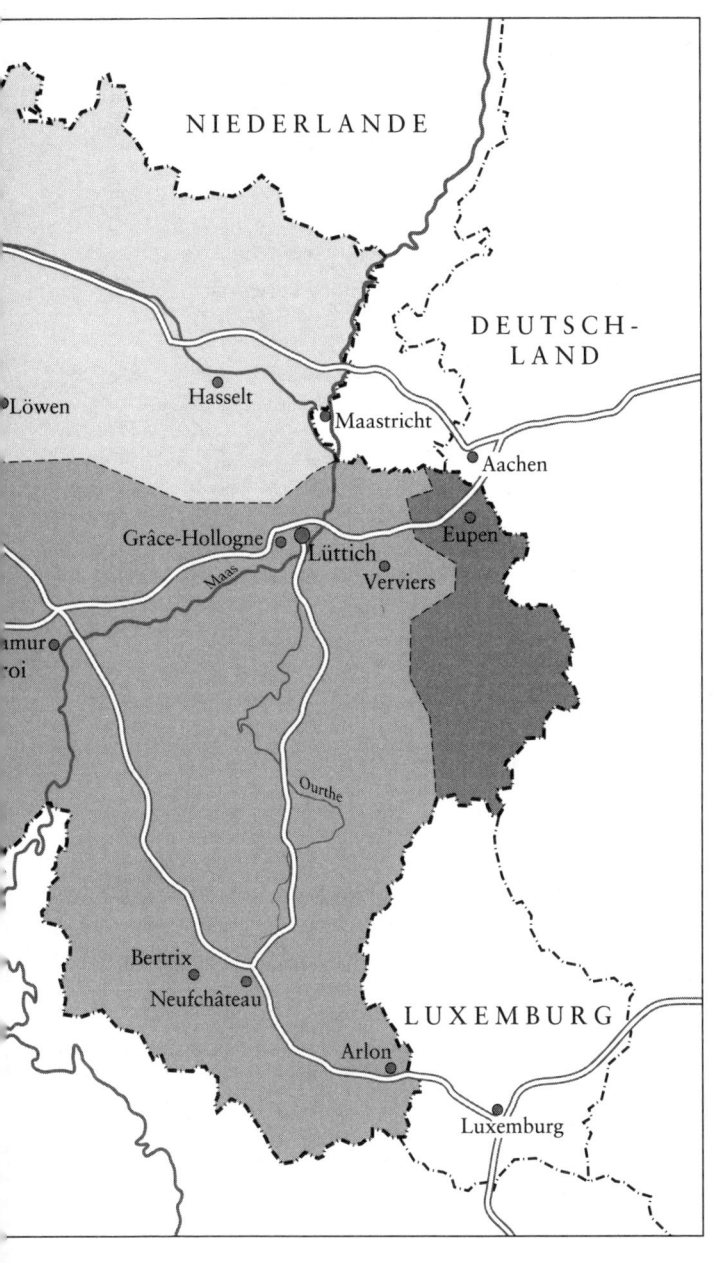

NIEDERLANDE

DEUTSCH-
LAND

Löwen

Hasselt

Maastricht

Aachen

Grâce-Hollogne

Lüttich

Eupen

Verviers

Maas

mur
oi

Ourthe

Bertrix

Neufchâteau

LUXEMBURG

Arlon

Luxemburg

Inhalt

Eine Reise nach Belgien –
statt eines Vorworts

Mitte August 1996 war ich unterwegs nach Belgien. Anlaß war eine geplante Reportage über die industrielle Revolution in Wallonien und deren bauliche Hinterlassenschaften. Am Bahnhof in Köln kaufte ich mir ein paar belgische Zeitungen. Was ich auf der Fahrt bis Brüssel zu lesen bekam, war fürchterlich. Wenige Tage zuvor hatte man Marc Dutroux festgenommen, und nun kam das ganze Ausmaß seiner Verbrechen an den Tag. Zeitungsphotos zeigten völlig aufgelöste Mädchen, die man gerade aus dem Kerker befreit hatte. Eine wütende Volksmenge versuchte, Dutroux zu lynchen. Eltern, die ein Jahr lang nach ihren verschwundenen Kindern gesucht hatten, erhielten die Todesnachricht; überall auf Dutroux' Grundstücken wurde nach weiteren Opfern gegraben.

Wohin war ich unterwegs? Ein Blick auf die Landkarte verriet mir, daß meine Reiseziele – alte Fabriken, aufgelassene Zechen und Kanalschleusen rund um Mons und Charleroi – sämtlich in derselben Landschaft lagen wie die »Horrorhäuser« von Dutroux. Ich war bisher wenig in Wallonien gereist, kannte eigentlich nur Lüttich einigermaßen gut. In die grauen, heruntergekommenen Industrie-Areale von Charleroi und in die Borinage bei Mons verirrt sich kaum ein Tourist.

In Mons angekommen, verschob sich das Interesse notgedrungen. Als meine Gastgeber mir die Altstadt zeigten, kamen uns prozessionsartige Züge von Menschen entgegen, die sangen und Parolen skandierten. Die Photos der ermordeten Mädchen trugen sie voran wie Heiligenbilder. Es war der Tag der Beerdigung der ersten gefundenen Opfer: Julie und Mélissa. Aus zahllosen Häusern hing die Landesflagge mit Trauerflor, oder man hatte sie zum Zeichen der Trauer zusammengeknotet. Meine Gesprächsthemen drehten sich schon bald nicht mehr allein um Industriearchitektur und die hohe Arbeitslosigkeit in der Wallonie. Überall redeten die Menschen über die ermordeten Kinder. Während die Beerdigung im Fernsehen übertragen wurde, lag das Leben still. Die Menschen versammelten sich in den Kneipen und Cafés und weinten oder schimpften aus tiefster Seele auf die Behörden. Ich hätte blind sein müssen, wenn ich nicht mitbekommen hätte, daß es hier um mehr ging als um einen abscheulichen Kriminalfall. Die Zeitungen brachten Sondernummern, im Fernsehen überboten sich die Kommentatoren mit radikalen Forderungen nach einer Staatsreform.

Was ich selbst über die Schlampereien und Unterlassungen bei der Fahndung erfuhr, konnte ich anfangs nicht begreifen. Ich hatte Belgien, vor allem die mittelalterlichen Metropolen Flanderns, seit Jahren als gemütliches, im Vergleich zu Deutschland angenehm lockeres Land kennengelernt. Hier war alles nicht so keimfrei und geordnet, die Häuser zeugten vom stilvollen, zuweilen skurrilen Individualismus ihrer Erbauer. Man aß gut, es gab das leckerste Bier und die besten Pralinen der Welt. Die Belgier schienen sich zwischen den großen Nationen Europas, den Franzosen, Briten und Deutschen, und deren Chauvinismen schlau durchgemogelt zu haben. Den hohlen Patriotismus und die Arroganz der großen Nationen hatten sie ebenso über sich hinwegziehen lassen, wie sie sich auch von zwei fürchterlichen deutschen Invasionen in diesem Jahrhundert nicht hatten unterkriegen lassen. Ein sympathisches Volk.

Belgier kannte ich seit meiner Kindheit, weil in meiner kleinen Heimatstadt eine große belgische Garnison lag. Zahllose persönliche Kontakte, später auch in Belgien selbst, hatten in mir – soweit man das so pauschal sagen kann – den Eindruck kultivierter, geselliger Menschen hinterlassen, über deren Wurzeln man in Deutschland viel zu wenig weiß, obwohl Belgien doch eine gemeinsame Grenze und eine gemeinsame europäische Geschichte mit Deutschland verbindet und obwohl in Brüssel die meisten europäischen Institutionen angesiedelt sind. Von den Belgiern, davon bin ich auch heute noch überzeugt, können viele Deutsche das Leben-und-Leben-Lassen lernen.

Nun kam aber eine erschreckende Seite zum Vorschein. Hatte die Polizei bei der Fahndung nach den Mädchen dieselbe Nonchalance an den Tag gelegt, deren sich viele Belgier im Alltagsleben rühmten? Nahm man es mit der Verhaftung von Dutroux nicht genau, obwohl man wußte, wie gefährlich dieser Mann war? Augenscheinlich, so mußte ich im August 1996 einsehen, waren so gut wie alle Belgier genau davon überzeugt. Um ihren Aufruhr zu verstehen, mußte ich erst einmal mehr über die administrativen Strukturen erfahren, über die Funktionsweise der Justiz und über die Verquickung des Falls Dutroux mit politischen Skandalen, von denen nun jeden Tag in den Zeitungen zu lesen war. Immer das Bild der horrifizierten Mädchen, die im Unterhemd aus dem Kerker stiegen, vor Augen, versuchte ich, die Zusammenhänge zu entschlüsseln und für meinen Arbeitgeber, die *Frankfurter Allgemeine Zeitung,* darüber zu berichten. Noch in der ersten Nacht schrieb ich in meinem Hotelzimmer in Mons einen Lagebericht, dem in den kommenden Monaten weitere folgen sollten.

Danach reiste ich – wie auch schon in den Jahren zuvor – regelmäßig nach Belgien. Doch ging es nun nicht mehr in erster Linie um Kunstausstellungen, um Reisereportagen oder Konzerte, sondern um den Fall Dutroux. Ich reiste zum Brüsseler Justizpalast, als dort Unruhen wegen der Entlassung des Untersuchungsrichters Connerotte ausbrachen, fuhr nach Mons-lez-Liège, wo am Grab von Julie und Mélissa ein Wallfahrtsort im Entstehen ist. Ich besuchte die »Horrorhäuser«, in denen Dutroux seine Opfer gefangenhielt oder die Leichen vergrub, und reiste ins Ardennenstädtchen Neufchâteau, wo die polizeiliche »Sonderkommission Dutroux« mit dreihundertfünfzig Beamten ihren Sitz hat. In zahlreichen Gesprächen versuchte ich dahinterzukommen, was diese grauenhaften Kindermorde mit anderen Skandalen aus dem Sumpf der belgischen Politik der letzten Jahre zu tun hatten. In Lüttich ging es um den unaufgeklärten Mord am Sozialistenchef Cools, in Flandern um die Hinrichtung des Fleischbeschauers Van Noppen durch die Hormonmafia, in Brüssel und Umgebung um die mysteriöse »Bande von Nivelles«, auf deren Konto achtundzwanzig Morde gehen.

Mit der Zeit – ich sammelte und ordnete belgische Zeitungsausschnitte, vertiefte mich in die Literatur zu den Skandalen, zum belgischen Staatsaufbau – nahm ein Geflecht von strukturellen Pannen und Nachlässigkeiten Gestalt an, das die Belgier zu den abenteuerlichsten Verschwörungstheorien inspiriert. Nur wenn man diese Zusammenhänge kennt, begreift man, wie tief die Befürchtungen gehen: Teile von Justiz und Politik könnten den Mörder geschützt haben.

Die Krise des belgischen Staates, so wurde mir bewußt, könnte beispielhaft sein für entscheidende Probleme, mit denen jede westliche Demokratie kämpft: Die Auswirkungen des liberalen Strafrechts in einer sich immer mehr kriminalisierenden Gesellschaft. Ineffiziente Bürokratien, die sich gegen die Bürger kehren, gerade wenn jene die Hilfe des Staates wirklich benötigen. Die Durchdringung des Staatsapparates mit Sonderinteressen der Parteien und ihrer Seilschaften. Die Frage nach den Grenzen der sexuellen Befreiung und den Gefahren einer Wende zur prüden Moral. Politikverdrossenheit als Folge zahlreicher Skandale und ungelöster Strukturprobleme. Und nicht zuletzt die Frage nach den Kompetenzen und der Bedeutung der Nationalstaaten, während diese Gebilde gerade im Europa des Freihandels und der Währungsunion aufgehen. Belgien, zerfallen in einen flämischen und einen wallonischen Teil, bietet hierfür ein paradoxes Beispiel: Während das Land auf der einen Seite Vorreiter und Hauptsitz der neuen übernationalen Einheit ist, festigen sich gleichzeitig die neuen partikularistischen Strukturen und drohen den Staat zum Verschwinden zu bringen. Dutroux hat diese Lücke genutzt.

Solche politologischen Probleme werden für Nahestehende naturgemäß völlig irrelevant, sobald es um das Leben eines wehrlosen kleinen Kindes geht. Die Photos der ermordeten Kinder, die mit großen Augen vertrauensvoll in die Zukunft schauen, bleiben denn auch für alle, die mit der Affäre in Berührung kommen, eine Herausforderung. Angesichts ihres Schicksals und des Leids ihrer Familien ist es schwer, besserwisserisch mit unabdingbaren Kompetenzfragen und Abstimmungsproblemen der Behörden zu argumentieren. Doch gerade dieser Gegensatz – verfolgtes, unschuldiges Individuum und anonyme, in alle Sünden verstrickte Hyperstruktur – machte den Fall Dutroux zu einer gesellschaftlichen Daseinsfrage. Was hat der mit sich selbst beschäftigte Staat überhaupt noch für eine Bedeutung, wenn er nicht in der Lage ist, die Kinder zu schützen und sich um ihr Wohlergehen zu kümmern? Schnell können theoretische Debatten, an diesem existentiellen Punkt angelangt, in simple Emotion umschlagen, die alle Nuancen der Gesellschaftstheorie wegwischt. Diese einfache Gefühlslage hat auch ihre gefährlichen Seiten, führt schnell zum Ruf nach Volksjustiz und in ein Klima allseitiger Verdächtigungen. Auch in Deutschland hat man in jüngster Zeit nach Kindermorden erlebt, wie schnell das gesellschaftliche Klima durch solche Verbrechen aufgeheizt werden kann. Dafür, wie eine Gesellschaft mit verdrängten Gefühlen, mit ihrer perversen Nachtseite umgeht, bietet Belgien, das solche Fälle viel traumatischer durchleben mußte, ein lehrreiches Beispiel.

Die belgische Krise, die auf eine Krise unserer Wohlstandsdemokratie westlicher Prägung hinweist, verfügt über beides – die personalisierten und die institutionalisierten Charakterzüge unserer Gesellschaft. Im Lichte der Machenschaften Dutroux' wurden anonyme Familien zu Nationalhelden, kleine Mädchen zu Märtyrergestalten von mittelalterlicher Dimension, ließen Politiker die Maske fallen, mußten sich Wissenschaftler und Schriftsteller auf einmal in ganz konkreter Weise über das Zusammenleben äußern. Immer waren es höchst individuelle Menschen, die aus der schützenden oder entstellenden Anonymität unserer Gesellschaft heraustraten. Diese Akteure im Fall Dutroux und ihre Schicksale sollen im folgenden vorgestellt werden. Ihr Handeln hat sich in der Betrachtung zu einem Sittenbild verfestigt.

1. Kapitel

Die Mädchen im Kerker

Am 13. August 1996 wurde Marc Dutroux verhaftet, ein neununddreißigjähriger Arbeitsloser aus der wallonischen Industriestadt Charleroi. Nach mehrtägigen Verhören bekannte er sich verantwortlich für die Entführung mehrerer Mädchen. Mindestens fünf Menschen waren dabei von Dutroux und seinen Helfern ermordet worden. Mit dem Auftauchen dieses Mannes begann ein Drama, welches das ganze Land in Aufruhr versetzte, Justiz und Regierung in eine schwere Krise stürzte und die Aufmerksamkeit der ganzen Welt auf die Verhältnisse in Belgien lenkte. Die politischen, juristischen, kriminologischen und gesellschaftlichen Auswirkungen dieses Falles sind noch immer nicht vollständig abzusehen. Ob die Ermittlungen um Marc Dutroux schließlich auf die Spur internationaler Netzwerke für Kinderpornographie führen, ob weitere Strafverschärfungen für Sittendelikte in ganz Europa die Folge sind, ob die Erfahrung, daß die Eltern entführter Kinder von der Gesellschaft im Stich gelassen wurden, einen allgemeinen moralischen Aufbruch und ein Überdenken unserer ethischen Grundwerte auslöst – all diese Fragen sind inzwischen noch aktueller geworden als damals, da das ruhige Land mit einem Schlag aufgerüttelt wurde.

Nachdem die Polizei ihn verhaftet hatte, sträubte sich Dutroux während achtundvierzig Stunden Dauerverhörs, seine so sorgsam konstruierte Lebensweise offenzulegen. »Gut, ich werde euch geben, was ihr sucht«, soll er schließlich gesagt haben. Er fuhr mit den Fahndern zu seinem Wohnhaus in Charleroi-Marcinelle, das man bereits mehrmals durchsucht hatte. Hinter einem Schrank bezeichnete Dutroux eine Geheimtür. Als sich der Mechanismus mit einem Klicken öffnete und den Weg in ein drei mal drei Meter großes Kellerverlies freigab, lagen hier auf zwei Pritschen zwei völlig verängstigte Mädchen: Laetitia Delhez (14) und Sabine Dardenne (13). Die Bilder der beiden Kinder in Unterwäsche, die weinend ins Helle geführt wurden, gingen an diesem Tag um die Welt.

Bei den Ermittlungen nach Laetitias Verschwinden aus der Gemeinde Bertrix in den Ardennen war man nach fünf Tagen auf Dutroux gestoßen. Daß in dem Kerker auch noch die kleine Sabine aus der Gegend von Tournai sitzen würde, die man zu dem Zeitpunkt bereits sieben Wochen lang vermißte, war die größte Überraschung. Ihre Anwesenheit im Kellerverlies machte deutlich, daß dieser Täter im ganzen Land Kinder fangen und über längere Zeit festhalten konnte. Mit einem Schlag schien eine geheimnisvolle Serie von mindestens fünfzehn in Belgien verschwundenen Kindern, dreizehn davon Mädchen, vor der Aufklärung zu stehen. Man glaubte, nicht allein den großen Bösewicht für alle Untaten an Kindern gefaßt zu haben. Die Systematik seines Vorgehens und der professionell erbaute Keller wiesen auf ein kriminelles Netzwerk von Mädchenhändlern und Kinderpornographen hin. Es dauerte drei Tage, dann fand die Polizei auf einem Grundstück, das Dutroux in dem Dorf Sars-la-Buissière besaß, die Leichen der beiden siebenjährigen Mädchen Julie Lejeune und Mélissa Russo, die seit Juli 1995 in der Gegend von Lüttich als vermißt gemeldet waren. Dutroux gestand, die Mädchen monatelang in seinem Haus gefangengehalten zu haben. Als er im Februar/März 1996 eine kurze Haftstrafe wegen Diebstahls verbüßte, habe sich niemand um die beiden gekümmert. Bei seiner Rückkehr sei eines der Mädchen bereits verhungert gewesen, das andere in seinen Armen gestorben. Die grausige Tatsache, daß beide Mädchen geknebelt waren, zum Zeitpunkt, als sie vergraben wurden, also wahrscheinlich noch lebten, ließ die Zweifel der Polizei am Wahrheitsgehalt von Dutroux' Aussagen nur noch wachsen.

Zusammen mit den Kinderleichen entdeckten die Fahnder die Überreste von Bernard Weinstein, einem Franzosen, der eine Zeitlang Handlangerdienste für Dutroux verrichtet und in einem seiner Häuser gewohnt hatte. Dutroux sagte zuerst aus, Weinstein, der offenbar an den Kindesentführungen beteiligt gewesen war, habe Julie und Mélissa verhungern lassen. Kurz darauf fruchtete der Versuch, sich auf Kosten des Toten zu entlasten, aufgrund falscher Daten nicht mehr, und Dutroux gab zu, Weinstein wegen Unstimmigkeiten um einen Autodiebstahl bereits im November 1995 mit einem Butterbrot voller Betäubungsmittel bewußtlos gemacht und lebendig verscharrt zu haben. Als diese schrecklichen Details nach und nach ans Licht kamen, saßen längst auch Michel Lelièvre, ein weiterer Handlanger Dutroux', der Autoreifenhändler Mikhail Diakostavrianos, der Brüsseler Geschäftsmann Michel Nihoul sowie Dutroux' Ehefrau Michelle Martin als mutmaßliche Mittäter und Helfershelfer in Haft. Die Polizei hatte, wie es schien, eine ganze Bande von Kinderschändern und Mördern aufgespürt. Im Gefängnis mußten sie in einer Sonderabteilung abgeschottet werden, weil ihre Mithäftlinge einen Aufstand anzettelten und sie zu lynchen versuchten.

Nach späteren Aussagen von Dutroux soll es Lelièvre gewesen sein, der die Mädchen verhungern ließ. Dann wieder bekannte sich die scheue und Dutroux offenbar hörige Michelle Martin schuldig: Sie habe es aus Angst nicht gewagt, in das Verlies hinabzusteigen und die Mädchen zu versorgen. Solche Bekenntnisse stellten den Tod von Julie und Mélissa gleichsam als ein Versehen dar, wo doch in Wahrheit der Weg aus dem Kellergefängnis Dutroux' für die Insassen ohnehin nur in den Tod führte. Nie war davon die Rede, daß irgend jemand daran gedacht hätte, die Mädchen je wieder freizulassen. Im Gegenteil: Die befreiten Laetitia und Sabine berichteten übereinstimmend, Dutroux habe ihnen jede Hoffnung nehmen wollen, indem er ihnen vorspiegelte, er habe von ihren Eltern Lösegeld verlangt. Diese aber seien auf das Angebot nicht eingegangen. Obwohl in ganz Belgien über Monate an jeder Tankstelle, an jeder Post und in vielen Geschäften Fahndungsphotos der entführten Mädchen hingen – eine Initiative der Eltern –, sollten die gefangenen Kinder den Eindruck gewinnen, niemand frage mehr nach ihnen und sie seien ihrem Entführer auf immer ausgeliefert.

Es dauerte quälend lange Wochen, in denen wegen starker sommerlicher Regenfälle die Grabungsarbeiten auf den diversen Grundstücken, die Dutroux besaß, nicht vorankamen. Doch trotz der kryptischen Hinweise von Dutroux auf »Stellen, die vielleicht interessant sind«, wurde nichts gefunden. Die Polizei hatte die Hoffnung fast aufgegeben. Dann wurden Anfang September in sechs Meter Tiefe auf einem weiteren Gelände in Jumet – einem anderen Industrievorort von Charleroi – die Leichen zweier vermißter flämischer Mädchen, An Marchal (18) und Eefje Lambrecks (19), entdeckt. In dem einfachen Holzhaus, das auf dem Grundstück stand, hatte Bernard Weinstein bis zu seiner Ermordung gehaust.

Dutroux hatte bei seinen Verhören noch gelogen, die beiden Mädchen über ostdeutsche Mittelsmänner in ein tschechisches oder slowakisches Bordell verkauft zu haben. Das schien eine Weile glaubhaft, zumal Dutroux in den vergangenen zwei Jahren regelmäßig in die Slowakei gereist war und sogar Kinder von dort als »Arbeitskräfte« für seine diversen Grundstücke mitgebracht hatte. Gab es also Kontakte zu Netzwerken von Kinderpornographen in Osteuropa? Fieberhaft wurde nach weiteren verschwundenen Kindern gesucht, durchkämmte man die Rotlichtviertel von Prag und Bratislava. Prostituierten wurden Photos unter die Nase gehalten, Fernsehteams filmten den nächtlichen Straßenstrich an der Moldau. Der Unrat der billigsten Sexindustrie schwappte plötzlich aus dem Osten ins katholische Belgien, wo die Öffentlichkeit die behütete Kleinfamilie als ideale Lebensform betrachtet. Schon allein diese Gerüchte, denen Dutroux aus seiner Zelle heraus einfallsreich Nahrung gab, weisen darauf, wie der Kinderfänger mit seinem weitgespannten Aktionsradius und seinem gespenstisch systematischen Tun die schlimmsten Phantasien der Bürger nährte und sich dessen offenbar genüßlich bewußt war.

In Wahrheit wurden An und Eefje schon bald nach ihrer Entführung im August 1995 aus Brügge, wo sie mit Freunden Urlaub am Meer gemacht hatten, in Charleroi umgebracht – die Art und Weise ist bis heute nicht offengelegt. Auf jeden Fall saßen auch sie eine Zeitlang in Dutroux' Stadtwohnung im Vorort Marcinelle; man fand die Fingerabdrücke von An und Eefje an einem Fenster. Dutroux sollte später behaupten, die Mädchen nicht selbst an einer Straße in der Nähe der Nordsee aufgegriffen, sondern von anderen Tätern »geliefert« bekommen zu haben. Auch ihren Tod versuchte er, ohne Erfolg, auf seinen Kumpan Lelièvre abzuwälzen. Inzwischen weiß man, daß Dutroux und Lelièvre gemeinsam die Mädchen, die nachts nach einer Varieté-Show auf dem Weg in ihre Feriensiedlung waren, in einen Lieferwagen zerrten, betäubten, im Gepäckraum unterbrachten und nach Charleroi aufbrachen. Unterwegs hatten die Entführer eine Panne. Lelièvre blieb bei der menschlichen Beute, während Dutroux nach Hause trampte, seinen Fahrern, zwei ahnungslosen Iren, ein Frühstück spendierte und mit einem Ersatzwagen zurück Richtung Brügge fuhr, um die Mädchen und den kaputten Wagen abzuholen.

Nicht unwichtig für die heftige Reaktion in Belgien auf Dutroux' Verhaftung waren die Umstände seiner Festnahme. Schließlich hatte die Justiz an drei unterschiedlichen Orten – Lüttich, Brügge, Tournai – bereits viele Monate lang erfolglos nach den Kindesentführern gefahndet. Auf Druck der Bevölkerung war Ende 1995 nach dem Verschwinden von Julie und Mélissa eine Sonderkommission »Verschwundene« bei der belgischen Gendarmerie, der

Bundespolizei, eingerichtet worden, um die Informationen der nebeneinander arbeitenden regionalen Justizbehörden zu verknüpfen.

Im ganzen Land munkelte man nach dem Verschwinden so vieler Kinder von einem kriminellen Ring. Eltern hatten ein »Netzwerk Marc und Corinne« – benannt nach zwei von einem freigelassenen Pädophilen ermordeten Kindern – gegründet und im ganzen Land Plakate und Aufrufe verteilt. Offenbar war das Vertrauen in die Ermittlungsbehörden nicht sonderlich ausgeprägt, nachdem einige Eltern öffentlich über die herzlose und anonyme Behandlung geklagt hatten, die die Justiz ihnen gegenüber an den Tag gelegt hatte. In vielen Gemeinden standen nach zahllosen Versammlungen Freiwillige für den Fall des Falles als Helfer der Justiz bereit. In vielen Schulen hatte man die Kinder über die Gefahren unterrichtet und mit notdürftigen Verhaltensmaßregeln bei Entführungen ausgestattet. Jeder im Land kannte die Gesichter von An und Eefje, Julie und Mélissa, nur wußte niemand, daß sie alle demselben Täter in die Hände gefallen waren. Aber man war vorbereitet.

In jedem Fall ist es allein dem angespannten Klima zuzuschreiben, daß Dutroux schließlich gefaßt werden konnte. Einige wundersame Zufälle kamen hinzu. Bertrix, wo Laetitia Delhez gekidnappt wurde, ist ein Ardennenörtchen mit siebentausend Seelen, wo jeder jeden kennt. Dutroux hatte das Mädchen hier beim Schwimmbad abgepaßt und überfallen, wie er es schon seit Jahren zu tun pflegte. Diesmal nahm die Polizei nicht mehr wie in anderen Fällen an, das Mädchen sei wohl von zu Hause weggelaufen. Man verlor also keine wertvolle Zeit durch Warten. Und es spielte auch eine Rolle, daß die leitenden Beamten, Staatsanwalt Bourlet und Untersuchungsrichter Connerotte, die Aussagen von Laetitias Mutter von Beginn an ernst nahmen und alle verfügbaren Kräfte einsetzten.

Fahnder gingen von Tür zu Tür, während Freiwillige die Gegend durchkämmten. Dabei erinnerte sich eine Zeugin an einen weißen Lieferwagen mit kaputtem Auspuff, der ihr beim Schwimmbad zur Zeit von Laetitias Verschwinden aufgefallen war. Bei einer zweiten Befragungsrunde konnte sich dann ein Junge des Nummernschildes exakt entsinnen. Der Junge trainierte sein Gedächtnis gern mit dem Auswendiglernen von Buchstabenkombinationen, und die besagte Abfolge, LNE, stimmte mit den Initialen seiner Schwester überein. Die Polizei mußte nun sämtliche belgischen Autos mit dieser Buchstabenkombination auf Wagentyp und Farbe abklären. Nach nur zwei Tagen ließ sich feststellen, daß Marc Dutroux der Fahrzeughalter war. Der gesuchte Wagen wurde sogar in der Nähe seines Wohnortes in Thuin mit Blutspuren des Mädchens aufgefunden. Dann dauerte es bis zur Verhaftung des Täters nicht mehr lange; man observierte ihn kurzzeitig, weil man fürchtete, er könne sein Opfer unter Druck töten oder verstecken. Die Mädchen wurden freilich erst einmal in ihrem Verlies übersehen und wären womöglich im Keller verdurstet, wenn Dutroux nicht sein Schweigen gebrochen hätte.

Das grauenvolle Szenario, das nun binnen weniger Tage über das friedliche Land hereinbrach, reichte aus, um Belgien in einen Schockzustand zu versetzen. Tausende von Schaulustigen fuhren in das abgelegene hennegauische Dörfchen Sars-la-Buissière, um wenigstens aus der Ferne die Grabungsarbeiten zu verfolgen. Das Panorama des Verbrechens appellierte an die Vorstellungskraft der Menschen: Ein mürrischer Außenseiter, der mit dem Bagger nächtens Verliese für gefangene Kinder baut – das ist eine gar zu monströse, fast schon klischeehafte Vorstellung des Schreckens. Das »Gesicht des Bösen« titelte die flämische Tageszeitung *De Morgen* am 19. August und montierte die Paßphotos der sechs entführten Mädchen neben den verwaschenen Kopf des Täters.

Und wie immer in solchen Fällen empfanden es viele als Überraschung, daß das Böse so ganz anders aussieht, als es unsere Vorstellung wahrhaben will. Im Unbewußten hausen Monster und Mißgestaltete, Verrückte und Grelle. Eine ganze Branche von Horrorfilmern und -zeichnern lebt davon, solchen Ängsten ein Gesicht zu geben. Doch Dutroux sah mit seiner Kurzhaarfrisur, seinem Schnauzbart und seiner schlanken Gestalt völlig normal aus, »gutaussehend« nach landläufigen Begriffen. Dasselbe galt für seine Frau, eine etwas verhärmte, doch keineswegs häßliche Blondine, die in keinem Supermarkt und keinem Friseursalon Verdacht erregt hätte.

Gerade dieses durchschnittliche, adrette Elternpaar war für die Kinder eines ganzen Landes zur lebensgefährlichen Bedrohung geworden. Zahlreiche Märchen handeln von Kindern, die ihren Eltern geraubt, allein und schutzlos gefangen und eingesperrt werden. Nicht nur bei »Rotkäppchen« ist der sexuelle Unterton dieser Erzählungen evident. Die Hexe mästet Hänsel im Käfig und backt ihn im Ofen, wenn nur sein Fingerchen dick und rund genug ist.

Solche zweideutigen Topoi, die mit der kindlichen Phantasie jeden von uns tief geprägt haben, kann man mit Freud als verkappte Beschreibungen der allgegenwärtigen kindlichen Sexualität deuten: Erzählungen, die von den heiklen erotischen Übergangsritualen vom Kind zum Erwachsensein zeugen. Man kann sie aber auch ganz konkret als lakonische Geschichten lesen, die von der Gefahr des Kindesmißbrauchs und des Kindermords zu allen Zeiten handeln. Die letzte Deutung wurde mit einem Mal lebendig.

Indem Dutroux, der durchs Land fuhr und sich von der Straße Nachschub für seine Verliese fing, die schlimmsten Phantasien noch übertraf und gespenstisch genau die Befürchtungen, hier seien Profis am Werk, bestätigte, löste er anfangs eine ohnmächtige Wut aus, wie sie in ähnlichen Fällen immer wieder beobachtet werden kann. Vor dem Gerichtsgebäude in Neufchâteau sammelte sich eine wütende Menge, und als der Verhaftete in Handschellen und kugelsicherer Weste über die Außentreppe zum Verhör geführt wurde, setzte das zu erwartende Gebrüll ein: »Gebt ihn uns raus!«, »Rübe ab!« In dieser Person schien das Böse, das alle bedrohte, zu kumulieren. Daher der Wunsch, es in seiner Menschengestalt auszurotten, als wäre man es damit ein für allemal los. Auch im Fall des Briten Fred West, der zusammen mit seiner Frau in Gloucester die Überreste von neunzehn Menschen in die Fundamente ihres Eigenheims betoniert hatte, war das nicht anders.

Im Boden von Dutroux' zahlreichen Immobilien zu buddeln wurde zum traurigen Alltag für die Ermittlungsbehörden, und die ganze Nation bekam allabendlich die Baustellenbilder ins Wohnzimmer geliefert. Anfangs hoffte man noch, in einem weiteren Verlies auf überlebende Opfer zu stoßen. Dann begann über Monate eine kraftraubende Routine. Zeitweise bediente man sich aus Gründen der Praktikabilität des modernen Liebherr-Baggers, den Dutroux besaß. Die ganze zähe Prozedur bekam mit der Zeit etwas ungewollt Makabres und beförderte den Protest nicht unwesentlich: Es liegen noch Leichen im Keller, lautete die tägliche Botschaft. Bald waren sämtliche Gelände durchlöchert und umgepflügt. Manche Areale hat man flächendeckend bis zu zehn Metern Tiefe abgetragen. Danach ging man zu den riesigen Minengeländen und ihren Stollen über, an denen im Bergbaurevier von Wallonien kein Mangel besteht. Im ganzen Land, so schien es, konnten Kinderleichen vergraben sein.

Die Fahnder holten sich schnell Hilfe aus dem Ausland. Der britische Kommissar, der erfolgreich das »Horrorhaus von Gloucester« auf den Kopf gestellt hatte, leistete Amtshilfe und brachte modernste Wärmepeilgeräte nach Wallonien mit, von denen sich pikanterweise herausstellte, daß die Technik zwar in Belgien entwickelt worden war, im Land aber aus finanziellen Gründen nicht verwendet werden konnte. Aus den Niederlanden rückte der legendäre Kommissar »Harry die Nase« an, dem man in Polizeikreisen einen olfaktorischen Spürsinn beim Erschnuppern von sterblichen Überresten nachsagte. Wäre der Anlaß nicht so tragisch gewesen, man hätte sich über den plötzlichen Übereifer lustig machen können. Sogar Hellseher wurden offiziell zu Rate gezogen. Doch nachdem die Fahndung so lange – und mit tödlichen Folgen für die Opfer – auf der Stelle getreten war, wollte man nun nichts unversucht lassen.

Schon die geographischen und sozialen Gegebenheiten der untersuchten Gegend machten die Erdarbeiten kompliziert. Hinter Dutroux' schlichtem Haus in Sars-la-Buissière erstreckt sich eine Brache. Nebenan liegt das Schrottgelände eines Autohändlers. Dutroux hatte sein Areal mit dem eigenen Bagger umgepflügt, vorzugsweise nachts. Das war zwar den Nachbarn aufgefallen und hatte einigen den Schlaf geraubt, aber keiner hatte es gewagt, gegen den unliebsamen und als aggressiv bekannten Nachbarn vorzugehen. Dutroux war sogar zuweilen Kunde in der Dorfkneipe »L'Embuscade« (Der Hinterhalt) gewesen. Plötzlich erinnerte sich jeder im Ort an die Erzählungen des Finsterlings, die von Geld und wichtigen Freunden in hoher Stellung gehandelt hatten. Der Gemeindevorsteher, angesichts seiner tristen Siedlung ohnehin schon ein geplagter Mann, mußte Fernsehteams aus der ganzen Welt Rede und Antwort stehen. In Wahrheit wußte keiner etwas Konkretes. Über das verdächtige Tun ihres Mitbewohners, der recht rabiat werden konnte, wenn man ihm zu nahe kam, hatte niemand genauere Nachforschungen anstellen wollen.

Wer war dieser Mann? Die Medien kannten die Antwort fast so schnell wie die Polizei. Dutroux wurde 1956 in einem Stadtteil von Brüssel als Sohn eines Lehrer-Ehepaares geboren. Die ersten vier Jahre verbrachte er im afrikanischen Burundi, einer früheren belgischen Kolonie, wo sein Vater als Entwicklungshelfer tätig war. Der Vater verließ Frau und fünf Kinder bald nach der Rückkehr, Marc wuchs bei der Mutter in Wallonien auf. Die Schullaufbahn des zu Gewalt neigenden und unwilligen Zöglings ist eine einzige Katastrophe. Viermal muß er die Lehranstalt wechseln. Mit Ach und Krach erlangt er einen Berufsschulabschluß als Elektriker, doch er findet keine Arbeit. Mit siebzehn zieht er zu Hause aus und bricht vollständig mit der Familie. Er heiratet die Kindergärtnerin Michelle Martin und läßt sich mit ihr in der Gegend von Charleroi nieder.

Die Landschaft rund um die Stadt ist eines der ältesten Industriegebiete Europas, vergleichbar dem nordenglischen Kohlenbecken oder dem Ruhrtal. Die Dörfer hier haben nichts mit der landwirtschaftlichen Welt Flanderns gemeinsam, wo es nach Dung und Gülle stinkt – Ackerzäune, so weit das Auge reicht. Im Hennegau dagegen leben Landwirtschaft und Industrie seit Anfang des neunzehnten Jahrhunderts in Symbiose. Inmitten von Feldern sind hier Kohlegruben angelegt, wo bis in die fünfziger, sechziger Jahre hinein geschürft wurde. Kleine, graue Arbeiterhäuschen ziehen sich die Straßen entlang über die sanften Höhen. In den Vororten verödeter Fabriksiedlungen haben sich neben Schrotthändlern Müllplätze, Einkaufszentren und Möbelmärkte angesiedelt. Wo Wasserläufe sind, liegen gemauerte Fabriken im neogotischen Stil aneinandergereiht. Überdurchschnittlich viele Wohnungen stehen leer, die Immobilienpreise sind niedrig, viele wursteln auf ihrem Grund vor sich hin, man fragt lieber nicht nach den Einkommensquellen.

Diese unübersichtliche Tristesse einer Gegend mit immenser Arbeitslosigkeit war Dutroux bei seinen Immobiliengeschäften zugute gekommen. Nirgendwo sonst hätte sein Treiben so lange unentdeckt bleiben können. Als Arbeitsloser, der sich zum Invaliden hatte erklären lassen, bezog er zusammen mit seiner Frau und den drei kleinen Kindern viertausend Mark Sozialhilfe. Dazu hatte er im Laufe der Zeit zehn Häuser und Grundstücke angekauft, mindestens vier waren noch in seinem Besitz. Mit seiner ganzen Familie heillos über diverse Erbschaften zerstritten, scheint es ihm doch an flüssigem Geld nie gemangelt zu haben. Auf einem anderen leerstehenden Gelände in Marchienne-au-Pont hatte er mit Hilfskräften zusätzliche Kellerverliese und Geheimgänge in die Erde getrieben, die aber offenbar noch nicht für weitere Opfer »bezugsfertig« waren, als man ihn verhaftete. Alles wirkte, als betreibe Dutroux den Kinderfang und die Ausbeutung seiner Opfer wie ein industrielles Geschäft, das Personal, Logistik und gut ausgestattete Gewerbegebiete verlangte. Wer die Abnehmer der Kinder waren, ob er lebende Mädchen zum Mißbrauch weitergab, ob er pornographische und sadistische Videos drehte, blieb lange im dunkeln. In jedem Fall schien er bald nach der Entführung von Kindern regelmäßig größere Geldbeträge überwiesen bekommen zu haben. Wer waren die Kunden dieses Lieferanten?

Triebtäter legen, wenn es um ihre kriminellen Begierden geht, eine beängstigende Systematik an den Tag. Systemtheoretiker der Polizei, die in der ganzen Welt Fahndungscomputer mit den Merkmalen solcher Leute füllen, stoßen immer wieder auf ein gar zu unauffälliges, durchschnittliches Täterprofil, als daß sie irgendein Charakteristikum extrapolieren könnten. Allein in den achtziger und neunziger Jahren wurden zahlreiche grausige Fälle bekannt, wie der des »Menschenfressers von Rostow«, auf dessen Konto sechsundfünfzig Morde – vor allem an Kindern und Jugendlichen – gingen. Der Amerikaner Ted Bundy, dem man den Mord an drei Mädchen nachweisen konnte, gestand, kurz bevor man ihn auf den elektrischen Stuhl setzte, noch zwanzig weitere Tötungen junger Frauen. Die Liste ähnlicher Fälle ist lang und erdumspannend. Jetzt hatte es Belgien getroffen. Doch weder in Rußland noch in Kalifornien, weder in Kanada noch in England hat die Verhaftung eines Serienmörders zu ähnlicher gesellschaftlicher Bewegung geführt wie im Fall Dutroux.

Dieser Unterschied hat Gründe. Zum einen handelte es sich hier erstmals nicht um einen isolierten Täter. Von Anfang an stand bei Dutroux zu befürchten, daß er sozusagen als Lieferant für ein größeres Netzwerk gearbeitet haben könnte. Bei ihm selbst und in seinem Umfeld wurden insgesamt zehntausend Videokassetten pornographischen Inhalts beschlagnahmt, die noch ein Jahr später von der Polizei gesichtet werden. Alles sprach dafür, daß es zahlreiche Mittäter oder Mitwisser gab. Die Pornoindustrie, so hatten Kriminologen schon länger gewarnt, hatte sich also auf das gewerbsmäßige Ausbeuten und vielleicht gar grausame Töten kleiner Kinder ausgedehnt und verdiente damit Millionen. Produzenten und Vertreiber wurden in ganz Mitteleuropa vermutet. Wäre mit Dutroux ein Akteur dieser Szene gefaßt, dann würde das schlichte Abstrafen eines abartigen Individuums an der Bedrohlichkeit der Situation nichts ändern.

Zum anderen kam schnell ans Licht, daß Dutroux ein immenses Vorstrafenregister aufwies. Bereits 1988 war er zusammen mit seiner Frau wegen Entführung und Vergewaltigung von fünf Mädchen im Alter von elf bis achtzehn Jahren zu drei Jahren Gefängnis verurteilt worden. Ein Jahr später wurde die Strafe in der Berufung sogar auf dreizehn Jahre und sechs Monate erhöht »wegen des Ernstes der Taten und der erniedrigenden Behandlung, welche die Angeklagten ihren Opfern angedeihen ließen«. Michelle Martin bekam als Mitwisserin damals fünf Jahre Haft. Genau wie bei seinem letzten Entführungsfall in Bertrix hatte Dutroux einen Mittäter, mit dem er den Mädchen beim Schwimmbad oder an der Bushaltestelle auflauerte, sie ins Auto zerrte und daheim einschloß. Dort vergewaltigten, mißhandelten, filmten und photographierten die Täter ihre Opfern, ließen sie jedoch anschließend wieder frei.

Von den dreizehn Jahren Haft mußte Dutroux nicht einmal ein Drittel absitzen. Schon Anfang 1992 kamen er und seine Frau aufgrund eines psychologischen Gutachtens wieder frei. Zwar hatte die Gefängnisleitung gegen die Haftverschonung gestimmt, den Ausschlag gab aber das endgültige Urteil des damaligen belgischen Justizministers Melchior Wathelet von der Christdemokratischen Partei Walloniens. Wohl auch, um den Bewährungshelfern ein ordentliches Leben vorzuführen (oder aber um Nachschub für seine Praktiken heranzuziehen), zog das Ehepaar Dutroux ins nahegelegene Marcinelle um und setzte in schneller Folge drei Kinder in die Welt. Seine Frau hatte ihre Arbeit als Kindergärtnerin verloren, Dutroux ohnehin nie gearbeitet. Nun ließ er sich ohne große Schwierigkeiten zum Invaliden erklären und begann, von der Allgemeinheit zu leben. Fortan widmete sich Dutroux der Vervollkommnung seiner kriminellen Laufbahn. Offenbar hatte er aus dem Prozeß gelernt, wie die Zeugenaussagen seiner jungen Opfer sich auf den Fahndungserfolg und hinterher auf das Strafmaß ausgewirkt hatten. Denn von nun an sollte kein Mädchen, das ihm in die Hände fiel, mehr freigelassen werden.

Die Volksmengen, die sich Ende August 1996 vor verschiedenen Gerichtsgebäuden versammelten, und vor allem die Eltern der ermordeten Mélissa, Julie, An und Eefje klagten bitter über die Vorzugsbehandlung, die man dem Vergewaltiger Dutroux seit seiner ersten Festnahme fortwährend hatte angedeihen lassen. Lächerlich kurze Zeit nach seiner Aburteilung war er mit Zustimmung der allerhöchsten Stelle wieder auf freiem Fuß. Und was das schlimmste war: Trotz der Unruhe im ganzen Land wegen der Serie verschwundener Kinder war offenbar niemand auf den Gedanken gekommen, den eindeutig vorbestraften Dutroux gründlich zu überprüfen. Diese ersten Vermutungen waren noch harmlos angesichts der Vielzahl von haarsträubenden Fahndungspannen, die im Laufe der »Untersuchung der Untersuchung« ans Tageslicht kommen sollten. Besonders schmerzlich war die Gewißheit, daß das Reihenhaus in Marcinelle zweimal von der Polizei durchsucht worden war, während Julie und Mélissa dort im Verlies gesessen hatten. Die Polizei war unverrichteter Dinge wieder abgezogen. Die Belgier, vertraut mit dem Klientelwesen und einer verbreiteten Korruption in ihrem Staat, scheinen allerdings von Beginn an das Schlimmste vermutet zu haben. Schon in den ersten Tagen nach der Befreiung der Mädchen war davon die Rede, anonyme einflußreiche Kreise hätten ihre Hand über Dutroux gehalten.

Die Verbrechen von Dutroux wurden als Teil eines ökonomischen Netzwerks wahrgenommen, das seinerseits gedeckt, wenn nicht genährt wurde von bestechlichen Behörden und einem schlampigen Staat. Solche Gerüchte schienen anfänglich auf purer Hysterie zu beruhen; immerhin aber waren sie wirksam genug, um eine Staatskrise auszulösen. Die »Sache Dutroux« war sehr schnell kein gewöhnlicher, wenn auch noch so grauenvoller Kriminalfall mehr. Die Verbrechen eines Serienmörders wurden in den Augen der Bevölkerung zu Verbrechen des Staates.

Wenn es erst einmal so weit ist, dann geht es nicht länger um kriminalistische Details – dann ist die Grundlage eines Gemeinwesens in Frage gestellt. Und so sollte es in Belgien auch kommen. Gesetze und Administrationen sind plötzlich nicht mehr nicht greifbare, schlimmstenfalls lästige Instanzen. Auf einmal gehen sie das Leben aller an und wenden sich auf perverse Weise gegen das Leben derjenigen, die sie eigentlich schützen sollen. Spätestens als bei der Beerdigung der Kinder Staatstrauer verordnet wurde und das halbe Land live an den Bildschirmen zusah, spätestens als das öffentliche Leben im Gedenken an die ermordeten Mädchen lahmlag, war die perverse Obsession des Marc Dutroux zum Alptraum eines ganzen Volkes geworden.

2. Kapitel

Ein Alptraum ohne Erwachen

Was tut man, wenn das eigene Kind plötzlich verschwunden ist? Es ist unmöglich, sich die Verzweiflung, die nagende Ungewißheit vorzustellen, in die eine ganze Familie mit einem Schlag geworfen ist. Viele Eltern zerbrechen daran, können, selbst wenn irgendwann die Todesnachricht bestätigt wird, ihr Leben nur noch mit schweren Beruhigungsmitteln ertragen, verschleißen Therapeuten und Kuren, leiden an wachsenden Schlafstörungen und werden doch die bohrende Frage nach dem Warum nie wieder los. Das absurde Schuldgefühl, womöglich etwas falsch gemacht zu haben, irgendeine unbekannte Unterlassung zum Schaden des Kindes auf dem Gewissen zu haben, hat Eltern bis in den Selbstmord getrieben.

Es ist nicht nur das Leben eines Kindes, das hier vernichtet wird. Die ganze Familie, der Freundeskreis sind von dem Augenblick an verstört, es gibt kein anderes Thema mehr, der Zusammenhalt aller steht vor einer unvorstellbaren Zerreißprobe. Es ist eine niemals zu bewältigende Last, die am Alltag der Betroffenen zehrt. Eine Therapie, auf die ein Täter Anspruch hat, sieht der Staat für Eltern vermißter Kinder nicht als selbstverständlich vor. Und zum dauernden Ansprechpartner – sozusagen zum neuen Familienmitglied, welches das verschwundene Kind ersetzen muß – wird der Polizeiapparat. Ob hier verständnisvolle, aufopferungsbereite Beamte sitzen oder kühle Abwickler, denen die verzweifelten, nie zufriedenen Eltern schnell auf die Nerven gehen, ist Glückssache. Auch im Justizapparat ist niemand auf die Sorgen der Eltern eingestellt. Wenn die Fahndung nicht vom Fleck kommt, werden jene mit ihrer Labilität, ihren unprofessionellen Vorschlägen, ihren Vorwürfen bald hinderlich.

Gino Russo, Stahlarbeiter beim Lütticher Konzern Cockerill-Sambre, hat diesen Alptraum mitgemacht. Seine Tochter Mélissa, ein hübsches achtjähriges Mädchen, wurde am 24. Juni 1995 bei einer

Autobahnbrücke über die E 42 in Grâce-Hollogne, wo sie unweit von zu Hause mit ihrer Freundin Julie Lejeune zum Spielen unterwegs war, zum letztenmal lebend gesehen. Danach begann ein langer, vergeblicher Kampf, der Gino Russo in Konflikt mit weiten Teilen des staatlichen Establishments bis hinauf zum belgischen Königshaus bringen sollte.

Als Julie und Mélissa an diesem 24. Juni nach einer Stunde nicht von einem kleinen Spaziergang zurückkommen, zu dem sie um fünf Uhr aufbrachen, geht Carine Russo, Mélissas Mutter, sie suchen. Als sie die Mädchen nicht findet, verständigt sie noch am selben Abend die Polizei. Ein Suchtrupp von fünfzig Mann mit Hunden durchkämmt die gesamte Gegend, die von alten Zechenhalden, Autobahnen, Fabrikanlagen und Wohnsiedlungen geprägt ist und eigentlich keine unwegsamen Waldgebiete aufweist, wo sich kleine Kinder verirren könnten. Ein Hubschrauber kommt zum Einsatz, und auch die örtliche Feuerwehr beteiligt sich an der Suche – vergeblich. Die Spürhunde können die Fährte der Mädchen bis zur Autobahnauffahrt gleich in der Nähe des elterlichen Hauses verfolgen. Nicht zuletzt deshalb und weil keinerlei familiärer Grund für die Vermutung vorliegt, daß die Kinder ausgerissen sein könnten, nehmen auch die Ermittler an, daß es sich um eine Entführung handelt.

In ganz Belgien sind zu diesem Zeitpunkt schon allzuviele Eltern in einer ähnlichen Lage wie die Russos und die Lejeunes. Ein paar Monate zuvor haben sie deshalb die Initiative »Marc und Corinne«, benannt nach zwei ermordeten Kindern, ins Leben gerufen. Die Initiative steht den Eltern und anderen Verwandten sofort mit Rat und Tat zur Seite: Schon am nächsten Tag hängen Freiwillige sechstausendfünfhundert selbstgedruckte Plakate mit den Photos der beiden Mädchen in ganz Lüttich und Umgebung aus. Weil man sogleich eine Verschleppung ins Ausland befürchtet, nehmen Lastwagenfahrer die Bilder bis nach Italien und Spanien mit. Alle nationalen Rundfunk- und Fernsehstationen, aber auch die BBC und die italienische RAI, senden Suchmeldungen. Nach ersten Hinweisen werden konkrete Fahndungen der Polizei in Deutschland, Luxemburg, Portugal eingeleitet.

Auch die belgische Polizei bleibt nicht untätig. Kaum liegen die ersten nützlichen Hinweise vor, wird nach einem roten Personenwagen geforscht, der am fraglichen Tag mit zwei Mädchen auf der Rückbank an der Autobahn Brüssel–Namur – der Strecke, an der sich die Spur der Mädchen verlor – liegengeblieben sein soll. Eine

Woche später will eine Toilettenfrau in Oostende die Mädchen mit einer französischsprachigen Begleiterin erkannt und den Namen »Mélissa« gehört haben. Doch auch Flugblattaktionen an der Küste zeitigen keine Erfolge. Am 4. Juli wenden sich die Eltern, in Abstimmung mit der Polizei, über das Fernsehen in einem verzweifelten Aufruf an die Entführer: »Wer Sie auch sind, wir flehen Sie an, uns die Kinder zurückzugeben.« Die Eltern versprechen, daß von einer Verfolgung abgesehen werden wird. Kurz darauf wird als letzte Fahndungsmaßnahme eine Computeranimation ausgestrahlt, die die beiden Mädchen winkend auf einer Autobahnbrücke zeigt. Andere Tips sorgen dafür, daß ein ausgedehntes wallonisches Waldgebiet von einem Hubschrauber mit Infrarotkameras abgesucht wird.

Diese Wochen zwischen Verzweiflung und banger Hoffnung müssen für die Familien eine Hölle gewesen sein. Jeder Tag bringt neue Nachrichten. So will eine belgische Frau die Mädchen am Strand der Costa Brava beim Eisessen gesehen haben, ein junger Mann, den Zeugen am Tatort beobachtet haben wollten, wird trotz eines Phantombildes niemals dingfest gemacht. Keine einzige Spur führt zu einem, wenn auch noch so fragmentarischen Ergebnis. Nachdem die äußersten Anspannungen nichts fruchten, geht die polizeiliche Fahndung in Routine über. Wo soll man noch suchen? Erfahrene Ermittler geben die Mädchen längst verloren.

Nicht aber die Eltern. Sie sind mit einer Petition bis zum neuen Justizminister, dem jungen flämischen Christdemokraten Stefaan de Clerck, gelangt. Sie erreichen, daß bei der Reichswacht in Brüssel eine nationale Kommission »Verschwundene« eingerichtet wird, welche mit sechs festangestellten Experten die Fahndung in solchen Fällen koordiniert und eine Datenbank einrichtet.

Von außen betrachtet, könnte man meinen, Belgien habe alles getan, um die Mädchen zu retten. Die Familien Russo und Lejeune sehen das ganz anders. Im November ziehen sie gegen den Staat vor Gericht und fordern vor allem vollständige Einsicht in die Ermittlungsakten. Der Lütticher Generalstaatsanwalt Giet soll ihnen dieses Privileg zugesichert haben. Die Klage wird abgewiesen; zu viele Namen Verdächtiger, private und polizeiinterne Informationen seien aus den Aktenstücken ersichtlich, sie unkenntlich zu machen sei zu umständlich. Das Urteil bestätigt die Eltern in ihrem Verdacht, die Justiz nehme sie nicht ernst. In den ersten Wochen der Fahndung lösten sich wegen Urlaubs und administrativer Umbesetzungen fünf Untersuchungsrichter mit der Leitung der Untersuchung ab. Vor allem die Hauptermittlerin, Martine Doutrewe, empfinden die Eltern als kalt, abweisend und geschäftsmäßig. Nur zweimal seien sie kurz in Kontakt mit ihr gekommen und dabei jedesmal wie lästige Bittsteller abgewiesen worden. Ein Versuch von Mutter Russo, im Justizpalast von Lüttich bis ins Büro der Untersuchungsrichterin vorzudringen, sei gewaltsam verhindert worden.

Von den merkwürdigen Verhältnissen im Lütticher Justizpalast, die den Mißerfolg der Fahndung zumindest partiell erklären, wird an anderer Stelle noch ausführlich die Rede sein. Die Eltern, die in Gerichtsfragen völlig unerfahren sind, haben sich längst einen Anwalt, Victor Hissel, genommen. In der Revision erzwingen sie immerhin einen eingeschränkten Einblick in die Ermittlungsakten, in denen allerdings über weite Strecken jede greifbare Information geschwärzt wurde – auch der Name eines der Hauptverdächtigen: Marc Dutroux. Dennoch ist für die Eltern der Kampf, so aussichtslos er in den Augen der professionellen Ermittler erscheint, die einzige Möglichkeit, irgend etwas aktiv für die verschwundenen Kinder zu unternehmen, nicht zu verzweifeln und nicht verrückt zu werden. »Wir geben nicht auf« lautet die Aufschrift eines der diversen Aufkleber, welche die Initiative im Lauf der Monate herausgibt.

Die Ermittlungen in Eigeninitiative, die Klagen gegen den Staat, die ständige Überprüfung der Fahndung durch einen erfahrenen Anwalt kosten Geld – Geld, das eine mehrköpfige Familie wie die des Stahlarbeiters Russo oder des Berufskraftfahrers Lejeune nur schwer aufbringen kann. Allein die solidarische Hilfe der Familie und Sammelaktionen der Initiative »Marc und Corinne« ermöglichen die fortgesetzte Suche. Daß die Ermittler Julie und Mélissa längst aufgegeben haben, begreifen die Eltern spätestens, als sie in den Wandelgängen des Lütticher Justizpalastes zum ersten und letzten Mal ein kurzes Zusammentreffen mit der Lütticher Generalstaatsanwältin Bourgignon haben. Schon bald nach Beginn der ergebnislosen Fahndung hatten Polizisten die Eltern aufgefordert, sich mit dem Tod der beiden Mädchen abzufinden. Auch die Spitzenbeamtin kondoliert schließlich zum Tod der Kinder und läßt sich nicht weiter in die Akten schauen.

Was damals in Lüttich niemand wissen konnte: Zum selben Zeitpunkt, mehr als sechs Monate nach der Entführung, sind Julie und Mélissa noch am Leben und sitzen fünfundachtzig Kilometer von zu Hause bei Marc Dutroux im Kerker – mitten in der belebten Innenstadt von Charleroi. Dutroux wird im Dezember 1995 wegen eines Autodiebstahls zu drei Monaten Gefängnis verurteilt; in dieser Zeit werden, soweit man heute weiß, Julie und Mélissa nicht mehr ausreichend versorgt. Sie sterben schließlich im März: Neun Monate nachdem man sie von zu Hause weggeschleppt hat, läßt man sie gnadenlos verhungern.

Nach dem Jahreswechsel 1995/96 konzentrieren sich die Eltern darauf, Schwachstellen der Justiz in Verbindung mit Kindesmißbrauch und Kinderpornographie aufzuzeigen. Ihre Verdächtigungen zielten also ebenso in die richtige Richtung, wie sich ihre Überzeugung bestätigte, daß die Kinder zu diesem Zeitpunkt noch nicht tot waren. Als im Februar 1996 ein sechsundachtzigjähriger Vergewaltiger von Kindern in Belgien freigelassen und danach rückfällig wird, treten die Familien Russo und Lejeune bei einer Pressekonferenz auf. Zum ersten Jahrestag der Entführung, am 24. Juni 1996, hat ihr Anwalt eine Liste von »58 Fragen an Gericht und Obrigkeit« zusammengestellt, die allerdings keine überwältigende Resonanz in den Medien mehr findet. Darin beklagen sich die Familien über Ermittlungspannen, die zwar angesichts der später ans Licht gekommenen Versäumnisse wie Lappalien wirken, die aber von der Verzweiflung zeugen, in welche die Eltern durch ihren abgekühlten Kontakt zu den Justizbehörden geraten sind: Warum wurden die Zimmer der Mädchen erst nach einer Woche durchsucht? Warum kam die Großfahndung erst nach ein paar Stunden in Gang? Wie steht es mit der Koordinierung der Ermittlung quer durch die belgischen Provinzen und Sprachgebiete?

Marc Dutroux, den das alles nicht berührte, sagte den gefangenen Mädchen, ihre Eltern hätten sie vergessen und wollten kein Lösegeld für sie bezahlen. Und doch hatte er in den Familien der wallonischen Stahlarbeiter hartnäckige Widersacher. Die Russos, wie so viele im Lütticher Stahl- und Kohlenbecken aus Italien eingewandert, und die Lejeunes wuchsen aus Solidarität zusammen, wie auch die beiden Mädchen zu Lebzeiten und bis in den Tod unzertrennlich geblieben waren. Die nie erlahmende Hoffnung der Eltern, ihre Kinder lebend wiederzusehen oder wenigstens die Täter zu fassen, die Widerspenstigkeit dieser »kleinen« Leute im Kampf gegen die eingespielte und selbstherrliche Justiz, ihr Wille, sich keine routinierte Abwicklung durch die Behörden gefallen zu lassen – das alles sind Gegebenheiten, die später, wenn auch viel zu spät, entscheidend zur Verhaftung Dutroux' führen und die nachfolgende Volksbewegung prägen sollten.

Als die Eltern dann am 17. August 1996 aus dem Fernsehen definitiv vom Tod Julies und Mélissas erfahren, macht sich ihre bittere, hoffnungslose Wut Luft. Sie treten in weißen T-Shirts mit aufgedruckten Photos der Kinder in den Vorgarten des kleinen Backstein-Reihenhauses der Russos in Grâce-Hollogne und halten im Freien eine improvisierte Pressekonferenz ab. Auf dem Gartentisch aus Plastik häufen sich mehr Mikrophone von Radiosendern und Fernsehanstalten als bei einer Rede des Premierministers. Nachbarn und zahllose Menschen aus der weiteren Umgebung haben den Vorgarten in ein Meer von Blumen verwandelt; Hunderte von Beileidsbriefen liegen bereits nach ein paar Stunden auf der Schwelle, wo ein großes selbstgemaltes Schild fragt: »Hat der frühere Justizminister Wathelet ein ruhiges Gewissen?« Er ist es, auf dessen persönliche Anordnung Dutroux verfrüht freigekommen war.

Die Ansprache des Anwalts Victor Hissel erreicht noch am selben Abend ganz Belgien und weite Teile des französischsprachigen Auslands: »Die Gewißheit, daß Julie und Mélissa verhungert sind, stürzt uns in einen Alptraum, aus dem wir unmöglich erwachen können ... Der Unglaube der Fahnder, die Mädchen lebend wiederzufinden, war entscheidend für eine Justizpanne, die sich über vierzehn Monate hingezogen hat ... Es ist an uns, der unerträglichen Absurdität des Todes von Julie und Mélissa einen Sinn zu geben, indem wir weiterkämpfen für eine Änderung der Mentalität, der Methoden und der Arbeitsweise der Justiz, damit so etwas nie mehr geschehen kann.«

Die Beerdigung der beiden Mädchen fünf Tage später wird zu einer nationalen Demonstration. Sie zeigt, daß Gino Russos Botschaft angekommen ist. Für den Trauergottesdienst in der Lütticher Basilika werden überall in Belgien Sonderzüge und Busse eingesetzt. Die Belgier, durch Sprachenstreit und soziale Spannungen entzweit, sind plötzlich ein Volk und kennen keine Unterschiede mehr. Es herrscht offizielle Staatstrauer, in zahllosen Fenstern hängt die schwarzgelbrote Flagge, zusammengeknotet, wie es hier als Zeichen der Trauer üblich ist. Mehrere zehntausend Menschen versammeln sich in den Straßen der Stadt, das öffentliche Leben erstirbt, derweil der Gottesdienst live im Fernsehen übertragen wird. Doch kein Würdenträger ist von den Familien eingeladen, keinem Minister ist ein Platz reserviert worden. Sie sitzen, wenn sie denn eine Gelegenheit ergattert haben, unerkannt irgendwo auf den hinteren Rängen. Das ist auch der Grund, warum ein Vertreter des

Königshauses fehlt: Man hätte beim gewöhnlichen Volk Platz nehmen müssen.

Der Leichenwagen, geschmückt mit den Plüschtieren von Julie und Mélissa, wird mit gespenstischer Stille empfangen. Polizei, Feuerwehr und Militär salutieren vor den Kindersärgen. Als die Familien der Eltern erscheinen, bricht spontaner Applaus aus, der minutenlang nicht enden will – ein Zeichen der Solidarität. Auch die Eltern anderer verschwundener Kinder sind gekommen, etwa die Familie Marchal aus der flämischen Stadt Hasselt, nach deren Tochter An zu diesem Zeitpunkt noch gefahndet wird, von der man aber mittlerweile anhand von Fingerabdrücken weiß, daß sie sich in der Gewalt von Dutroux befunden hat. Die Eltern umarmen sich lange und machen damit deutlich, daß sie nicht mehr allein sind im Kampf gegen Täter und Justiz. Mutter Marchal sagt in gebrochenem Französisch in die Kameras, sie habe eine Hoffnung: An möge im Haus von Dutroux mit den kleinen Mädchen Julie und Mélissa zusammengetroffen sein und ihnen erzählt haben, daß ihre Eltern sie lieben und nicht aufhören, nach ihnen zu suchen. Diese Hoffnung gebe ihr, der Mutter, Kraft.

Den Ablauf des Gottesdienstes haben die Familien selbst geplant, sich dabei auch von der kirchlichen Hierarchie nicht hereinreden lassen. Die rosa Plüschtiere liegen auf dem Altar. Statt Chorälen, Orgelfugen und Streichquartetten gibt es süßliche Popklänge als Trauermusik; es spielt eine beliebte wallonische Band, der auch die beiden Mädchen gerne zuhörten. Eine Tante von Julie trägt ein selbstverfaßtes Gedicht vor, dessen simple Reime und einfache Worte sich an die Kinder direkt wenden und mit verzweifeltem Optimismus von den Hoffnungen und Vorlieben der beiden Mädchen sprechen – und davon, daß sie es dort, wo sie jetzt sind, besser haben.

Die Predigt hält der hagere, kahlköpfige Abbé Gaston Schoonbroodt, der die Familien schon seit Jahren kennt und ihnen in der Zeit nach der Entführung beizustehen versucht hat. Abbé Schoonbroodt kommt aus der Tradition des französischen Arbeiterpriestertums, das – obwohl der mißtrauische Vatikan diese »Kirche von unten« ans Gängelband genommen hat – immer noch in den belgischen Industrierevieren verbreitet ist. In den armen Vierteln von Lüttich sind solche Priester gewöhnlich die Ansprechpartner der Bevölkerung. Sie setzen sich ein für soziale Maßnahmen, organisieren Selbsthilfen und Treffpunkte, Büchereien und Cafés und leiten den Protest gegen Sanierung, Abriß, Entmietung.

Bis zu seiner Pensionierung war Abbé Schoonbroodt neben seiner Berufung Busfahrer in Jemeppe, einer Nachbarstadt von Grâce-Hollogne, ebenso arm, ebenso trostlos wie diese, und kam dabei mit Julies Vater als Kollege in Kontakt. Doch Abbé Schoonbroodt spricht lieber von »Camarades« – Genossen. Monatelang ist er nach Frankreich über die Grenze gereist, hat dort Fahndungsplakate von Julie und Mélissa aufgehängt, hat in Zügen und Bussen nach den verschwundenen Mädchen gefragt und ist so mit den Menschen ins Gespräch gekommen. In Jemeppe wohnt er in zwei winzigen ebenerdigen Zimmern eines Arbeiterhäuschens. Abgeschlossen ist nie, jeder kann hereinkommen und dem Abbé der Busfahrer eine Botschaft hinterlassen. Angst vor Dieben muß er nicht haben, denn er besitzt kaum etwas.

In seiner Leichenpredigt von der Kanzel der Basilika, in welcher ein Arbeiterpriester sonst schwerlich die Messe liest, fragt er mit Tränen in den Augen, wo der Gott sei, der solche Untaten zuläßt. Er spricht von seinem Zweifel an der Gerechtigkeit der Welt und seinem Mißtrauen gegen eine Gesellschaft, die nicht imstande ist, ihre Schwächsten zu verteidigen. In einem nachträglichen Interview gibt Abbé Schoonbroodt freimütig zu, er habe immer seine Zweifel an der Existenz Gottes. Er beziehe seine Kraft aus der christlichen Botschaft, welche die Solidarität und die Gleichheit aller Menschen verkünde. Nur in diesem Rahmen lasse sich eine christliche Gesellschaft verwirklichen.

Absichtlich hätten die Familien und er beim Gottesdienst auf alle Hierarchien verzichtet. Alle sprechen sich mit dem Vornamen an, wie Bruder und Schwester: »Wir wollten mit allen schön klingenden, doch hohlen Phrasen, mit unterwürfigen Begrüßungen, wie sie alle Machthaber so lieben, brechen. Das ist alles sinnlos. Wir haben versucht, die Sprache der Menschen zu sprechen.« Gewalt allerdings, etwa die Todesstrafe für Dutroux, lehnt der Abbé vehement ab und ist sich dabei auch mit den Familien einig: »Wo hört das auf? Jeder hat einen Grund, irgend jemanden zu töten, ist das eine Lösung?«

Abbé Schoonbroodt und den Familienmitgliedern ist es offenbar gelungen, in ihrem Gottesdienst die Sprache der Menschen zu sprechen. Das Leichenbegängnis ist auch eine Demonstration, die Hierarchien und kulturellen Codes einer Tradition nicht mehr zu akzeptieren, für die das schreckliche Schicksal der Mädchen nicht wichtig war. Schlagermusik, Spielzeug, einfache Reime. Als der Leichenwagen abfährt, sind die Menschen in der unüberschaubaren Menge völlig aufgelöst. Vor allem Kinder stehen weinend an der Straße, starren ungläubig und doch höchst bewußt auf die Särge anderer Kinder. Sie scheinen genau zu wissen, daß Julie und Mélissa von Erwachsenen gequält und umgebracht worden sind und daß es genausogut sie selbst hätte treffen können. Der Trauerzug endet in der Arbeitervorstadt, auf dem kleinen Friedhof von Mons-lez-Liège. Hier lassen die Familien Russo und Lejeune ihre Töchter, welche die Mörder gemeinsam verhungern ließen, in einem Doppelgrab beerdigen – ein paar hundert Meter von der Stelle entfernt, wo sie vierzehn Monate zuvor verschleppt worden waren.

Die »wahren Verantwortlichen« für die Morde sehen die Familien Russo und Lejeune in der belgischen Politik, wo man vermeintlich Kinderschänder deckt, wo viel Geld mit Pornographie verdient wird, wo einflußreiche Unbekannte den Gang der Justiz aufhalten können. Namen werden nicht genannt, aber der Verdächtigungen ist plötzlich kein Ende mehr. Im Namen der getöteten Kinder ist es nun erlaubt, das Böse der Gesellschaft auf das Scheitern demokratischer Institutionen zurückzuführen. Für den sexuell verwirrten Dutroux und seine Helfershelfer aus dem kriminellen Milieu fordern die Eltern nicht die Todesstrafe. Aber der Kopf, von dem aus der Fisch stinkt, soll endlich abgehackt werden.

Solche Verschwörungstheorien sind bei Menschen, die derart Fürchterliches mitgemacht haben, nichts Ungewöhnliches. Daß sie in diesem Fall aber gleichsam von einem ganzen Volk kritiklos übernommen wurden, sollte die Lage bald explosiv machen. Es gab in Belgien mehr, sehr viel mehr zu beklagen und zu kritisieren als die Affäre Dutroux. Das Wunder des gesellschaftlichen Aufbruchs, der mit der Beerdigung von Julie und Mélissa begann, liegt darin, daß es die Familien einfacher Arbeiter aus einer der ärmsten Gegenden des Landes waren, deren hartnäckige Kritik Mißstände offenkundig machen sollte, an denen das ganze Land seit Jahren und Jahrzehnten litt.

Von seinen Kollegen im Stahlwerk wird Gino Russo als grundgütiger und besonnener Kollege geschildert, der niemals ein lautes Wort sagt und allzeit zu Konsens und Frieden aufruft. Nachdem er aus dem Fernsehen die Nachricht vom Tod seiner Tochter erfahren hat, sagt er nur zwei denkwürdige Sätze in die Mikrophone: »Wir haben alles verloren, jede Illusion. Aber wir werden weiterkämpfen.«

3. Kapitel

Der Krieg der Polizisten

Staatsanwalt Michel Bourlet wirkt wie ein Mann, der vor nichts und niemandem Angst hat. Aber offenbar hat er allen Grund, vorsichtig zu sein. Schon ein paar Tage nach der Festnahme von Marc Dutroux fährt er in einer gepanzerten Karosse an seinem Arbeitsplatz, dem abgezäunten Polizeigebäude am Rande des Ardennenstädtchens Neufchâteau, vor. Anonyme Drohungen, heißt es, seien eingegangen, und der Chefermittler genießt seither mit seiner Familie Personenschutz. Wenn Michel Bourlet in seinem Trenchcoat oder im abgewetzten Tweedjackett, einen Aktenstapel unter dem Arm, aus seiner Limousine steigt und sich unwirsch einen Weg durch die drängelnden Journalisten bahnt, dann macht er einen gleichermaßen professionellen wie zielstrebigen Eindruck.

Bourlet ist einer der bekanntesten Fahnder des Landes. Mittelgroß, mit Seitenscheitel und wurstigem Auftreten erinnert er an Yves Montand als Kommissar in einem französischen Gangsterfilm der sechziger Jahre. Bourlets eigentliches Gebiet sind die Ardennen, das dünnbesiedelte Mittelgebirge zwischen der französischen und luxemburgischen Grenze. Spektakuläre Fälle und internationale Kriminalität kommen in dieser an Wäldern reichen Region selten vor. Neufchâteau ist ein winziges Städtchen, das nur als Kompensation gegenüber der ebenso marginalen Provinzhauptstadt Arlon den Sitz des Gerichts abbekommen hat. Hinweisschilder machen auf die einzige Attraktion der Gegend aufmerksam, und auch die ist nur in kalten Wintern eine: Skilanglauf. In Neufchâteau kreuzen sich zwei Straßen, mehr nicht. Doch seit der Enttarnung von Dutroux tummeln sich hier internationale Fernsehteams. Das klassizistische gelbe Gerichtsgebäude am einzigen Platz des Örtchens gab die Kulisse ab für die Volksaufläufe anläßlich der Verhaftung von Nihoul, Dutroux, Martin – sie alle mußten über die hohe Treppe, die den Alltag vom eisigen Hauch der Justiz trennt. Staatsanwalt Bourlet, der hier im Wald auf einem Abstellgleis seiner juristischen Karriere sitzt, ist zufällig an diesen

Fall, den wichtigsten seiner Laufbahn, geraten. Weil Dutroux' letztes Opfer aus seinem Zuständigkeitsbereich, der Ardennengemeinde Bertrix, verschleppt wurde, nahm diesmal kein Ermittler aus Lüttich, Brüssel oder Brügge, sondern Michel Bourlet die Fährte der Kinderfänger auf. Bertrix ist der Nachbarort von Neufchâteau und wirbt mit seinem neuen Schwimmbad. Genau dieser Hinweis muß den Kindermörder angelockt haben. Er suchte sich seine Opfer mit Vorliebe vor Badeanstalten aus.

Als Bourlet, der seine Landsleute aus den Ardennen kannte und nach der ersten Panik sogleich eine Großfahndung einleitete, bereits nach ein paar Tagen die Täter hinter Schloß und Riegel hatte, wunderte das in Belgien kaum jemanden. Schon in einem anderen bedeutenden Kriminalfall, der Ermordung des wallonischen Sozialistenchefs André Cools, hatte das Gericht von Neufchâteau die Schuldigen – Mitglieder des Büros des damaligen wallonischen Ministers Alain van der Biest – ausfindig gemacht. Doch die Ermittlungen waren ihm auf Anordnung des höchsten Gerichts »aus verfahrenstechnischen Gründen« wieder abgenommen und an den Justizpalast von Lüttich zurückverwiesen worden. Die Lütticher Justiz aber stand und steht in dem Ruch, ein Nest von Korruption und politischer Vetternwirtschaft zu sein und auf Weisungen der jeweils Mächtigen zu hören. Dort versandete bald alles. Die Ermittler aus Neufchâteau waren vor der Öffentlichkeit eiskalt ausgebootet worden.

Nun hatte der effektive und offenbar nicht mit der politischen Elite verfilzte Apparat Bourlets erneut jahrelang unaufgeklärte Verbrechen schlagartig gelöst. Wieder einmal war es, als düpierte der Dorfpolizist eine gesamte großstädtische Mordkommission. Die Männer aus dem bäuerlichen Neufchâteau kommen den weiten Weg aus den Bergen in die Industriemetropole Charleroi, befreien unter den Augen der dortigen, unfähigen Polizei zwei eingekerkerte Mädchen und enttarnen einen Ring von kommerziellen Kinderschändern. Die Parallelen zum Fall Cools waren allzu offensichtlich, als daß die Belgier sie übersehen konnten. Die letzten tatkräftigen und unbestechlichen Polizisten des Landes schienen im abgelegenen Grenzgebiet zu sitzen. Hier hatte die Metropolenkriminalität noch nicht alles unterwandert, hier waltete noch Gerechtigkeit. Doch gerade darum – das hatte das oberste Brüsseler Kassationsgericht im Fall Cools ja deutlich gemacht – mußten die erfolgreichen Fahnder wieder in ihre Grenzen verwiesen werden.

Deshalb bangten die Belgier mit dem forschen Staatsanwalt Bourlet. Würde sich das System den Übergriff der Außenseiter gefallen lassen? Oder wollte man die Ermittlungen, ehe sie zu den mächtigen Hintermännern vorstoßen konnten, wieder einmal mit den eleganten Tricks der Hauptstadtjustiz abwürgen? Die schlimmsten Ahnungen schienen sich ein paar Tage nach der Verhaftung Dutroux' zu bestätigen, als Michel Bourlet in einem Fernsehinterview sehr kryptisch, sehr vielsagend erklärte: »Ich werde den Fall bis zum Grund aufklären – wenn man mich läßt.«

Wer mit »man« gemeint sei und wer möglicherweise ein Interesse an Vertuschung haben könnte, hat Bourlet nie verraten. In einem halbherzigen Dementi erklärte er, er habe nur sagen wollen: Laßt die Polizei in aller Ernsthaftigkeit ihre Arbeit tun und stört sie nicht. Doch für alle, die sich an eine ganze Reihe ähnlicher Fälle erinnern konnten, war klar, wovor der unerschrockene Staatsanwalt Angst hatte: vor der systematischen Obstruktion des Polizeiapparates durch die Polizei selbst. Im Belgien der achtziger und neunziger Jahre war es außer dem Mord an Cools zu allerhand unaufgeklärten Verbrechen gekommen, die selbst dem oberflächlichen Betrachter stark nach ökonomischen Interessen, nach Mafia, wenn nicht gar nach staatlicher Beteiligung schmecken mußten.

Zwischen 1982 und 1985 erschütterte eine Serie von Bandenüberfällen den Großraum Brüssel. Ein Trupp professioneller Räuber überfiel in kurzer Folge Supermärkte, Restaurants und Juwelierläden, meist am hellichten Tage. Zwar blieb die Beute dieser Raubzüge relativ gering, dafür legten die Täter eine um so größere Brutalität an den Tag und zogen eine blutige Spur durch die Provinz Brabant. Achtundzwanzig Menschen mußten im Kugelhagel der »Bande von Nivelles« – wie sie nach einem Hauptschauplatz genannt wurde – ihr Leben lassen; zuweilen erinnerte die Wildwestmanier der Täter an regelrechte Hinrichtungen, an entfesselte Mordlust. Das Ausmaß von Angst und Schrecken, das diese Taten im Land verbreiteten, stand in keinem Verhältnis zum mickrigen Fahndungserfolg. Offenbar war die belgische Polizei den Verbrechern nicht gewachsen. Während eine skrupellose Unterwelt, mit einem beachtlichen Waffenarsenal ausgestattet und hochmotorisiert, an jedem Punkt des Landes auf- und wieder abtauchen konnte, standen sich die Fahnder oft genug selbst im Wege.

Die Parallelen zum Fall Dutroux sind unübersehbar. Weil auch die »Bande von Nivelles« an unterschiedlichen Orten operierte, wurden die Ermittlungen auf vier verschiedene Staatsanwaltschaften verteilt, die einander nur widerwillig in die Karten blicken ließen. Außerdem verübten die Mörder ihre Verbrechen entlang der Sprachgrenze zwischen Wallonien und Flandern, so daß allein schon das Übersetzen der Akten für die benachbarten Ermittler Monate dauern mußte. Dazu kam der Kompetenzstreit zwischen der autonomen Provinz Brüssel, den wallonischen und flämischen Teil-Ministerien und der Zentrale in der Hauptstadt. Das Justizministerium in Brüssel hielt sich deshalb weitgehend mit Vorschlägen zurück, den Fall effektiv an eine einzige, adäquat ausgestattete Behörde zu verweisen. Lautstarke Proteste gegen die Willkür des Zentralstaats, gegen die Bevorrechtung einer der beiden Sprachgemeinschaften wären die unvermeidliche Folge gewesen.

Die Mordserie legte mit tödlicher Schärfe das Siechtum des belgischen Gemeinwesens zwischen Zentralismus und Föderalismus bloß. Die Demokratie, die gerade in diesen Jahren ihre Kompetenzen neu und immer unübersichtlicher zwischen Zentralstaat, Regionen, Provinzen, Sprachgruppen und Städten verteilte, erwies sich gegenüber einer kleinen, aber zu allem entschlossenen Gruppe von Terroristen als wehrlos. Gerade diese fast schon politische Klugheit der Täter, die sehr im Gegensatz zu ihrer geringen Ausbeute stand, gab zu der Vermutung Anlaß, hier gehe es um die gezielte Destabilisierung des Staates. Tatsächlich verfolgte eine der ermittelnden Staatsanwaltschaften bald eine Spur, welche die Morde in Verbindung zu einem rechtsradikal unterwanderten Polizeicorps brachte. Nach diesem Szenario hätten zentralistische Ordnungshüter mit stillschweigender Billigung hoher Funktionäre des Geheimdienstes eine Gesellschaft angegriffen, deren Dezentralisierung – verbunden mit einer Umstrukturierung der polizeilichen Kompetenzen – sie um jeden Preis verhindern wollten. Nicht um Geld wäre es demnach bei den Massenmorden gegangen, sondern um eine Verunsicherung der Bevölkerung, der dann der Ruf nach einer stärkeren Polizei oder gar nach einer autoritären, zentralistischen Regierung folgen sollte. Dem Verdacht, genährt von unterschiedlichen Informanten und Zeugen aus dem Sicherheitsapparat, wurde niemals ernsthaft nachgegangen.

Der unrühmliche Prozeß gegen die »Bande von Nivelles« geriet 1988 zu einer Farce, die den letzten Rest von Vertrauen in den belgischen Rechtsstaat unterminierte. Hauptangeklagter war der ehemalige Polizist Philippe Cocu. Allerdings kamen nur vier der achtundzwanzig Mordfälle überhaupt zur Anklage, weil die rivalisierenden Ermittlungsbehörden nicht rechtzeitig alle Dossiers hatten vorlegen können. Achtunddreißig unterschiedliche Geständnisse hatten die Tatverdächtigen aus dem kriminellen Milieu unterschrieben und jeweils widerrufen. Internationale ballistische Experten konnten sich nicht einigen, ob die Mordopfer tatsächlich mit denselben Waffen erschossen worden waren, die man bei den Tätern gefunden hatte. Nicht eine einzige Verurteilung wurde erreicht; noch 1996 – vierzehn Jahre nach dem ersten Mord – lobte eine besonders geschädigte Supermarktkette eine hohe Belohnung für Hinweise aus. Zwei parlamentarische Untersuchungskommissionen hatten bereits resigniert. Einziges Ergebnis der Bluttaten im Raster des Rechtsstaates: der freie Waffenverkauf wurde eingeschränkt, die Polizei erhielt schnellere Autos, bessere Waffen, kugelsichere Westen. Für die öffentliche Sicherheit wirkten dergleichen Aufrüstungen jedoch mißlich, wurde doch jedem Bürger deutlich, daß es dem Staat nicht gelungen war, das Gesetz durchzusetzen. Statt dessen wurde nur an der Modernisierungsspirale von Verbrechen und Justiz gedreht.

Die Angehörigen der Opfer gründeten eine juristische Interessengemeinschaft, weil sie – wie später die Eltern verschwundener Kinder – von den Fahndern permanent abgewiesen worden waren und man ihnen Einsicht in die Akten verwehrte. Diese Gruppe Verzweifelter löste sich aber wieder auf, ohne daß je Licht in die mysteriöse Mordserie hätte gebracht werden können. Ein paar Jahre später indes tauchte die Überfallserie von Nivelles im Zusammenhang mit einem anderen spektakulären Kriminalfall auf.

1989 wurde der ehemalige belgische Ministerpräsident Paul Vanden Boeynants in der eigenen Tiefgarage in Brüssel entführt, dreißig Tage gefangengehalten und dann gegen gut drei Millionen Mark wieder freigelassen. Diesmal funktionierte die Fahndung etwas besser. Der mutmaßliche Täter, der gesuchte Schwerkriminelle Patrick Haemers, wurde in Brüssel inhaftiert; zwei seiner mutmaßlichen Mittäter, die unter falschen Namen ein sonniges Leben zu führen gedachten, wurden in einem kolumbianischen Badeort gefaßt und nach Belgien ausgeliefert. Die berüchtigte »Haemers-Bande« wurde aufgrund von Waffen-Vergleichen auch für die blutige Serie von Überfällen in Brabant verantwortlich gemacht.

Bevor es zur Verhandlung kam, überschlugen sich jedoch die Ereignisse; die Brüsseler Unterwelt gab sich nicht so leicht geschlagen. Zuerst mußte 1993 der Prozeß gegen die Bande aufgehoben werden, weil sich nicht genug Geschworene fanden. Das Vertrauen der Bürger, ihr Staat könne sie gegen Racheakte der Kriminellen schützen, war zu diesem Zeitpunkt bereits nicht mehr zu unterbieten. Bald darauf entkamen dann bei einem Massenausbruch aus einem Brüsseler Gefängnis vierzehn Häftlinge, darunter Philippe Lacroix, der als Kopf der Entführer galt. Als der entflohene Gangster überraschend wieder festgesetzt werden konnte, wurde ein Bombenanschlag auf ein Brüsseler Polizeirevier verübt. Dann starb Patrick Haemers, der beim Prozeß die Schlüsselfigur der »Bande von Nivelles« und der Entführer von Vanden Boeynants gewesen wäre. Man fand ihn, unter starkem Rauschmitteleinfluß, erhängt in seiner Zelle.

Noch im Februar 1997 – anderthalb Jahrzehnte nach der ersten Mordtat – veröffentlichte die Polizei in ganz Belgien Phantombilder mutmaßlicher Täter. Damit die Zeugen die verständlicherweise verblaßte Erinnerung auffrischen konnten, wurden sie in Hypnose versetzt, in der sie die schrecklichen Sekunden noch einmal durchleben sollten. Am Tag nach der Tat hatte man auf solche einfachen Maßnahmen noch verzichtet. Darüber, warum es so endlos gedauert hat, diese Phantombilder anzufertigen, gibt es wenig Zweifel. Vor der zweiten Untersuchungskommission – sie sollte, ein beliebtes belgisches Verfahren, vor allem das Scheitern der ersten aufklären – sagten zwei Fahnder aus, sie seien bei ihrer Arbeit vom verantwortlichen Untersuchungsrichter systematisch behindert und regelrecht schikaniert worden. Die beiden Beamten hatten alle Hinweise auf rechtsradikale Kreise, auf Waffenlieferungen libanesischer Falangisten und auf eine neofaschistische Gruppierung im Innern des Polizeiapparates gesammelt und einen vertraulichen Rapport zusammengestellt. Danach wurden sie über längere Zeit im Kollegenkreis eingeschüchtert. Ihre Vorgesetzten entzogen ihnen alle relevanten Fälle. Die staatliche Sicherheit stehe auf dem Spiel, ließ man sie unterderhand wissen. Die Laufbahn der beiden Unbestechlichen endete bei der Verkehrspolizei.

Inzwischen sind immerhin zwei von Haemers' Mittätern verurteilt worden, doch hat dieser Erfolg das Vertrauen in die Justiz nicht übermäßig wachsen lassen. Was ist das für ein Land, wo Schwerkriminelle sogar Spitzenpolitiker einfach in einen Kofferraum verfrachten können? Auf der einen Seite sah es so aus, als sei im Belgien der achtziger Jahre überhaupt niemand mehr seines Lebens sicher. Auf der anderen war auffällig, daß gerade Paul Vanden Boeynants spezielle Erfahrungen mit der Justiz gemacht hatte, die seine Entführung in einem ganz anderen Licht erscheinen ließen.

Vanden Boeynants – festes Regierungsmitglied seit 1967, dabei

1968 bis 1970 zweimal Premierminister und einflußreichster Brüsseler Kommunalpolitiker – war 1982 wegen Steuerhinterziehung in Höhe von zehn Millionen Mark und damit zusammenhängender Urkundenfälschung zu drei Jahren Gefängnis auf Bewährung verurteilt worden. »Sie sind ein notorischer Betrüger«, hatte bei diesem Anlaß der Richter dem Verurteilten, immerhin einem der wichtigsten Nachkriegspolitiker des Landes, ins Gesicht gesagt. Ein paar Jahre später sah es so aus, als sei diese Behauptung eine gründliche Untertreibung gewesen.

1989 veröffentlichte die Illustrierte *Knack* die Beschuldigung, Vanden Boeynants habe vom Waffenkonzern ASCO, einem der notleidenden Industriebetriebe im wallonischen Becken, Schmiergelder in Höhe von nicht weniger als 43 Millionen Mark erhalten. Es war das erste Mal, daß der Vorwurf der Korruption auf höchster politischer Ebene in Verbindung mit Waffenindustrie aufkam. Später sollten dann belgische Minister und Parteifunktionäre im Dutzend über dubiose Geschäfte mit den Flugzeugbauern Agusta und Dassault stürzen. Die Bestechungsklage gegen Vanden Boeynants jedenfalls wurde 1989 während seiner Entführung eingestellt – der Mann hatte schon genug zu leiden. Das Parlament weigerte sich deshalb, die Immunität des Politikers aufzuheben. Weil gleichzeitig auf mysteriöse Weise sämtliche Ermittlungsakten in diesem Fall aus dem Gericht verschwanden, kursierte das Gerücht, der schlaue »VDB« – so sein Spitzname – habe die Entführung nur vorgespiegelt, um der Justiz zu entkommen und auf dunklen Wegen den drohenden Ermittlungen gegen seine Person die Grundlage zu entziehen. Warum auch hatte er nach seiner Freilassung in Nordfrankreich seelenruhig ein Taxi nach Brüssel genommen und die Polizei erst mit mehrstündiger Verspätung alarmiert?

Doch so einfach scheint es nicht gewesen zu sein. Immerhin wurden in diesem Fall Täter ermittelt, einige auch festgenommen und verurteilt. 1990 trat dann der ehemalige Polizist Herman Vernaillen an die Öffentlichkeit und erzählte eine schier unglaubliche Geschichte, die einen Zusammenhang zwischen dem Ex-Premierminister und der »Bande von Nivelles« stiften sollte: Als Polizist hatte Vernaillen wegen Rauschgiftschmuggels und -mißbrauchs gegen den Politiker ermittelt, jedoch resigniert, als auch hier sämtliche Akten verschwanden. Einer der wichtigsten Zeugen gegen Vanden Boeynants in der Bestechungsaffäre wurde bei einem Überfall der »Bande von Nivelles« erschossen, Augenzeugen sagten aus: kaltblütig per Genickschuß hingerichtet. Wenn denn die hohe Politik tatsächlich Kriminelle zur Destabilisierung des Staates morden ließ, dann konnte sie dieses Mittel auch gezielt gegen persönliche Feinde einsetzen. Vanden Boeynants soll in den siebziger Jahren, in denen er kontinuierlich der Staatsregierung angehörte, Sexparties mit Callgirls und viel Kokain organisiert haben. Das sagte eine Dame des florierenden Brüsseler Gewerbes, bekannt unter dem Namen »Madame Maud«, 1990 im belgischen Fernsehen. »Waren unter den von Killern Ermordeten vielleicht noch mehr Leute, die von den Sexorgien der Brüsseler Politprominenz wußten? Mußten sie aus dem Weg geräumt werden?« schrieb damals die deutsche Tageszeitung *Die Welt*, die gewiß nicht verdächtigt werden kann, hinter jedem christdemokratischen Politiker einen Killer zu vermuten. In Belgien löste die These, die Schreckenstaten der »Bande von Nivelles« hätten einen rechtsradikalen Staatsstreich vorbereiten sollen und Paul Vanden Boeynants habe hinter den Taten gestanden, eine Welle von Veröffentlichungen aus und wurde in einem parlamentarischen Untersuchungsausschuß geprüft – ohne Ergebnis. Der Journalist Hugo Gijsels erklärte seine Verschwörungstheorie mit dem Machtverlust der wallonischen Provinzpolitiker, deren mächtigste im fraglichen Zeitraum André Cools und Vanden Boeynants hießen. An einen luxuriösen Lebensstil und politische Allmacht gewöhnt, hätten sie nach dem Zerfall der von ihnen mitkontrollierten Großindustrie auf eine Diktatur gehofft, um weiter am Ruder zu bleiben.

Die Behauptung von »Madame Maud«, bei den besagten Orgien seien auch minderjährige Knaben im Spiel gewesen, bereitete den Boden für die Hysterie im Fall Dutroux Jahre später. Die Belgier trauten ihrer Führungsspitze seither die schlimmsten Verfehlungen zu und waren nur allzu willig, sogleich hinter Dutroux ein Netzwerk von Lüstlingen anzunehmen, das bis in die Regierung reiche. Die Beschuldigungen der Prostituierten gegen den Ex-Premierminister konnten nie bewiesen werden. Das gleiche gilt für die Hintergründe der Entführung, für die Mordserie der »Bande von Nivelles« und den mysteriösen Selbstmord des Bandenchefs. Schon 1992 rehabilitierte ein nichtöffentliches Brüsseler Gericht den vorbestraften Paul Vanden Boeynants in seinen bürgerlichen Rechten; ein eigens verabschiedetes Gesetz gab den Richtern für diesen Gnadenakt die Rechtsmittel in die Hand. Immerhin hatte sich der Sünder reuig gezeigt und war in den letzten Jahren nicht rückfällig geworden… Eine sorglose Pensionszeit als geachteter Staatsmann und Rentner steht ihm bevor. Auf Herman Vernaillen dagegen, der die unglaublichen Beschuldigungen gegen den Ex-Premier öffentlich machte, wurde in der Folge ein Mordanschlag verübt, den er mit seiner Frau nur schwerverletzt überlebte. Sein wichtigster Informant, ein pensionierter Polizist, hatte weniger Glück und wurde ermordet.

Längst nicht nur dieser höchst dubiöse Fall einer Politikerkarriere, die immer wieder mit Schwerkriminalität in Verbindung kam, nährte das Mißtrauen der Belgier, in allen Verbrechen Staatskomplotte zu sehen. Die meisten wichtigen Politiker, zumindest in Wallonien, scheinen nach demselben skrupellosen Schema regiert zu haben. Will man verstehen, weshalb nach Dutroux das ganze Land in Aufruhr geriet, muß man die diversen Vorgeschichten aus dem Dunstkreis von Politik, Sex und Kriminalität in Rechnung stellen. Gründe für die belgische Hysterie gab es also genug, und von weiteren Korruptionsaffären im Rüstungsgeschäft und vor allem vom Mordfall Cools wird an anderer Stelle noch die Rede sein.

Entscheidend für das Verständnis der belgischen Verhältnisse ist jedoch auch eine merkwürdige Art Komplizenschaft der Bevölkerung, die von finsteren Machenschaften ihrer Politiker allzeit etwas ahnt, aber wenig dagegen unternimmt, manche Übeltäter gar mit demokratischen Mitteln belohnt. So wurde Vanden Boeynants, über dessen Lebensführung im kleinen Land die wildesten Gerüchte kursierten, ein paar Jahre nach seiner Verurteilung triumphal in den Brüsseler Gemeinderat gewählt. Nur seine Vorstrafen verhinderten, daß er 1988 zum Bürgermeister von Europas Administrationszentrum wurde. In dieser paradoxen Wahl äußerte sich wieder einmal die eigenwillige Staatsauffassung der Belgier nach Jahrhunderten der Fremdherrschaft: Wenn die Oberen ohnehin korrupt und sittenlos sind, dann hilft kein radikaler Austausch des Personals, sondern nur eine effektive Beteiligung vieler an den halbseidenen Geschäften. An Einsatz für die Belange seiner Stadt, als Stellenbeschaffer und persönlicher Ombudsmann hatte sich der vitale Christdemokrat Vanden Boeynants von keinem Politiker überbieten lassen. Trotz aller Skandale blieb er deshalb bei seiner Basis ungemein populär. Und was das Privatleben, was die Steuererklärung angeht: Belgier sind tolerant und haben es selbst nicht so gern, wenn der Staat sich in diese Belange einmischt. Der Lokalpatriotismus und das stille Einverständnis zahlloser Begünstigter war für den Wahlsieg des gerichtsnotorischen Betrügers entscheidend, zumal Steuerhinterziehung im laxen Belgien ohnedies als Volkssport gilt und als Delikt niemandes Reputation nachhaltig schädigen kann.

Ganz anders als Frankreich mit seiner zentralistischen, effektiven Verwaltungselite oder Deutschland mit seinen Traditionen relativ unbestechlicher preußischer Administration wurde und wird Belgien von den eigenen Bürgern als lästiges Gemeinwesen wahrgenommen: als hierarchischer, starker Staat, der dem Einzelnen nur dann nah ist, wenn er dessen persönliche Interessen vertritt; und als schwacher, lahmgelegter Staat, der nur dann die Zähne zeigt, wenn obskure Grüppchen Mächtiger ohne Legitimität dahinterstecken. Diese Mentalität, der Polizeigewalt alles Schlechte gegen die Interessen der Bevölkerung zuzutrauen, ist den Belgiern geblieben und wohl nur in Sizilien und Nordirland noch ausgeprägter als zwischen Brügge und Lüttich. Die Affären der letzten Jahrzehnte verbanden sich mit der über Generationen tradierten Erfahrung, daß in Belgien den kleinen Leuten keine Gerechtigkeit geschieht.

Gerade die politische Führung des Landes, die munter an der Verunklärung aller staatlichen Macht und an der Behinderung des Polizeiapparates mitarbeitete, hatte offenbar gute Gründe, sich selbst vor einer allzu wirkungsvollen Fahndung in acht zu nehmen. Und der Bevölkerung blieb nur die Möglichkeit, diese Machenschaften hinzunehmen und, wo sie konnte, selbst davon zu profitieren. Gerüchteweise traute sie ihren gewählten Vertretern noch viel Schlimmeres zu als die an die Öffentlichkeit gedrungenen und abgestraften Delikte. Doch bei den Wahlen stärkte sie dann, aus zynischer Einsicht in das schmutzige politische Geschäft, ausgerechnet die schlimmsten Klientelisten. Dieses Klima des stillen Einverständnisses, wenn nur für die eigene Anhängerschaft etwas dabei abfiel, sollte sich erst mit dem Fall Dutroux ändern.

Heute gehört der Brüsseler Schlachthof zum immensen Privatvermögen der Familie Vanden Boeynants. Die politische Karriere, die den dynamischen Metzger zu den höchsten Staatsämtern führte, hat sich gelohnt. Keine Anschuldigung konnte ihn, der gut verankert im Netz der gegenseitigen Hilfestellung saß, fällen. Der alte Herr ist noch 1996 bei einem Prozeß gegen einen seiner Entführer aufgetreten, doch wollte – wie bei der Entführung, von der er wenig mitbekam – sein Hörgerät nicht so recht funktionieren; keine Aussage brachte etwas Nennenswertes zutage. Wenigstens dieses Kapitel in der belgischen Kriminalgeschichte scheint nun ausgesessen, wenn auch das Gerede über Spitzenpolitiker und minderjährige Teilnehmer ihrer Sexparties seither nicht mehr aus der Welt zu schaffen ist. Die Sitten im Fleischgewerbe, Vanden Boeynants' nie verleugneter Domäne und Machtbasis, sind jedenfalls in Belgien verrohter als sonst in Europa – und das will etwas heißen.

Im Februar 1995 war ein hochgestellter staatlicher Veterinär, Karel van Noppen, bei einer Autofahrt von der Straße gedrängt und dann auf einem Feld erschossen worden – eine bezahlte Hinrichtung. Noch am Tag vor seinem Tod hatte Van Noppen, der als unbestechlicher Beamter galt, wie in den Monaten zuvor durch wohlorganisierte und spontane Kontrollen in den Schlachthöfen Flanderns den sogenannten »Hormonbaronen« den letzten Nerv geraubt. Überdies hatte er öffentlich kriminelle Machenschaften großen Stils angeprangert: Schwindel mit der Herkunft von großen Fleischmengen; internationalen Handel mit krebserregenden Hormonen, die das Wachstum des Viehs begünstigen; systematische Korruption bei der Fleischbeschau und, wenn das nicht half, massive Drohungen. Zum Schluß war Van Noppen sicher, einem verzweigten Syndikat von Fleischvergiftern auf die Spur gekommen zu sein.

Der Fall Van Noppen lief ab wie gewöhnlich: Es gab ein Staatsbegräbnis mit großer Anteilnahme der Bevölkerung. Tagelang riefen die fortschrittlicheren Eliten des Landes in Zeitungen und Fernsehen zu einem Fleischboykott auf. Wie immer zeichnete sich ein internationales Komplott ab, dessen Begünstigte bereit waren, über Leichen zu gehen. Dann normalisierte sich die Lage an den Fleischtheken wieder. Gut zwei Jahre später konnte man in Frankreich einen Verdächtigen, einen Waffenhändler mit dem sprechenden Namen Carl de Schutter, sowie einen Komplizen festnehmen. De Schutter gestand, für den Mord an Van Noppen gedungen worden zu sein. Zuerst erkannte er als Auftraggeber einen Fleischgroßhändler aus Flandern, widerrief später aber diese Aussage. Van Noppen hatte gerade in den Tagen vor seiner Ermordung durch hartnäckige Kontrollen den Fleischhändlern erheblichen Schaden zugefügt und die »Hormonmafia« damit unter Druck gesetzt. Die Hintermänner des Mordes, von denen einzig sicher ist, daß sie aus dieser Fleischmafia stammen und daß ihre Geschäfte das Verbrechen allemal lohnten, konnten bisher nicht belangt werden. Die Fütterung belgischer Rinder mit Chemikalien geht unvermindert weiter.

Seit dem Sommer 1995 war die wallonische Bevölkerung wegen einer Kette von brutalen Überfällen auf Geldtransporte in Aufregung. Die Täter gingen auch hier mit ungemeiner Rücksichtslosigkeit zu Werke. Bei mehreren Überfällen in kurzer Folge wurden insgesamt fünf Geldboten getötet, zahlreiche verletzt. Die Vorgehensweise war immer die gleiche: Die gepanzerten Wagen wurden im normalen Verkehr von der Straße gedrängt und dann mit schwerer Munition beschossen, einmal sogar mit einer Panzerfaust. Entweder lieferten die Fahrer die Beute aus, oder sie mußten, in ihren Kabinen gefangen, sterben. Beim letzten Überfall, zwei Tage vor Dutroux' Festnahme, stoppten die Räuber einen Transporter auf der Autobahn, ließen die Ausfahrt von Helfern mit Maschinenpistolen abriegeln und brachen den Geldwagen mit einer Lokomotiven-Ramme auf, die sie auf einen kurz zuvor gestohlenen Lastwagen montiert hatten. Der Fahrer kam dabei ums Leben, der Beifahrer wurde schwer verletzt.

Auffallend war, daß die Polizei auch hier zu spät kam, obwohl der Diebstahl des Lastwagens gemeldet war und eine Eisenbahnramme nicht unbemerkt entwendet und durch die Gegend gefahren werden kann. Wieder einmal beschränkten sich die Verbrechen auf ein überschaubares Gebiet. Bereits nach dem vierten Überfall waren die Geldboten in Streik getreten und hatten polizeiliche Eskorten verlangt; in ganz Belgien gab es tagelang kein Bargeld mehr. Der Innenminister regelte den Geldtransport per Notverordnung. Auf die Idee, die Wagen wie in den Niederlanden mit einem Mechanismus auszustatten, der das Geld im Falle eines Überfalls zerstört und dadurch einen Raub obsolet macht, war in Belgien noch niemand gekommen.

Merkwürdig auch, daß nach Dutroux' Festnahme, die mit der Durchforstung der gesamten Unterwelt von Charleroi und Umgebung einherging, die Überfälle plötzlich aufhörten. Im Februar 1997 fand man in einem Wald bei Namur einen der Räuber; seine Kumpane hatten ihn hingerichtet, weil seine Hinweise zur Festnahme zweier Mittäter geführt hatten. Es folgten einzelne Verhaftungen, dem mutmaßlichen Kopf der Bande, einem Rumänen, gelang die Flucht. Die überstürzte Auflösung der Bande war einer der Gründe, die einen der leitenden Fahnder aus Neufchâteau vor der parlamentarischen Untersuchungskommission zu der Aussage veranlaßten, seine Abteilung habe deutliche Hinweise auf eine Zusammenarbeit zwischen Dutroux' Leuten und den mörderischen Geldräubern entdeckt.

Das Ausmaß krimineller und vor allem politisch motivierter Gewalt in Belgien, das oberflächliche Betrachter so gern als friedlichen Kleinstaat in Kerneuropa verklären, kann sich also durchaus mit den Verhältnissen in Italien messen – mit dem einzigen Unterschied, daß die Polizei in Belgien noch schlechter organisiert und ausgerüstet ist als anderswo in Europa. Schon lange vor der Festnahme von Dutroux war der »Guerre des Flics«, der Krieg der Polizisten, ein öffentliches Faktum. Auch hier spielt wieder der inkonsequente Föderalismus der siebziger und achtziger Jahre eine Rolle: In Belgien gibt es die Reichswacht, Rudiment der zentralstaatlichen Traditionen des Landes. Sie ist ihrerseits in Sonder-Aufklärungsbrigaden unterteilt. Daneben existiert die Gerichtspolizei, die im ganzen Land auf eigene Faust ermittelt und den föderalen Charakter der juristischen Staatsgewalt verkörpert. Darüber hinaus hat jede Gemeinde ihre eigene Gemeindepolizei, die zwar vor allem für Fragen des Straßenverkehrs zuständig ist, aber durchaus auch in Mordfällen an der Ermittlung beteiligt werden kann.

Wie die Kompetenzen zwischen diesen drei Polizeidiensten und diversen Sonderkommissionen verteilt sind, weiß niemand zu sagen. Die Föderalisierung der Staatsgewalt war nach dem üblichen Muster verlaufen: Statt völlig zu reorganisieren, stellte man der Zentralmacht eine regionale, nach Sprachgruppen getrennte Institution zur Seite und programmierte damit einen permanenten Konflikt, der den Staat als Ganzes lahmlegte, auf der anderen Seite jedoch zahlreiche Einflußmöglichkeiten für neue Politiker, Staatsanwälte, Richter schuf. Zwar sind auch in Deutschland die Polizeidienste Ländersache, doch ist hier meist die Zusammenarbeit eingespielt. Bundesrecht bricht im Zweifelsfall Landesrecht. Es gibt ein Bundeskriminalamt, den Bundesgrenzschutz und weitere staatliche Dienste mit genau abgegrenzten Kompetenzen. Auch hier entstehen Grauzonen, die Probleme bei der Abstimmung provozieren; dennoch haben sie nie in vergleichbarem Maße zu Fahndungspannen und spektakulären Mißerfolgen geführt wie der belgische Dauerzustand der blockierten Staatsmacht.

Dieses System gehorcht weder den Regeln des deutschen Föderalismus noch denen des französischen Zentralstaats, und eine pragmatische Tradition wie das britische Gewohnheitsrecht liegt ihm zuallerletzt zugrunde. Belgiens marode Ordnung gleicht im Prinzip der Konstruktion, nach der momentan das neue vereinte Europa mit der Hauptstadt Brüssel aufgebaut wird: Neben die Kompetenzen des alten Staates tritt eine künstliche neue Struktur, deren Funktionsweise sich noch erproben muß. Die Aufgabenverteilung ist vage und wird undemokratischen Kommissionen und fernen Richterzirkeln überlassen. Am Ende ist die nationale Regierung zwar noch existent, jedoch de facto entmachtet. Eine aufgeblähte Administration, die sich gegen Interessenverbände und Kriminalität nicht durchsetzen kann, ist die Folge. Gestärkt werden Lobbyismus, unkontrollierbare Politikerkasten und dubiose Geschäftemacherei. Während die Schulden ins Unermeßliche wachsen, hält nur mehr eine künstliche Währung das Gebilde zusammen, mit dem sich längst schon niemand mehr identifiziert. Staatsanwalt Michel Bourlet hatte also allen Grund, vor einem verfilzten Polizeiapparat und Verästelungen in höchste Kreise auf der Hut zu sein, als er im August 1996 aus Neufchâteau aufbrach, um zwei kleine Mädchen aus Dutroux' Kerkern zu befreien.

Daß es hier um ein eingespieltes und mächtiges Netzwerk internationaler Bandenkriminalität gehe und keineswegs um einen perversen Einzeltäter, glaubten viele Belgier offenbar schon gleich bei der Verhaftung Dutroux'. Zuerst waren es nur intuitive Vermutungen, die sich auf die schlechten Erfahrungen der vergangenen Jahre gründeten. Dann kamen die Fakten an den Tag. Daß die Polizei von Charleroi der Schwerkriminalität in ihrem Bezirk – gelinde ausgedrückt – nicht gewachsen war, hatte sie bereits vor aller Augen bewiesen. Doch bei der Untersuchung von Dutroux' Vorleben kam ein Ausmaß von polizeilicher Schlamperei ans Tageslicht, das sogar eine stillschweigende Duldung der Kindermorde durch die Polizei möglich erscheinen ließ. Warum, so fragten Plakate und Zeitungen im ganzen Land, hatte der frühere Justizminister Melchior Wathelet, christdemokratischer Parteifreund von Paul Vanden Boeynants, den verurteilten Kinder-Vergewaltiger Dutroux 1992 wieder freigelassen, obwohl die Gefängnisleitung dagegen votiert hatte und er erst 1989 zu dreizehn Jahren und sechs Monaten verurteilt worden war?
    Das positive psychologische Gutachten hatte ein achtundsiebzigjähriger Psychiater erstellt, den Dutroux selbst hatte auswählen können. Die Begleitung des Freigelassenen durch Bewährungshelfer und Psychologen verlief in gegenseitigem Einvernehmen. Erst aus den Nachrichten erfuhren die zufriedenen Therapeuten, daß ihr Klient sein Gewerbe inzwischen wiederaufgenommen und verfeinert hatte. Mindestens vier Mädchen hat diese Sorglosigkeit das Leben gekostet.

Obendrein kam durch die akribische Auflistung von Bourlets Fahndern aus Neufchâteau heraus, daß Dutroux nach seiner Verurteilung wiederholt in den Genuß von Hafturlaub ohne jede Überwachung gekommen war. Die Ermittler mußten bei der Suche nach möglichen weiteren Verbrechen nun also auch Dutroux' mehrtägige Ausflüge in Rechnung stellen. Sein neuer Lebensstil mit mehreren Autos, diversen Eigenheimen, regelmäßigen Reisen nach Osteuropa und Südamerika war offenbar niemandem aufgefallen. Auch daß der Sozialhilfeempfänger, der mit Frau und drei Kindern rund viertausend Mark Unterstützung im Monat kassierte, für seine Grundstücke und regelmäßigen hohen Geldzahlungen keine Steuern entrichtete, erschien in der Gesellschaft, in der er lebte, ganz normal. Trotz seiner gerichtsnotorischen Gewalttätigkeit war Dutroux von 1994 bis Ende 1995 im Besitz eines Waffenscheins, den ihm die örtliche Polizei nach Recht und Gesetz niemals hätte ausstellen dürfen. Und daß ein solcher Mann sich einen Bagger anschafft und vorwiegend nachts seine Gärten und Hinterhöfe für undurchschaubare Renovierungsarbeiten durchpflügt, beunruhigte weder Bewährungshelfer noch Nachbarn.

Der wegen der Entführung von mehreren Mädchen vorbestrafte Dutroux geriet erst spät ins Fadenkreuz der Fahndung. Bis zur Entdeckung der wahren Zusammenhänge war den verschiedenen Behörden nicht klar, daß die verschwundenen Mädchen An, Eefje, Julie und Mélissa, später dann Laetitia und Sabine auf denselben Täter zurückgehen könnten. Über die Fakten der einzelnen Entführungen waren die Ermittler nicht zentral informiert. Es scheint, als habe Dutroux die sprichwörtliche Verstocktheit der jeweiligen Behörden in Flandern und Wallonien regelrecht eingeplant. Er schlug im gesamten Land zu, immer in unterschiedlichen Gerichtsbezirken: Lüttich, Brügge, Tournai, Brüssel, Neufchâteau.

Ende 1995 organisierte die nationale Reichswacht, bei der seit kurzem eine eigene Sonderkommission für verschwundene Kinder – es ging um rund dreißig bis vierzig Fälle – existierte, eine große Fahndungsaktion unter dem Decknamen »Othello«. Wer immer auf diesen opernhaften Namen gekommen ist, muß wenig Phantasie gehabt haben, denn man wußte ja im voraus, daß es sich hier keineswegs um einen eifersüchtigen Schwarzen handelte, der seine Ehefrau erstochen hat. Immerhin geriet auch Marc Dutroux irgendwann in die Rasterfahndung der »Othello«-Polizisten. Seine Akte wurde geprüft, im Dezember 1995 wurde sein Haus in Marcinelle, einem Vorort von Charleroi, zweimal durchsucht.

Die daran beteiligten Polizisten sagten hinterher aus, sie hätten gar nicht genau gewußt, wonach sie eigentlich suchen sollten. Einige hatten angenommen, es gehe um Autodiebstahl. Wohl aus Angst vor undichten Stellen in den eigenen Reihen, hatte man in Brüssel die Operation so geheim vorbereitet, daß entscheidende Informationen verlorengingen – oder verlorengehen sollten. Obwohl die Eltern immer gefleht hatten, bei Hausdurchsuchungen dabeisein zu dürfen, damit die Kinder ihre Stimmen erkennen, durchkämmten nachlässige Beamte ohne Begleitung das winzige Anwesen des Verdächtigen. Bei ihrem zweiten Besuch hörten die Polizisten sogar das Weinen von Kindern, ließen sich aber von Dutroux mit dem Hinweis auf die eigenen Kleinkinder abspeisen. Zu diesem Zeitpunkt saßen, wie man heute weiß, Julie und Mélissa im Kellerkerker.

Keine ermittelnde Staatsanwaltschaft, ob in Lüttich oder Brügge, war von der Zentralstelle über sämtliche bekannten Fakten unterrichtet worden. Jede Staatsanwaltschaft und auch jede Polizeistelle suchte weiter verbissen für sich und hielt entscheidende Kenntnisse zurück. Ein Fax aus Charleroi an die Fahnder in Grâce-Hollogne und die Lütticher Untersuchungsrichter, die nach Julie und Mélissa suchten, kam nie bei den zuständigen Stellen an und wurde erst anderthalb Jahre später gefunden. Darin wird vor einem gewissen Marc Dutroux gewarnt, der Keller baue, um darin entführte Kinder gefangenzuhalten. Noch im Oktober 1995 bat ein Polizeikommissar aus Charleroi um einen Bericht über die Verdächtigen der angelaufenen »Othello«-Fahndung. Als städtischer Fahnder hätte er seinen alten Bekannten Dutroux sehr wahrscheinlich mit den gewonnenen Kriterien in Verbindung bringen können. Doch sein eigener Untergebener, der übrigens auch die Haussuchung bei Dutroux vorgenommen hatte, weigerte sich, in diesem Zusammenhang irgend etwas schriftlich niederzulegen. So wurde weder aktenkundig, daß man im Hause Dutroux für einen Privathaushalt ungewöhnliche gynäkologische Gerätschaften – ein Spekulum und Vaginalsalbe – gefunden hatte, noch, daß sie beschlagnahmt worden waren, noch, daß ein Polizist sie hinterher dem Verdächtigen gegen jedes Recht wieder daheim vorbeigebracht hatte. Selbst bei der Befragung durch die Untersuchungskommission wollten die drei an der Hausdurchsuchung beteiligten Beamten ihre Notizen nicht vorzeigen – obwohl im Gegenzug sogar ihre eigenen Wohnungen durchsucht und ihre persönlichen Banksafes kontrolliert wurden. Und auch der vorgesetzte Kommissar konnte nicht sagen, warum seine eigenen Leute Dutroux nicht in die Akten aufnehmen wollten. Vielleicht habe es mündliche Befehle von höherer Stelle gegeben, vielleicht von einem Staatsanwalt.

Diese Aussage – und sie ist nur eine von zahlreichen ähnlichen – wirft ein bezeichnendes Licht auf die Art und Weise, wie die belgische Polizei ermittelte. Der »Krieg der Polizisten« schlug bis auf die untersten Dienststellen durch. Alle hüteten eifersüchtig ihr Wissen und ihre jeweiligen Informanten. Gab es Unstimmigkeiten oder Widersetzlichkeiten, dann schrieb man das dem institutionalisierten Durcheinander der Hierarchien zu und fragte nicht weiter. Monate später kam heraus, daß die Zusammenarbeit gemischter Polizeieinheiten vom Gesetz genau geregelt ist – und zwar so, daß sie nicht reibungslos funktionieren kann. Selbst wenn einem Kommissar der Gerichtspolizei ein Angehöriger der Reichswacht zugeordnet wird, darf er ihm keine Befehle erteilen, und selbst der leitende Untersuchungsrichter kann sich der autarken Reichswacht gegenüber nicht durchsetzen. Wie sich ein Polizist angesichts derart ominöser Befehlsstrukturen verhält, ist letztlich ihm selbst überlassen. Ebenso undurchsichtig scheint die Reichswacht bei der Weitergabe brisanter Hinweise vorgegangen zu sein, die das Leben der Mädchen hätten retten können. Auf der anderen Seite knauserten Untersuchungsrichter mit Durchsuchungsbefehlen, weil sie glaubten, auf diese Weise einen besseren Informationsfluß erzwingen zu können. Solche gegenseitigen Obstruktionen konnten Monate dauern – Monate, in denen immer neue Opfer entführt und ermordet wurden.

Kein Wunder, daß ein solcher Polizeiapparat gegen organisierte Kriminalität nicht bestehen kann. Als Michel Bourlet Dutroux verhaftete, schrieben mißgünstige Staatsanwälte diesen Coup reflexartig dessen guten Verbindungen zur Reichswacht zu: Bourlet, so äußerten sie öffentlich, habe eben von der Zentrale Informationen bekommen, die bisher allen Fahndern vorenthalten worden seien. Seither hat es mehrere wechselseitige Durchsuchungsaktionen bei verschiedenen Polizeicorps gegeben, was die künftige Zusammenarbeit sicher nicht befördert hat.

Doch auch das systematische Durcheinander bei der Polizei kann die beiden schlimmsten Fahndungspannen nicht zureichend erklären. Am 5. November 1995 – Julie und Mélissa saßen seit Monaten in Marcinelle im Kerker, An und Eefje waren bereits ermordet und verscharrt – befreit sich ein halbwüchsiges Mädchen aus einem Kellerverlies in einem von Dutroux' Häusern. Dutroux und seine Helfershelfer hatten das Kind zusammen mit zwei anderen Jugendlichen in Jumet – gleichfalls ein Vorort der Industriestadt Charleroi – betäubt und gefesselt festgesetzt. Während einer nächtlichen Abwesenheit eines Bewachers kommt das Mädchen zu sich, kann zu Nachbarn entkommen und Alarm schlagen. Als die Polizei anrückt, ist der Wächter wieder zurück, kann aber nach einem Schußwechsel fliehen. Die Beamten finden zwei völlig benommene und gefesselte Jungen vor und können auch sogleich den Besitzer des Hauses ausfindig machen: Marc Dutroux, zu dieser Zeit einer der Hauptverdächtigen der Operation »Othello«, von der jedoch nur wenige Polizisten wissen.

Dutroux wird festgenommen und erklärt, die drei Jugendlichen aus der Nachbarschaft hätten ihm bei einem Autodiebstahl geholfen, später aber auf eigene Rechnung gearbeitet. Deshalb habe man ihnen einen Denkzettel verpassen wollen. Der Mieter des Entführungshauses, ein gewisser Bernard Weinstein, bleibt verschwunden. Nun gehen im Gericht von Charleroi merkwürdige Dinge vor sich: Dutroux wird nicht wegen Geiselnahme oder Freiheitsberaubung, sondern allein wegen Autodiebstahls in einem Schnellverfahren zu drei Monaten Haft verurteilt, die er Anfang 1996 absitzt. Niemand fragt, warum ein Mann, der bereits wegen Entführung und Vergewaltigung Minderjähriger bestraft wurde, drei Jugendliche in einem seiner Häuser gefangenhält, womit er sie betäubt hat und was er mit ihnen vorhatte. Die Sache wird schlicht nicht weiterverfolgt. Zudem hätte nun nach einer erneuten Straffälligkeit, und sei es wegen Autodiebstahls, Dutroux' Bewährung verfallen müssen; über sechs Jahre Haft standen noch aus. Aber auch hier macht das Gericht von seinem Ermessensspielraum Gebrauch: Dutroux stehe diesmal wegen Diebstahls, also einem ganz andersartigen Delikt, vor Gericht; in Wahrheit aber stimmt das Delikt gespenstisch mit den früheren Verbrechen überein. Doch Dutroux wird groteskerweise wie ein harmloser Kleinkrimineller behandelt. Auch nach Bernard Weinstein, der noch immer nicht wiederaufgetaucht ist, fragt niemand. Dutroux oder seine Helfer haben ihn zu diesem Zeitpunkt bereits in Marcinelle im Keller eingesperrt, weil er nach der Gefangensetzung der Jugendlichen abzuspringen drohte. Noch bevor er seine erneute Haftstrafe antreten muß, wird Dutroux – so sagt er später aus – Weinstein betäuben und lebendig im Garten in Jumet verscharren.

So unfaßbar das Versagen der Polizei in diesem Fall auch ist – damit ist noch lange nicht das Ende der vermeintlichen Pannen erreicht. Dutroux scheint in diesen Novembertagen trotz der Fahndung, die ihm gilt, jede Hemmung verloren zu haben. In Obaix, ebenfalls in der Nähe von Charleroi, kommt es am 22. November zu einem grauenhaften Sexualdelikt. Ein siebzehnjähriges Mädchen wird mit einem Auto entführt, mit vorgehaltenem Messer zu oralem Sex gezwungen und anschließend mit Chloroform betäubt. Dann fährt sie der Täter in einen Wald, wo er ihr die Kehle durchschneidet. Nur durch einen Zufall wird das Mädchen entdeckt und kann, lebensgefährlich verletzt, mit knapper Not überleben.

Nun müßten eigentlich bei der Polizei in Charleroi alle Alarmglocken läuten. Wieder ein entführtes, mit Chloroform betäubtes Mädchen, wieder im Industriegürtel der Stadt. Der Täter, den man zwei Wochen zuvor geschnappt – und wieder freigelassen – hatte, ist als Sexualverbrecher vorbestraft. Eigentlich eine Kombinationsaufgabe, die selbst einen sporadischen Krimileser unterfordern würde. Zudem wohnt Dutroux' Mutter in Obaix, ist allerdings mit ihm heillos zerstritten, weil ihr Sohn sich das Haus der Großmutter in einem äußerst ruppigen Erbprozeß erkämpft hatte. Schon im September hatte die Mutter einen Brief an das Gericht in Charleroi geschrieben, ihr Sohn sei möglicherweise für Entführungen von Mädchen verantwortlich. Auch hierauf erfolgte keine Reaktion. Später sollte sich herausstellen, daß Dutroux am besagten Tag tatsächlich in Obaix Erdarbeiten ausführte. Doch von alldem erfuhren die Fahnder in Sachen Vergewaltigung und Mordversuch nichts. Diesmal landete das Dossier nicht bei der Reichswacht, sondern bei der Gerichtspolizei, die – so heißt es dort heute – von niemandem über den hochgefährlichen Mitbürger informiert worden war. Man wußte nichts von der Entführung zwei Wochen zuvor, nichts vom Brief der Mutter, nichts von der »Operation Othello«. Es war, als hätte man alle Ergebnisse in den Mülleimer geworfen. Doch nicht einmal das stimmt: Ein hinzugezogener Angehöriger der Reichswacht gab bei einem Arbeitstreffen zu Protokoll, das Verbrechen erinnere ihn stark an die Vorgehensweise des Marc Dutroux in den achtziger Jahren. Aber auch diesem Hinweis ging niemand nach. Warum nicht?

Statt dessen wurde tags darauf, während das Mädchen noch mit dem Tode rang, ein Augenzeuge verhört, der dem unmaskierten Täter Auge in Auge gegenübergestanden hatte. Bis heute hat sich kein Protokoll dieses Verhörs durch einen »Polizisten in Zivil«

gefunden, man weiß nicht einmal, um wen es sich handelt. Dem erfolglos verhörten Zeugen wurden erst Tage später im Polizeigebäude Photos von möglichen Tatverdächtigen gezeigt, darunter auch alte Bilder von Dutroux, der aber mit Bart und Brillenwechsel sein Aussehen inzwischen total verändert hatte. Aktuelle Aufnahmen gab es nicht. Auch auf eine Laboruntersuchung, die womöglich Haare oder Fasern von der Kleidung des Täters hätte sichern können, wurde verzichtet mit der zynischen Begründung, das Mädchen sei ja nicht »richtig« vergewaltigt worden. Zu einer Hausdurchsuchung bei Dutroux kam es nicht. Eine Beamtin des Gerichts sagte später aus, sie hätte sich vergeblich um einen Durchsuchungsbefehl bemüht. Gleichzeitig leugnete sie im Untersuchungsausschuß, daß die Polizei ihr Dutroux als Hauptverdächtigen genannt habe. Warum es schließlich keine weiteren Nachforschungen gab, liegt im dunkeln. Inzwischen ist die Beamtin des Meineids verdächtig.

An diesem entscheidenden Punkt hätte Belgiens nationale Tragödie in letzter Sekunde wenigstens gemildert werden können: Bei einer Durchsuchung in Marcinelle wären Julie und Mélissa den Beamten förmlich an der Haustür entgegengekommen, weil ja Bernard Weinstein im Keller saß und dort auf seinen Tod wartete. Als man drei Wochen später doch noch in Marcinelle auftauchte, hatte es den Anschein einer Routine-Untersuchung. Auf technisches Gerät wie Wärmedetektoren oder Baupläne des Hauses wurde verzichtet. Bis heute ist der Fall von Obaix nicht aufgeklärt, eine Anklage wurde nicht erhoben.

So unglaublich es klingt, es gab noch weitere Hinweise: Ein Informant aus der Unterwelt wollte von Dutroux selbst gehört haben, er baue an Gefängnissen, um dort Mädchen einzusperren, die er nach Osteuropa verkaufen wollte. Diese Aussage kam bei den meisten ermittelnden Staatsanwaltschaften – immerhin wurde zu der Zeit nach rund dreißig verschwundenen Kindern gesucht – niemals an. Sogar der Preis für ein Kind, rund dreißigtausend Mark, wurde damals in Charleroi auf offener Straße herumerzählt und fand auch Eingang in Polizeiprotokolle. Dennoch fiel der Täter immer noch nicht auf. Selbst Anfragen, ob Dutroux als Täter für die Entführung von Sabine Dardenne im Mai 1996 in Frage komme, landeten bei der Polizei von Charleroi, doch diese wiegelte ab: Nach zwei erfolglosen Haussuchungen sei nichts mehr zu erwarten.

Im nachhinein erscheint es, als hätte es Dutroux damals auf seine Verhaftung förmlich angelegt. Brutaler und sorgloser kann ein Mörder eigentlich nicht vorgehen. Auf welche Hinweise hat man im Gerichtsgebäude der Stadt, wo letztlich über zwanzig belastende Informationen gegen diesen Mann zusammenliefen, noch gewartet? Wahrscheinlich wäre Dutroux sogar freigelassen worden oder mit einer Anzeige wegen Falschparkens davongekommen, wenn man ihn mit einer Kinderleiche am Baggerloch auf frischer Tat ertappt hätte. Er genieße »eisernen Schutz«, soll Dutroux zu Gestalten aus der Unterwelt mehrmals geäußert haben.

Genau davon ist Staatsanwalt Michel Bourlet fest überzeugt: Marc Dutroux, sagt er aus, hat aktiven Schutz in den Kreisen der Polizei von Charleroi genossen. Zu lang ist die Folge der Schlampereien, zu merkwürdig die Kette der Zufälle. Wenn Bourlet recht hat, dann wäre es wohl das erste Mal in der Geschichte, daß ein Massenmörder auf die Mithilfe der Polizei zählen konnte. Die Spekulationen, warum das möglich wäre, sind vielfältig. Ein gewöhnlicher Autoschieber kann nicht ein ganzes Gericht kaufen. Entweder, so meinen viele Belgier, zeigt sich am Polizeischutz für den Mörder, in wie einflußreiche Kundenkreise sein Kinderhandel reichte. Dann hätten mächtige Hintermänner gezielt die Hand über Dutroux gehalten. Oder aber das ganze System war ohnehin vollkommen verrottet, und es bedurfte nur der alltäglichen Nachlässigkeiten, um den Teilhaber am kriminellen Geschäft immer wieder herauszupauken. Beide Versionen klingen unglaublich, doch wie soll man sich die Geschehnisse anders erklären? Mit einem Schutzengel für den Mörder? Bis heute weigern sich entscheidende Figuren der Fahndung in Charleroi, vollständige Auskunft über ihr Vorgehen zu geben oder haben sich in heillose Widersprüche verwickelt. Schon ein paar Tage nach der Festnahme von Dutroux wird Bourlets Amtskollege Thierry Marchandise aus Charleroi einem strengen Verhör unterworfen. Doch ein Unterlassen von Maßnahmen, für das es immer Gründe gibt, als aktive Hilfestellung zu beweisen ist fast unmöglich.

Ein Kommissar, gegen den bereits ein Ermittlungsverfahren wegen Kontakts zur organisierten Kriminalität lief, wird immerhin für längere Zeit verhaftet. Dieser Georges Zicot wirft noch einmal ein anderes Licht auf die Aktivitäten von Dutroux und seinen Leuten. Wie schon bei der Geiselnahme dreier Jugendlicher Anfang November geht es hier um Autodiebstahl.

Schon Ende 1994 war die Kölner Kriminalpolizei einer Serie von

Autodiebstählen auf der Spur. Im ganzen Rheinland, vor allem aber im Kölner Raum, verschwanden nachts teure Wagen vom Typ BMW oder Porsche. Nachdem man besondere Polizeistreifen eingerichtet hatte, wurden kurz hintereinander fünf Autodiebe gefaßt, allesamt aus Belgien, allesamt aus der Gegend von Charleroi. Erste Geständnisse führten bei den deutschen Fahndern zu der Erkenntnis, daß es sich hier um eine hochprofessionelle Bande handeln mußte, die auch in Frankreich, Luxemburg und den Niederlanden operierte. Möglicherweise wurden Nacht für Nacht etwa vierzig Diebe zentral aus Charleroi ausgesandt, um jenseits der offenen Grenzen Beute zu machen. In La Louvière, einem heruntergekommenen Industrieort bei Charleroi, wurden die Wagen mit falschen Papieren ausgestattet und nach ganz Europa weiterverkauft. Der Hafen von Antwerpen genießt ohnehin seit Jahren den Ruf, Drehscheibe für die Verschiffung in Europa gestohlener Autos Richtung Osten zu sein; von mehreren Dutzend Wagen täglich ist die Rede.

Die Kölner Polizei konnte nun in ihren Akten Adressen einiger schwarzer Werkstätten und sogar ein paar Vornamen der Hintermänner vorweisen, darunter ein gewisser »Marc«. Doch als die deutschen Beamten in Charleroi auftauchten, wurden sie von einer Dienststelle zur anderen verwiesen und mußten schließlich unverrichteter Dinge wieder nach Hause fahren. Den belgischen Kollegen erschienen ihre Erkenntnisse als »zu vage«, um Ermittlungen einzuleiten. Rolf Behrends, Leiter der Kölner Fahnder, sagte im Juli 1995 in einem Zeitungsinterview mit der *Kölnischen Rundschau*, es sei seinen Leuten trotz größter Anstrengungen nicht gelungen, die belgischen Kollegen dazu zu bewegen, gegen die Bande von Autodieben vorzugehen. Die Zusammenarbeit mit den Belgiern sei, gelinde ausgedrückt, unbefriedigend. Immerhin ließen die Diebstähle in der Folgezeit nach, wohl wegen des Fahndungsdrucks.

Erst ein gutes Jahr später erkannten die abgeblitzten Kölner Polizisten zufällig im Fernsehen eine der Adressen wieder, die man ihnen seinerzeit als Werkstätte der Autodiebe genannt hatte, wohin sie aber niemals vorgelassen wurden. Es handelte sich um das Haus in Jumet, wo die Leichen von An und Eefje vergraben waren. Offenbar waren in den Monaten zuvor auch Polizeibehörden aus Luxemburg bei dem Versuch, gestohlene Autos in Charleroi zu finden, auf Granit gestoßen. Immer hieß der Verbindungsmann für die Fahndung Kommissar Georges Zicot. Am Ende reisten ausländische Polizisten sofort ab, sobald bei einem Treffen dieser Kollege anwesend war, der augenscheinlich für die andere Seite arbeitete. Georges Zicot erwies sich als guter Bekannter von Marc Dutroux. Bis heute streitet Zicot, dem seit Jahren Verbindungen zur Mafia nachgesagt werden, alle Vorwürfe ab. Er habe nur einmal ein Auto bei Dutroux reparieren lassen. Das sei alles. Er und zahlreiche seiner Kollegen halten die Anschuldigungen lediglich für einen Racheakt verfeindeter Dienststellen.

Michel Bourlet nahm den illegalen Autohandel rund um Dutroux und unter Mitbeteiligung staatlicher Stellen sehr ernst. Hier vor allem könnte der Beweis liegen, daß es sich nicht allein um eine kleine Gruppe perverser Päderasten mit höchst geheimen Abnehmern für Pornovideos und lebende Kinder, sondern um eine große kriminelle Organisation handelt, die mit allen Mitteln zu verhindern versucht, daß das Verfahren weitere Kreise zieht. Im Februar 1997 gab einer der verantwortlichen Fahnder von Neufchâteau, Jean-Pierre Verduyckt, vor der staatlichen Untersuchungskommission seine Einschätzung ab, in welcher Größenordnung sich die kriminellen Geschäfte rund um Dutroux bewegten. Die Unterwelt Walloniens sei ein vielköpfiger Drache mit Dependancen bei diversen staatlichen Stellen, auch bei der Polizei – und zwar mit »Korruption auf allen Ebenen, die Justiz inbegriffen«. Dutroux sei nur ein Rädchen in einem viel größeren Getriebe. Die bisherigen Erkenntnisse wiesen auf Zusammenhänge zu anderen Verbrechen wie eben der Autoschieberbande mit ihrer professionellen Logistik, zum organisierten Frauenhandel mit Osteuropa, aber auch zu den mörderischen Überfällen auf Geldtransporte, die mit Dutroux' Verhaftung plötzlich aufgehört hatten. Überhaupt unterschätze man das Ausmaß der organisierten Kriminalität im Europa der offenen Grenzen schändlich. Auf welche Weiterungen Dutroux' Reisen nach Osteuropa hindeuten, ist noch offen und wird es vielleicht für immer bleiben.

Nur weil Dutroux offenbar im Gefühl der Unverwundbarkeit handelte, stellte er alle Vorsicht hintan und ließ damit das ganze Syndikat doch noch auffliegen. Handelte es sich bei ihm um einen krankhaften Einzeltäter, wäre sein Lebenswandel mit zahlreichen Immobilien und Reisen schwer zu erklären. Wer hinter der perfekt organisierten Gesellschaft stand, wer die nötigen Papiere, das Bargeld beschaffte, wer Dutroux regelmäßig hohe Summen überwies, ist bis heute unklar. Solche großen Unbekannten hat Staatsanwalt Bourlet wahrscheinlich gemeint, als er versprach, die Ermittlungen bis zum Ende durchzuführen – »wenn man mich läßt«.

Die Frage der Reorganisation eines maroden Polizeisystems, von dem gewisse kriminelle Kreise in Politik und Polizei selbst profitieren, wird für Belgien in den nächsten Jahren zu einer Sisyphusaufgabe. Wie der junge Justizminister Stefaan de Clerck die Mannstärke unterbesetzter Kommissionen erhöhen, wie er die Zusammenarbeit verbessern und wie er die dringend erforderliche Einheitspolizei – zumindest für Schwerverbrechen – schaffen will, weiß er nicht. Er weiß nur, daß dies die vordringlichste politische Aufgabe der Zukunft sein wird. Vielleicht, so schreiben Strafrechtler und professionelle Beobachter in den belgischen Medien, ist der Kampf gegen die organisierte Kriminalität im Herzen Europas schon verloren. Im Frühjahr 1997 zeigen sich jedenfalls erste Ermüdungserscheinungen: Die große Brüsseler Finanzkriminalität und sogar das Verfahren gegen den Mitverdächtigen Michel Nihoul können nicht mehr im gebotenen Maß verfolgt werden. Die aufwendige Fahndung nach Dutroux und Co. beginnt den Polizeiapparat bereits nach ein paar Monaten zu lähmen. Das ist es wohl, was der »Krieg der Polizisten« auf lange Sicht den Bürgern bescheren wird: Die Polizei führt Krieg gegen sich selbst, während die Kriminellen Krieg führen gegen die Bevölkerung.

Im strukturschwachen Landstädtchen Neufchâteau zählt die Polizei wenigstens mit 350 Mitgliedern der Sonderkommission Dutroux zu den größten Arbeitgebern. Hier hat man über viertausend Gegenstände wie Kinderkleidung, Spielzeug, Geschirr aus den Wohnungen Dutroux' untersucht. Die Spurensicherung ist überzeugt, daß sich mindestens sechs weitere Mädchen – fünf aus Belgien, eines aus den Niederlanden – zwischen 1976 und 1994 in der Gewalt der Bande befunden haben und ermordet worden sind. Auf dem großen stillgelegten Zechengelände von Jumet, das von Dutroux' Anwesen aus zu Fuß zu erreichen ist, wird seit Ende 1996 unentwegt der Boden Zentimeter für Zentimeter umgegraben, stoßen Höhlenexperten in immer neue, verlassene Stollen vor; irgendwo müssen die Kinder geblieben sein. Doch letztlich wirkt diese Anstrengung wie die Suche nach einer Stecknadel im Heuhaufen. Vielleicht wird nie Näheres über das Schicksal einiger Opfer der Bande bekannt. Die wichtigen Fragen aber, wer die Kunden dieser Verbrecher waren, wer die Logistik lieferte, auf welchen Wegen ein Schwerkrimineller wie Dutroux seine Beziehungen zum Fahndungsapparat aufbauen konnte – diese Fragen aufzuklären bedeutet zugleich, den belgischen Staat zu reformieren. Sollte Michel Bourlet nicht an die Hintermänner herankommen, sollte man ihn die Sache nicht bis zum Ende aufklären lassen, sollte er nicht wenigstens die schlimmsten Befürchtungen über einen kriminellen Kraken bis hinauf zur Regierung widerlegen können, dann wird das Land auf lange Zeit hin wie betäubt sein. Alle Gerüchte werden dann unmerklich zu Wahrheiten, denn das Kinderpornomilieu, die Abnehmer von Gewaltvideos, gibt es ja. Der belgische Staat, der zur Jahrtausendwende ins vereinte Europa eingeht, wäre dann nicht mehr als ein Popanz. Dem kriminellen Filz – wie ihn Dutroux' Mitverdächtiger Nihoul verkörpert – würde endgültig jeder zutrauen, daß er es ist, der in Belgien in Wahrheit regiert.

4. Kapitel

Ein Königreich für Kinder

Die Fakten der Affäre Dutroux sind schlimm genug. Die Wirkung der Verbrechen in der Öffentlichkeit – und zwar weltweit – hängt aber darüber hinaus von den archetypischen Konstellationen ab, in denen sich die Geschehnisse abspielten. Kein Ereignis ist mehr in der von Medien erklärten Welt unabhängig von den Bildern, in denen es wahrgenommen wird. Dutroux ist der diabolische Kinderverführer, vergleichbar dem Rattenfänger von Hameln oder der Hexe aus »Hänsel und Gretel« – ein Monstrum, das atavistische Ängste freisetzt. Seine Opfer wurden in den Traueransprachen von Verwandten und den populären Medien zu Märtyrerinnen oder Engeln verklärt, die für die Sünden des Gemeinwesens unschuldig geopfert wurden. Connerotte und Bourlet kommen die Rollen der edlen Ritter und ihrer modernen Variante, der Krimi-Kommissare, zu, die allein gegen das Böse streiten. Eine biographische Skizze über Connerotte trägt sogar den Titel »Der weiße Ritter«. Die Eltern erinnerten mit ihrem vergeblichen Anrennen gegen das mitleidlose Establishment an Aschenputtel, das nach unsäglichen Leiden sein Recht bekommt. Nihoul ist die böse, nicht greifbare Spinne im Netz, und als solche hat ihn Paul Marchal in seiner Ansprache bei der Totenmesse für seine Tochter auch bezeichnet. Sämtliche Teilnehmer des Dramas spiegelten populäre Mythen wider, die man auch auf der Südhalbkugel des Planeten, in Asien oder Amerika verstand. Anders wäre es nicht zu erklären, daß Fernsehteams aus aller Welt in Charleroi und Neufchâteau auftauchten, daß das Magazin der *New York Times* der Affäre Dutroux eine achtseitige Reportage widmete. Das alptraumhafte und ausweglose Kinderdrama, in das ganz Belgien nach dem Sommer 1996 hineingerissen wurde, verlangte förmlich nach einer königlichen Instanz, an welche sich die Verfolgten und Betrogenen wenden konnten, wie es die erzähltechnischen Regeln des Genres gebieten. Was unternahm der König von diesem Gruselgeschichtenland?

Als Dutroux verhaftet wurde und in den Wochen danach befand sich Albert II., König der Belgier, zusammen mit der Königin im Urlaub in Südfrankreich. Dennoch war ein guter, sorgender Monarch in der Hysterie der ersten Tage gegenwärtig: der tote Baudouin, der 1993 verstorbene Bruder des aktuellen Throninhabers. Nach der Auffindung von Laetitia und Sabine im Keller von Dutroux meldeten sich katholische Gebetskreise zu Wort und verkündeten, ihre Bitten an den gleichsam als Heiligen verehrten letzten Monarchen seien erhört worden. Der asketische Wohltäter und Kinderfreund Baudouin, dem selbst kein Nachwuchs beschert worden war, hatte in ihren Augen wie ein Heiliger des Mittelalters das Wunder ermöglicht. Spontan sammelten sich noch mehr Verehrer als üblich an seinem Grab in der Brüsseler Hofkirche Nôtre-Dame von Laeken, wo sich ohnehin schon eine Art neokatholischer Heiligenkult entwickelte. Während im Vatikan die Seligsprechung des Glaubenseiferers Baudouin vorbereitet wurde, kam jeder Hinweis auf ein himmlisches Wunder gerade recht. Konnte es ein Zufall sein, daß die Mädchen ausgerechnet an Mariä Himmelfahrt wieder ans Tageslicht geholt wurden, wo doch der gute König Baudouin stets eine besondere Marienfrömmigkeit an den Tag gelegt hatte? Dergleichen kühne Erklärungsversuche bezeugen nicht nur das Klima, das im Land nach der Aufdeckung von Dutroux' Taten herrschte, sie sind auch ein Zeugnis für die Verknüpfung des kriminellen Geschehens mit dem Schicksal des belgischen Staates an sich.

Der im Jahr 1930 geborene Baudouin hatte sich vor allem in den letzten Regierungsjahren vor seinem Tod stark der charismatisch-katholischen Bewegung zugewandt, auch von Kontakten zur innerkirchlichen Sekte Opus Dei war die Rede. Als Baudouin am 3. April 1990 ein Gesetz über Schwangerschaftsabbruch hätte unterzeichnen sollen, trat er aus Gewissensgründen für einen Tag von seinen Amtsgeschäften zurück und ermöglichte der Regierung mit diesem Trick, das Gesetz gegen den Widerstand des Staatsoberhauptes in Kraft treten zu lassen. Dieser asketisch lebende Monarch, der mit seiner gleichfalls glühend katholischen spanischen Frau keine Nachkommen bekam, hatte es in den sechziger und siebziger Jahren mit immer sittenloseren, korrupteren Politikern zu tun und mußte mit ansehen, wie diese das Land systematisch aufteilten, sich dabei eine Unzahl neuer Posten zuschanzen konnten und auch sonst hemmungslos bereicherten.

Viele Belgier erinnerten sich, daß seit dem Tod Baudouins, der über vierzig Jahre lang geherrscht hatte, kein Ereignis die Menschen im ganzen Land derart bewegt hatte wie das Drama um die verschwundenen Kinder. Wohl auch deshalb hingen Ende August 1996 und in den Monaten danach unzählige belgische (und nicht wallonische oder flämische) Flaggen in den Fenstern von Privatleuten, deshalb fanden sich an zahlreichen Fahrzeugantennen die schwarzgelbroten Standarten des Patriotismus. Unter dem Eindruck der Katastrophe, die im ganzen Land Opfer gefordert hatte, begriffen sich Flamen und Wallonen plötzlich wieder als Belgier. An den Autoscheiben, die nach Baudouins Tod dessen Photo mit der stolzen Aufschrift »Ich bin Belgier« geziert hatte, prangten nun die Portraits von An, Eefje, Julie und Mélissa.

Folgerichtig rückte auch das Königshaus in das Blickfeld, das nahezu einzige verbliebene Band zwischen den beiden Landesteilen. Wenn der Monarch im Augenblick der Krise auch nicht greifbar war – es gab immer noch seinen Bruder in der königlichen Krypta. Als König Albert dann Ende August braungebrannt aus dem Urlaub zurückkehrte, kam er in ein anderes Land als das verschlafene Belgien, das er zu Beginn der Reisesaison verlassen hatte. Die Bürger ließen kein gutes Haar an Albert, sein Verbleib im Urlaub wurde ihm durchweg als Herzlosigkeit angekreidet. Erst später setzte der Hof die hilflose Version in die Welt, der König habe sich mit dem Premierminister über den Fall beraten, und beide hätten sich bewußt zurückgehalten, um im Sinne der Gewaltenteilung die Arbeit des Gerichts nicht zu behindern. Doch das war nur noch Schadensbegrenzung. Harsche Kritik an der vermeintlichen Teilnahmslosigkeit des Monarchen wurde sogar in den Medien geäußert. Man erinnerte daran, daß der Königspalast auf die Petitionsbriefe verzweifelter Eltern lediglich mit nichtssagenden und eher kühlen Standardbriefen geantwortet hatte. Bei der Beerdigung von Julie und Mélissa war kein Vertreter des Hofes anwesend, weil die Eltern keine reservierten Plätze für die staatlichen Instanzen bereitstellen wollten. Der adlige Flügeladjutant hätte irgendwo im Kirchenschiff bei den einfachen Leuten sitzen müssen. Das ging nicht. Wäre das Königspaar in diesen Tagen öffentlich aufgetreten, man hätte es gnadenlos ausgepfiffen.

Wahrscheinlich hat der Aufruhr im Herbst 1996 den König ebenso überrascht wie die Parteipolitiker. Doch man kann ihm nicht vorwerfen, er habe nicht reagiert, sobald er den Ernst der Lage in seinem ganzen Ausmaß begriff. In den ersten Verlautbarungen nach der Rückkehr aus dem sonnigen Süden ging Albert über die üblichen Beileidsbekundungen weit hinaus. Er forderte eine gründliche Aufklärung der Versäumnisse und berief ein Komitee zum Kinderschutz, das sich nicht nur mit der Kinderpornographie, sondern auch mit den Inzestverhältnissen befassen sollte, die Kinder in ihren Familien schädigen. In einer ganzen Serie von Audienzen wurden Eltern vermißter oder ermordeter Kinder im Schloß von Brüssel empfangen. Später dann organisierte das Königspaar einen Runden Tisch mit den Eltern verschwundener und ermordeter Kinder und machte sich stark für das polizeiliche Zentrum für verschwundene Kinder, das es auch ostentativ besuchte. Gino Russo, der Vater der ermordeten Mélissa, erzählte, der König habe ihn gebeten, ihn jederzeit direkt und persönlich aufzusuchen, falls die Ermittlungen wieder behindert würden.

Als dann nach und nach die Ermittlungspannen und die unerklärliche Langmut des Rechtsstaates mit Dutroux ans Licht kamen, ging der König, über die symbolische Hilfe hinaus, noch einen Schritt weiter: In zwei öffentlichen Ansprachen über die »nationale Tragödie«, die direkt über Fernsehen und Rundfunk ausgestrahlt wurden, geißelte er die kaltherzige Behandlung der Eltern und kritisierte damit indirekt die Justiz. Zudem versprach der König, den Justizapparat fortan von außen zu überwachen und Konsequenzen aus dem Versagen staatlicher Organe zu ziehen: »Wir haben versagt, wir konnten die Sicherheit unserer Kinder, eine der Hauptaufgaben des Staates, nicht gewährleisten.« Das Scherbengericht des Staatsoberhauptes gegen seinen eigenen Staat rief sogleich Verfassungsexperten auf den Plan. Ein konstitutioneller Monarch ist zu politischen Initiativen eigentlich nicht berechtigt; Kontrolle und Reform des Justizwesens unterliegen einzig und allein dem Justizminister. Belgiens führender Staatsrechtler warnte, der König könne mit seinen Ankündigungen seine Kompetenzen überschritten haben. Falls er nachher für seine Reformversprechen nicht einstehen könne, drohe ein noch größerer Vertrauensverlust der Bürger. Der König stilisierte sich sehr bewußt und unter hohem Risiko zum Anwalt der Mühseligen und Beladenen und zog damit erneut Kritik auf sich: Zu welchem Staatsverständnis soll das führen, schrieb ein Jurist, wenn der Bürger alle Politiker für Verbrecher hält und nur noch dem König vertraut, der aber nichts zu sagen hat? Die Gefahr, angesichts der Kinderfänger in die infantile Welt einzutauchen, in der nur noch ein Märchenkönig die Kräfte des Bösen bezwingen kann, war nicht von der Hand zu weisen. Immerhin wurde, weil es Wichtigeres zu tun gab und weil kein Politiker gegen die populären Initiativen des Königs in die Bresche springen mochte, in Belgien eine Verfassungskrise abgewendet.

Zur selben Zeit geriet die schwedische Königin Silvia unter Beschuß, weil sie sich bei der Eröffnung der UN-Konferenz über Kindesmißbrauch in Stockholm über die Liberalität empört hatte, mit der das schwedische Gesetz den Besitzern von Kinderpornographie begegnet. Daß dieses Delikt in Schweden straffrei bleibt, sei eine Angelegenheit des Gesetzgebers, also des Parlamentes, kommentierten die schwedischen Medien unisono. Das Königshaus habe sich, bei aller berechtigten moralischen Empörung, in den staatsrechtlichen Prozeß nicht einzumischen. Als Albert seine kühnen Ansprachen hielt, herrschte jedoch, anders als in Schweden, bereits eine tiefe Krise des Rechtsstaates. Kein Politiker wagte es öffentlich, dem Monarchen sein Engagement vorzuwerfen, mit dem er plötzlich wieder zur moralischen Instanz geworden war, eine Rolle, die der König auch dadurch zu verdeutlichen suchte, daß er stets mit seiner Frau, Königin Paola, gemeinsam auftrat und sie sich damit selbst der Öffentlichkeit als Elternpaar präsentierten. Die Aufdeckung der grauenvollen Dutroux-Affäre, erklärte der König seinen Untertanen, müsse »Anlaß für einen moralischen Neubeginn und eine gründliche Mentalitätsveränderung sein«.

Kaum jemand wollte sich zu diesem Zeitpunkt daran erinnern, daß Albert und Paola als sorgendes Elternpaar nicht gerade den Eindruck einer Musterfamilie hinterlassen hatten. Lange lebten sie getrennt; vor allem dem damaligen Prinzen Albert, einem Liebhaber schneller Motorräder und des Luxus, wurde ein laxer Lebenswandel nachgesagt. Der heutige Thronfolger, Kronprinz Philippe, soll sehr unter der Trennung seiner Eltern, die erst kurz vor der Thronbesteigung nach Baudouins Tod wieder zusammenfanden, gelitten haben. Während der Ära seines Bruders hatte der lockere Albert als Mittelsmann für die belgische Wirtschaft gedient. So kam durch seine Vermittlung ein Geschäft im Wert von mehreren hundert Millionen Mark zustande, bei dem eine belgische Anlegergesellschaft Krankenhäuser in Saudi-Arabien bauen sollte. Nachdem das Konsortium 1979 pleite gegangen war, kamen die üblichen Praktiken zur Einfädelung solcher Geschäfte ans Tageslicht: professionell organisierte Sexparties mit Callgirls, wüste Gelage mit den saudischen Geschäftspartnern und Schmiergeldzahlungen von mindestens zehn Millionen Mark an belgische Vermittler. Wie üblich ermittelte ein Untersuchungsrichter, wie üblich ohne konkretes Ergebnis. Die Angelegenheit erwies sich als eine jener zahlreichen halbstaatlichen Aktionen in der Geschichte Belgiens, die einzig die private Bereicherung von Privilegierten zum Ziel hatten. Seinerzeit mußte der Premierminister den Prinzen Albert vor dem Parlament in Schutz nehmen, weil er nach dem glorreichen Scheitern des ersten gleich noch ein zweites belgisches Konsortium nach Arabien vermitteln wollte, obwohl ihm dies der Außenminister, diplomatisch verbrämt, untersagt hatte.

Sein wenig populäres Vorleben konnte der König in der Affäre Dutroux schnell vergessen machen, weil er als einzige staatliche Instanz echte Emotionen zu zeigen imstande war und über das gesetzlich notwendige Minimum an Aktionismus und Phraseologie hinausging. Wenn er von einem »moralischen Neubeginn« sprach, hatte der König dabei vielleicht sein eigenes Erscheinungsbild im Sinn. Zum einen sind seine hektischen Aktivitäten also wohl auf echte Bestürzung über das Schicksal der geraubten Kinder zurückzuführen. Darüber hinaus aber muß man bei Hofe schnell begriffen haben, daß es möglicherweise in einigen Jahren kein Königreich für den König mehr geben würde, wenn er sich jetzt nicht an die Spitze der Reformer stellte, wenn er jetzt nicht seine Stimme als Beschützer der Schwächsten erhob. Das Königreich Belgien erwies sich in der Krise um Dutroux als ein höchst wankendes Gebilde, das nur wie durch ein Wunder die zahlreichen Katastrophen und Krisen seiner anderthalb Jahrhunderte währenden Geschichte überstanden hatte. Sich ohne eigenes Zutun auf ein weiteres Wunder zu verlassen und damit die Regierungsverantwortung dem toten Bruder Baudouin in der Königsgruft zu überlassen schien Albert II. zu wenig. Dutroux konnte, wenn Albert nichts unternahm, der Tropfen sein, der das Faß zum Überlaufen brachte. Und tatsächlich läßt sich wenig gegen die Deutung vorbringen, daß die ambivalente belgische Nation einzig deshalb noch existiert, weil sie vom Königshaus symbolisch zusammengehalten wird. Das Land war von Anfang an ein Kunstprodukt, das von der Kreativität seiner Führung lebte.

Belgien ist aus einer Oper entstanden. Am Abend des 25. August 1830 erlebte »Die Stumme von Portici« des Franzosen Daniel François Esprit Auber in Brüssel ihre Premiere, ein Werk, das einen neapolitanischen Volksaufstand aus dem sechzehnten Jahrhundert zum Thema hat. Von soviel romantischer Hitzköpfigkeit angesteckt, so geht die Legende, breitete sich die Revolution gegen den niederländischen König Willem I. in dem Land aus, das später unter dem Namen »Belgien« zu den europäischen Mächten gehören sollte. Bald darauf bekamen die alten »spanischen Niederlande«, die Landschaft zwischen Nordsee, Maas und Ardennen, eine eigene Verfassung und einen eigenen Monarchen. Einen Staat in diesen Grenzen hatte es indes noch nie gegeben. Schon für den Namen mußte man auf die Bezeichnung eines undeutlich umrissenen Gebietes durch Julius Cäsar zurückgreifen, von dem auch die Altphilologen, die sich damit befaßten, nicht wußten, wo genau es gelegen hatte.

Die Existenz des Gemeinwesens, das 1830 geschmiedet wurde, hing lange Zeit am seidenen Faden. Der Auslöser der Unabhängigkeit erscheint im nachhinein seltsam vage: Der niederländische König, erst seit dem Wiener Kongreß von 1815 Herr über Belgien, wollte das öffentliche Leben »niederlandisieren«, bei den Flamen ihr angestammtes Idiom als Gerichts- und Politiksprache auch in offiziellen Funktionen wiederbeleben und den Einfluß des Französischen zurückdrängen. Doch schon vor 1830 hatte er diese Pläne weitgehend wieder zurückgenommen. Historiker haben später auf den konfessionellen Unterschied zwischen Belgien und den Niederlanden hingewiesen, der auch zu einer Differenz der Mentalitäten geführt habe: Der Norden ist überwiegend calvinistisch, der Süden durchweg katholisch. Doch die Grenze der beiden Staaten stimmt nicht mit der Religionsgrenze überein. In Brabant und dem niederländischen Limburg rund um Maastricht leben katholische Mehrheiten, doch verblieben diese Gebiete bei Holland. Bis heute trägt die Grenze zwischen den beiden Ländern den Charakter des Zufälligen.

Karl Marx, der von 1845 bis 1848 mit persönlicher Genehmigung des ersten belgischen Königs, Leopolds I., in Brüssel wohnte und hier seine »Deutsche Ideologie« schrieb, hat aus eigener Anschauung mitbekommen und dargelegt, daß es bei der Gründung Belgiens weder um Sprach- noch um Religionsfragen ging. In Wahrheit befreite sich in den industrialisierten südlichen Niederlanden – nach französischem Vorbild – die junge Klasse der Industriellen von historischen Herrschaftsbindungen und schuf sich einen Staat von eigenen Gnaden. Belgien, eine Frucht kühler Kalkulation, wurde in der Folge zum Musterland des modernen Kapitalismus.

Neureiche Unternehmer und liberale Politiker, die noch von Napoléons Großreich und den expansiven Möglichkeiten dessen riesigen Marktes geprägt waren, hatten bald die Grenzen des niederländischen Staatsverbandes erkannt. In Amsterdam zehrte man auskömmlich von den Kolonien in Indonesien, man trieb seit Jahrhunderten Handel auf bewährten Märkten und etablierte sich als Mittelstaat zwischen den beiden Großmächten Preußen und Frankreich. Der Hafen Antwerpen hätte mit den angestammten Welthäfen in Amsterdam und Rotterdam auf Dauer in harte Konkurrenz treten müssen. Die belgischen Gebiete südlich der großen Flüsse standen in keinem lebendigen Kontakt zu den Metropolen im Norden, wohingegen sich in Richtung Frankreich beste Gewinnmöglichkeiten boten. Eine Industrie, die auf Absatzmärkte in Rotterdam und Groningen beschränkt blieb, konnte nicht gedeihen. Paris und die Grande Nation bis zum Mittelmeer lockten das Kapital. Die Eliten in Brüssel, Lüttich und Antwerpen wollten das freigekommene Gebiet deshalb zuerst dem prosperierenden Frankreich der Bürgerkönige anschließen. Hier hatten sich die neureichen Kriegsgewinnler der napoleonischen Zeit des bourbonischen Königshauses endgültig entledigt und sich mit dem Bürgerkönig Louis Philippe einen zahmen Herrscher von ihren Gnaden gesucht. In das *enrichissez vous*, das große Bereicherungsspiel, das nach 1830 in Frankreich einsetzte, sollten die entstehenden Industriegebiete von Lüttich und Charleroi einbezogen werden. Antwerpen war der Handelshafen, der Frankreich an der Nordküste gefehlt hatte.

Doch der Anschluß Belgiens an Frankreich scheiterte am Einspruch Großbritanniens, das sich die Früchte des militärischen Sieges über Napoléon nicht im Frieden aus der Hand nehmen lassen wollte. Nicht einmal einen Verwandten aus der napoleonischen Familie des französischen Königs akzeptierten die Briten auf dem belgischen Thron. Denn ein unabhängiger belgischer Staat mit eigenem Monarchen schien nun den europäischen Mächten als die beste Lösung. Ein unbefriedigender Kompromiß, an dem letztlich alle verdienen sollten, stand somit an der Wiege des belgischen Staates – eine Konfliktlösung, die den Staat im guten wie im bösen bis heute prägen sollte. Die Financiers und Industriellen, die Großkaufleute und Bergwerksaktionäre von Belgien machten sich auf die mühselige Suche nach einem Monarchen, damit jener dem künstlichen Staat so etwas wie Legitimität verschaffte. Man fand ihn schließlich im Fürsten Leopold von Sachsen-Coburg-Gotha, der als Verwandter des englischen Königshauses auf seinen weitläufigen Gütern in Großbritannien lebte und zuerst nicht so recht wußte, ob er die Krone des neuen politischen Gebildes akzeptieren sollte. Für die Großmächte stellte dieser Mann den idealen Kandidaten dar: Er war Großbritannien verpflichtet, stammte aus Deutschland, bedrohte die Niederländer nicht und gewährte den belgischen Kapitalisten, den eigentlichen Staatsgründern, völlige Handelsfreiheit in Richtung Frankreich.

Doch das Land, welches er sich anschickte zu regieren, blieb wie sein Monarch auf Dauer eine merkwürdige Mischung: Kulturell und wirtschaftlich zum französischen Einzugsgebiet zählend, sprach über die Hälfte der Bevölkerung ein urtümliches Niederländisch, über dessen Bäuerlichkeit die frankophilen Eliten nur die Nase rümpften. Antwerpen, die größte Stadt, wurde zum wichtigen Seehafen der entstehenden preußischen Industr.ereviere an Ruhr und Rhein. England aber stand bei alldem wachsam Pate und gewährte der jungen Nation schließlich sogar eine gewaltige Kolonie in Afrika. Alle Existenzprobleme, die den belgischen Staat auch in der Affäre Dutroux erschüttern sollten, waren von Anfang an gegenwärtig. Kulturell war das Land zwischen Flamen und Wallonen zweigeteilt, doch viel tiefer reichte die Zweiteilung der Bevölkerung in die kleine Gruppe reicher Bourgeois und die Überzahl von Bauern. Die flämischen Bauern sollten in der Folge die Berg- und Stahlwerke von Charleroi und Lüttich am Laufen halten. An der Regierung und am Geldverdienen wurden sie nicht beteiligt. Im Gegenteil: Die neue administrative Elite in Brüssel wurde in weiten Teilen des Landes als Fortsetzung der jahrhundertelangen Fremdherrschaft aus eigenen Mitteln aufgefaßt. Das einzige Gesetz, das auch für die kleine Oberschicht galt, war das der hemmungslosen Geschäftemacherei und Spekulation. Die Identität Belgiens war unter diesen Voraussetzungen, ebenso wie sein Grenzverlauf, erheblich künstlicher als die anderer europäischer Jungnationen des industriellen Jahrhunderts, etwa Italiens, Deutschlands oder Ungarns.

Deshalb hing Belgien die ersten Jahre seines Bestehens am Tropf anderer. Ohne Hilfe ging es nicht. Nachdem das Heer der Niederländer, die sich mit dem Verlust der reichen Provinz nicht abfinden wollten, im August 1831 schon bis nach Brüssel vorgedrungen war, wurde es von einem französischen Hilfskontingent zurückgeschlagen. Fortan wurde die neue Nation ganz unverhohlen als eine Art Filiale des französischen Bürgerkönigreiches geführt. Offizielle Einheitssprache war Französisch; die Währung hieß und heißt bis heute »Franc« und wurde über Jahrzehnte vom Pariser Bankhaus

Rothschild gestützt und bewertet. König Leopold heiratete eine Tochter des französischen Königs und gewährte absolute Zollfreiheit nach innen und außen. Die Gründung Belgiens als künstliche, ahistorische Freihandelszone gleicht insofern auffällig dem Europa des Maastrichter Vertrages: Das Kapital bekam seinen maßgeschneiderten Markt, ohne auf historische und demographische Bindungen länger Rücksicht nehmen zu müssen. Die Aristokratie wurde ins Geldverdienen eingebunden, das rechtlose Proletariat ohne Ansehen seiner Sprache umgesiedelt. Die Demokratie, die ja auch in der Europäischen Gemeinschaft weitgehend lahmgelegt ist, funktionierte in Belgien nach 1830 nach dem Zensuswahlrecht, was den reichen Unternehmern eine komfortable Mehrheit im Parlament sicherte.

Aus dem Geist des expansiven Kapitalismus heraus Grenzen zu überwinden – die *raison d'être* des neuen Europa – stand auch an der Wiege Belgiens. Weil er die künstlichen Grenzen im Norden nicht akzeptieren wollte, versuchte Napoléon III. noch 1866, Belgien dem französischen Reich kurzerhand juristisch einzugliedern, scheiterte damit aber am Widerstand Preußens und Großbritanniens. Doch der Staat spielte ohnehin keine entscheidende Rolle bei Belgiens Entwicklung; es war vielmehr seine Abwesenheit, die einen industriellen Boom ohnegleichen nach sich zog. Jeder konnte handeln, wo und wie er wollte, jeder konnte sich ansiedeln, wenn er nur die neuesten Dampfmaschinen mitbrachte. Die Ausfuhren gingen über ein entstehendes Kanal- und Eisenbahnnetz, das Wallonien lange zur dichtesten Industrielandschaft des europäischen Kontinents machen sollte, nach Paris. Aus Wallonien kam der Stahl für die Balkone der Haussmann-Boulevards, Belgien lieferte die Kohle für die Öfen der Weltmetropole, im Ardennenbad Spa traf sich die Pariser Schickeria zur Sommerfrische.

Die Familie Cockerill, die bereits 1799 aus Lancashire in Wallonien ankam und in Verviers nahe Lüttich eine Tuchmanufaktur mit modernen Webmaschinen begründete, lieferte das beste Beispiel, wie sich in Belgien ein industrielles Imperium aufbauen ließ. Noch heute trägt die Stahlindustrie von Lüttich den Namen der Familie. Gino Russo, der Vater von Mélissa, ist angestellt bei dem Konzern Cockerill-Sambre. Unter Napoléon konnte der Stammvater dieser Dynastie zum französischen Heereslieferanten von Uniformen aufsteigen. Verviers wurde mit immer innovativeren Webmaschinen zu einer blühenden Tuchstadt mit Zehntausenden von Arbeitern.

Die zweite Generation der Cockerills investierte in den Bergbau und die Stahlerzeugung. Die Metalle der Ardennen ließen sich mit der Kohle aus Charleroi und Lüttich ideal verhütten. Nach 1830 mußten solche Industriebarone nicht einmal mehr Rücksicht auf einen störrischen König in Holland nehmen. Man gründete schon 1822 die »Société Générale«, die Investitionsbank, in der auch das neue Königshaus 1830 Sitz und Stimme bekam und das bis heute weite Teile der belgischen Industrie kontrolliert. Dieses Gremium in Brüssel war weit wichtiger als alle staatlichen Institutionen, weshalb die Belgier von Anfang an lernten, den Staat nicht besonders wichtig zu nehmen und sich auf informelle, ökonomische Einflüsse zu konzentrieren.

Als der einflußreiche flämische Publizist und Vertraute mehrerer Premierminister, Manu Ruys, 1996 in seinem Buch »Hinter der Maskerade« die Machtzentren von Belgien beschrieb, begann er mit der Hochfinanz rund um die »Société Générale«, dann folgten die politischen Parteien, dann mit weitem Abstand die Kirche und Gewerkschaften. Regierung und Parlament standen am Ende der Skala. Seit 1988 wird die »Société Générale« wieder von Paris aus kontrolliert, ohnehin beläuft sich der Auslandsanteil an der belgischen Wirtschaft auf weit über fünfzig Prozent und spiegelt die Internationalisierung des europäischen Kernlandes lange vor der Aufhebung der Nationalstaaten wider. Bis in die Gegenwart blieb in Belgien die ökonomische Identität wichtiger als die nationale, die die meisten Bürger von Beginn an als ungemein künstlich und beliebig empfunden haben müssen.

Die belgische Gründungsgeschichte wird kaum irgendwo so eindrucksvoll deutlich wie im Grand Hornu, einer aufgelassenen Kohlenmine zwischen Mons und Charleroi – eine trostlose Gegend unweit des Ortes, wo Dutroux Julie und Mélissa verscharrt hat –, ein europäisches Notstandsgebiet mit einer Arbeitslosenrate von über vierzig Prozent, von dem aber niemand Notiz nimmt. Daß Dutroux hier lange unkontrolliert gestohlene Autos und Mädchen transportieren konnte, ist kein Zufall. Das Gebiet ist heruntergekommen, geprägt von abgetakelter Großindustrie. Hier, wo Belgiens Geschichte begann und der Reichtum für anderthalb Jahrhunderte produziert wurde, kam es nach dem Ende dieses Reichtums folgerichtig zum Tiefpunkt der nationalen Geschichte. Heute ist der riesige ovale Platz, den Maschinenräume und Lager einfassen, leergefegt. Kein Maschinist geht im Grand Hornu mehr zur Arbeit, kein Bergmann fährt unter Tage. Der französische Selfmademan

Henri De Gorge hat diese einzigartige Industriesiedlung 1820 gegründet – eine Saga, wie von Emile Zola ausgedacht. Es ist die Saga des belgischen Staates.

Ein früherer Heereslieferant Napoléons auch er, führte De Gorge seine Grube als Patriarch. Der Patron wohnte in seiner Parkvilla, zu der sich ein großer Platz öffnete. Rundherum zogen sich in ehrfurchtgebietender Distanz wie mit dem Lineal gezogen die Arbeiterhäuschen, die heute noch bewohnt werden. Nur Arbeit gibt es keine mehr. De Gorge sorgte seinerzeit für alles: Er hatte in die Grube investiert, er zahlte für die Schürfrechte an den niederländischen Thron, er belieferte seine Arbeiter durch eine eigene Gesellschaft mit Lebensmitteln und Möbeln und schöpfte damit weite Teile des Lohns wieder ab. Der Patron bot Möglichkeiten zur Taubenzucht und zum Musizieren in diversen örtlichen Kapellen. Eine Kirche gab und gibt es in dem Ensemble nicht. De Gorge war ein Freigeist, verhaftet den Werten der Französischen Revolution. Bei der Gründung Belgiens wurde er sofort liberaler Senator in Brüssel und nutzte die alten Verbindungen aus napoleonischen Zeiten zum Kohlenhandel mit Frankreich. Die alte Maschinenhalle von Grand Hornu wirkt heute mit ihren Riesensäulen, Apsiden und Stufenaufgängen wie die Ruine einer romanischen Kathedrale. Diese Verwandtschaft hat der Architekt bewußt angelegt. Die Industrie war die neue Religion, die Belgien Sinn geben sollte. Andere, bessere Seinsgründe konnte die Geschichte nicht liefern.

Seit der Staatsgründung bekamen Künstler, Dichter, vor allem aber Historiker die Aufgabe zugewiesen, dem künstlichen Staat eine Identität zu erfinden. Man führte den eigenen Stammbaum zurück auf den Gallierhäuptling Ambiorix, den Julius Cäsar in seinem »De bello gallico« erwähnt und dessen frei erfundene Monumentalskulptur bis heute im flämischen Tongeren, der ältesten Stadt Belgiens, den Marktplatz schmückt. Man stürzte sich auf Merowinger und Karolinger, die einen doppelten Vorteil boten: Ihr Stammland lag irgendwo zwischen der Ile de France, dem Rheinland und Lothringen, also *praeter propter* dort, wo sich heute Belgien erstreckt. Und sie hinterließen eine spärliche Menge von Quellen, die jedwede Ausdeutung im Sinne der jungen Nation erlaubte. Karl der Große, dessen Geburtsort man in Herstal bei Lüttich lokalisierte, war demnach ein Belgier. Der große Historiker Henri Pirenne, gestorben 1935, hat in seinen Büchern verzweifelt versucht, dem im Ersten Weltkrieg beinahe ausradierten Land eine historische Ahnengalerie zu verschaffen, wenigstens mit den Mitteln der Kultur. Sein burgundisches Belgien ist als fruchtbares Mischland zwischen Germanen und Romanen das Kernland der mittelalterlichen Kultur – die Keimzelle Europas. Das war zwar schwer zu widerlegen, reichte aber angesichts wachsender Spannungen zwischen Flamen und Wallonen kaum aus, eine starke staatliche Identität in den Herzen der Bürger zu begründen.

Schließlich setzte sich der moderne Industriestaat aus höchst heterogenen Territorien zusammen, deren plötzlichen Zusammenhang die Errichtung und Bemannung von zahlreichen Kohlenminen, Stahlwerken und Tuchfabriken nicht unbedingt erklären konnten. Die entscheidende Grenze des europäischen Mittelalters, die Scheidelinie zwischen Heiligem Römischem Reich und der französischen Krone, verlief mitten durch Belgien. Aber nicht etwa so, daß alle wallonischen Gebiete zu Frankreich und alle flämischen zum römischen Kaiser gehörten. Es war – wie immer in Belgien – viel verwickelter. Ausgerechnet Flandern, das wichtigste Stammland der niederländischen Sprache, gehörte lehensrechtlich zu Frankreich, während das mächtige Fürstbistum Lüttich, das seit den Römern zur Einflußsphäre der romanischen Kultur zählte, dem Deutschen Reich angehörte. Die Krönung des deutschen Königs in Aachen fand auf dem Grund des Lütticher Bischofs statt. Eigentlich wurden die verstreuten Gebiete erst Mitte des fünfzehnten Jahrhunderts von den ehrgeizigen burgundischen Herzögen zusammengeraubt und -geheiratet, als in Frankreich wie Deutschland das Königtum zu machtlos war, um im alten lotharingischen Pufferland zwischen den Reichen die eigene Hoheit durchzusetzen. Diese zusammengesammelten Niederlande fielen 1477 durch dynastische Zufälle an die Habsburger, die erst von Spanien, dann von Wien aus hier herrschten. Im Norden spaltete sich Holland kriegerisch ab, im Süden fielen Lothringen und die Grafschaft Arras an Frankreich. Im Osten wurde das Großherzogtum Luxemburg selbständig. Was zufällig übrigblieb, war Belgien. Kaum in ihrem Teil der »Niederlande« zusammengedrängt, sahen sich die Menschen, die wir heute »Belgier« nennen, von Spaniern regiert. Doch weder gehörten sie zu Spanien noch zu den Niederlanden. Die coburgische Dynastie von 1830 in ihrer Allianz mit dem französischen Kapital stellt deshalb kein bejubeltes Ende einer langen Durststrecke ohne Nation dar, sondern nur den Beginn einer neuen Fremdherrschaft unter anderem Namen.

Das regionale, städtische Bewußtsein ist darum die einzige Basis der Identität geblieben. Noch heute wird ein Lütticher sich nicht als Belgier und auch nicht als Wallone, sondern als Lütticher zu erkennen geben. Die Antwerpener blicken zurück auf eine Geschichte als Handelsgroßmacht, auf Rubens und Van Dyck und schauen auf limburgische Bauern, die jetzt mit ihnen in Flandern vereint sind, nur geringschätzig herab. Die Ardennenbewohner sehen sich historisch zugehörig zu Luxemburg – ihre Provinz innerhalb Belgiens heißt sogar bis heute so. Weshalb zwischen Charleroi und Lille, zwischen Tournai und Arras eine Grenze liegen soll, kann kein Franzose und kein Belgier erklären. Und die deutschsprachigen Bewohner der Ostkantone um Eupen wissen auch nicht so recht, wohin sie kulturell gehören – nach Deutschland, nach Luxemburg? Darum konnte sich auch im Dutroux-Skandal die Kirchturmpolitik der einzelnen Gerichtsbezirke, der einzelnen Polizeidienste so lange behaupten: Man fühlt sich schon den Bürgern der Nachbarstädte nicht mehr verpflichtet. Der Staat, der nach außen nur künstliche, völlig durchlässige Grenzen hatte und hat, ist nach innen von einem Netz gegenseitiger Abschließung durchzogen. Der Nationalstaat, der Europas Geschichte seit 1789 prägt, hat sich hier niemals durchgesetzt. Belgien ist – was das transnationale Europa angeht – archaisch und zukunftsweisend zugleich. Man hängt hier nicht mehr an der nationalen Identität, weil man nie bis zu ihr gelangt ist. Mit genau denselben schwachen Identitäten wird das Europa von Maastricht gebaut: Die Außengrenzen sind willkürlich nach Kriterien des Marktes gezogen und versammeln eine vollkommen heterogene Gruppe von Regionen. Weil die neue *raison d'être* einzig im frei flottierenden Kapital ohne sonderliche soziale Ethik begründet liegt, ziehen sich die Bewohner bereits jetzt auf ihre angestammten regionalen Bindungen zurück. Wie Belgien nach 1830 eine seelenlose Nation der Kirchtürme zu werden drohte, wo sich kein Staatsbürger aus Einsicht in den Zusammenhalt der Nation um den anderen kümmerte, so wird die EU allenfalls zu einer zusammenhanglosen Organisation von Regionen gedeihen. Weil aber die alten nationalen Strukturen weiterbestehen und in ihrer Kompetenz nicht gegenüber der neuen übernationalen Ordnung abgegrenzt werden können, entsteht zwangsläufig ein heilloser Wirrwarr. Der Staat funktioniert nicht und treibt die Menschen in neofeudale Klientelstrukturen – religiöse Gemeinschaften, neonationale, fremdenfeindliche Bruderschaften, virtuell mafiose Organisationen, zu denen sich auch die politischen Parteien immer mehr entwickeln.

Belgien, das nach diesem System errichtet wurde, blieb immer ein schwaches Land. Es überlebte in peinlicher Neutralität den Krieg zwischen Frankreich und Deutschland 1870/71, es überstand mit knapper Not den brutalen deutschen Überfall im Ersten Weltkrieg, der über weite Strecken auf belgischem Grund ausgefochten wurde und den ganzen Westen des Landes verwüstete. Die gemeinsame Truppe, die am Fluß Ijzer den Deutschen jahrelang Paroli bot, hätte das Zusammenwachsen der Mentalitäten und Milieus für immer befördern können. In den Schützengräben kamen französische Intellektuelle und Bürgerkinder mit flämischen Dorfschullehrern und Bauernjungen zusammen. Aber sie verstanden sich nicht. Die furchtbare Arroganz der frankophilen Offiziere, die Tausende von flämischen Soldaten in den Tod schickten, weil sie die Befehle nicht verstehen konnten, ist der eigentliche Auslöser der flämischen Emanzipationsbewegung. Vorher hatten sich zwar schon vereinzelte Priester und Schriftsteller für die niederländische Sprache eingesetzt, doch nun wurde die Selbstbestimmungsfrage politisch akut.

Noch heute versammeln sich auf einer feuchten Weide an der Ijzer die Vorkämpfer des flämischen Nationalismus. Weil bei der alljährlichen »Ijzer-Wallfahrt« mehr und mehr auch neofaschistische Grüppchen aufmarschieren und weil die flämische Bewegung ohnehin seit 1945 für ihre Kollaboration mit dem flandernfreundlichen deutschen Besatzer zu leiden hat, mißverstehen vor allem Ausländer die Demonstranten als militaristische Eiferer. Dabei wird übersehen, daß die flämische Bewegung wegen ihrer Entstehung im Schützengraben von pazifistischem Geist beseelt ist, daß dieselben knorrigen Spracheiferer auch gegen Kernwaffen zu Felde zogen. Vor allem entzog ihr jahrzehntelanger Kampf für die Gleichberechtigung der Flamen dem belgischen Staat die letzte Legitimation, indem die rücksichtslose Unterdrückung der sprachlichen, kulturellen und staatsbürgerlichen Rechte der Bevölkerungsmehrheit aufgezeigt wurde.

Auf der »Ijzer-Wallfahrt« Ende August 1996, während in Wallonien noch nach den Leichen von An und Eefje gegraben wurde, zeigte sich die Ambivalenz einer Emanzipationsbewegung, die ihre Ziele eigentlich erreicht hat. Welche radikalen Forderungen konnten die »Flaminganten« – wie man sie nennt – noch stellen, da Belgien de facto zweigeteilt war? Beim Gottesdienst, der stets der Kundgebung vorausgeht, wurde für die ermordeten und verschwundenen Kinder und deren Familien gebetet. Doch dann folgte die Abrechnung mit den Malaisen des belgischen Staates, die nach Meinung der Redner nur eine Möglichkeit offenließen: die Abspaltung von Wallonien, wo ohnehin alles ungeordneter sei. Und, so konnte man die unausgesprochenen Gedanken hinzufügen, wo ein Dutroux ungestraft sein Unwesen treiben konnte.

Die Achtung vor Menschenleben und die Würde der Opfer stand selbst auf dieser Demonstration von Extremisten über dem Ruf nach Spaltung einer heterogenen Nation. Doch auf lange Sicht hat die Affäre Dutroux das Behagen der Flamen nicht vergrößert, sich mit dem wallonischen Landesteil unter einem Dach zu befinden, während Tag für Tag neue Meldungen über die rettungslose politische und kriminelle Verfilzung im Süden des Landes erscheinen. Daß auch in Flandern die Sitten des »belgischen Kompromisses« – zugunsten weniger und zuungunsten des Gemeinwesens – um sich gegriffen haben und auch hier zahlreiche Politiker nach Korruptionsskandalen zurücktreten mußten, vergißt man gern. Es gab in den vergangenen Jahren prominente Fälle wie den des zurückgetretenen flämischen NATO-Generalsekretärs Willy Claes oder des ehemaligen belgischen Verteidigungsministers, der sich für anderthalb Millionen Mark Schwarzgeld eine Villa am Mittelmeer hatte bauen lassen und Beamte in seinem Wahldistrikt für private Arbeiten einsetzte. Dieser Mann ist immer noch Vorsitzender der Regierungspartei, der flämischen Christdemokraten, und einer der mächtigsten Politiker im Land. Aber gerade solche Fälle gesamtbelgischer Korruption stärken die radikalen Parteien. Für sie sind flämische Skandale der Beweis, daß die Sitten aus dem Süden sich inzwischen auch in Flandern breitgemacht haben und daß es höchste Zeit ist, sich unabhängig zu machen. Während in Europa die Grenzen fallen, wird außerhalb Belgiens gern ignoriert, daß der separatistische und fremdenfeindliche Vlaamse Blok die stärkste Partei Flanderns ist und daß diese Partei sogar Gebietsforderungen an die französischen und niederländischen Nachbarn stellt, weil rund um Dünkirchen und an der Scheldemündung ehemals flämische Landstriche »verlorengegangen« sind: Französisch-Flandern und Seeländisch-Flandern. Ganz unerwartete innereuropäische Konflikte zeichnen sich bei der Genese eines neuen Staates im Schoß der Europäischen Union ab, wenngleich nicht zu erwarten ist, daß es wie in Jugoslawien zu kriegerischen Konflikten kommen wird.

Seiner Funktion als letzter einigender Kraft ist sich das Königshaus durchaus bewußt. Seit der Thronbesteigung von Baudouin haben die Coburger diese Position systematisch ausgebaut, etwa indem die Familienangehörigen nun auch Flämisch und nicht mehr nur das angestammte Französisch fließend zu beherrschen lernen oder indem sie ostentativ an flämischen Festtagen teilnehmen. Alberts Rollenspiel als Übervater in der Affäre Dutroux setzte diese Politik konsequent fort. Nach dem Zweiten Weltkrieg war das genau umgekehrt gewesen; 1945 bis 1950 hatte die Existenz der königlichen Familie die Existenz des belgischen Staates, der mit dem Wiederaufbau genug Probleme hatte, ernsthaft bedroht. Der damalige König Leopold III. hatte sich unter deutscher Besatzung mit der Idee eines vom Dritten Reich dominierten Europas angefreundet und sich deshalb mit der belgischen Exilregierung in London überworfen. Nachdem die Deutschen den Krieg verloren hatten und König Leopold III. mit seiner Familie in einem österreichischen Ferienort befreit worden war, schien der Bruch zwischen Königshaus und politischer Klasse nicht mehr zu kitten. Im Parlament wurde vor allem von den wallonischen Sozialisten und alten Widerstandskämpfern offen die Abschaffung der befleckten Dynastie und die Einführung einer belgischen Republik nach französischem Muster gefordert.

Merkwürdigerweise waren es nun die Flamen, denen das Königshaus niemals sonderlich verbunden gewesen war, die sich leidenschaftlich für Leopold III. einsetzten. Auch unter ihnen hatten Hunderttausende, vor allem höhergestellte Bürger, mit dem Makel der Kollaboration zu kämpfen, woraus sich eine Allianz der Not zwischen flämischen Funktionären und dem König ergab. Jahrelang wurde das befreite Belgien nahezu täglich von Kommuniqués und Demonstrationen für und gegen den König erschüttert. Es gab mehrere Tote in Wallonien. Die katholische Kirche sprach sich in alter Verbundenheit mit der Autorität für den Monarchen aus, die Sozialisten und Liberalen bekämpften ihn offen. Erst mit der Abdankung des Monarchen und der Thronbesteigung des zwanzig Jahre jungen, ehrgeizigen Baudouin konnte die »Königsfrage« gelöst werden. Die belgische Nation aber war durch diese Krise bereits einmal an den Rand der Auflösung geraten. Was dann in der Nachkriegszeit auch glückte – Wiederaufbau, Wirtschaftswunder, Gleichberechtigung der Volksgruppen, Ansiedlung der europäischen Institutionen –, konnte den Grundkonflikt nur entschärfen. Gelöst ist er bis heute nicht. Das zeigt sich auch daran, daß das Königshaus weder bei Flamen noch bei Wallonen auf eine instinktive Solidarität rechnen kann. Nachdem die Flamen jahrelang erbittert für die Coburger Dynastie gefochten hatten, wurde Baudouin, der sich der Landesteilung widersetzte, in den sechziger Jahren als Franzose geschmäht. Ein wahrhaft belgischer Patriotismus breiter Schichten konnte auf diese Weise nicht entstehen.

Bis heute blieb das Verhältnis der beiden Sprachgruppen gespannt. Denn wo die Franzosen und Wallonen sich ansiedeln konnten, haben sie die Gebiete systematisch und rücksichtslos französisiert: Arras, Dünkirchen, Moeskroen, Brüssel. Die flämische Bewegung hat diese Niederlagen nie verschmerzt. Erst beim Versuch, auch noch Löwen umzudrehen und eine Brücke der Frankophonie zwischen Wallonien und Brüssel zu schaffen, brach 1968 in Flandern die Revolte aus. Schon für Belgiens Gründerväter gab es nur die Sprache der Französischen Revolution. Die unterschiedlichen Dialekte, zu denen ein keltisch-romanisches Wallonisch ebenso zählte wie die flämischen Idiome, wurden nicht unterdrückt, aber als Sprache von Bildung, Staat, Justiz – als zivilisatorisches Merkmal eben – überhaupt nicht ernst genommen. Mit der Emanzipation der Flamen nach 1918 und dann vor allem seit den sechziger Jahren hat Belgien seine Existenzberechtigung als laizistischer Staat des frankophilen Industriekapitals verloren. Seit die mittelständischen flämischen Betriebe profitabel arbeiten und die industrielle Region Walloniens in Trümmern liegt, gibt es nichts mehr, was die Landesteile vereint. Die Nation hatte als eine Gemeinschaft zur Erzeugung von Profit begonnen. Die Flamen dienten als billige Arbeitskräfte in den neuen Fabriken und hatten sich dafür sprachlich und kulturell den neuen Verhältnissen anzupassen. In der belgischen Rechnung kamen sie als eigener Posten nicht vor. Als Zuschußgeschäft für den flämischen Teil der Bevölkerung, der sich dennoch aus Tradition als kulturell minderwertig zu empfinden hat, ergibt das Land für die zahlende Mehrheit keinen Sinn mehr. Nachdem die Flamen seit 1918 nach und nach völlige sprachliche und soziale Gleichberechtigung errungen haben und nachdem man seit 1970 das Land penibel aufgeteilt hat, wird Belgien nur mehr durch die Sozial- und Rentenversicherung sowie durch das Königshaus zusammengehalten. Sogar das Militär ist bereits seit langem nach sprachlicher Zugehörigkeit zweigeteilt. Ob die belgische Armee im Kriegsfall besser funktioniert hätte als die dreigeteilte Polizei im Fall Dutroux mußte sich glücklicherweise nicht im Ernstfall erweisen.

In Brüssel ist bereits 1995 das prächtige flämische Parlamentsgebäude fertiggestellt worden, der wallonische Neubau in Namur wird folgen. Die Flamen richten sich mit eigenen Botschaften im Ausland, eigenen Außenverträgen, eigener Kultur- und Schulpolitik bereits still, aber zielsicher auf ihre Unabhängigkeit ein, die der jungen Nation mit ihrer zentralen Lage und exzellenten Infrastruktur große Gewinnchancen bietet. Belgien, das im Zeichen des Mehrwerts zusammengeschweißt worden ist, wird unter demselben Motto auch wieder geschieden werden. Daß Nationen keinen Ewigkeitswert haben, weiß man in Brüssel, der Hauptstadt des europäischen Postnationalismus, nur zu gut.

Ab 1999 wird man auf höchster Ebene über die Trennung der staatlichen Sozialfinanzierung, die Flandern derzeit im Jahr rund sechs Milliarden Mark Zuschuß an Wallonien kostet, beraten. Zyniker sprechen davon, es werde danach noch einiges Tauziehen um die Frage geben, wer das teure Königshaus übernehmen müsse. Zur Jahrtausendwende zeichnet sich für Belgien allenfalls ein Dasein als Kondominium, eine Art Doppelmonarchie über völlig getrennte Landesteile, ab. Nur für Brüssel wird man einen Kompromiß finden müssen. Die wallonischen Separatisten unter ihrem Anführer mit dem wunderbar französischen Namen Eerdekens feiern mit grimmigem Mut bereits jetzt den *Quatorze Juillet* und plädieren für den Anschluß ihrer nicht lebensfähigen Region an Frankreich, wo sie aber außer einigen Nostalgikern der Frankophonie keiner haben will. Die Wallonie, der große Gewinner der Staatsgründung nach 1830, wird nach dem Ende Belgiens der große Verlierer sein. Heute hat das Land keine einzige Zeche mehr, und ein Stahlbetrieb nach dem anderen schließt. Es ist völlig sinnlos geworden, auf dem Weltmarkt Erz aufzukaufen und über veraltete Schleusen und Kanäle ins belgische Binnenland zu transportieren, um dort hochsubventionierten Stahl zu erzeugen, für den es hier keinen Absatzmarkt gibt. In den Bergwerken von Grand Hornu wurde bis 1950 geschürft, danach sollte auf dem Gelände dieser einzigartigen Industrieruine ein Großparkplatz eingerichtet werden. Heute beherbergen die weitläufigen Hallen einen Technopark mit Informatik- und Designbüros, die nicht recht in Schwung kommen wollen. Der einzige, der es geschafft hat, diese Gegend ökonomisch zu beleben, so erzählt ein sarkastischer Witz, ist Marc Dutroux: Er sorgte für Arbeitsplätze bei der Polizei.

Für Belgier ist der Mädchenmörder, der sein Leben lang als Elektriker keinen Arbeitsplatz gefunden hat und seit seinem dreißigsten

Lebensjahr als Invalide von Sozialhilfe lebte, auch eine Symbolfigur für den deplorablen Zustand des alten Industr1ereviers. Keine
Strukturpolitik nach dem Muster des Ruhrgebietes hat hier für
neue Belebung gesorgt. Die Menschen sind – nacheinander aus
Flandern, aus Polen, aus Italien, aus der Türkei und Marokko –
zum Arbeiten hierhergeholt worden. Nun gibt es keine Arbeit
mehr, und man hat sie ihrem Schicksal überlassen. Das viele Geld
aber, das aus diesen Minen und Erzgruben geholt worden ist,
haben die Kapitalisten mitgenommen. Seit den fünfziger Jahren ist
die sukzessive Schließung der wallonischen Großbetriebe mit gewalttätigen Massendemonstrationen verbunden. In den sechziger
Jahren gab es sogar Tote bei Straßenkämpfen, und mehrere Regie-
rungen mußten deswegen zurücktreten. Auch die Affäre Dutroux
wurde begleitet von zwei spektakulären Stillegungen: Im Frühjahr 1997 schlossen kurz nacheinander der Stahlbetrieb Forges-
Clabecq bei Nivelles und das Renault-Werk in Brüssel-Vilvoorde.

Mit Wallonien geht es also weiter bergab. 1830 herausgelöst aus
der Zivilreligion der Grande Nation, kann die Region heute keinen
Anspruch auf die Solidarität Frankreichs erheben. »Dies ist ein
Volk ohne Geschichte, ohne Identität, ohne Gedächtnis. In einem
solchen Vakuum mangelt es auch an Gemeinschaftssinn«, schrieb
der wallonische Dramatiker Jean Louvet anläßlich der Affäre Dutroux und angesichts der Indolenz der wallonischen Justiz. Ein
paar Kilometer südlich von Brüssel könnte sich diese Region als
der erste große Verlierer der europäischen Einheit erweisen – Ab-
fallprodukt der überlebten Nationalstaaten ohne Bestimmung,
ohne Arbeit, ohne Zukunft.

Die katholische Kirche, die lange Zeit als Bindeglied zwischen
Flamen und Wallonen gewirkt und sie an gemeinsame Wurzeln erinnert hat, vermag in einem Zeitalter der Entchristlichung diese
Funktion als Klammer nicht mehr zu erfüllen. Zwar gibt es allerhand soziale Hilfswerke, aber auch sie sind nach Landesteilen ge-
gliedert: Es gibt den flämischen Davidsfonds, das Kinderhilfswerk
des wallonischen Friedensnobelpreisträgers Dominique Pire. Doch
ordnen sich diese Strukturen der allgemeinen Teilung unter. Die
einzige Identität der Menschen so unterschiedlicher Herkunft war
hier immer die Gewerkschaftsbewegung, die eng mit der durch und
durch korrumpierten Sozialistischen Partei verflochten ist. Kurz
nach 1900 hatte deren wichtigster Vertreter, Jules Destrée, noch
dem belgischen König hochmütig die sprichwörtlichen Worte ent-
gegengeschleudert: »Sire, es gibt keine Belgier, es gibt nur Flamen

und Wallonen.« Das war damals aus dem Geist des französischen Kulturhochmutes gesprochen, aber es waren prophetische Worte.

Stellen die gesamtbelgischen Demonstrationen gegen die verkommene Justiz in dieser Perspektive kein Paradoxon dar? Hat nicht perverserweise gerade Dutroux die Belgier wieder vereint? Daß hier Wallonen und Flamen einträchtig auf die Straße gingen, zeugt von ihrer Vernunft und der Hoffnung auf die Gemeinschaft – auch wenn es eine Notgemeinschaft ist. Auf lange Sicht wird aber nicht die gemeinsame Solidarität mit Verbrechensopfern, sondern einzig eine effektive Staats- und vor allem Justizreform über Belgiens Zukunft entscheiden, denn an den strukturellen Malaisen ändert keine Massendemonstration etwas. Die schleichende Teilung des Landes hat immerhin nicht – wie etwa im Baskenland, in Korsika oder Irland – zu Haß und Rachegefühlen geführt. Bei vernünftigen Anlässen steht in Belgien Humanität selbstverständlich über nationalen Belangen, und die Belgier setzten mit ihrem Protest ein beeindruckendes Zeichen ihrer Zivilisiertheit. Wohin aber die notwendigen Reformen führen werden, ist eine andere Frage. Wenn wallonische und flämische Mädchen von einer konkurrierenden belgischen Justiz nicht beschützt werden konnten, dann muß in Zukunft eben eine sauber getrennte Justiz her. So gut wie allen Demonstranten war klar, daß das Versagen der Justiz auf die steckengebliebene Staatsreform zurückzuführen ist. Auf die halbherzige Neudefinition von Gewalten, die sich hinterher gegenseitig behindern, kann man eigentlich nur mit einer radikalen Zentralisierung von Justiz und Polizei antworten. Genau dieser belgische Zentralstaat war aber der Ausgangspunkt, von dem aus sich das jetzige System zweier scharf getrennter Bundesländer entwickelt hat. Eine Rückkehr zum Einheitsstaat ist ausgeschlossen, weil sich dann alle alten Probleme aufs neue stellen: In welcher Sprache werden die Akten verfaßt, wie verständigen sich die Polizisten, welche Gerichtsbezirke haben den Vorrang? Zentralisieren und modernisieren läßt sich das verfahrene belgische System nur noch auf Landesebene – in Wallonien und Flandern apart. Die Affäre Dutroux hat wahrscheinlich dazu beigetragen, daß auch bei der Polizei ein sauberer Schnitt gemacht werden wird. Bei der Frage, wie die Ermittlungen in den relativ kleinen Gebieten bei offenen Grenzen geführt werden sollen, sind wir wieder bei der gesamteuropäischen Problematik angelangt: Auch hier ist die Kriminalität längst grenzüberschreitend geworden, aber die Ermittler haben nicht das Recht, den übernationalen Einflußsphären der Verbrecher zu folgen. Mit den Techniken des vorigen Jahrhunderts wird sich die computerisierte Mafia kaum besiegen lassen. Aber wie soll eine europäische Polizei funktionieren, wenn nicht einmal die belgischen Behörden ordentlich zusammenarbeiten können?

Aus diesem Gefühl der Hilf- und Ausweglosigkeit heraus konzentrierte sich die Hoffnung der Menschen von Anfang an wohl auch dergestalt auf den König, den toten Baudouin oder den lebenden Albert. Viele fürchten, daß sich die zukünftigen Probleme des Staates auf administrativem Niveau nicht mehr werden lösen lassen, und verlagern deshalb ihre Wahrnehmung auf eine symbolische Ebene. Der König ist das bindende Symbol des Nationalstaates alter Prägung, wie er im neunzehnten Jahrhundert der fessellosen Industrialisierung des Lebens den anachronistischen Rahmen gab. Heute ist es zwar schwer geworden, an das Funktionieren dieses Staates zu glauben. Aber ein König ruft vertraute Assoziationen von Sicherheit und Sorge um das Wohlergehen des Staatsbürgers hervor. König Albert II. antwortete in der Krise um Dutroux souverän auf diese Bedürfnisse, obwohl er sie nicht befriedigen kann. Wo keine vernünftige Politik gemacht wird, repräsentiert er sie wenigstens und verlagerte damit die Auseinandersetzung auf die Ebene der Medien. In einem zerfasernden Behördenwesen wurde er zum alleinigen Ansprechpartner der Eltern und vertrat damit den Staat. Doch die Beruhigung durch sein Eingreifen konnte nicht von Dauer sein: Es war nur stellvertretend für die eigentliche Macht, die sich im systematischen Durcheinander für die Opfer, für die Bürger verflüchtigt hatte. König Albert – und damit ist er den anderen Staatsoberhäuptern der Europäischen Gemeinschaft einen Schritt voraus – repräsentierte einen Staat, den es längst nicht mehr gab.

5. Kapitel

Der Sumpf von Brüssel

Nirgendwo fällt es leichter, an den Segnungen der Europäischen Gemeinschaft zu zweifeln als in Brüssel, ihrer Hauptstadt. Die politische Einigung des Kontinents hat die Zentrale arg mitgenommen. Rund um den Nordbahnhof, wo ein weiteres gigantisches Verwaltungszentrum entstehen soll, sieht es aus wie in Warschau nach 1945. Leergefegte Ruinenfelder, Baugruben voller Wasser, einsame Kräne. Was hier abgerissen wurde, ahnt man an den umliegenden leerstehenden Häuserzeilen: wundervolle Mietshäuser aus Gründerzeit und Jugendstil mit typisch belgischen Erkerchen, putzigen Schnitzereien, verwegen geschnittenen Eckfenstern. Jetzt steht das alles seit Jahren leer, die Fenster sind eingeworfen, die Holzlatten, die man vor die Türen genagelt hat, sind schon verwittert. In manchen Straßen haust eine Menge schmieriger Sexshops, wo die einpendelnden Eurokraten noch morgens vor der Arbeit kurz vorbeischauen können. Ein Geschäft auf Zeit. Wo soviel Aufbruch herrschen sollte wie nirgend sonst zwischen Dublin und Athen, regiert seit Jahrzehnten die Abrißbirne.

Was in den Brüsseler Sanierungsgebieten entstehen wird, kann man an der europäischen Zentrale, rund um das Palais Berlaymont, heute schon beobachten: riesige, kalte Verwaltungsbunker, Parkhäuser, untertunnelte oder überbrückte Schnellstraßen. Brüssel ist in solchen Vierteln – und die machen inzwischen die halbe Fläche aus – eine tote Stadt. Niemand wohnt hier mehr, aber täglich pendeln Hunderttausende von Büroarbeitern ein. Die Verwahrlosung dieses blühenden Gemeinwesens, eines der reichsten und zukunftsträchtigsten der Welt, läßt Schlimmes für die Zukunft Europas befürchten. Augenscheinlich haben das friedliche politische Zusammenwachsen und die gewaltige Freihandelszone der EG Brüssel ruiniert. Die Kräfte, die Europas Einigung freisetzt, machen – gnadenlos und unerbittlich – auch vor der eigenen Haustür nicht halt.

Die Comic-Autoren François Schuiten und Benoît Peeters haben die Transformation Brüssels von einer Stadt des Jugendstils und des Art nouveau in einen betonierten Alptraum eindrucksvoll dargestellt. Wie in einer Erzählung von Kafka werden in einem ihrer gezeichneten Romane die Bewohner Brüssels von anonymen Baumaschinen aus ihren Häusern getrieben. Sie finden im Behördendschungel keine Instanz, die für die Zerstörung zuständig ist, und müssen sich wie Millionen anderer Entwurzelter gegen ein paar gewissenlose Baulöwen und korrupte Kommunalpolitiker geschlagen geben. Am Ende wird die ganze Stadt von überlaufendem Abwasser fortgespült – eine apokalyptische Vision, in der nur ein Brüsseler Publikum den Alltag wiederzuerkennen vermag.

Michel Nihoul kommt aus Brüssel. Der Mann, den man verdächtigt, ökonomischer Kopf der Bande um Dutroux zu sein, hat nichts mit dem verarmten Milieu der arbeitslosen Stahlarbeiter und der von Staublunge geplagten Bergleute gemein. Wallonien ist die Gegend der rußigen Agglomeration Charleroi, wo Dutroux seine Grundstücke hatte, wo er im Blaumann seinen Bagger bediente, wo er Mädchen gefangenhielt und verscharrte, Autos verschob und Handlanger akquirierte. Brüssel dagegen ist die Welt der Büros und der eleganten Restaurants. Advokaten und Lobbyisten, kleine und große Geschäftemacher mit Anzug und Krawatte, schachern hier um die Gewinne und Verluste, die der Rest des Landes abwirft. Brüssel ist die Zentrale der Gründer und Makler. Sie haben diese Stadt auf dem Gewissen. Wenn es einen Kopf der proletarischen Kinderfängerbande gibt, wenn der Buchhalter des Blutgelds irgendwo sitzt, dann muß er in Brüssel zu finden sein – so zumindest schreibt es die belgische Dramaturgie vor.

Nur einen Tag nach der Verhaftung Dutroux' tauchte also Michel Nihoul auf wie der Teufel aus der Kiste. Dutroux hatte ihn als den Hintermann genannt, der Mädchen in osteuropäische Bordelle verkaufte. Ob dieser Hinweis zutrifft oder nur von Dutroux' eigenen Verbrechen ablenken sollte – diese Frage ist noch offen. Immerhin ließ sich bei der nachträglichen Kontrolle von Dutroux' Mobiltelefon feststellen, daß er in den Tagen der letzten Entführung immer wieder und sehr ausführlich mit Michel Nihoul telefoniert hatte.

Ohne eine solche medienwirksame Figur wie Nihoul hätte der Skandal nie so schnell die Dimensionen des internationalen Komplotts erreichen können. Mit einem Schlag schienen sie beide gefaßt zu sein: der perverse Folterknecht und der gewissenlose Geschäftemacher. Und Nihoul machte der Rolle, die er fortan in diesem Stück spielen sollte, alle Ehre. Im Anzug, eine Sonnenbrille in der Brusttasche, ließ er sich abführen, wohlgenährt und glattrasiert. Es hätte sich auch um einen Manager oder einen Provinzpolitiker handeln können. Als Nihoul nach ein paar Tagen – wegen der lynchbereiten Menge in kugelsicherer Weste – vor dem Gericht von Neufchâteau aus dem Polizeitransporter stieg, glich er schon eher dem Abziehbild eines schmierigen Zuhälters, für den ihn ganz Belgien mittlerweile hielt: Unrasiert, aufgequollen, mit fettigem Haar und verlebtem Antlitz schlurfte er davon, flankiert von Polizeibeamten, die aussahen, als ekelten sie sich vor jeder Berührung mit diesem Geschöpf.

Schnell kam die Geschichte dieses Michel Nihoul an den Tag. 1942 in Wallonien geboren, tauchte Nihoul in den siebziger Jahren in Brüssel auf, als die Stadt gerade zum administrativen Zentrum der Europäischen Gemeinschaft ausgebaut wurde. Es war eine merkwürdige Gründerzeit. Nach der Europäischen Gemeinschaft hatte sich auch die NATO im Großraum Brüssel angesiedelt. Dies verschaffte der Stadt einen Geldsegen, wie ihn die Welt seit der Finanzierung Roms durch den Petersfennig nicht mehr erlebt hatte. Zahllose Behörden, gefolgt von noch mehr Lobbyisten, ließen sich nieder und verdrängten in mehreren Wellen die angestammte Bevölkerung aufs Land. Jedes Mitgliedsland konnte – über die in Belgien akkreditierten Diplomaten hinaus – seinen Anteil an Beamten mitbringen, die Übersetzer, das Büropersonal, die Chauffeure nicht mitgerechnet. Die Innenstadt glich über lange Jahre einer einzigen Baugrube. In dem Maße, in dem die Gemeinschaft wuchs und die NATO sich als hochtechnisierte Militärzentrale festigte, flossen immer neue Milliardenbeträge aus den fernsten Ländern nahezu unkontrolliert in diese einstmals bodenständige Gegend – aus Washington und Bonn, aus London und Lissabon, aus Ankara und Canberra. Belgien, dessen Kohlengruben zu jener Zeit eine nach der anderen geschlossen wurden und dessen traditionelle Stahlindustrie sich zunehmend als ruinöses Zuschußgeschäft erwies, wurde zum ersten großen Gewinner der europäischen Einigung.

Der Rest der Welt bekam diese Transformation einer Gesellschaft im Eiltempo nur am Rande mit. In Brüssel merkte man um so mehr davon. Allerdings war es nicht die Durchschnittsbevölkerung, die von diesen Umschichtungsprozessen profitierte. Zwar erlebte das ganze Land einen Aufschwung durch Infrastrukturmaßnahmen wie Straßen und Flughäfen, durch zahlreiche Arbeitsplätze im Dienstleistungsgewerbe. Das astronomische Gehaltsniveau der militärisch-administrativen Elite jedoch, die Vertreibung der Brüsseler Wohnbevölkerung, der Anstieg der Mieten und Lebensmittelpreise, die endlosen Baumaßnahmen und die rechtlichen Benachteiligungen gegenüber der arroganten Schicht von Luxusbeamten waren Begleiterscheinungen, die sämtlich zu Lasten der einfachen Brüsseler gingen.

Die großen Gewinner waren – neben der alten industriellen Oberschicht der Stadt – die flinken Geschäftemacher, die ihr Gemeinwesen dem Geld der Welt auslieferten: Makler und Immobilienhändler, Bodenspekulanten und Baumagnaten, Advokaten und selbsternannte Experten, Klinkenputzer, Großgastronomen und Lobbyisten, parteipolitische Mittelsmänner und Funktionäre aller möglichen Stiftungen. Michel Nihoul hat sich in so ziemlich allen diesen Zweigen mit so ziemlich allen gesetzlichen und ungesetzlichen Mitteln versucht. Seine Karriere bis zum Skandal um Dutroux verlief gleichsam prototypisch für das undurchsichtige Milieu derjenigen, die aus dem Brüsseler Boom Profit schlugen.

Zugezogen aus der ehemals reichen Weberstadt Verviers, die ihren Kindern aber wie die meisten Siedlungen der Wallonie nur mehr Arbeitslosigkeit bieten konnte, ließ sich Nihoul in Vorst, einem frankophilen Vorort von Brüssel nieder. Er muß mit opportunistischer Intelligenz schnell durchschaut haben, daß er ohne große Schwierigkeiten in Kreise gelangen konnte, die auch ohne Arbeit und Erbe Reichtum und Einfluß versprachen, wenn man sich nur die richtigen Kontakte verschaffte. In Belgien, und das macht einen Gutteil der Tragödie des Landes aus, laufen solche Kontakte traditionsgemäß über politische Parteien. Nihoul heuerte daher bei verschiedenen als Handlanger und Geldbeschaffer an.

Die belgischen Parteien berufen sich gemeinhin lauthals auf ihre jeweilige ideologische Herkunft; wie in Deutschland gibt es einen bürgerlich-wohlhabenden liberalen Flügel, eine kirchlich-mittelständische Partei der Christdemokraten sowie eine gewerkschaftlich-administrative Organisation der Sozialisten. Diese drei wichtigsten Richtungen bewegten sich seit den sechziger Jahren entlang der Sprachgrenze auseinander. Der Riß durch das Land vertiefte sich dabei zusehends. Die Konfrontation der Flamen und Wallonen führte dazu, daß sich bis 1980 alle drei großen Parteien gespalten und damit die Zahl der Fraktionen im Nationalparlament auf sechs verdoppelt hatte, was naturgemäß auch die Möglichkeiten für Absprachen und Koalitionen vervielfältigte. Sozialisten, die bisher gemeinsam für Lohnerhöhungen gestritten hatten, fanden sich plötzlich in flämisch-wallonischer Opposition, wenn es um Schulunterricht und die obligatorische Mehrsprachigkeit von Beamten ging. Umgekehrt zogen die Katholiken nicht mehr automatisch an einem Strang, wenn die Bischöfe sich für Gottesdienste in der jeweiligen Sprache stark machten oder französische Privatschulen in Flandern betreiben wollten. Auf Außenstehende wirkt das ideologisch-nationalistische Machtspiel der Gruppen wie ein heilloses Durcheinander. Doch in Wahrheit herrscht spätestens seit der Einrichtung zweier selbständiger Landesteile im Jahr 1993 ein ausgeklügeltes Kompromiß- und Proporzwesen. Anders wäre Belgien überhaupt nicht mehr zu regieren.

Als wäre das alles noch nicht kompliziert genug, wies man dem Stadtgebiet Brüssel einen Sonderstatus als eine Art drittem Landesteil neben Flandern und Wallonien zu. Hier herrschte offiziell das Gebot der Zweisprachigkeit. Aber die große Mehrheit der Bevölkerung, zugezogene Wallonen, die alte franko-belgische Oberschicht sowie die Ausländer, beherrschten und beherrschen bis heute kaum Niederländisch und begegneten der Staatsreform deshalb mit Mißtrauen. Sie fühlen sich von Flandern umzingelt und fürchten, mit ihrer angestammten Sprache gegenüber den traditionell zweisprachigen Flamen nur mehr Bürger zweiter Klasse zu sein. Man kann sich vorstellen, wie schwierig es ist, unter diesen Bedingungen demokratische Politik zu verwirklichen. In manchen Brüsseler Vororten wechselte in den Jahren des Booms im Lauf weniger Monate die Sprachmehrheit, die Grenze der Frankophonie schob sich mit den Neubauvierteln immer weiter ins flämische Umland – wo Lokalpolitiker wütend gegen die Entfremdung protestieren. Solche demographischen Verwerfungen haben ungeahnte Folgen für die Kommunalpolitik: Gibt es für französischsprachige Kinder ausreichend Schulplätze? Was wird aus dem halbleeren flämischen Kindergarten? In welcher Sprache werden der Paß, die Stromrechnung, die Eintragung ins Telefonbuch ausgestellt? Wie steht es mit Übersetzungen bei Polizei und Gericht?

Zunehmend militante Gruppen organisierten sich; Politik wurde identisch mit Linguistik. Seit Anfang der sechziger Jahre führte man immer detailliertere Sprachgesetze ein, die stets die Interessen der jeweiligen Pressure-group berücksichtigten und doch nur kurzfristig den Streit zu schlichten vermochten. Der Kulturkampf wurde und wird quer durch die Familien, die Generationen ausgefochten. Wie sieht es in den zahlreichen Mischehen aus, in denen der flämische Partner die Sprache des wallonischen spricht, aber nicht umgekehrt? Stets setzte und setzt sich das Französische durch. Wie fühlt sich der flämische Großvater, über den sich die eigenen Enkel, die kein Wort seiner Sprache mehr gelernt haben, lustig machen? Wenn ein Bäcker zweisprachige Schilder in die Auslage hängte, konnte er am nächsten Morgen Hakenkreuze finden, denn ein »Flamingant« gilt fast schon als Nazi.

Durchgängig erwiesen sich die Wallonen in solchen Fragen als zielstrebiger und härter denn die duldsamen Flamen. Noch heute betrachten es viele Wallonen als Zumutung, Niederländisch zu lernen. Es hat auch nur eine Minderheit ernsthaft versucht, und in der regierenden Oberschicht sind perfekt zweisprachige Wallonen eine Seltenheit. Umgekehrt gehört es in Flandern zur Bildung, gut – oft perfekt – Französisch zu sprechen. Noch heute sprechen Zehntausende, vorwiegend bessergestellte Flamen in den reichen Vierteln von Gent und Antwerpen ausschließlich Französisch, finanzieren eine französische Zeitung im fremden Sprachgebiet, halten sich französische Gymnasien. Französisch ist für diese snobistischen Flamen, die sich auch sprachlich von den eigenen Unterschichten abgrenzen wollen, ebenso wie für die Wallonen die Sprache der Kultur und des Fortschritts seit 1789. Die wichtigsten belgischen Autoren der Jahrhundertwende wie Joris Karl Huysmans, Emile Verhaeren, Georges Rodenbach oder Maurice Maeterlinck entschieden sich für das Französische; ihre flamboyante Ausdrucksweise wurde in den Salons von Paris bewundert, sie standen auf einer Stufe mit Flaubert und Baudelaire, die von der anderen Seite der Grenze kamen und dasselbe nordfranzösische Idiom benutzten. Wer dagegen kennt schon flämische Autoren? Was Belgien für die Welt bedeutete, hatte es der Welt auf französisch mitgeteilt.

Verschärft wurde der Konflikt noch durch die Gefahr der Spaltung beider Volksgruppen im Belgien der Nachkriegszeit – auch ein Erbe der deutschen Besatzung. Breite Kreise der Flamen hatten während der deutschen Okkupation 1940 bis 1944 mit den Nationalsozialisten kollaboriert, Tausende waren freiwillig zur Wehrmacht, zur SS gar gegangen. Diese fatale Einstellung resultierte nicht zuletzt aus der gezielten deutschen Förderung für das »stammverwandte« Niederländisch. Erstmals waren in den Kriegsjahren die Frankophilen in der Defensive, erstmals erwies es sich als Vorteil, Flame zu sein und Niederländisch zu sprechen. Manche Gesetze wie die Einführung des Niederländischen an der Universität wußten erst die deutschen Besatzer zu verankern.

Nach der deutschen Niederlage zählten die Flamen plötzlich kollektiv zu den Kollaborateuren, obwohl auch namhafte Wallonen mit den Besatzern gemeinsame Sache gemacht hatten. Hier wären Paul de Man, später im Amerika der sechziger und siebziger Jahre ein schulbildender Literaturwissenschaftler, und der weltberühmte Comiczeichner Hergé, Schöpfer von »Tim und Struppi«, an erster Stelle zu nennen. Beide hatten nach 1940 in der Brüsseler Zeitung *Le Soir* gegen Judentum und amerikanische Kultur gehetzt. Die Exilregierung, die sich nach ihrer Rückkehr wieder als Führungsspitze zu etablieren vermochte, förderte nach 1945 erneut massiv das Französische; den Flamen gingen für viele Jahre die Argumente aus. Hinzu kam, daß die zahllosen Zuwanderer durch die Politik regelrecht genötigt wurden, sich der Weltsprache Französisch zu bedienen, obwohl es für einen türkischen Gemüsehändler gewiß ebenso einfach (oder ebenso kompliziert) ist, sich Niederländisch anzueignen. Bei Diplomaten und Europa-Beamten, die meist gerade wegen ihrer französischen Sprachkenntnisse für den Job in Brüssel ausgesucht werden, ist die Abneigung gegen die eigentliche Sprache Brüssels erst recht ausgeprägt.

Trotz der offiziellen Zweisprachigkeit sahen sich die Flamen in ihrer eigenen Hauptstadt in die Minderheit gedrängt. Nach 1945 bekannte sich nur noch ein Drittel der Brüsseler zum Niederländischen, derzeit liegt die Zahl bei gut zehn Prozent. Vor allem die Zuwanderer – meist aus den orientalischen Ländern –, die inzwischen ein Drittel der Stadtbevölkerung stellen, haben die frankophile Mehrheit unbezwingbar gemacht. Daß sie die Einwanderer den Wallonen überlassen mußten, scheint viele Flamen noch heute zu ärgern. In Brüssel war die zähe und planmäßige Assimilation der Mehrheit ans Französische also erfolgreich: Vom Dienstpersonal bis zum Geschäftsmann, vom Geistlichen bis zum Einwanderer wurde Französisch zur *lingua franca*, sogar bei den flämischen Alteingesessenen, die man immer noch spüren läßt, daß sie sich ihres »Dialektes« zu schämen haben.

Es ist unmöglich, das politische Durcheinander Belgiens, in dem die Affäre Dutroux gedieh, ohne den Kulturkampf zwischen Flandern und der Wallonie zu verstehen. 1968 etwa, als der Rest der europäischen Universitäten Kulturrevolution spielte, äußerte sich an der katholischen Universität von Löwen, auf der flämischen Seite nahe der Sprachgrenze, die Aufsässigkeit der Studenten anläßlich der Sprachenfrage. Die Frankophilen beabsichtigten, die

Zone der Brüsseler Zweisprachigkeit, die ja langfristig auf eine französische Einsprachigkeit hinauslaufen sollte, auf den weiteren Großraum der Stadt auszudehnen und auch die flämische Universitätsstadt Löwen einzubeziehen. Gewalttätige Demonstrationen und endlose Machtkämpfe in den Gremien bis hin zur Bischofskonferenz führten zur Spaltung der Universität, zur Aufteilung der Bibliothek Band für Band. Eine belgische Regierung mußte deswegen zurücktreten. Heute herrscht im Sprachenkrieg nur ein Waffenstillstand, kein dauerhafter Frieden.

In diesem Klima wird Politik zu einer merkwürdigen Melange aus ideologischem, von tiefem Mißtrauen geprägten Kampf einerseits und pragmatischem Gezerre um Durchführungsbestimmungen andererseits. Über Jahre regelten die sprachlichen Rechte den Alltag der Belgier bis ins Detail. Zu Zeiten des wirtschaftlichen Booms, die nach 1960 mit der föderalen Zweiteilung zusammenfielen, wurde es einigermaßen bezahlbar, jeder Sprachgemeinschaft Kindergärten, Schulen, Übersetzer, zweisprachige offizielle Texte, Fernseh- und Radiosender, ja sogar Kliniken zu stellen. Für die löbliche, in ganz Europa vorbildliche Pazifizierung des Streits um die Sprachgrenzen bezahlte Belgien einen hohen Preis: Jetzt, da die Gelder nicht mehr so ungehemmt ins Land fließen und Massenarbeitslosigkeit herrscht, muß das kleine Land eine immense Bürokratie für seine alimentierte Toleranz unterhalten.

Erst 1993 wurde nach jahrzehntelangem Ringen die Staatsreform umgesetzt, die Belgien von einem Zentralstaat in eine föderale Monarchie verwandelte. Doch schon seit den sechziger Jahren verläuft die exakt festgelegte Sprachgrenze wie eine Mauer durch das Land und trennt auch die Menschen, egal wo sie wohnen. Es gibt jetzt vier eigenständige Parlamente – ein belgisches in Brüssel, ein wallonisches in Namur, ein flämisches in Brüssel und ein Brüsseler Stadtparlament. Dazu kommen die beiden Sprachgemeinschaften, die französische und die niederländische, die in Schul- und Kulturpolitik ihre jeweilige Kultur auch in Brüssel mitvertreten. Auch die deutsche Minderheit – rund siebzigtausend Menschen an der Ostgrenze –, die offiziell zum Bundesland Wallonien gehört, hat ihr eigenes kleines Parlament samt Regierung in Eupen. In dem endlosen Ausgleichsbemühen um die Rechte möglichst vieler entgegengesetzter Interessen hat man sich indes nicht entschließen können, alte zentralstaatliche Organisationsebenen abzubauen, arbeitsrechtlich war das oft auch gar nicht möglich. Also bestehen noch immer die hergebrachten Provinzen wie Hennegau, Lüttich, West- und Ostflandern oder Limburg. Daneben treten selbstbewußte Städte, in denen traditionell die wichtigsten Bundespolitiker als Bürgermeister ihre Machtbasis haben.

Was die verschachtelten Beamtenbrigaden überhaupt noch zu sagen haben, ist selbst den Beamten nicht mehr klar. All diese fremd- und schuldenfinanzierten Staatsreformen beseitigten zwar die schlimmen Hinterlassenschaften des überlebten Zentralstaates, aber den Zentralstaat selbst ließen sie aus Angst vor harten Schnitten meist unangetastet – mit dem Ergebnis, daß ein beispielloser Kompetenzenwirrwarr mit starker Stellenvermehrung einherging. Welcher der über fünfzig Minister in dem kleinen Land nun wofür zuständig ist, wird täglich neu ausgehandelt. Betriebswirtschaftliche Schätzungen vermuten, daß bis zu einem Drittel der staatlichen Aufwendungen für die Abstimmung der staatlichen Stellen untereinander verpulvert wird. So wird Politik zur endlosen Diskussion von Problemen, die durch Politik erst geschaffen wurden.

Die Zuständigkeiten der beiden belgischen Landesteile gehen über die der deutschen Länder weit hinaus; Flandern und Wallonien haben das Recht auf eine eigene Außen- und Kulturpolitik, andererseits liegt diese Zuständigkeit auch bei den diplomatischen Vertretungen und belgischen Zentren, die von Brüssel verwaltet werden. Wer etwa im Ausland Wirtschaftsförderung für Belgien betreibt, muß seinen Etat nach strengem Proporz ausgeben, muß Flandern, Wallonien, Brüssel und die deutsche Minderheit gleichermaßen bedenken, selbst wenn das in einem bestimmten Haushaltsjahr völlig unsinnig ist. Flandern unterhält bereits jetzt in Wien eine eigene, prototypische Vertretung, die Fremdenverkehr und Wirtschaftspolitik regelt. Daneben existiert aber selbstverständlich noch eine belgische Botschaft mit ähnlichen Kompetenzen, die Flandern einschließen.

Wieder erinnert die Einigung Europas und der ähnlich gelagerte Streit um europäische Sprachen, Minderheitenrechte oder Regionalpolitik an den belgischen Kompromiß: Solange man aus dem vollen schöpfen kann, werden aus Angst vor den essentiellen Unvereinbarkeiten alle Gräben zugeschüttet, indem immer neue Sonderrechte eingeführt werden. Derzeit überlegen sich frankophile Lokalpolitiker aus der Gegend von Brüssel, den Europäischen Gerichtshof anzurufen, weil sie als französischsprachige Mehrheit in manchen Brüsseler Vororten zum einsprachig niederländischen Flandern gehören – sie wollen eigene Schulen et cetera einklagen.

Solche Taktiken haben sie in einem politischen Zirkelschluß natürlich der Europapolitik abgeschaut: Um ihre Minderheiten nicht zu diskriminieren und es nicht zu Grenzstreitigkeiten kommen zu lassen, hat die Europäische Gemeinschaft weitgehende Autonomierechte in ihre Charta aufgenommen. Diese Rechte werden jedoch im Zeitalter der Migration von immer mehr Bevölkerungsgruppen immer großzügiger ausgelegt und auf die eigene Situation angewandt. Damit sprengen sie die liberale Ordnung, die ja erst geschaffen wurde, um den Forderungen von Minderheiten ein für allemal entgegenzukommen. Wer wie die Wallonen die Balance der Toleranz in Brüssel einzig zu eigenen Gunsten interpretiert, bringt das ganze Gebäude zum Einsturz.

Auf diese Weise ist der Konflikt niemals aus der Welt zu schaffen. Wenn alle an einem Superstaat mit diversen Sprachen und daraus resultierenden Sonderrechten festhalten, dann werden Unbehagen und Spaltungspläne immer dazugehören. Die Befriedung von Ansprüchen auf niedrigeren Ebenen hat immer neue Ansprüche an die nächst höhere Ebene zur Folge. Wenn Europa die Regionen wie Katalonien, Flandern oder Bayern fördert, wird dadurch der spanische, belgische oder deutsche Zentralstaat vielleicht geschwächt. Doch da die Strukturen der Nationalstaaten unangetastet bleiben, müssen nun Gerichte von Karlsruhe bis Luxemburg immer neu über die Kompetenzen entscheiden. Politiker können die planmäßige Unübersichtlichkeit für Winkelzüge nutzen, können Fördergelder aus noch undurchsichtigeren Töpfen abzweigen. Wähler dagegen durchschauen das europäische Monstrum ebensowenig, wie belgische Wähler die Details ihrer Staatsreform begreifen konnten. Das einflußlose Europäische Parlament bildet das Pendant zu den diversen belgischen Volksvertretungen: eine ungemein teure Versorgungseinrichtung für Politiker und eine Arbeitsbeschaffungsmaßnahme für Simultanübersetzer.

So können belgische Politiker inzwischen in fünf verschiedenen Parlamenten sitzen, ohne Brüssel, die Stadt mit der höchsten Parlamentarierdichte der Welt, verlassen zu müssen. Denn neben dem belgischen Senat, den es aus unerfindlichen Gründen auch noch gibt, hat das Europaparlament im Dunstkreis der Brüsseler Bürokratie seine Dependance eröffnet. Wenn sie nicht gerade in Straßburg tagen, dann repräsentieren diese Abgeordneten in Brüssel die abgehobenste Ebene im belgischen Kompetenzenpoker von der Gemeinde über die Provinz über das Bundesland und den Bundesstaat bis hinauf zur Staatengemeinschaft. Und auf allen diesen Ebenen fallen Posten für Politiker ab. Es ist verwunderlich, daß die Parteien überhaupt noch genug Kandidaten für Hunderte von Sitzen in den Parlamenten, für Dutzende von Ministerposten und die dazugehörigen, gutbemannten Stäbe finden.

Allerdings findet man, auch wenn die Politik wenig anderes bewegt als sich selbst, in Belgien genügend Gründe, in die Politik zu gehen. Sie ist ein einträgliches Geschäft, schon allein wegen der abgesicherten Diäten. Von alters her lebt die Politik hier zudem vom Klientelwesen, das in kleinen, traditionellen Gemeinschaften mit schwachem Staat fast zwangsläufig entsteht. Viele Parlamentarier, vor allem einflußreiche Minister, amtieren in ihren Heimatstädten als Bürgermeister und bekommen dort früher oder später die Verwaltung in den Griff. Infolge ihrer Kompetenzen können solche Politiker weitreichende Bedürfnisse befriedigen: Das reicht von Stellen im öffentlichen Sektor für die Kinder von Parteiaktivisten bis zu großen Staatsaufträgen wie dem Bau von Fabriken im heimatlichen Bezirk. Viele solcher Klientelpolitiker halten regelmäßig eine Art öffentliche Sprechstunde in einer Kneipe oder im Rathaus ab, wo sie mit aufgekrempelten Ärmeln leutselig den Kontakt zur Basis pflegen. Die Kunden – und was wären Wähler in diesem Geschäft anderes? – können den guten Willen und die Macht eines solchen Politikers hinterher an den eingehaltenen Versprechen genau beurteilen. Bringt der Mann Stellen und Subventionen? Kann er sich vor Gericht oder bei der Polizei für Familienmitglieder einsetzen, die in Schwierigkeiten sind? Vermag er den Bebauungsplan zu ändern oder eine Geldbuße zu mildern? Wenn so jemand nur genug »für seine Stadt, für seine Leute« tut, dann darf er sich im Privatleben auch allerhand erlauben und sich sogar in Maßen aus der Staatskasse bedienen – denn genau darin besteht für viele Belgier ja der Sinn von Politik.

Klientelwesen gibt es überall in der demokratischen Politik. Jeder Volksvertreter muß auch lokaler Interessenvertreter sein. In Belgien aber hat die regionalistische Tradition, hat ein Wir-Gefühl von historischen Städten und Sprachgemeinschaften eine besondere Form des Klientelismus in die Politik getragen. Die Wähler fühlen sich zwar an bestimmte Milieus wie das katholische oder das gewerkschaftliche gebunden, sind aber jederzeit bereit, zu besseren Bedingungen die Koalition zu wechseln. Letztlich ist dann jedes Geschäft durch Kompensationen für andere Parteien, für andere Gemeinschaften mit dem Gesamtkomplex verfilzt. Die lebhafte Korruption, die dieses System befördert, kann man sich leicht vorstellen. Man muß sich nun nur noch die Milliardensummen in Erinnerung rufen, die im Brüssel nach 1960 auf die beschriebene Weise im Tauschgeschäft gegen Baugenehmigungen und Staatsaufträge eingenommen und dann wieder an Gefolgsleute verteilt wurden, um sich die Goldgräberstimmung im Milieu der Lobbyisten und Funktionäre auszumalen. Und ist es ein Zufall, daß die Sitten der jungen europäischen Politik so sehr den belgischen gleichen? Die hochbürokratisierte Förderung der Agrarunternehmer, die in ganz Europa zur Zerstörung des Bauernstandes und zu wahnwitzigen Subventionssummen für die schlauesten Agrarproduzenten geführt hat, wurde nach der Brüsseler Methode des Regionalproporzes, des Lobbyismus und der Berufsgruppenpolitik ausgehandelt. Dasselbe gilt für die europäischen Subventionen für Stahl, Schiffbau und Fischereiwesen.

Eine völlig überforderte europäische Bürokratie, die mit rund fünfzigtausend Köpfen etwa der Verwaltung einer mittleren Großstadt entspricht, mußte plötzlich Umverteilungen und Reglementierungen für den ganzen Kontinent in die Wege leiten. Kein Wunder, daß Industrie und Interessenverbände das Vielfache an Lobbyisten nach Brüssel schickten, wo diese bald lernten, auf nonchalante belgische Art Politiker zu beeinflussen und den Beamtenapparat zu kontrollieren. Die Stadt wurde zu einem gigantischen Transformator von Geld und Gebräuchen mit dem Ziel, aus den undemokratischen, unkontrollierten und undurchschaubaren Strukturen so viel Geld wie möglich herauszupumpen. Das alles geschah und geschieht, ohne daß Wahlen oder ein heruntergewirtschafteter Haushalt je das Fortbestehen dieser Parasitenwirtschaft beeinträchtigt hätten. Dieses Europa – und das gilt auch für seinen laxen Charme gegenüber Minderheiten und seine große Toleranz gegenüber den heftigsten Meinungsverschiedenheiten – konnte nur in Belgien entstehen.

Allein schon der Status der Eurokraten macht deutlich, daß das Brüsseler Europa mehr mit einem korrupten Kolonialreich und seiner Privilegienwirtschaft gemein hat als mit einem transparenten, demokratischen Gemeinwesen von geringerem Organisationsgrad. Jedes Land hat nach einem genau festgelegten Schlüssel Anspruch auf eine bestimmte Anzahl Beamtenstellen. Dazu kommen Bürokräfte und Übersetzer. Was sich in und um Brüssel festgesetzt hat, läßt sich an Ausnahmen und Vorteilen am besten mit der Kurie im Vatikan vergleichen. Die gut zwanzigtausend Eurokraten im engeren Sinne können den Nachwuchs auf eigens eingerichtete Europaschulen senden, fahren unbesteuerte Autos mit eigenen Nummernschildern, für die es an eigenen Tankstellen eine Monatsration günstigen Sprit zu kaufen gibt und deren Strafmandate gewöhnlich nicht bezahlt werden, haben eigene Supermärkte mit einem internationalen Warenangebot zur Verfügung. Dennoch kommen sie in den Genuß zahlreicher Ortszuschläge und erhalten Zuschüsse zum Kindergeld und steuerliche Vorteile für Ehepartner, bei deren Höhe sich die Mitgliedsstaaten gegenseitig hochgeschaukelt haben. Zusammen mit der Familie haben Eurokraten Anspruch auf einen längeren Heimaturlaub im Jahr, gewöhnlich per Flugzeug, damit der Kontakt zum eigenen Land nicht abreißt. Zu Weihnachten gibt es im christlichen Abendland für alle Eurokraten ein Spirituosengeschenk für knapp achtzig Mark. Entscheidend ist, daß dem belgischen Staat angesichts dieser Subventionen jährlich Steuern in Millionenhöhe entgehen. Dafür, so rechnen die Politiker ihren unwilligen Wählern vor, bringen die immensen Folgewirkungen – Lobbyisten, Journalisten, Wirtschaftsvereinigungen, Bauten – dann wieder Geld ins Land: ein typisch belgisches Kompensationsgeschäft, bei dem die Unübersichtlichkeit bewußt in Kauf genommen wird in der Hoffnung, daß bei solchen Arrangements für jeden etwas abfallen wird. Auf diese Weise ist die Einwohnerzahl des Großraums Brüssel auf über eine Million Menschen gestiegen, davon weit über ein Drittel Ausländer. Brüssel ist das drittwichtigste Kongreß- und siebtwichtigste Finanzzentrum der Welt. Und auch diese Zahlen können sich am Tropf der Europäischen Union nur steigern.

Die normalen Bürger der Stadt und Hunderttausende genervter Pendler dagegen erleben täglich beim Parken oder beim Einkaufen am eigenen Leibe, in welchem Maße der belgische Staat bereits jetzt für die Europäische Union zahlreiche Hoheitsrechte aufgegeben hat. Die Eurokraten müssen sich nicht anmelden, brauchen keine Aufenthaltsgenehmigungen. Für den belgischen Staat existieren sie verwaltungstechnisch nicht, und doch muß er mit den Verkehrs- und Wohnungsproblemen, die sie verursachen, fertig werden. Auch das neue Zentrum des Europaparlaments, das monströse Leopold-Center aus Glas und Granit, wurde ohne Mitsprache von Anwohnern und Lokalbehörden in Auftrag gegeben und hochgezogen. Die üblichen Erschließungsprozeduren gelten hier nicht. Der Soziologe Marc Abeles, der mehrere Bücher über die Sitten der Eurokraten veröffentlicht hat, erklärt den Größenwahn der Versammlung mit ihrer faktischen Machtlosigkeit: Je weniger eine

Institution vermag, um so prächtiger muß das Gebäude sein. Inzwischen haben sich Bürgerinitiativen gegen die Privilegien und das administrative Gebaren der EU-Funktionäre in Brüssel gebildet, die aber weder verbotene Tiefgaragen noch andere unsinnige Infrastrukturmaßnahmen haben verhindern können. Im belgischen Parlament hat man allen Ernstes vorgeschlagen, Brüssel in eine Verwaltungshauptstadt von Europas Gnaden nach dem Vorbild von Washington D.C. zu verwandeln. Damit wären die Belgier dann auch das Gezerre zwischen Wallonen und Flamen um den Status der Stadt los; Brüssel wäre dann rein europäisch verwaltet. Doch auch diese verzweifelte Initiative kam über den Status eines Hirngespinstes nicht hinaus. Kein Wunder, daß sich angesichts der laxen Gebräuche auch andere einen nonchalanteren Umgang mit den Gesetzen gestatten oder wenigstens aus dem System so viele Vorteile herauszuschlagen versuchen wie irgend möglich.

Über die Abstrusität der Verordnungen, die diese Beamtenschaft auf ihren gesichtslosen Brüsseler Fluren ausbrütet, ist schon viel geschrieben worden. Ob eine Vorschrift für die Größe von Speisebirnen oder das Verbot von vorgeblich gefährlichen Holzschuhen, ob die versuchte Abschaffung der abnormen englischen Busse mit ihren offenen Plattformen oder die Subvention der Schlachtung von Kälbern, die der kluge Bauer gerade mit europäischen Subventionen angeschafft hatte – die europäische Bürokratie produziert ebensoviel lebensfernen Unsinn und lebt genauso von der Allmachtsphantasie eines behördlich normierten Lebens wie jede andere Verwaltung auch. Nur kann sie niemand verkleinern, kann sie niemand überwachen, kann sie selbst das Dickicht von inzwischen sechzehn heterogenen Rechts- und Normgebäuden, für die sie oberste Instanz sein soll, nicht überblicken. Und der Kontinent ist viel zu groß, als daß sie die etwaige Wirkung der Verordnungen, die im Idealfall von den völlig andersartigen Landesverwaltungen durchgesetzt werden müßten, überprüfen könnte. Es bleibt die Funktion als gewaltige Maschinerie zur Umverteilung ferner Steuergelder und dazu, noch mehr Bürokratie zu erzeugen – die hermetische Welt der Eurokraten wurde einmal von einem Kenner treffend mit dem »Innern einer Geisteskrankheit« verglichen. Korrupte Naturen erliegen in einem solchen Klima schnell dem übermächtigen Einfluß Hunderttausender berufsmäßiger Lobbyisten, klügere Beamte werden in kurzer Frist zu Zynikern und versuchen, wenigstens die ausgezeichneten Brüsseler Restaurants zu nutzen, die sich nicht zufällig in dieser Spesenzentrale ballen.

Ohne diese typisch Brüsseler Melange aus ehrgeizigen Sprachakti-
visten, großzügigen Lokalpolitikern, skrupellosen Projektentwick-
lern, unbeteiligten Eurokraten, internationalen Wirtschaftslobby-
isten und gierigen Bauunternehmern läßt sich das gründlich
entwickelte Mißtrauen der Belgier, vor allem gegen staatliche
Amtsträger wie Brüsseler Politiker und Militärs, nicht verstehen.
Dieses Mißtrauen aber war ausschlaggebend für die Reaktionen
auf Dutroux. Nihoul bedeutete in dieser Sicht das entscheidende
Scharnier zwischen Gewaltverbrechen und staatszersetzender
Mafia. In keiner anderen Stadt als Brüssel, wo keiner dem anderen
vertraut und jeder jedem alles zutraut, hätten die wilden Verschwörungstheorien so bereitwillig Gehör gefunden. Der junge Geschäftsmann Jean-Michel Nihoul, der nach 1970 in Brüssel aktiv
zu werden beginnt, hat eine Nase für die Verdienstmöglichkeiten
der europäischen Gründerjahre. Wenn das viele Geld vor allem von
den lokalen Parteien verteilt wurde, dann mußte man sich in ihrem
Umkreis eben Freunde verschaffen und nützlich machen.

Nihoul tritt in Aktion als Organisator von lokalen Wahlkampa-
gnen für rechtsgerichtete Politiker der liberalen oder der christlichen Partei. Gleichzeitig versucht er sich als Werbemann, fällt aber
schon bald durch falsche Rechnungen und manipulierte Liefer-
scheine unangenehm auf. Nihoul, dessen große Geschäfte nicht so
recht in Gang kommen wollen, rühmt sich gern seiner Kontakte in
allerhöchste gesellschaftliche, vor allem politische Kreise. Der
Wahrheitsgehalt solcher Prahlereien ist nur schwer festzustellen,
dicke Freund- oder Seilschaften mit einflußreichen Politikern lassen sich nicht nachweisen. Nihoul wird zu einem der typischen
Handlanger, wie sie sich am Rande jedes politischen Milieus her-
umtreiben.

Eine Zeitlang betreibt Nihoul eine kurzlebige lokale Radiostation, tritt als Veranstalter von Popkonzerten in Nachtclubs in Erscheinung, sucht die Nähe bekannter französischer Stars – auch
dies eine Karriere ohne durchschlagenden Erfolg, wenn man davon
absieht, daß bei den Geschäften im Discomilieu immer mal wieder
größere Geldbeträge verschwinden und der Verdacht auf den win-
digen Organisator fällt. Später dann gerät Nihoul wegen betrügerischen Bankrotts vor Gericht: Er hatte mit einem Kompagnon eine
Art Steuerberatung betrieben, die aber niemals funktionierte und
ohne sonderliche Gegenleistung mitsamt den Vorauszahlungen der
Kunden den Bach herunterging. Nun darf Nihoul zwar kein Gewerbe mehr anmelden, aber er läßt sich etwas einfallen. Er fügt sei-

nem Vornamen ein »Jean« hinzu, so daß er nun denselben Namen wie sein Sohn trägt und an dessen Stelle wieder Geschäfte machen kann. Als er dann sogar seinen Filius in bewährter Manier mit Schulden sitzenläßt, ist der Familienfrieden zwar schwer gestört, Nihouls Tatendrang jedoch unvermindert.

Wenn es um Kontakte geht, scheut er sich auch nicht, den namensgleichen Hoflieferanten, den stadtbekannten Konditor Christian Nihoul, als Bruder oder Vetter auszugeben. In schlechten Zeiten versucht der Betrüger gar mit diesem Trick im Tortenladen direkt abzusahnen. Mit einem niederländischen Freund eröffnet Nihoul einen Fischimport, der einzig zu dem Zweck bestanden zu haben scheint, große Mengen Frischfisch zu bestellen und sogleich an Restaurants weiterzuverkaufen. Die Lieferungen werden nie bezahlt, ebensowenig die Kühltruhen, die Nihoul dennoch ungeniert versilberte. Der Geschäftspartner, der selbst wegen vermeintlicher Verbindungen zu Dutroux eine Zeitlang verhaftet wird, sagt später gegenüber holländischen Zeitungen aus, sein Kumpel sei ein windiger Geselle gewesen, der einzig auf Kosten anderer Leute habe leben wollen. Nihouls einziges Interesse sei Sex, Sex und immer wieder Sex; er habe über nichts anderes reden können. Auch Nihouls Anwältin gibt diese Neigung gerne zu: Ihr Mandant sei ein Liebhaber von Orgien, doch nicht mit Kindern, sondern mit einverstandenen Erwachsenen als Beteiligten.

Verwunderlich ist, daß es diesem Stehaufmännchen in all den Jahren immer wieder gelingt, in Geschäftskreise vorzudringen und Fuß zu fassen, wenn auch auf sinkendem Niveau. Zusammen mit einer Freundin steigt Nihoul ins Nachtleben ein und betreibt die zwielichtige Brüsseler Bar »Le Dolo«, wo er die örtliche Polizei freigehalten haben soll. Daß er zudem gern in Nachtclubs verkehrt, zeugt noch nicht von einer Verstrickung in mörderische Aktivitäten der Porno-Industrie.

Nur eines von Nihouls Geschäften weist auf größere Dimensionen und nährt die Vermutung, daß er die unübersichtlichen und partiell kriminellen Verhältnisse in der belgischen Politik zu nutzen verstand: Gegen Schmiergeld, das beim Bau eines Lütticher Krankenhauses für Lokalpolitiker abfiel, diente er als Mittelsmann und Geldbote zugunsten der sozialistischen Partei Walloniens. Doch die Annahme, Nihoul habe sich den Schutz politischer Patrone erkauft, kann diese Episode aus den achtziger Jahren kaum stützen. Nihoul hat, wenn er in politischen Kreisen tätig war, sehr diskret gearbeitet. Ihn umgibt nicht die Aura des Paten, sondern die des

Handlangers. Die belgische Öffentlichkeit hoffte so sehr auf einen Brüsseler Passepartout für die gesamte Affäre – einen Schlüssel, der Dutroux mit der ganzen besseren Gesellschaft, am liebsten bis hinauf zur Regierung, in Verbindung bringen könnte. Aber das ist bisher nicht gelungen. Wer auf den beschlagnahmten Videos zu sehen ist, wer gegebenenfalls »Abnehmer« von Nihouls Diensten war, welche hochgestellte Persönlichkeit überhaupt mit Nihoul in Kontakt stand – alle diese Geheimnisse sind nicht gelüftet worden. Untersuchungsrichter Connerotte äußerte vor dem Dutroux-Ausschuß des belgischen Parlamentes mehr als ein halbes Jahr nach Nihouls Festnahme, das Gericht sei sich sicher, daß dieser Mann politischen Schutz genossen habe. Doch sei das Ganze noch schwer durchschaubar. Die Namen diverser wallonischer Politiker hatte einzig Nihoul selbst, nicht gerade ein verläßlicher Zeuge, verraten. Und was in diesem Zusammenhang »Schutz« bedeutet, ist völlig unklar. Ist damit ein Politiker gemeint, der Nihoul aus irgendeiner Kumpanei heraus zu einem Gewerbeschein verhalf, oder einer, der mit ihm zusammen bei Sexparties mit Kindern mitwirkte und später die Polizei von Nachforschungen abhielt? Daß zwischen beiden Aktivitäten ein gewisser Unterschied liegt, gehört zu den Nuancen, die in Belgien im Verlauf der Affäre Dutroux zeitweise aus dem Blick gerieten. Wer immer mit Nihoul einmal zu tun gehabt hatte, dem hing der Ruch des potentiellen Kindermörders an, obwohl noch nicht einmal Nihoul Entscheidendes in dieser Richtung nachzuweisen war.

Die Karriere Nihouls, so schmierig seine Geschäfte über die Jahre auch wirken, deutet nicht unbedingt auf Kinderpornographie oder gar Kinderhandel. Nihoul wirkt oberflächlich betrachtet wie ein gewöhnlicher, sogar eher untalentierter Betrüger mit einem Hang zum Rotlichtmilieu, wie es in jeder Großstadt Dutzende gibt. Auch konnte Nihoul augenscheinlich keine großen Reichtümer mit seinen Geschäften erwerben. Doch nach dem belgischen Verschwörungsmuster, für das die Brüsseler Verhältnisse den Boden bereitet haben, weist gerade die vermeintliche Schäbigkeit dieser Karriere auf allerschlimmste Zusammenhänge. Bald regierten nur mehr die Gerüchte: So wurde ein Photo veröffentlicht, das Nihoul beim Händeschütteln mit dem belgischen Verteidigungsminister zeigt. Während sich der Politiker mit dem Hinweis auf einen beliebigen Öffentlichkeitstermin entschuldigte – er habe Nihoul überhaupt nicht gekannt –, war die Öffentlichkeit sofort von Nihouls Regierungskontakten überzeugt, mit denen der Mann schließlich nachweislich geprahlt hatte. Nihoul, so besagte ein weiteres Gerücht, habe sich in den letzten Jahren zum Veranstalter von Sexparties in einem Waldschloß in den Ardennen hochgearbeitet; hohe Beamte und Regierungsmitglieder sollen hier Gelegenheit zu den perversesten Ausschweifungen bekommen haben. Natürlich seien die Teilnehmer hinterher erpreßt worden. Nihoul gab die Vorwürfe unumwunden zu: Er habe freimütige Feste organisiert, aber für Kinder, beteuerte er, habe er nie eine Ader gehabt.

Obwohl lange keinerlei konkrete Beweise gegen Nihoul präsentiert wurden, zweifelte dennoch niemand an dessen maßgeblicher Mitarbeit an den abscheulichsten Verbrechen. Immer wieder meldeten sich Zeugen, die Nihoul bei Entführungen verschwundener Mädchen am Tatort gesehen haben wollen. Mal soll er die Mädchen »bestellt« haben, mal mit ihnen in halb Mitteleuropa herumgefahren sein. Ein Alibi, das Nihoul in einem dieser Fälle angab, platzte zwar, doch der Mann, der zu Nihouls Gunsten aussagte, war ausgerechnet ein früherer Anwalt, der wegen entfernter Mithilfe bei der Entführung des Politikers Paul Vanden Boeynants verurteilt worden war. Hier fand sich endlich der Bezug zu Staatsverbrechen, auf den man lange vergeblich gewartet hatte. Die Öffentlichkeit wurde und wird den Verdacht nicht los, daß hier alles mit allem zusammenhängt. Selbst wenn es keine Beweise gibt, ist dies für viele mißtrauische Belgier Beweis genug, daß dann eben Beweise vernichtet worden sind.

Daß Nihoul ein Tausendsassa der Brüsseler Halbwelt war, steht fest. Daß er dabei irgendwann einmal mit jedem Vorbestraften oder Verdächtigen, aber auch manchem Politiker und Geschäftsmann in Kontakt kam, ist unvermeidlich. Doch für die ganz großen Verbrechen fehlt bisher die Evidenz – wenn man das nicht bereits als Beleg für die allumfassende Verschwörung des Schweigens nehmen will. Eine andere Möglichkeit wäre: Nihoul war um 1995 pleite, es ging anscheinend weiter mit ihm bergab. Wenn er sich – aus seinen Erfahrungen im Nachtleben heraus – mit Kinderpornographie oder Entführungen befaßt haben sollte, dann muß das ein später Versuch gewesen sein, doch noch ans große Geld zu kommen. Aber auch für diese Hypothese nehmen sich die Ermittlungsergebnisse seltsam mager aus. Nihoul selbst bekam seine Haft nicht gut; dramatisch abgemagert, wirkte er bei den Vorführungen wie der Schatten seiner selbst, benötigte Krücken und mußte schließlich im Rollstuhl vorgefahren werden. Es machte den Eindruck, als zerfalle der Mann, den zuvor kein Bankrott, keine Verurteilung wegen Betrugs aus der Bahn hatte werfen können, im Gefängnis rapide. Sollte sich der Verdacht tatsächlich einzig auf die Aussagen von Marc Dutroux stützen, dürfte die Anklage nicht standhalten.

Die ganze Affäre um die toten Kinder braucht aber, zynisch gesprochen, unbedingt einen Hintermann, auf den sich die abenteuerlichsten Weiterungen projizieren lassen können. Entweder Nihoul ist tatsächlich dieser Hintermann, und er hat am Ende einer schmierigen Laufbahn im Kindersex – oder wenigstens in seiner Ausbeutung – den ultimativen Kick gefunden und schweigt nun beharrlich aus Angst vor den Paten seines Gewerbes, die vor nichts zurückschrecken. Oder – was wahrscheinlicher ist – diese Paten gibt es nicht, und Nihoul ist geblieben, was er immer war: ein großmäuliger kleiner Betrüger ohne Fortüne und ohne Geschick, der sich nach zahlreichen Pannen wieder einmal die falschen Freunde ausgesucht hat und damit ausgerechnet im Kern der schlimmsten Kriminalaffäre der Nachkriegszeit gelandet ist.

Ende Januar 1997, nach einem halben Jahr, wurde der Haftbefehl gegen Nihoul aufgehoben. Der Anwalt der Eltern von Julie und Mélissa sah darin den Beweis, daß Nihoul von hohen Justizstellen beschützt wird. In dieselbe Kerbe schlug im Februar Untersuchungsrichter Jean-Marc Connerotte, unter dessen Ägide Dutroux verhaftet worden war. Parlamentariern gegenüber sagte er aus, er verfüge über konkrete Anhaltspunkte, daß Nihoul von »höchster Stelle« beschützt worden sei – und zwar von wallonischen Politikern, vor allem aus der liberalen Partei. Die eventuelle Aufdeckung solcher krimineller Seilschaften, so sie denn gelingt, würde das politische System Belgiens weiter erschüttern.

Nihouls Anwälte dagegen finden sich nach der Aufhebung des Haftbefehls in ihrer Argumentation bestätigt, daß ihr Mandant nichts mit der ganzen Affäre zu tun hat. Sein Vorleben sei über einen Zeitraum von zwanzig Jahren durchleuchtet worden, und man habe nichts Relevantes gefunden. Was aber vielleicht das Schlimmste ist: Es macht eigentlich keinen Unterschied mehr. Die Rolle, die Nihoul von Anbeginn in diesem Verfahren gespielt hat, wird weiterleben, zur Not auch ohne Besetzung. Der Schock, den die regelmäßig wiederkehrenden Entführungen und die professionellen Kellerbauten ausgelöst haben, hat die Gewißheit geschaffen, daß hier für gewerbliche Abnehmer gemordet worden ist, daß es Videos mit hochgestellten Persönlichkeiten geben muß, daß

Millionen mit dem Leben der Mädchen verdient wurden, daß irgend jemand die Hand über die Täter gehalten hat. Wenn Michel Nihoul diese Machenschaften nicht nachgewiesen werden können, dann hat er nach dieser Logik eben immer noch mächtige Beschützer.

Die Wahrnehmung des Verfahrens verschob sich im Laufe der Monate unübersehbar vom Entsetzen über die kriminalistischen Details und vom Mitgefühl für die Opfer hin zu einer schrillen Verschwörungstheorie. Nihoul nahm im Zuge des Dramas immer mehr den Charakter eines Fantasy-Bösewichts an: Wie eine giftige Kröte saß er im Zentrum des Komplotts und nährte sich von den Untaten. Wer die politischen Verstrickungen der Kriminellen betonen wollte, sprach nur noch von der »Bande Dutroux-Nihoul« oder gleich von »Nihouls Kinderhandel«. Dieses Bild übt wegen seiner Einfachheit einen großen Reiz aus. Demnach existierte ein europaweites Netzwerk von Kinderpornographen, eine Art gemeinsamer Markt der Mädchenmörder, der von Mittelsmännern gelenkt und bestochenen Mitwissern aus Justiz und Politik geschützt wird.

Die harzigen Ermittlungen der Polizei deuten aber nicht unbedingt auf ein solches Szenario hin. Vielmehr scheint die Szene der Kinderpornographie äußerst abgeschlossen und in zahlreichen kleinen Gruppen organisiert zu sein. Die Abnehmerkreise sind stets übersichtlich und darum kaum auf einen Schlag in einem großen Gebiet aufzudecken. Diese Szenerie kleiner verschworener Grüppchen, die nicht hierarchisch miteinander verbunden sind, kommt der Dimension des Dutroux-Skandals nicht entgegen. Warum, fragen sich die Medienkonsumenten, wird gegen eine so beschränkte Organisation mit diesem riesigen Apparat und mit mäßigem Erfolg vorgegangen? Warum müssen im ganzen Land Hausdurchsuchungen stattfinden, wer hat so viele Videokassetten hergestellt, und an wen wurden sie verkauft?

Dutroux und eventuell Nihoul waren, wie die Ermittler bald behaupteten, nur Rädchen in diesem düsteren Gewerbe. Doch gerade diese relativierenden Erklärungen ließen bei der Bevölkerung den Glauben wachsen, man habe es mit einem noch viel bedrohlicheren Komplott zu tun – dem Komplott, auf das man aufgrund der Verrottung der belgischen Politik immer schon gewartet hatte. In Wahrheit nimmt sich das unheilvolle Wirken Dutroux' eher schäbig aus. So furchtbar es klingt – auch zwei Dutzend verschwundene Kinder können keinen gigantischen Verbrecher-Ring beschäftigt haben, der das ganze Land beherrscht. Alles sieht eher nach dem typischen Gemenge von politischer Kumpanei auf lokaler Ebene aus. Einige korrupte Polizisten, die wiederum einige alte Freunde im Justizapparat haben, könnten – vielleicht sogar, ohne von den Morden zu wissen – ihre Schützlinge ein paarmal herausgepaukt haben, wie das eben im Milieu gang und gäbe ist. Diese Art der Verfilzung des kriminellen Systems mit dem staatlichen ist für sich genommen schon schlimm genug und reicht aus, Millionen von Menschen virtuell zu bedrohen, ein ganzes Land in Angst und Schrecken zu versetzen und zahlreiche Schwerverbrechen, Morde gar, über Jahre ungeahndet zu lassen. Das Schreckbild diverser solcher Grüppchen, die unabhängig voneinander in ihrem lokalen Umfeld Kinder mißbrauchen oder ermorden, hat gegenüber dem großen Syndikat nichts Angenehmeres. Doch so kleinteilig und beliebig soll Dutroux' Bande, so hofft das kollektive Unbewußte, nicht gehandelt haben.

Denn wäre alles so profan gewesen, dann müßte die Öffentlichkeit eine Hoffnung aufgeben, welche die Ermittlung von Anfang an begleitete: daß mit diesem Schlag die Kindesentführungen und die Kinderpornographie beendet seien, daß das Land endlich Ruhe hätte. Diese Hoffnung war es vor allem, welche die simple Vorstellung von einer kriminellen Verschwörung mit einem Kopf und einer Basis, mit zentralen Zulieferern und europaweiten Abnehmern genährt hat. Rund um Brüssel, das ja selbst Metropole eines kontinentalen Netzwerks ist, mußte diese Vermutung zwangsläufig entstehen, mußte aus Kindermorden ein Staatskomplott werden. Wo Politik lediglich als Geschäft für den Meistbietenden und Rücksichtslosesten betrieben wird, muß ein mörderisches Gewerbe wie die Kinderpornographie notwendig auf der Ebene der großen Politik angesiedelt sein. So, wie sie unseren Staat verschachert haben, haben sie jetzt auch unsere Kinder verschachert, lautete eine der wütenden Stellungnahmen beim Begräbnis von Julie und Mélissa.

Diese illusionslose Sicht steht am Ende einer depressiven Phase des Wirtschaftsliberalismus, der mit flächendeckenden Firmenstilllegungen ausgerechnet die wallonische Region zugrundegerichtet hat, aus der die meisten Opfer und die Täter stammen. Wie Arbeit, wie Gesundheit, wie Information, so werden eben jetzt auch Kinder zu einer Handelsware für private Interessenten, einer Ware, die ihren Preis hat und in deren Beschaffungskosten die Bestechung von Polizei und Justiz eingerechnet wird. Dutroux ist in den Augen der Menschen nicht so sehr der sadistische Mörder, sondern ein schlauer Gewerbetreibender. Es bezeichnet einen Wendepunkt im Verständnis dieser Art von Verbrechen, daß die Belgier die Entführungen und Morde nicht als Triebtaten, sondern als kommerzielle Organisation begreifen.

6. Kapitel

Für einen Teller Spaghetti

Mitte Oktober 1996 bekam die belgische Polizei viel Arbeit an ungewohnter Front. Im ganzen Land mußten Bereitschaftspolizisten mit massiver Präsenz, an manchen Orten mit Gewalt die Gerichtsgebäude schützen. Überall, von der Nordseeküste bis Lüttich, gingen die Menschen auf die Straße. Die Gerichtsgebäude wurden mit faulen Eiern und Tomaten beworfen. Daß sich unzufriedene Bürger vor Regierungsbauten oder Rathäusern sammeln und wütende Parolen skandieren, gehört in unserer politischen Kultur zum Alltag. Doch daß die anonyme dritte Gewalt, die mit den Mitteln des Rechts den Einzelnen vor Willkür zu schützen hat, kollektiv als böse Macht empfunden wurde, war neu. Etwas dem Sturm auf die belgische Justiz Vergleichbares hatte ein bürgerlicher Rechtsstaat noch nie erlebt.

Die Ursache für diesen Massenprotest war ein Teller Spaghetti. Der Kinderhilfsfonds, der sich nach dem Verschwinden zahlreicher Mädchen gegründet hatte, lud im September 1996, gut vier Wochen nach der Festnahme Dutroux', zu einem Wohltätigkeits-Mahl. In der Ardennengemeinde Bertrix gab es, so traurig der ganze Fall auch lag, einen Grund zum Feiern. Denn aus diesem ärmlichen Ort in den Bergen stammt Laetitia Delhez, das letzte Opfer des Kinderfängers, das die grausame Gefangenschaft überlebt hatte.

Laetitias Mutter war abhängig von Unterstützung, doch das hielt sie nicht davon ab, gleich nach der Befreiung ihrer Tochter vor die Fernsehkameras zu treten und zu berichten, was sie durchgemacht hatte. Sie schirmte ihre Tochter auch nicht übermäßig ab, weil das sechzehnjährige Mädchen nicht danach verlangte, sondern die Öffentlichkeit förmlich suchte. So erfuhren die Belgier am Fernsehgerät, daß Dutroux seinen Opfern zu erzählen pflegte, die Eltern wollten für sie kein Lösegeld bezahlen; nun hätten die Mädchen ihren Aufenthalt sozusagen bei ihm »abzuarbeiten«. In den wenigen Tagen, die Laetitia in Charleroi gefangensaß, so erzählte die Mutter, sei das Mädchen mehrmals vergewaltigt worden, »im Badezimmer«. Frau Delhez, die dergestalt die anonymen Vorwürfe gegen Dutroux tapfer konkretisierte und sich nicht zu schade war, öffentlich und mit derber Sprache gegen den Mann aufzutreten, der beinahe zum Mörder ihrer Tochter geworden wäre, geriet bald in Geldnöte. Als Nebenklägerin konnte sie sich keinen Anwalt leisten, während Dutroux, der mit seinem Gewerbe zu ansehnlichem Wohlstand gekommen war, augenscheinlich keine Probleme hatte, die Rechnungen für einen prominenten Juristen zu begleichen, nachdem sich erst einmal ein Advokat gefunden hatte. Bertrix war zudem der Ort, wo sich in den vergangenen Monaten eine örtliche Gruppe des Kinderhilfsfonds besonders engagiert und nach dem Verschwinden des Mädchens in zahlreichen Gruppen an der Durchforstung der Wälder und an Befragungen von Haus zu Haus beteiligt hatte.

Was also lag in Bertrix, wo die bäuerliche Bevölkerung noch traditionell zusammenhält, näher, als ein Fest zu organisieren, bei dem für die Familie Delhez gesammelt werden sollte? Zudem hatte man im August nach der Rettung der Mädchen auf alle organisierten Feierlichkeiten verzichtet, weil schnell die Leichen der anderen Opfer gefunden wurden. Dies sollte nun bei einem schlichten, doch würdigen Benefizmahl nachgeholt werden. Den freiwilligen Helfern, die letztlich an der Festnahme von Dutroux maßgeblichen Anteil hatten, sollte Dank ausgesprochen werden, und das notleidende Opfer bekäme obendrein auf diskrete Weise finanzielle Unterstützung.

Von Bertrix sind es nur ein paar Kilometer bis zum Gericht in Neufchâteau, wo Staatsanwalt Michel Bourlet und Untersuchungsrichter Jean-Marc Connerotte seit Jahren ein bewährtes Ermittlerteam bildeten. Die beiden Fahnder, die zu diesem Zeitpunkt dank ihrer von den Medien viel beachteten Fahndungserfolge längst den Status von Volkshelden genossen, sagten ihr Kommen zu. Schließlich erwiesen sie damit ihrerseits den Bürgern, die der Justiz unter die Arme gegriffen hatten, ihre Hochachtung. Als Laetitia erfuhr, daß ihre Retter bei diesem Essen dabeisein würden, wollte sie ebenfalls spontan dorthin kommen.

Wieviel oberflächliche Unruhe Medienrummel bedeutet, hatten die verschlossenen Ardennenbewohner in den letzten Wochen zur Genüge erlebt, als Fernsehteams aus ganz Europa ihren abgelegenen Ort belagert hatten. Diesmal wollte man bei einem einfachen Teller Spaghetti unter sich bleiben. Die Presse war ausgeschlossen.

Ein übereifriger Lokalredakteur schoß aber dennoch ein Photo von Bourlet und Connerotte, wie sie mit den Organisatoren an der Tafel saßen. Der bemühte Pressebericht in der Lokalzeitung erwähnte den tosenden Applaus, der die beiden Männer empfangen hatte. Als eher ungeschickte Geste der Herzlichkeit überreichten die Dörfler jedem Beamten einen billigen Füllfederhalter und einen Blumenstrauß. Gleich nach dem Essen fuhren die Fahnder ab; sie hatten Arbeit genug. Peinlich waren sie darauf bedacht gewesen, sich ihrem Amt gemäß korrekt zu verhalten, mit den Opfern oder Familienmitgliedern, Prozeßbeteiligten und Nebenklägern also, kein Wort zu wechseln.

Es dauerte keine vier Wochen, dann war der Bericht der Lokalzeitung in den Händen des Anwalts von Marc Dutroux gelandet. Sofort beantragte er die Ablösung des Untersuchungsrichters Connerotte, weil dieser durch seine Teilnahme am Wohltätigkeitsessen zugunsten einer Nebenklägerin die gebotene Unparteilichkeit aufgegeben habe. Den Staatsanwalt, der ja geradezu parteilich gegen den Angeklagten ermitteln darf und soll, betraf der Vorwurf nicht.

In der Woche, die der endgültigen Entscheidung des höchsten belgischen Justizgremiums, des staatlichen Kassationsgerichtshofs in Brüssel, vorausging, kochte im ganzen Land mit nie gekannter Schärfe die Verbitterung hoch. Es gab nur noch ein Thema: die Ablösung Connerottes. Die Zeitungen druckten Leserbriefseiten, die eigens dieser Frage gewidmet waren und das Ausmaß der Wut kenntlich machten. Connerotte wurde durchweg als unbestechlicher, integerer Mann der Justiz gerühmt. Einer seiner flämischen Kollegen veröffentlichte eine bittere Klage über das Dasein von Untersuchungsrichtern, die schließlich Menschen seien und keine Roboter. Als Asket ohne jedes Privatleben habe man zu leben und an der Basis ohne politische Hilfe und Unterstützung der Hohen Justiz der wachsenden Kriminalität die Stirn zu bieten: »Es ist ein Seiltanz. Permanent müssen wir auf der Hut sein.«

Während im Kassationsgerichtshof noch penibel die Aktenlage geprüft wurde, sammelte die Initiative »Pour nos enfants – Voor onze kinderen« blitzschnell einhundertsechzigtausend Unterschriften zugunsten Connerottes. Diese Gruppe, die in ganz Belgien zehn Anlaufstellen eröffnete, begründete die spätere Protestbewegung. Doch als im ganzen Land neben den ausliegenden Kondolenzlisten für die ermordeten Kinder nun auch um Unterstützung für den bedrohten Richter gebeten wurde, gab es noch Hoffnung auf Gerechtigkeit. Selbst in dieser Phase verloren manche Belgier nicht ihren trockenen Humor, den sie sich in vielen hundert Jahren Fremdherrschaft zugelegt haben. Das Kassationsgericht wurde in einer Karikatur mit Perücken nach der Art britischer Richter abgebildet – nur bestand die Perücke jeweils aus einer Portion Spaghetti. Ein Komiker hatte die geniale Idee, ein Benefizessen zugunsten von Dutroux und Nihoul zu veranstalten. Seine juristische Überlegung: Nun brauchte nur noch Connerotte aufzukreuzen und eine Mahlzeit zugunsten der Mörder einzunehmen, und die Sache stünde wieder unentschieden. Doch den meisten Bürgern war angesichts der Mühlen der Justiz das Lachen gründlich vergangen. Die Verbalinjurien gegen die belgische Justiz als Ganzes, aber auch gegen gewisse unbeliebte Spitzenfunktionäre, die damals in den Medien geäußert wurden, hätten zu zahlreichen Zivilklagen ausgereicht; inzwischen ist eine soziologische Studie über die Volkswut von damals erschienen.

Bei all denen, die sich damals zum Protest entschlossen, kamen unheilvolle Erinnerungen hoch. Schon zwei Jahre zuvor hatte derselbe Kassationshof Connerotte den spektakulären Fall Cools abgenommen, bei dem es um die Ermordung eines der mächtigsten Politiker des Landes ging. Der Lütticher Gerichtshof, der aus Verfahrensgründen daraufhin gegen den vehementen Widerstand der Familie des Ermordeten die Sache zugesprochen bekam, hatte nicht nur die von Connerotte festgenommenen Verdächtigen, Mitarbeiter des ehemaligen Ministers Van der Biest, samt und sonders wieder freigelassen. Die vier Männer durften sogar in den Medien ihre Version über die Geständnisse verbreiten, die sie in Neufchâteau abgelegt hatten: Der kleine, ehrgeizige Richter habe ihnen rund fünfzehntausend Mark geboten, wenn sie sich selbst beschuldigten. So absurd die Vorwürfe waren, wurde Connerotte dennoch den Makel des korrupten Richters nicht mehr los. Seine Kollegen aus dem vorgesetzten Gericht in Lüttich hatten Halbweltgestalten, die des Mordes verdächtig waren, Gelegenheit gegeben, die berufliche Integrität und Ehre Connerottes in den Dreck zu ziehen. Der Richter schickte zwar Bericht auf Bericht nach Brüssel und belegte die Schlüssigkeit seiner Ermittlungen mit Indizien, doch nahm die wallonische Justiz keine Notiz mehr von diesem Quertreiber.

Um so pikanter war die Tatsache, daß zum Zeitpunkt der Spaghetti-Affäre dieselben Verdächtigen, die Connerotte einst verhaftet hatte, aufgrund exakt derselben Beschuldigung wieder hinter Schloß und Riegel saßen. Untergeordnete Beamte im Lütticher Gericht hatten die mutwillige Verschleppung des Verfahrens nicht mehr ertragen und waren im Urlaub auf eigene Kosten nach Sizilien gefahren, wo sie im Handumdrehen die Auftragsmörder ermittelten. Aber auch ihre verzweifelte Initiative wäre wohl von höchster Stelle unterdrückt worden, wäre nicht gleichzeitig wegen Dutroux und des Fahndungserfolgs von Connerotte das ganze Land in Aufruhr gewesen und wären die mutmaßlichen Drahtzieher des Mordes nicht aus derselben Gemeinde gekommen wie Julie und Mélissa: Grâce-Hollogne. Bisher hatte ein zwielichtiger Hauptkommissar als rechte Hand der ermittelnden Untersuchungsrichterin Ancia sämtliche Indizien gegen die Lokalpolitiker beiseite gewischt und den Angeklagten sogar persönlich Connerottes Aktenstücke vorbeigebracht, damit sie sich besser verteidigen konnten – nach der weitgehend öffentlich ausgetragenen Schlammschlacht um Connerottes Integrität wurde diese schmutzige Kumpanei nun auch für den letzten Beobachter offensichtlich.

Jetzt also sollte ein Teller Spaghetti den populären Richter, der abermals nach zahllosen Schlampereien den Täter gefunden hatte, ausheben. Unnötig zu sagen, daß seine Kollegin Ancia, der es immerhin zwei Jahre lang gelungen war, wichtige Ermittlungen in einem Mordfall – sei es aus Unfähigkeit, sei es aus Filz – zu sabotieren, unbehelligt im Amt verblieb.

Connerotte dagegen schien im eigenen Milieu keine Freunde zu haben. Der asketische Mann von Anfang Vierzig stammte zwar aus Neufchâteau selbst, wo sein Vater in untergeordneter Stelle als Schreiber beim Gericht beschäftigt gewesen war. Doch als junger Mann hatte er jahrelang in Australien gelebt und konnte angesichts seiner einfachen Herkunft niemals mit den christdemokratischen Notabeln warm werden, die traditionell das Gericht von Neufchâteau dominierten. Von den eigenen Kollegen kam während der entscheidenden Tage denn auch nicht eine Solidaritätsadresse. Connerotte galt als zielstrebiger Eigenbrötler, der keine Rücksicht auf den politischen Proporz und, wenn es darauf ankam, auch nicht auf die austarierten Hierarchien im verästelten Justizapparat nahm. Er schien nicht nur gegen das Verbrechen, sondern auch für seine eigene Rehabilitierung zu kämpfen, seit er öffentlich fallengelassen worden war. Daß er in der Sache Cools einen – freilich ergebnislosen – Brief an den König geschrieben und um eine Reform der verrotteten Strukturen, die er Punkt für Punkt belegen konnte, gebeten hatte, verschaffte ihm ebenfalls keine Freunde bei Gericht. Hager, graugesichtig und abgearbeitet, machte Connerotte der Verfahrensfehler, der ihm durch die Teilnahme am Spaghetti-Abend unterlaufen war, offenbar schwer zu schaffen.

Doch war ihm überhaupt ein Fehler unterlaufen? Staatsrechtler belgischer Universitäten meldeten sich vor der endgültigen Entscheidung in Brüssel zu Wort. Nach ihrem einhelligen Urteil war der Kinderhilfsfonds, der als Veranstalter des Benefizessens zeichnete, nicht als Beteiligter am Verfahren zu betrachten. Die Geschenke hatte Connerotte also nicht von einer Prozeßpartei, sondern von einer Initiative erhalten, deren Ziel die Verfolgung von Verbrechen gegen Kinder war. Dieses Ziel wohlwollend zu begleiten, so schrieb ein Staatsrechtler, verrate allerdings Entscheidendes über die Haltung Connerottes: daß er nämlich parteilich gegen Verbrechen sei, und vielleicht sei das für einen Mann seines Amtes in Belgien schon zuviel.

Andere Professoren versuchten, dem Kassationsgerichtshof eine goldene Brücke zu bauen: Selbst wenn man die mittelbare Unterstützung für die Mutter Laetitias, eine Nebenklägerin also, als Bevorteilung betrachten wolle, müßte doch die Bescheidenheit der Geschenke in Rechnung gestellt werden. Ein einfaches Schreibgerät und ein Strauß Blumen könnten die materielle Unabhängigkeit eines Gerichtes doch keinesfalls gefährden. Mit einem Verweis für Connerotte sei es auch getan, entziehen müsse man ihm das Verfahren wegen dieser Lappalie nicht. Überhaupt stellte sich die Frage nach dem System gemeinsam ermittelnder Staatsanwälte und Untersuchungsrichter. Diese Konstruktion, die Belgien wie so vieles vom französischen Zentralstaat übernommen hatte, macht den staatlichen Kläger zugleich zum Chef der Fahnder; der Untersuchungsrichter steht ihm insofern zur Seite, als er die für die Ermittlungen zuständigen Rechtstitel – Durchsuchungsgenehmigungen, Haftbefehle – schnell und unbürokratisch besorgt. Kollegen von Connerotte meldeten sich während des Spaghetti-Verfahrens zu Wort und berichteten von Fällen, in denen Nebenkläger aufwendige Essen für Untersuchungsrichter abgehalten hätten, bei denen überdies wertvolle Geschenke überreicht worden seien. Doch anders als beim Underdog Connerotte war hier nie ein Verfahren gegen die Richter eröffnet worden.

Völlige Unabhängigkeit kann bei einem solchen Verfahrensweg ohnehin nie gewahrt werden, weil auch der Untersuchungsrichter notwendig mit Klägern und Opfern zusammentreffen muß und weil er durch seine Zusammenarbeit mit dem Staatsanwalt ohnehin eher die Sache der Fahndung vertritt. Die sprichwörtliche Unvoreingenommenheit der Justiz muß in dieser Konstruktion nicht der Untersuchungsrichter, sondern der Strafrichter erfüllen, auf den das Verfahren nach Eröffnung des Prozesses übergeht. Legt man aber das Gebot der Unparteilichkeit selbst für Untersuchungsrichter dermaßen streng aus wie im Fall Connerotte, dann entsteht zwangsläufig ein Vorteil für den Beklagten: Er hat – anders als die Kläger – Akteneinsicht; er kann jederzeit mit dem Untersuchungsrichter in Kontakt treten; und sein Rechtsbeistand erhält die Chance, das Verfahren zu kippen, wenn der Untersuchungsrichter sich auch mit den Opfern befaßt. Dieses Dilemma der Rechtsordnung drang mit dem Spaghetti-Skandal ins Bewußtsein der Öffentlichkeit; politische Initiativen, den Opfern größere Rechte zu verschaffen und die Torpedierung erfolgreicher Ermittlung durch die Beschuldigten zu verhindern, hat man indes bisher nicht eingeleitet.

Auch andere Schwächen im Justizsystem zeigte diese Affäre unbarmherzig auf. Hohe Richter, die für die Ablösung Connerottes plädierten, führten als Argument ins Feld, bei einer nicht ordnungsgemäßen Ermittlung könnte Dutroux vor dem Europäischen Gerichtshof in Straßburg klagen und recht bekommen. Alle Ermittlungen nach der Spaghetti-Entscheidung würden dann null und nichtig; Dutroux könnte im günstigsten Fall das Gericht als freier Mann verlassen. Ähnliches war nämlich in einem Präzedenzfall passiert, als ein Angeklagter gegen den belgischen Staat in Straßburg obsiegt hatte. Damals hatte der Untersuchungsrichter wegen krankheitsbedingtem Personalmangel kurzzeitig auch als Strafrichter einspringen müssen, womit nach Ansicht der europäischen Richter das Verfahren beeinträchtigt wurde. Das war die Botschaft des europäischen Rechtssystems in diesem Drama: Der überkommene Nationalstaat ist auf der unteren Ebene mit dem kriminellen Filz verstrickt und kann angesichts offener Grenzen und einem abgebauten Polizeiapparat nichts gegen diese Verwahrlosung unternehmen. Die Täter aber, die trotzdem gefaßt werden können, nutzen alle Segnungen einer nicht greifbaren, ja, noch gar nicht existenten, übernationalen Rechtsordnung, die von den nationalen Juristen nicht im geringsten durchschaut wird. Zwischen dem Klientelismus auf unterster und dem Formalismus auf höchster Ebene wird der Anspruch der Bürger auf Gerechtigkeit zerrieben.

Das System, nach dem Fahnder jeden Kontakt mit den Opfern

peinlich vermeiden müssen, weil sie sonst nicht als »unparteilich« gelten, mag, rückwirkend betrachtet, auch zu der herzlosen Behandlung der Eltern verschwundener Kinder geführt haben. Deren Klage, von arroganten Justizbehörden auf Distanz gehalten worden zu sein, durchzieht die Berichte über diese Fälle wie ein roter Faden. Daher rührt auch die Forderung, Angehörigen von Opfern, die verständlicherweise der Verzweiflung nahe sind, Akteneinsicht zu gewähren – ein Recht, welches dem Angeklagten zusteht.

Im Fall Dutroux, der im Oktober 1996 dabei war, ein Fall Connerotte zu werden, war es für solche Grundsatzfragen allemal zu spät. Doch hätte eine großzügige Auslegung dieser Angelegenheit unter Anwendung juristischer Rabulistik, normalerweise eine Lieblingsbeschäftigung des Kassationsgerichts, Connerotte in Amt und Würden belassen können. Doch für Großzügigkeit schien dies nicht die Stunde zu sein. Schon ein paar Tage vor der Spaghetti-Affäre hatte Anne Thily, die frischgebackene Vorsitzende des mächtigen Gerichts von Lüttich, versucht, gegen Connerotte und Bourlet als ihre nominellen Untergebenen ein Disziplinarverfahren zu eröffnen, weil die beiden öffentlich schonungslos über die zahlreichen Lütticher Schlampereien geklagt hatten. Damit hatten sie den Komment ihrer Zunft verletzt, der es eher gestattet, Opfern Unrecht zuzufügen, als die Untätigkeit von Kollegen anzuprangern. Die hohe Richterin war, nachdem sie Bourlet aus den Ermittlungen gerissen und zu sich beordert hatte, feixend vor die Kameras getreten. Nur nächtliche Telefonate des entsetzten Justizministers De Clerck, der zu diesem Zeitpunkt bereits einen Volksaufstand befürchtete, konnten sie umstimmen.

Nachdem es also nicht gelungen war, den angeblichen übereifrigen Staatsanwalt und den ebenso entschlossenen Untersuchungsrichter in bewährter Manier durch ein justizinternes Verfahren lahmzulegen, war das Spaghetti-Essen willkommener Anlaß, Connerotte den ganzen Fall wegzunehmen. In einem unbedachten Interview einer Lütticher Zeitung gegenüber hatte der »Ehrenadvokat« des höchsten belgischen Gerichts, ein pensionierter Spitzenmagistrat, die Stimmung im Establishment auf den Punkt gebracht: Connerotte und Bourlet seien nichts als »wildgewordene Cowboys« und »Demagogen«, die bei der Aufklärung lediglich unverschämtes Glück gehabt hätten. Dabei war es dem Advokaten offenbar gleichgültig, daß ganz Belgien am Fernseher die entschlossene Art und das rigide Zupacken der Fahnder verfolgt hatte, deren Dauerverhöre Dutroux schnell zusammenbrechen ließen.

Die Öffentlichkeit kannte aus eigener Erfahrung ganz andere Ermittlungsleistungen von Magistraten, die allerdings niemand für ihr offenkundiges Versagen zu behelligen drohte. Immerhin hatte sich das gesamte Gericht von Charleroi in den letzten Wochen penibler Verhöre wegen der haarsträubenden Vorzugsbehandlung Dutroux' unterziehen müssen. Zur Verhaftung des allzu lax ermittelnden Untersuchungsrichters oder wenigstens zu Disziplinarmaßnahmen gegen ihn kam es freilich nicht, obwohl sämtliche Ungereimtheiten bekannt waren. Andererseits hatte gerade das forsche Auftreten Connerottes, notfalls auch gegen den eigenen Justizapparat zu ermitteln, den Haß erst angestachelt, der ihm nun aus den eigenen Kreisen entgegenschlug. Doch bezeichnen die Ungereimtheiten im Fall Dutroux bei weitem nicht den einzigen Skandal im belgischen Justizsystem.

Der bisherige Vorsitzende des belgischen Kassationsgerichtshofs, Jacques Vélu, war erst wenige Tage zuvor mit allen Ehren in Pension gegangen, allerdings nicht ohne Hinweise auf die erhebliche disziplinarische Unordnung im Apparat hinterlassen zu haben. Schon seit Jahren herrschten zwischen der Gerichtspolizei von Charleroi und dem vorgesetzten Gericht in Mons Spannungen. Kommissar Zicot, der später wegen möglicher Begünstigung Dutroux' inhaftiert wurde, hatte einer großen Versicherungsgesellschaft angeboten, ein gestohlenes belgisches Auto aus Süditalien wiederzubeschaffen, wenn er als Gegenleistung eine ansehnliche Geldprämie erhielte. Diese unkonventionelle Art, Polizeiarbeit privat in Rechnung zu stellen, führte zu Ermittlungen gegen den Kommissar. Generalstaatsanwalt Demanet aus Mons, der diese Untersuchungen veranlaßte, mußte schnell lernen, daß sich der Polizist zu wehren verstand. Der Sohn des Generalstaatsanwalts nämlich, ein Kfz-Sachverständiger, war gleichfalls in Unregelmäßigkeiten mit Autoversicherungen verstrickt. Die Polizei holte zum Gegenschlag aus: Kurzerhand ließ sie das Haus des Vaters, immerhin des höchsten Justizfunktionärs der Provinz, durchsuchen und allerhand Akten beschlagnahmen. Die Angelegenheit ist bis heute nicht geklärt. Als die Beförderung des widerspenstigen Kommissars Zicot zum Hauptkommissar anstand, widersetzte sich verständlicherweise der Generalstaatsanwalt. Die ehrenvolle Ernennung aus Brüssel für den Mann, den die deutsche Polizei als einen der Mittelsmänner im organisierten Autodiebstahl betrachtete, konnte er dennoch nicht verhindern. Als Zicot dann festgenommen und wegen seiner Schiebergeschäfte verhört wurde, solidarisierten sich zahlreiche Kollegen mit ihm. In der Festnahme sahen sie nichts als einen Racheakt der Vorgesetzten gegenüber einem Kommissar mit guten Kontakten zu Informanten aus der Unterwelt. Neben dem Krieg zwischen den zwei Polizeieinheiten Belgiens wurden also auch diverse Scharmützel zwischen den einzelnen gerichtlichen Ermittlern ausgefochten. Connerotte war nur insofern ein Einzelfall, als es nie gelang, ihm persönliche Verfehlungen nachzuweisen, die ihn erpreßbar gemacht hätten. Darum mußte in seinem Fall das schwerste Geschütz aufgefahren werden: eine öffentliche Entmachtung aufgrund von Verfahrensfehlern.

Als dann der Fall Dutroux die ganze Nation beschäftigte, wurde es auch für Generalstaatsanwalt Demanet höchste Zeit, einen längeren Urlaub zu beantragen und diesen direkt in frühzeitige Pensionierung überzuleiten. Die Öffentlichkeit hatte den Gerichtsbezirk Mons, die Hauptstadt der Provinz Hennegau, wo sowohl die Ermittlungen gegen die »Bande von Nivelles« als auch gegen Dutroux verschlampt worden waren, nunmehr fest im Visier. Die ehrenvolle Pensionierung des Generalstaatsanwalts Anfang 1997 durch Justizminister De Clerck löste eine politische Krise aus. Die Parlamentarier in den Untersuchungsausschüssen über die Justizskandale wurden den Eindruck nicht los, der hohe Magistrat sei ihnen in die Rente entkommen. Nach langem Tauziehen mit der Justiz einigte man sich darauf, ihn notfalls rückwirkend disziplinarrechtlich belangen zu können. Die Situation gibt dazu allen Anlaß: Noch zur Jahreswende 1996/97 konnte man auf einem Brüsseler Flohmarkt für ein paar Mark Originalakten (Diebstahl mit Todesfolge) aus dem Gericht von Charleroi kaufen. Wer lange genug wühlt, findet hier vielleicht verschwundene Papiere aus der Fahndung nach Marc Dutroux.

Das zweite Provinzialgericht, das durch spektakuläre Pannen ins Gerede kam, liegt in Lüttich, und auch hier drangen unerhörte Zustände an die Öffentlichkeit. Wie in der gesamten belgischen Administration üblich, werden auch im ehemaligen Fürstbischofspalais seit langem die Ämter nach Parteizugehörigkeit und Proporz vergeben. An der Spitze stand der wallonische Sozialist Léon Giet, der sich gleichfalls in den Tagen von Dutroux' Festnahme in die Pension verabschiedet hatte. Die Ermittlungen nach den verschwundenen Mädchen Julie und Mélissa lagen in den Händen der

Untersuchungsrichterin Martine Doutrewe, die eine Woche nach der Vermißtenmeldung der Mädchen für einen Monat in Urlaub gegangen war. Diese Tatsache allein hätte die Dame der Bevölkerung noch nicht vollends suspekt gemacht, doch auch im Lauf des Verfahrens legte sie gegenüber den Eltern aus dem Arbeitermilieu große Arroganz an den Tag, ließ sich nur zweimal zu kurzen Gesprächen mit den verzweifelten Angehörigen herab und beharrte auf einer kalten, buchstabengetreuen Auslegung des Gesetzes. Doutrewe war als Kandidatin der wallonischen Liberalen, die in der sozialistischen Hochburg Lüttich wenig zu melden haben, auf ihren Posten gekommen. Das Verhältnis zum sozialistischen Gerichtschef soll gespannt gewesen sein; zeitweise sprachen die Richter nicht mehr miteinander. Daß in diesem Klima die Nachforschungen nach den Mädchen nicht mit dem gebotenen Eifer vorangetrieben wurden, wundert kaum.

Ohnehin schien die kühle Richterin genug mit hausgemachten Problemen zu tun zu haben. Martine Doutrewes Mann war als Anwalt in den betrügerischen Bankrott einer Brüsseler Handels- und Versicherungsgesellschaft, »Comuele«, verstrickt. Die Beschuldigungen gegen diverse Diamantenhändler, New Yorker Wirtschaftsanwälte und weitere belgische Geschäftsleute brachten nicht nur einen verwickelten Millionenbetrug an den Tag, sondern ließen den Verdacht keimen, in dem Bankrottunternehmen habe die russische Mafia hohe Summen weißgewaschen. Es ging um Beträge in dreistelliger Millionenhöhe. Martine Doutrewes Schwiegervater, der Lütticher Geschäftsmann Michel Wolf, wurde zusammen mit anderen Beteiligten festgenommen und erst gegen eine Kaution von zweihunderttausend Mark wieder auf freien Fuß gesetzt. Die Familie Wolf hatte bereits Jahre zuvor den Rücktritt des Bürgermeisters zu verantworten: Mit Schmiergeldern hatte sie die Stadt Lüttich zum Ankauf von Parkautomaten »überredet«.

Die enge familiäre Verbindung einer hohen Untersuchungsrichterin zu eminenter Wirtschaftskriminalität in einer überschaubaren Stadt hatte offenbar Folgen für die Ermittlungen. Monatelang klagten die Fahnder, daß sie in der Sache »Comuele« nicht weiterkämen, weil alle Angeklagten bestens über die nächsten Schritte des Gerichts informiert seien. Schließlich mußte der verstimmte Vorgesetzte Léon Giet einschreiten und das Verfahren an das Nachbargericht in Verviers übergeben; gegen die Untersuchungsrichterin wurde ein Disziplinarverfahren wegen Verrats von Berufsgeheimnissen eröffnet. Bei solchen dubiosen Kontakten zur betrügerischen Hochfinanz war es nicht erstaunlich, daß die Richterin, die in einem Herrenhaus bei Lüttich wohnt, öffentlich immer mehr in Mißkredit geriet; auch ihre Vorgesetzten distanzierten sich von ihr.

Der Untersuchungsausschuß zu den Pannen um Dutroux brachte weitere Nachlässigkeiten ans Licht. Ein Informant hatte angegeben, ihm seien in einem Café in Charleroi kleine Mädchen »zum Mieten« angeboten worden; eines davon hatte er als Mélissa identifiziert. Richterin Doutrewe nahm diese Spur nicht in ihre Akten auf und verwies die Angelegenheit aus unerfindlichen Gründen nach Brüssel weiter. Den Polizisten aus Brüssel wurde jedoch der Zugang zu dem inzwischen inhaftierten Informanten verwehrt, weil Richterin Doutrewe dazu keine Ermächtigung erteilt hatte. Nachdem sich der Informant schließlich selbst an die Eltern der Mädchen gewandt hatte und diese ultimativ Zugang zu seiner Zelle forderten, verbat sich Doutrewe harsch jegliche Einmischung in ihre Ermittlungen, obwohl sie diese ja gar nicht aufgenommen hatte. Erst als die Leichen der beiden Mädchen gefunden wurden, konnte die Aussage des Mannes bestätigt werden. Martine Doutrewe wurde vor laufenden Kameras ins Kreuzverhör genommen und ließ sich daraufhin auf unbestimmte Zeit krank schreiben. Nun überschütteten die Medien in Kommentaren und Leserbriefen die anscheinend feige und unfähige Fahnderin mit Hohn, dem mutigen Connerotte wurde sie gleichsam als Negativ gegenübergestellt. Doch einmal mehr zeigte sich, daß Verschwörungstheorien nicht greifen. Martine Doutrewe, inzwischen sichtlich mitgenommen von den zahlreichen Affären um ihre Person, ließ in einem Kommuniqué mitteilen, wenige Wochen vor der Übernahme des Falles Julie und Mélissa sei bei ihr Brustkrebs diagnostiziert worden. Die Krankheit habe sich inzwischen ausgebreitet, die Prognosen für ihre Gesundung seien schlecht und sie unterziehe sich einer Chemotherapie. Diese Nachricht erklärt zwar teilweise das nachlässige und gereizte Verhalten der Untersuchungsrichterin; warum sie sich, psychisch und physisch dermaßen geschwächt, überhaupt des aufreibenden Falles annahm, warum sie die Akte nicht abgab, als sie sich für mehrere Wochen zum Urlaub ans Mittelmeer zurückzog, wird dadurch nicht verständlicher.

Neben der liberalen Untersuchungsrichterin und dem sozialistischen Provinzialrichter sah der belgische Proporz in Lüttich noch einen christdemokratischen Vertreter der deutschen Minderheit rund um Eupen vor. Die deutsche Minderheit in den sogenannten

»Ostkantonen« genießt vorbildliche Autonomierechte, die sie sich seit ihrer Zuteilung an Belgien nach dem Ersten Weltkrieg erstritten hat. Hier, in dem vollkommen germanisierten Landstrich am Hohen Venn, ist man traditionell besonders patriotisch und königstreu. In keinem anderen Land hätte man den knapp siebzigtausend Deutschsprachigen wie in Belgien einen eigenen Rundfunk, eine eigene Regionalregierung mit weitgehenden Zuständigkeiten, eigene Kulturhoheit und das Recht zugestanden, im ganzen Land mit ihrer Muttersprache vor Gericht anzutreten. Der Eupener Christdemokrat Franz-Joseph Schmitz vervollständigte den Einfluß der deutschen Minderheit als zweiter Mann im Gericht von Lüttich, wohin er in bewährter belgischer Manier aus der Politik übergewechselt war.

Im Herbst 1996, die Dutroux-Untersuchungen liefen auf vollen Touren, lüfteten zahlreiche Geschäftsleute und Funktionäre in Eupen und Umgebung das Schweigen um ihren mächtigen Generalstaatsanwalt. Schmitz hatte in den vergangenen Jahren regelmäßig Geldbeträge zwischen einigen hundert und mehreren tausend Mark eingefordert, um sie »an notleidende Familien, die anonym bleiben müssen«, weiterzuleiten. Daß es sich dabei vor allem um die keineswegs notleidende Familie Schmitz handelte, war in der überschaubaren Gemeinschaft allen klar. Doch erst nach den Fahndungserfolgen Connerottes schien die Macht des Lütticher Gerichts so weit angeschlagen, daß man sich im Grenzland gegen den Paten zu wenden wagte. Es gab Hausdurchsuchungen, Schmitz wurde suspendiert, und in der Lokalzeitung *Grenzecho* rief der Verleger höchstpersönlich dazu auf, die »Mauer des Schweigens« zu durchbrechen. Heraus kam, daß Schmitz von weiten Teilen der Wirtschaft, vom Schützenverein bis zum Großunternehmer über Jahre hinweg Summen erpreßt hatte. Das Geld wurde ihm gewöhnlich diskret in den Briefkasten geworfen, weil man andernfalls fürchtete, die Justiz könnte Schwierigkeiten machen, etwa indem sie Baugenehmigungen verweigerte oder die Steuerfahndung losschickte. Umgekehrt wurden eifrige Zahler vorab über etwaige Fahndungsmaßnahmen auf dem laufenden gehalten.

Schmitz erwies sich als einer derjenigen Deutschstämmigen, die sich den politisch-juristischen Gebräuchen Belgiens schnell und gründlich angepaßt hatten. Der höchste Justizbeamte, so stellte es sich für die belgische Öffentlichkeit dar, war in eigener Person als Schutzgelderpresser tätig geworden. Als Schmitz' und Doutrewes Vorgesetzter Giet ein paar Tage vor Dutroux' Verhaftung in Pension ging, ließ Schmitz von der deutschen Kantonalregierung ein aufwendiges Festmahl für diesen verdienten Magistrat ausrichten, obwohl die Exekutive nach den strengen Regeln der Gewaltenteilung mit Ehrungen für die Judikative eigentlich nichts zu tun hat. Dennoch – die Rentenfeier kam zustande, und es gab beileibe nicht nur einen Teller Spaghetti. Das feine Restaurant, gelegen am Stausee von Robertville, ist Eigentum der Familie Schmitz, die Rechnung für die Richter zahlten die Steuerzahler. Im März 1997 wurde Schmitz verhaftet. Die Anklage seines Brüsseler Kollegen hat es in sich: Käuflichkeit, Weitergabe von Informationen, Urkundenfälschung sowie Hehlerei in Verbindung mit Geldwäsche internationalen Stils. Die Ermittlungen hatten ergeben, daß Schmitz in engem Kontakt zu einer Entsorgungsgesellschaft in der Nähe von Eupen stand. Mehrere Untersuchungen gegen die Firma, die systematisch Abfallschmuggel betrieben und Giftstoffe zwischen den Niederlanden, Belgien und Deutschland umdeklariert haben soll, waren augenscheinlich auf Schmitz' Ersuchen niedergeschlagen worden. Statt dessen hatte die Entsorgungsgesellschaft sogar noch von Schmitz' Parteifreund Wathelet – demselben Politiker, der in seiner früheren Funktion als Justizminister die vorzeitige Freilassung Dutroux' genehmigt hatte – einen Umweltpreis erhalten.

Man kann es angesichts dieser regelhaften Verquickung von organisierter Kriminalität, privaten Geschäften, Politik und Justiz auf allen Ebenen des Lütticher Gerichtes nur als zynische Pikanterie am Rande auffassen, daß Franz-Joseph Schmitz, zu Zeiten des Spaghetti-Urteils noch in Amt und Würden, die Funktion des internen Ehrenwächters der Justiz innehatte, zuständig auch für den untergeordneten Bezirk Neufchâteau. Dieser Mann also, der seit Jahren aus der Justiz wirtschaftlichen Vorteil gezogen hatte, war in ethischen und disziplinarischen Fragen der Vorgesetzte von Jean-Marc Connerotte. Keine Frage: Mit dem bahnbrechenden Spaghetti-Urteil demonstrierte Belgiens Justiz ihren Willen, sich selbst zu reinigen, auch die kleinsten möglichen Verfahrensfehler auszumerzen und ein vorbildliches Beispiel für die Einhaltung der Gewaltenteilung zu geben. Mit dem augenscheinlich letzten integren Mann mußte naturgemäß der Anfang gemacht werden.

Am späten Nachmittag des 14. Oktober 1996 kam es schließlich zur erwarteten Entscheidung. Der Ort war, wie so oft in diesem Drama, ungemein passend, kein Filmregisseur hätte ihn besser auswählen können: Der Brüsseler Justizpalast ist mit seiner pompösen

Architektur einzigartig auf der Welt, ein unfaßbares Monument der Hybris des Juristenstandes. Der Kuppelbau auf einem Hügel am südlichen Rand der Brüsseler Innenstadt führte von 1866 bis 1883 beinahe zum Bankrott der Stadtfinanzen; der Architekt, Joseph Polaert, landete noch vor der Vollendung seines einzigen Bauwerks im Irrenhaus. Wer hier oben an meterhohen Kassetten-Türen anklopft und durch endlose, verschachtelte Wandelgänge irrt, läßt alle Hoffnung fahren. Der riesige nutzlose Innenraum unter einer ebenso nutzlosen Spitzkuppel, die unzähligen Nischen und Nebenräume wären eine ideale Kulisse für die Verfilmung von Kafkas »Prozeß«.

Doch an diesem Nachmittag, da die Generalstaatsanwältin des Kassationsgerichtshofs, Eliane Liekendael, die Ablösung des Untersuchungsrichters Connerotte verkündet, haben sich auf der großen Freitreppe Hunderte von Menschen versammelt. Frau Liekendael bekennt sentimental, noch nie sei ihr eine Entscheidung so schwer gefallen wie diese (es ist ihre erste in diesem Amt), aber es gehe nicht anders. Connerotte habe die Unparteilichkeit des Ermittlers mißachtet und müsse die Akten abgeben. Immerhin konnten hektische Interventionen von Politikern, konnten der immense öffentliche Druck und nicht zuletzt die Angst vor der eigenen Konsequenz die Richter dazu bewegen, das Verfahren gegen Dutroux beim Gericht von Neufchâteau zu belassen. So kann wenigstens Connerottes Verbündeter im Kampf gegen das Verbrechen, Staatsanwalt Bourlet, weiterhin das Team leiten. Hätte das Gericht ganz und gar unerbittlich den Buchstaben des Gesetzes Folge geleistet, wären alle Ermittlungsunterlagen mit dieser Entscheidung ausgerechnet nach Lüttich übergeben worden. Eine halbe Million Aktenseiten hätte von neuen Ermittlern durchgearbeitet werden müssen, alles hätte – wie mehrmals bei der Fahndung nach der »Bande von Nivelles« – ganz von vorn begonnen und wäre womöglich nie zu Ende geführt worden.

Der Anwalt von Marc Dutroux, der dieses Urteil beantragt hatte, kann zumindest zufrieden sein. Einzig die völlige Liquidierung des erfolgreichen Untersuchungsteams haben die »Würdenträger im Hermelinkragen« dem Land erspart. Jean-Marc Connerotte tauscht mit seinem einzigen Kollegen, Jacques Langlois, die Plätze. Von dem neuen Untersuchungsrichter, einem christdemokratischen Lokalpolitiker aus den Ardennen, hat bislang noch niemand im Land etwas gehört. Die Bevölkerung, allen voran die demonstrierende Menge vor dem Justizpalast, ist dennoch empört über diesen »belgischen Kompromiß«. »Ihr seid Mörder«, skandiert die Menge und kann nur von einem Polizeiaufgebot davon abgehalten werden, den Palast zu stürmen.

Doch das ist erst der Anfang. Im ganzen Land hat die Kinderschutz-Initiative, die für Connerotte Unterschriften gesammelt hatte, Komitees organisiert. Nun wird in jeder Stadt zu Kundgebungen gegen das Spaghetti-Urteil aufgerufen. Die Beteiligung ist enorm. Überall geht der Zug zum städtischen Justizgebäude, überall werden flammende Ansprachen gegen die verluderte Justiz gehalten, Eier und Farbbeutel werden geworfen – in der Regel, ohne daß die Polizei einzugreifen wagt. Über zwei Wochen lang liegt der Schulunterricht in zahlreichen belgischen Städten lahm. Ohne daß ihre Lehrer ihnen das verwehren wollen, versammeln sich die Schüler zu ritualisierten Protestmärschen durch die Städte, rufen wütende Parolen gegen einen Staat, der die Kinder ermorden läßt und die erfolgreichen Fahnder bestraft. Schülervertreter halten idealistische Reden, die Solidaritätsadressen mit den Eltern ermordeter oder verschwundener Kinder gehen in die Tausende. Ganze Betriebsbelegschaften schließen sich den Zügen an, ältere Leute bilden Mahnwachen. Vor dem Brüsseler Justizpalast herrscht in den Tagen nach dem Spaghetti-Urteil eine eigentümliche Atmosphäre. Trotz kühlen Wetters kampieren hier einige Unentwegte, das ganze Gebäude trägt die Spuren von Schmierereien und Eiern. Ganze Portionen Spaghetti kleben an den Wänden. Niemand hat die Grafitti übermalt, die den »Kastrations-Gerichtshof« verhöhnen. Nahezu alle Autofahrer, die in dieser verkehrsreichen Gegend vorbeikommen, hupen zum Protest mit aller Kraft. Bei zögernden Fahrern hilft eine feine Dame mit ermunternden Gesten nach, die vor dem Justizpalast »als Mutter« Flugblätter verteilt. Ein wenig erinnert das Klima des zielgerichteten Aufstands gegen die Justiz an die Stimmung in Polen 1981.

Die große Frage aber bleibt: Das System mag zwar verkommen sein, doch wodurch wäre es zu ersetzen? Der Kapitalismus, der in Osteuropa die korrupte Führungskaste wegwischte, ist es ja, der in Belgien herrscht und zu diesen Verhältnissen geführt hat. Darum trägt der Protest Züge einer gewissen Hilflosigkeit. Die Ziele sind ethisch ebenso klar wie politisch schwer auf den Punkt zu bringen: Unschuldige Kinder müßten in Zukunft geschützt werden, verzweifelten Eltern müßte alle Hilfe der Gesellschaft zuteil werden. Wer wollte da widersprechen? Doch schon in den Zeitungskommentaren kommt eine desperate Bitterkeit zum Ausdruck, die sich aus der Erfahrung mit den immensen Schwierigkeiten speist, die belgische Verwaltung und Justiz zu reformieren. Die flämische Zeitung *De Morgen* analysierte: »In den vergangenen Monaten und Jahren sind auf entscheidenden Ebenen des Apparates Dinge geschehen – und vor allem unterlassen worden –, die es unmöglich machen, lediglich von einer faulen Frucht im Korb zu sprechen. Die Verluderung der Dritten Macht im Land hat einen Umfang und eine Tragweite erreicht, die zu den allerschlimmsten Befürchtungen Anlaß gibt.« Und der Rechtsphilosoph Fernand Tanghe schrieb: »Die Art und Weise, wie hier mit den Buchstaben des Gesetzes umgesprungen wird, liegt nicht nur im Widerstreit mit dem Geist des Gesetzes, sie zeugt vor allem von einer abgrundtiefen Verachtung für die wirkliche Bedeutung der Fakten.« Tanghe ist nicht der einzige Jurist, der sich in dieser Richtung äußert, allerdings werden solche Stimmen stets auf der wissenschaftlichen Seite des Fachs laut. In den politisch dominierten Gerichten bleibt man stumm. Tanghe schreibt weiter: »Das Spaghetti-Urteil gibt nicht nur Einblick in eine antidemokratische Gesinnung in der hohen Magistratur; auch Druck von außen, Korruption, Beteiligung an kriminellen Milieus et cetera sind nicht von der Hand zu weisen.«

Die Politiker, die die explosive Stimmung im Volk eher wahrgenommen haben als die hohen Richter, schließen sich der Schelte mit mutigen Worten an. Doch seien ihnen, beteuern sie, nach den Regeln der Gewaltenteilung die Hände gebunden. Selbst der Justizminister bedauert beredt Connerottes Ablösung. Es sieht so aus, als litten die Politiker plötzlich Höllenqualen durch ein System der Postenverteilung und der Amtsanmaßung, das sie selber mit großem Geschick etabliert hatten. Wie man es auch wendet: Der Staat steht in diesem Drama zugleich als allmächtiger Filz und als machtloser Popanz da – in jedem Fall als Feind der Bürger, die nicht mehr glauben, hier eine Instanz der Gerechtigkeit zu finden.

Die Ursachen der Verkommenheit ihrer Justiz waren und sind allen Belgiern klar. Hauptschuld an der Ineffektivität und der Selbstherrlichkeit der Gerichte trägt die Tatsache, daß hier politische Parteien ihre Kandidaten ohne nennenswerte Rücksicht auf Kompetenz durchsetzen und diese auch in ihrer Funktion als Rechtsdiener für ihre Machtspielchen auf lokaler und nationaler Ebene einspannen. Die ersten konkreten Forderungen nach einer Entpolitisierung des Justizapparates kamen denn auch schnell, merkwürdigerweise aus den Parteien selbst. Plötzlich wollte niemand mehr Verantwortung für die Verfilzung der Justiz tragen, wollten eigentlich alle Politiker immer schon das Proporzsystem abschaffen.˙ Die Debatte dauerte gerade einmal ein paar Tage, da wurden die turnusgemäßen Ernennungen der Regierung für ein Bundesgericht publik. Und wie immer wechselten verdiente Mitarbeiter der Kabinette nach dem seit Jahren eingespielten Parteienproporz in die Justiz – der Vorsitzende ein christdemokratischer Flame, der Stellvertreter ein wallonischer Sozialist, der nächste ein Liberaler aus Brüssel. Kein Kandidat, der nicht mit dem Parteibuch Karriere, niemand, der sich auf juristischem Gebiet einen Namen gemacht hätte. Das Büro des Premierministers beeilte sich, die Qualifikation der neuen Magistrate zu betonen. Im übrigen faßte man Reformen für solche Verfahren ins Auge. Schluß mit der professionellen Politik, die sich in alle Belange des Gemeinwesens einmischt – riefen seltsamerweise die Politiker.

Doch es ist leichter, sich in Belgien über dergleichen bigotte Prozeduren lustig zu machen, als sie zu ersetzen. Der peinlich beachtete Proporz ist ja nicht zufällig entstanden. Aller Idealismus ist gewöhnlich sofort verflogen, wenn der Apparat sich frei von regionalen, weltanschaulichen, sexuellen Quoten erneuert. Wenn plötzlich achtzig Prozent Wallonen im höchsten Gericht und neunzig Prozent Flamen in der Regierung säßen, dann bräche erst recht die Revolution aus. Genau wie die Europäische Gemeinschaft hat sich der belgische Staat in allen Fragen auf den kleinsten gemeinsamen Nenner sämtlicher Interessengruppen zu einigen. Es ist ja gerade die Crux, daß weite Strecken der Administration nur zu genau den politischen Willen der Bevölkerung widerspiegeln. Eine echte Kontrolle durch eine Opposition, die – wie es der Sinn der Demokratie ist – als Gegenmacht zur puren Interessenpolitik fungiert, kommt auf diese Weise nicht zustande. Das konkrete Ergebnis wirkt sich vielmehr äußerst undemokratisch aus. Die Gewalten, die dieses System ursprünglich versöhnte, um so den auseinanderdriftenden Staat zu befrieden, werden ohne gegenseitige Kontrolle schnell autark und scheren sich nicht mehr um das Gesamtwohl.

Was Gewaltenteilung in einer solchen Situation bedeutet, das legte die neue höchste Staatsanwältin Belgiens, Eliane Liekendael, in ihrer Einführungsansprache am 11. Oktober 1996 den Kollegen dar. Drei Tage zuvor hatte sie empfohlen, Connerotte den Fall abzunehmen, drei Tage später sollte sie mit den Kollegen die endgültige Entscheidung fällen. Dazwischen war noch Zeit für eine Festsitzung im Brüsseler Justizpalast mit allem gebührenden Pomp,

Samtroben, Hermelinkragen und einem stilvollen Empfang. Nicht etwa die haarsträubenden Pannen und Korruptionsaffären im Justizapparat rügte die Generalstaatsanwältin, die ungefähr dem Rang der deutschen Verfassungsgerichtspräsidentin vergleichbar ist. Vielmehr ließ sie sich in pathetischen Worten über den Versuch der Regierung aus, mit Hilfe zweier renommierter Strafrechtler das Versagen der Justiz bei den Ermittlungen gegen die »Bande von Nivelles« zu durchleuchten. Diesen skandalösen Eingriff in die Gewaltenteilung habe das höchste Gericht wie ein Mann zurückgewiesen und unschädlich gemacht. Die Unabhängigkeit des Gerichts gerate immer mehr unter Druck. Hier gelte es, auch in Zukunft eisenhart zu bleiben.

Frau Liekendael, die sich bei Brüsseler Anlässen gern im Zobelmantel sehen läßt, gehorchte mit dieser zynischen Einführungsrede dem Pawlowschen Reflex aller Oligarchien: Eine Kritik am Apparat wird umdefiniert in eine Kritik am Ganzen. Die Gewaltenteilung, die ursprünglich einmal die Unabhängigkeit der Judikative begründen sollte, wird zum Bollwerk gegen jede noch so berechtigte Kritik an ihrer Funktionsweise. Richter sind sakrosankt, obwohl sie sich im Gros jeder mörderischen Diktatur und jedem Machtklüngel gebeugt haben. Insofern gleicht die abgeschlossene Welt des belgischen Gerichtswesens einem Politbüro. Das merkwürdige Soziotop in den Justizpalästen zwischen Brügge und Lüttich war über Jahre viel zu sehr mit der Sicherung der eigenen Privilegien und internen Kämpfen befaßt, als daß man Marc Dutroux und seinen Kumpanen wirkungsvoll hätte nachstellen können. Gewaltenteilung nach dieser Definition bedeutet, die Gewalt, die man durch Kumpanei über den Staat bekommt, rücksichtslos zu nutzen und, was von der Gewalt übrigbleibt, in immer kleinere Stücke zu zerteilen, bis nur mehr das Recht des Stärkeren, Privilegierten besteht.

Während Frau Liekendael, befreit von allen demokratischen Belästigungen wie Wahlen und Bürgerversammlungen, an dieser Linie lächelnd festhielt, mußten die Politiker das Schlimmste befürchten. Der rechtsradikale Vlaamse Blok und die wallonische Front National verbreiteten nach dem Spaghetti-Urteil massenhaft Flugblätter, in denen sie auf ihre Parteiprogramme hinwiesen, die fordern, die Bedingungen für eine Freilassung von Sexualtätern zu verschärfen. Der französische Demagoge Jean Marie Le Pen veranstaltete Kundgebungen an der belgischen Grenze, wo die Franzosen den Skandal unter großer Anteilnahme verfolgt hatten. Le

Pen forderte die Todesstrafe für Mörder und Vergewaltiger von Kindern; wäre sie nach Dutroux' erster Straffälligkeit vollstreckt worden, so seine brachiale Logik, dann wären die Kinder noch am Leben.

Also trat das politische Establishment auf den Plan und richtete nach bewährter Manier einen parlamentarischen Untersuchungsausschuß ein. Ein solches Instrument darf – verfassungsrechtlich unbedenklich – die Justiz überprüfen, hat aber strafrechtlich keine Befugnisse – als Vorprozeß gegen Dutroux eine Verlegenheitslösung, eine Art Gewaltentausch. Von Januar bis Mitte März 1997 lud der Ausschuß unter dem flämischen Liberalen Marc Verwilghen knapp 120 Zeugen vor, die an den Ermittlungen um das Verschwinden von Julie und Mélissa, An und Eefje und der späteren Fahndung gegen Dutroux' Bande beteiligt waren. Selbst Skeptiker mußten einräumen, daß die Kommission gute Arbeit leistete, sich um rückhaltlose Aufklärung bemühte und darum, endlich einmal die opaken Strukturen im Innern der Justizpaläste transparent zu machen. Auch die Eltern kamen mit ihren harschen Anklagen zu Wort – freilich viel zu spät. Und was das wichtigste war: Man entschied sich, die Sitzungen im Fernsehen zu übertragen.

Über Wochen hinweg konnte jetzt das Volk über seine Justiz zu Gericht sitzen. Die spürbaren politischen Auswirkungen solcher Fernsehdemokratie mögen auf den ersten Blick gering sein, doch läßt sich die atmosphärische Bedeutung des Tribunals gar nicht überschätzen. Die Einschaltquoten waren gigantisch, übertrafen – etwa beim Auftritt der angefeindeten Untersuchungsrichterin Doutrewe – selbst große Sportereignisse. In einfachen Kneipen, wo sonst nur Fußballspiele von Standard Lüttich, Club Brügge oder RSC Anderlecht über den Bildschirm laufen, hörten die Kunden noch spätabends, mit dem Bier in der Hand, aufmerksam zu und kommentierten hanebüchene Ausreden wie einen K.o.-Schlag beim Boxkampf. Wie sich bei der Fahndung nach Michel Nihouls Vorleben bereits abgezeichnet hatte, kam hier weniger der böse Rattenkönig eines kriminellen Syndikats mit Verästelungen in den Justizapparat zum Vorschein als vielmehr eine zur Gewohnheit gewordene zynische Schlamperei, eine Vetternwirtschaft, die sich um existentielle Ängste, zuweilen auch um Leben und Tod der anvertrauten Bürger nicht scherte. Die Fahnder konnten nur stammeln, wenn deutlich wurde, wie sie sich aus Bequemlichkeit gegenseitig die Unterlagen zuschoben, wie sie einander Kenntnisse vorenthalten hatten oder über spurlos verschwundene Indizien mit einem Schulterzucken hinweggegangen waren. Augenscheinlich hatten sie sich im Innern des Apparates viel zu sicher gefühlt, um eine etwaige Prüfung auf Herz und Nieren, wie sie sie nun durchleben mußten, zu befürchten. Die Eltern dagegen hatten nun endlich ein Ventil für ihre Klagen, selbst wenn sie sich mitunter über scheinbare Kleinigkeiten aufregten wie etwa die Uhrzeit, zu der ein Fahndungshubschrauber bereitgestellt wurde. Das Fernsehpublikum wurde auch Zeuge ernsthafter Auseinandersetzungen mit den Polizeieinheiten, die die wütenden Beschuldigungen der Eltern nicht auf sich sitzenlassen wollten. Aber immerhin begann nun, was während der Fahndung meist versäumt worden war: Man redete offen und meist im Interesse der Sache.

Die Tendenz, alles beim alten zu belassen, nahm dennoch zu, sobald die Aufmerksamkeit der Öffentlichkeit allmählich nachließ. Marc Verwilghen, der Vorsitzende der Untersuchungskommission, hatte durch seine Fernsehauftritte eine Popularität errungen, die Neider in der eigenen flämisch-liberalen Partei auf den Plan rief, welche an Kritik nicht sparten. Auch die systematische Weitergabe von Informationen aus vertraulichen Verhören durch Mitglieder des Ausschusses brachte dessen Arbeit immer mehr in Mißkredit. Obwohl zahllose Schlampereien und die stellenweise Funktionsunfähigkeit des gesamten Justizwesens offenbar geworden waren, bestand die einzige politische Sofortmaßnahme in einer leichten Verschärfung der Bedingungen, unter denen Sexualstraftäter freigelassen werden. Die Eingabe einiger kleinerer Parteien, die Benennung hoher Richter nicht mehr vom Parteienproporz, sondern von einem juristischen Fachkollegium abhängig zu machen und den direkten Wechsel aus einem Ministerbüro in ein Gericht zu verunmöglichen, fand keine Mehrheit. Direkt nach der Ablösung Connerottes hatten sämtliche Partei- und Regierungsfunktionäre hoch und heilig erklärt, nun müsse Schluß sein mit der Pfründenwirtschaft. Dergleichen Absichtsbekundungen sind wohlfeil. Schon vier Monate nach dem Spaghetti-Urteil drohte das alte System in seinem Beharrungsvermögen die vielzitierte »neue politische Kultur« auszusitzen.

Mehr noch: Das einzige bestehende Staatsgremium gegen Kriminalität wurde im März 1997 – als die Aufdeckung der Untersuchungspannen im Fall Dutroux ihren Höhepunkt erreichte – aufgelöst. Schon in den Jahren zuvor war seine Tätigkeit systematisch behindert und schließlich lahmgelegt worden. Dieses »Hohe Überwachungskomitee«, befugt zu eigener Strafverfolgung, hatte diverse Schwindeleien in Millionenhöhe im politischen und juristischen Apparat aufgedeckt. Nun wurde es in bewährter belgischer Manier in zwei Gruppen aufgeteilt und diese zwei unterschiedlichen Ministerien unterstellt; die Angehörigen des Komitees wurden ausgerechnet den regionalen Gerichten angegliedert, die sich nicht allein im Fall Dutroux als unfähig erwiesen hatten, komplexe Strafverfahren gründlich zu bearbeiten, und die zudem stark von den Parteien beeinflußt waren. Bei der Gerichtspolizei, die bei den Untersuchungen besonders schlecht weggekommen war, soll ein Anti-Korruptionsdienst entstehen. Die belgischen Medien sprachen von einem »Staatsbegräbnis erster Klasse« für das einzige interne Kontrollgremium des Staates, denn die Versetzung der Mitarbeiter war mit einer saftigen Gehaltserhöhung verbunden; es wirkte wie eine Art Schweigegeld.

Marc Dutroux, der in seiner Zelle am Fernseher die fehlgeschlagenen Versuche, ihm auf die Spur zu kommen, live nachvollziehen konnte, war von der großen Aufmerksamkeit für den Untersuchungsausschuß augenscheinlich angetan. In einem handgeschriebenen Brief an den Vorsitzenden Verwilghen bat er darum, selbst vor die Kameras treten zu dürfen, um neue Enthüllungen bekanntzugeben. Aber dieser Versuchung, juristischen Populismus und monströse Schaulust vor ihren Schranken zu vereinen, widerstanden die Parlamentarier. Doch ob der moralische Reinigungsversuch langfristige politische Folgen zeitigen wird, müssen die Reformwilligen während der kommenden Jahre noch beweisen.

Justizminister De Clerck begleitete den Untersuchungsausschuß mit der Beteuerung, nun müsse endlich der juristische Apparat reformiert werden. Allerdings weiß er nur zu gut, daß eine solche Reform den gesamten belgischen Staat mit seinem Wesenselement des Klüngelkompromisses auf den Prüfstand stellen würde. Darum sind bis auf die erwähnte Verschärfung der Freilassungsbedingungen für Sexualstraftäter auch noch keine konkreten Gesetzesvorschläge eingebracht.

Untersuchungsrichter Jean-Marc Connerotte hat längst wieder die Fälle islamischer Fundamentalisten und ihrer Stützpunkte in Belgien übernommen, die er schon vor der Fahndung nach Dutroux bearbeitet hat. Bereits jetzt wird er erneut allseits wegen seiner vorbildlichen Arbeit gerühmt. Er ermittelt weiter – loyal, diskret und asketisch, wie man ihn kennt. Mit keinem Wort hat er sich öffentlich über die Behandlung beschwert, die ihm widerfahren ist. Kurzfristig war Connerotte sogar als nationaler Untersuchungsrichter für sämtliche Fälle verschwundener Kinder im Gespräch; doch selbst wenn die Regierung mit dieser Beförderung geliebäugelt haben mag, so scheiterte sie gewiß am Widerstand der Justiz. Connerottes Nachfolger Langlois ist bislang nicht ins Licht der Öffentlichkeit getreten, auch die Fahndung hat seit dem Spaghetti-Urteil keinen Durchbruch mehr erlebt. Sollte das beabsichtigt gewesen sein, dann hat die Maßnahme ihr Ziel erreicht.

Gegen Ende des Untersuchungsausschusses wurde auch Connerotte vorgeladen. Wie es seine Art ist, zog er es vor, unter Ausschluß der Öffentlichkeit auszusagen. Dann aber fuhr er schweres Geschütz auf und stützte die These, wenigstens Michel Nihoul sei von Politikern vor der Justiz beschützt worden. Politik und Justiz seien »auf allen Ebenen« mit der organisierten Kriminalität verquickt. Ganz gleich, wie genau sich dieser Vorwurf wird belegen lassen und welche personellen oder strafrechtlichen Konsequenzen er schließlich haben wird – der Glaube an eine solche Kumpanei zeigt, wie reformbedürftig ein Rechtsstaat heute noch da steht, der noch vor ein paar Jahren gut zu funktionieren schien. Denn die politische Komplott-Theorie rund um Dutroux impliziert, was dem Wesen des Staates nach unmöglich sein sollte: Ein Bürgermeister oder Abgeordneter kann nach Belieben die Justiz beeinflussen und Mörder schützen. Ein Richter oder Kommissar verwendet seine amtlichen Kenntnisse und seine Vollmachten als Handelskapital im Geschäft mit der Mafia. Der Staat, der seinen Bürgern so entgegentritt, ist ein potentieller Feind.

7. Kapitel

Der Weiße Marsch

»Nun muß ganz Belgien zu einer Demonstration nach Brüssel kommen.« Paul Marchal, Vater der ermordeten An, formulierte nach der Absetzung von Untersuchungsrichter Connerotte diesen Wunsch, als zweifle er nicht an dessen Umsetzung. Vater Marchal konnte sich seiner Sache ziemlich sicher sein; die Wut auf die Justizbehörden war längst von den Eltern ermordeter oder verschwundener Kinder auf weite Kreise der Bevölkerung übergesprungen. In den Tagen nach dem 14. Oktober ging ganz Belgien auf die Straße. Am Sonntag, dem 20. Oktober, erlebte das Land dann die größte Demonstration seiner Geschichte. An diesem Tag verwandelte sich, was als Kriminalfall begonnen hatte, endgültig in eine politische Bewegung ungekannten Ausmaßes.

Schon gleich nach der Ablösung Connerottes hatten einige Eltern – wie auch Vater Marchal – direkt vor dem Brüsseler Justizpalast ihrer Verzweiflung freien Lauf gelassen. Vor laufenden Kameras hatten sie ihrem Gefühl Ausdruck gegeben, nun von aller Hilfe verlassen zu sein. Über viele Monate der Untersuchung hatte niemand im Justizapparat auf ihre drängenden Bitten gehört, sie hatten die Akten nicht einsehen dürfen und waren oft genug zur Eigeninitiative übergegangen, hatten Privatdetektive engagiert, Plakataktionen organisiert und Reisen auf eigene Kosten unternommen, um Hinweisen nachzugehen, die bei ihnen persönlich eingegangen waren. Nun hatte endlich, wenn auch für die meisten entführten Kinder zu spät, eine staatliche Instanz Erfolg bei der Fahndung gehabt, und schon wurde sie durch dieselben höheren Stellen, welche die Eltern als indifferente, ja feindliche Obrigkeit erlebt hatten, abgelöst. Connerotte, so erzählten mehrere Eltern, sei der einzige Vertreter der Behörden gewesen, bei dem sie sich von Anfang an ernst genommen fühlten. Er hatte das Leben der Kinder über alle rechtsstaatlichen Quisquilien gestellt und eine zielstrebige Ermittlung unter Anspannung aller Kräfte forciert. Genau das war ihm nun zum Verhängnis geworden.

Der Anlaß der geplanten Großdemonstration hieß also Connerotte. Der Grund jedoch reichte viel tiefer: Alle Bürger hatten in diesem Fall erfahren, daß der Staat sich um ihr existentiellstes Interesse, wie das Leben der Kinder, nicht zureichend kümmerte. Also mußte auf breiter Front ein Zeichen gesetzt werden, daß dieser Staat in dieser Form nicht mehr akzeptiert wurde. Politische Instanzen, soviel war im Lauf der Ermittlungen klargeworden, waren auf allen Ebenen des behördlichen Apparates so sehr mit sich selbst beschäftigt, daß von einer Erfüllung auch nur der notwendigsten Aufgaben nicht mehr die Rede sein konnte. Eine politische Demonstration mit dem hergebrachten Vokabular und Zeichenvorrat – flammende Ansprachen Oppositioneller, rote Fahnen, regionale Wappen, aufsässige Parolen gegen die Regierung – konnte es diesmal nicht geben. Es ging um ein Anliegen, das allem politischen Gezänk übergeordnet war und dennoch das Wesen aller Politik – eine funktionierende Ordnungsmacht zu organisieren – berührte.

Der »Weiße Marsch«, wie er später genannt werden sollte, wurde zu einer politischen Demonstration der Unpolitischen. Der gigantische Zug durch die Straßen von Brüssel scheint sich, im nachhinein betrachtet, von selbst organisiert zu haben. Doch ganz so war es nicht. Die Idee war schon ein paar Wochen alt und stammte von der Mutter eines seit sieben Jahren verschwundenen Mädchens aus der Gegend von Namur. Nach dem Spaghetti-Urteil, gegen das keine Berufung mehr möglich war, schien eine Demonstration aller Menschen guten Willens die einzig angemessene Reaktion zu sein. Von anderen Protestbewegungen wie denjenigen gegen die Atomkraft oder gegen die Mittelstreckenraketen war dieses Vorgehen im allgemeinen Bewußtsein hängengeblieben: Wenn die Rechtsmittel ausgeschöpft sind, muß man in möglichst großer Zahl auf die Straße gehen.

In den Tagen vor dem Marsch entstand die Logistik für die Großveranstaltung fast wie von Geisterhand. Ohne daß ein Komitee erfahrener Parteifunktionäre oder Berufsprotestierer dahintergestanden hätte, stellte die belgische Eisenbahn in kürzester Zeit eine große Anzahl Sonderzüge nach Brüssel zur Verfügung. Erste Umfragen ergaben, daß man mit mindestens hunderttausend Menschen rechnen mußte – eine Zahl, die sonst nicht einmal gut organisierte Gewerkschaften oder die katholische Kirche auf die Beine zu bringen vermochten. Überraschenderweise war Zustrom aus dem ganzen Land zu verzeichnen, nicht nur aus Wallonien, wo die meisten Verbrechen geschehen waren und woher Dutroux und sämtliche Mitverdächtigen stammten. Auch die Flamen, sonst in vielen politischen Fragen mit ihren französischsprachigen Mitbürgern im Streit, hatten die Sache der Kinder zu der ihren gemacht. Es sollte eine gesamtbelgische Demonstration werden – ein Phänomen, das der zerrissene Staat schon seit Jahrzehnten nicht mehr erlebt hatte.

Noch am Abend nach dem Spaghetti-Urteil beginnen die Nachtschichten der großen Brüsseler Autowerke Ford und Volkswagen die Arbeit niederzulegen. In den Tagen danach kommt es in zahlreichen Fabriken des ganzen Landes zu wilden Streiks. Auf den ersten Blick erinnert diese Ausweitung des Protests an die Vorgänge im Frankreich von 1968 oder in Polen 1980. Doch müssen die Proteste in den Betrieben eher als Warnungen an das Establishment verstanden werden, als Übersprunghandlungen aus dem Gefühl der Machtlosigkeit denn als wirksame Revolte auf breiter Front. Erfahrene Gewerkschafter versuchen die Wut in Bahnen zu lenken. Sie, die bei Lohnkämpfen die ganze Palette des Protests beherrschen, wissen diesmal nicht so recht, gegen wen sich die Aktionen eigentlich richten. Gegen das Kapital, gegen die Regierung geht es nicht, aber auch dem örtlichen Gericht ist meist nichts nachzusagen. Die Streiks dauern eine Zeitlang an, dann begibt sich das Land zurück an die Arbeit. Die Beschäftigten hatten sich in ihrer Empörung einfach keinen anderen Rat mehr gewußt; aus Solidarität mit den Opfern, aus Wut auf die konkrete Hybris des Gerichts mußten sie irgend etwas unternehmen. Sie taten, was sie als Zeichen des Protests gelernt hatten, und hörten auf zu arbeiten.

Mitte Oktober 1996: Die Atmosphäre ist weiterhin gespannt, in allen größeren Städten wird partiell der Verkehr lahmgelegt, Straßenkreuzungen sind über Stunden blockiert. Die städtischen Ordnungsbetriebe weigern sich aus Solidarität, Schmutz und Graffiti von den Gerichtsgebäuden, die teilweise an allen Ecken mit Spaghetti und Tomatensauce beschmiert sind, zu entfernen. Die täglichen Demonstrationen, zu denen es in den Städten oft spontan, aus Schul- oder Belegschaftsversammlungen heraus oder aufgrund bloßer Mundpropaganda kommt, werden begleitet von anderen Aktionen. Die Unterschriftensammlung zugunsten von Richter Connerotte wird am Ende von über einer Million Menschen unterstützt. Doch auch die Pakete von Listen, die in seinem Büro abgegeben werden, können Justizminister De Clerck nicht dazu verleiten, beherzt in den Selbstreinigungsprozeß des Gerichts einzugreifen, die Justiz und ihre Gebräuche zu attackieren und damit letztlich auf Kosten kurzzeitiger Popularität am eigenen Stuhl zu sägen.

Der Protest droht zu eskalieren: Sprechchöre vor Gerichten rufen offen nach Gewalt, Gruppen von Jugendlichen liefern sich Schlägereien mit der Polizei. Dennoch bleibt die Lage im großen und ganzen unter Kontrolle; man ist sich einig, daß Gewaltausbrüche das falsche Zeichen setzen. Eine angemessene Antwort auf die Vorgänge soll am Sonntag bei der Großdemonstration gegeben werden. Immer wieder aber fordern die Protestierenden, daß »Namen« genannt werden. Gemeint sind die Namen vermeintlicher Hintermänner des Kinderpornogeschäfts oder Namen von Tätern, die dem Vernehmen nach auf den beschlagnahmten Videokassetten identifiziert worden sind. Der Justiz traut man ohne weiteres zu, daß sie Connerotte abgesetzt hat, um die Aufdeckung solcher Zusammenhänge zu verhindern.

Bei den Stützpunkten des Kinderhilfsfonds »Pour nos enfants – voor onze kinderen« melden sich Tausende von freiwilligen Ordnern. Das ist um so bemerkenswerter, als sonst hinter dergleichen Aufmärschen erfahrene Organisationen stehen, die für solche Aufgaben aus einem Apparat festangestellter Funktionäre schöpfen können. Neben der Lenkung der Menschenströme wird es zur wichtigsten Aufgabe der Ordner, politische Bekundungen im herkömmlichen Sinn zu unterbinden: keine Sprechchöre, keine Transparente, so will es das Organisationskomitee der Eltern. Wesentlich für das Gelingen des Marsches ist auch die aktive Unterstützung der Medien. An den Enthüllungen über die Verbrechen und die Fahndungspannen haben Fernsehen und Presse entscheidenden Anteil. Ohne diese Aufdeckung der Ineffizienz mindestens zweier staatlicher Gewalten, der Judikative und der Exekutive, durch die sogenannte Vierte Gewalt der Medien wäre die Wut der Bevölkerung nicht in diesem Maße ausgebrochen. Viele Journalisten scheinen willens, angesichts versagender staatlicher Kontrolle in die Bresche zu springen. In sämtlichen Medien erscheinen Kommentare gegen das System, die eine Teilnahme an der Demonstration beinahe schon als Bürgerpflicht darstellen. Lieber will sich die Branche diesmal des unprofessionellen Verhaltens schuldig machen und ein unüberprüfbares Gerücht zuviel aus dem Justizapparat veröffentlichen, als mit einem Faktum länger hinter dem Berg halten. Entschlossene Offenheit auf allen Fronten erscheint als die einzige Art und Weise, das Gefühl der Hilflosigkeit, ja der Mitschuld angesichts der ermordeten Mädchen zu bekämpfen.

Schon am Morgen jenes Sonntags, dem 20. Oktober 1996, kommt es dann zu einem Verkehrschaos in der Brüsseler Innenstadt. Am späten Vormittag können die Sonderzüge am Nordbahnhof, dem Sammelpunkt für den Demonstrationszug, nicht mehr halten, weil alle Bahnsteige verstopft sind. Obwohl es draußen nach dem Abriß ganzer historischer Straßenzüge weiträumige Freiflächen gibt, ist alles dicht. Also formiert sich am Südbahnhof ein zweiter Zug mit einigen zehntausend Menschen, der von der anderen Seite ins Zentrum zieht. In einer hitzigen, aggressiven Atmosphäre – wie bei einer deutschen Anti-Atom-Demonstration etwa – stünde nun das Schlimmste zu erwarten. Doch die Belgier, die hier zusammenströmen, haben sich zu sanftem, deeskalierendem Protest entschlossen. Außer einzelnen Tafeln, auf denen kryptische Worte wie »Liebe« stehen oder die Namen ermordeter Kinder, finden sich kaum verbale Botschaften. Schon allein die Wahl der Sprache – Französisch oder Niederländisch – hätte ein Politikum bedeutet. Die Menge – darunter viele Familien mit Kindern – hat sich von allein darauf verständigt, daß wütende Schuldzuweisungen und flammende Rhetorik an diesem Tag das Andenken der ermordeten und verschwundenen Kinder entehren würde. Fast schon unheimlich wirkt das rhythmische Klatschen, mit dem sich die Menge immer wieder ihrer selbst versichert. Werden irgendwo Eltern aus dem Organisationskomitee ausgemacht, bricht langanhaltender Applaus aus – das Zeichen moralischer Unterstützung, das auch bei den Beerdigungen den Angehörigen gegolten hatte, während Vertreter des Staates mit eisigem Schweigen empfangen worden waren.

Was vor allem an dieser ungewöhnlichen Kundgebung auffällt, ist die Farbe Weiß. Sie ist allerorten präsent: in der Kleidung zahlreicher Demonstranten, auf Schals, Luftballons, vereinzelten Fahnen. Schon in den Tagen zuvor hatte sich diese Farbe wie von selbst als Symbol der Bewegung durchgesetzt. Weiß – die Farbe der Kapitulation – steht nicht allein für Gewaltlosigkeit, sondern vor allem für Unschuld und Unbeflecktheit. Weiß ist die Farbe auf Hochzeiten, weiße Kleider tragen die Mädchen bei der Ersten Kommunion. Schon bei den Beerdigungen hatten einige Familien bewußt auf das traditionelle Schwarz verzichtet und waren in fröhlichen Farben und vor allem in weißer Freizeitkleidung aufgetreten. Genauso hatte es Königin Fabiola gehalten, als sie zur Beisetzung ihres Mannes Baudouin in einer cremeweißen Robe erschien. Wie sie wollten auch die Eltern mit dieser ungewöhnlichen Geste ihrem Schmerz eine der Zukunft zugewandte Richtung geben: Der Tod der Mädchen mußte in all seiner Sinnlosigkeit wenigstens dazu führen, die Gesellschaft aufzurütteln, eine bessere Welt für Kinder zu schaffen, damit die Gleichgültigkeit vieler Menschen für das Schicksal der Schwächsten, der Kinder nämlich, endlich ein Ende hat. Schwarz, nicht nur die Farbe der Trauer und des Todes, wurde assoziiert mit dem Bösen und der Nachtseite der Gesellschaft, die mit Dutroux ans Tageslicht gekommen war. Das Gegenteil der Finsternis aber sollte den Weißen Marsch bestimmen. Seine Ziele waren rein und weiß wie eine Kinderseele.

Was jedoch bei der Wahl der Farbe auch noch mitschwingt, ist die Tabula rasa, die ideologische Voraussetzungslosigkeit der neuen Bewegung. Auch und gerade in Belgien definieren sich die Bürger durch ihre Zugehörigkeit zu einer nationalistischen oder weltanschaulichen Richtung, die sich an ihren Traditionsfarben kenntlich macht: Es gibt die rote Fahne der – zumeist wallonischen – Arbeiterbewegung; die gelbrote Fahne Flanderns mit dem flämischen Löwen; den roten wallonischen Hahn, der auf das Symbol der französischen Republik anspielt; das Violett der katholischen Kirche; das Grün der jungen ökologischen Bewegung und gleichzeitig der Islamisten. Und es gibt das Schwarz der Anarchisten, zu welchem sich diese Versammlung, die ja zu mehr Staat und mehr Kontrolle aufrief, am entschiedensten absetzen wollte. Mit ihrer Wahl der Farbe Weiß wischte die Elternbewegung alle traditionellen Prägungen beiseite. Man zeigte, daß man vor oder über aller Interessenpolitik operieren wollte und dafür ein Argument hatte, das jenseits flämisch-wallonischer, proletarisch-unternehmerischer, anarchisch-faschistoider Gegensätze steht: unschuldige Kinder. Sie kennen keine Politik, und Politik hat nur insofern für Kinder Bedeutung, als sie Kinder bedingungslos zu schützen und ihnen eine Zukunft zu gewährleisten hat.

Die Assoziation gewalttätiger Aufmüpfigkeit, gewöhnlich das Hauptziel solcher Aufmärsche im Zentrum der politischen Macht, wollte die große Mehrheit der Demonstranten ebenso um jeden Preis vermeiden wie Selbstinszenierungen politischer Trittbrettfahrer. Als Mitglieder der kommunistischen Partei Transparente entrollten, wurden ihnen diese unter wütendem Zischen der Menge entrissen. Die Parole, die in den kommenden Tagen am häufigsten zitiert werden sollte, hatte ein alter Mann mit der Hand auf ein

Pappschild geschrieben: »Wir sind kein Pöbel«. Gerne betonten die an dieser Kundgebung beteiligten Menschen in Leserbriefen oder Passanten-Interviews, daß sie ansonsten als ruhige Steuerzahler in der Familie lebten und in anderen Fällen niemals zu einer derartigen Veranstaltung gehen würden. Äußert sich in solchen Stellungnahmen die Biederkeit der Bewegung oder gerade ihre Stärke jenseits der ritualisierten Parteienkonflikte?

Politiker halten sich bei der Demonstration auffällig fern. Instinktiv haben die Parteistrategen begriffen, daß sie an der Spitze dieses Zuges keine gute Figur machen würden. Hier und da wird ein Parlamentsmitglied, ein Parteivorsitzender mit Kind auf dem Arm gesichtet, vorzugsweise kommen sie von kleineren Oppositionsparteien wie den Grünen oder der flämischen »Volksunie«. Bei der Brüsseler Börse, dem Engpaß in der Stadtmitte, an welchem die Demonstranten vorbeimüssen, hat man eine Wand mit Photos und Namen der ermordeten und verschwundenen Kinder errichtet. Hier entsteht ein stundenlanger Stau, weil Züge aus verschiedenen Richtungen aufeinandertreffen. Zu aggressivem Gedränge oder zu Panik führt die Überfüllung nie. Als der Sprecher des Zuges durchgibt, an diesem Tag seien eine halbe Million Menschen nach Brüssel gekommen, bricht langer Applaus und – es ist das einzige Mal an diesem Tag – lauter Jubel los. Die Bevölkerung hat mit den Füßen abgestimmt. Wogegen sie gestimmt hat, ist deutlich. Kein Mensch guten Willens, der den Abscheu gegen Kindermörder und gegen nachlässige oder korrupte Strafverfolger nicht teilen würde. Die Frage ist nur: Wie lassen sich die beklagten Mißstände politisch beseitigen?

Am späten Nachmittag empfängt Premierminister Jean-Luc Dehaene eine Gruppe von Eltern und Angehörigen in seiner Dienstwohnung. Nach einigem Gezerre, wer von Geschwistern, Tanten und geschiedenen Elternteilen nun mit hereindarf, ist es schließlich eine Gruppe von dreißig Menschen – darunter die befreiten Mädchen Sabine und Laetitia –, die durch ein Tor zum Regierungschef eingelassen werden. Zum erstenmal treffen die einfachen Menschen ohne politischen Hintergrund, die diese Bewegung ausgelöst haben, und die Spitze der Staatsmacht direkt aufeinander. Als Dutroux im Juli festgenommen wurde, hatte Dehaene keinen Anlaß gesehen, deswegen seinen Urlaub abzubrechen, und Justizminister De Clerck alle Kondolenzen und Pressekonferenzen überlassen. Inzwischen scheint der schlaue Dehaene dazugelernt zu haben. Die

Argumente, die Bewegung ernst zu nehmen, sind seit diesem 20. Oktober auch unübersehbar. Dehaene ist ein ungemein agiler, durchsetzungsfähiger Premierminister, traditionsgemäß aus der Partei der flämischen Christdemokraten. Bei jedem Heimspiel seines Fußballvereins Club Brügge läßt sich der kleine, dicke Mann mit Vereinsschal als begeisterter Anhänger auf der Tribüne sehen: ein kluger Populist, der den einfachen Bürger mimt und doch das große Ziel verfolgt, die belgische Wirtschaft umzubauen und in den gemeinsamen Wirtschafts- und Währungsraum Europa zu führen. Nicht nur die Korpulenz hat er mit dem deutschen Bundeskanzler gemeinsam. In einer einzigen Stellungnahme zum Fall Dutroux vor dem Parlament hat er zugegeben, sich derart auf ökonomische Fragen – namentlich das Erreichen der Wirtschaftsnormen für den »Euro« – konzentriert zu haben, daß seine Regierung andere existentielle Fragen der Politik vernachlässigt habe. Der außergewöhnliche Empfang für die Eltern in der Dienstwohnung gehört zu einer Offensive des Charmes, mit welcher der Politiker deutlich machen will, er habe den Hilferuf der Bevölkerung verstanden.

Es kommt zu einem mehrstündigen Gespräch, sofern das zwischen einer Gruppe von dreißig Bittstellern und einem einzelnen Antwortgeber überhaupt möglich ist. Dehaene verspricht, was er gar nicht versprechen kann: daß auf alle Fehler der Justiz Sanktionen folgen werden. Mit seinen einleitenden Worten verrät Dehaene allerdings, daß er zwar ein gewisses emotionales Verständnis für den Massenauflauf aufbringen kann, daß es aber hiermit genug sei. Es sei gut, so begrüßt der Premierminister seine Gäste, daß die Demonstration hier bei ihm an ihrem Ziel angelangt sei. Die Regierung werde aufmerksam zuhören, nachdenken und die pragmatisch korrekten Schlüsse ziehen.

Diese Sicht implizierte, daß der Protest, nachdem ihm das Ohr der Höchsten gewährt wurde, ein Ende finden müsse, daß die Menschen nun endlich wieder an die Arbeit und in die Schulen gehen und alles seinen rechtsstaatlichen Gang nehmen müsse. Daß gerade der Schlendrian eingefahrener Zuständigkeiten und die nur von Profis zu durchschauende bürokratische Wirrnis zu der Katastrophe geführt hatten, konnte und wollte der Premierminister nicht einsehen. Er wäre kein erfolgreicher Politiker, hätte er die Massenbewegung nicht taktisch analysiert. In einem Interview ordnete er den Weißen Marsch in seine Vision einer »neuen politischen Kultur« ein, von der in diesen Wochen allerorten die Rede war: Hier habe man es mit einer Initiative zahlreicher Individuen jenseits der etablierten Säulen der Gesellschaft – Gewerkschaft, Kirche, Partei – zu tun. Also, so schloß der gewiefte Rhetoriker, seien sich diese Menschen in nichts anderem einig als in der Priorität des Kinderschutzes. Wenn ihnen die Politik in diesem Bereich mit ein paar Retuschen des Strafrechts entgegenkomme, so die unausgesprochene Folgerung, sei das Problem beseitigt und man könne sich wieder der relevanteren Frage zuwenden, wie das Staatsbudget auszugleichen und die Kriterien für die Einführung des »Euro« zu erreichen seien.

Der Weiße Marsch verfolgte also in den Augen der Profis eine kurzlebige Politik und konnte das Gleichgewicht der belgischen Mächte nicht nachhaltig durcheinanderbringen, weil er anders als die in vielen Jahrzehnten gewachsenen Parteien kein breites politisches Programm vertrat und daher in einem Staat der Gruppeninteressen kein korporatives Gewicht würde erlangen können. Ein berufsmäßiger Moderator wie Dehaene sah trotz der Einigkeit der Masse Hunderttausende von Individuen vor sich, die für ihre legitimen egoistischen Interessen einstanden: mehr Sicherheit für ihre Familien. Politiker, deren vorrangige Aufgabe es ist, solche Forderungen im Wechsel der Jahre möglichst reibungslos und ohne Schaden für die Funktionsfähigkeit des Gesamtsystems umzusetzen, müßten nun den Amateuren das Anliegen abnehmen und es auf den Instanzenweg bringen. Nach dieser Sicht der Dinge wäre mit dem Weißen Marsch die politische Krise um Dutroux' Kinderschänderbande abgeschlossen, und die Experten hätten das Wort.

Diese Analyse trägt jedoch nur, wenn man den wochenlangen Aufruhr mit soziologischer Coolness den Folgen der Konsumgesellschaft zurechnet, in der fortan eben Menschen ihre Anliegen vehement und bindungslos direkt beim Gesetzgeber vorbringen – der Weiße Marsch als ein ins Tragische gewendeter Verbraucherprotest. Morgen kommen auf dieselben Menschen andere Probleme zu, und sie werden in anderen Koalitionen und Protestformen neuen Forderungen ihre Stimme leihen. Diese Deutung ist falsch und verharmlost die Dimension des Geschehens im Sinne der herrschenden politischen Klasse.

Wohl weil der Weiße Marsch keine intellektuellen Vordenker hatte, fiel kaum auf, daß die Forderungen der Demonstranten auf einem schlüssigen politischen Konzept beruhten, und noch weniger, wie stark dieses Konzept mit einer der maßgeblichen politischen Erneuerungsbewegungen unserer Zeit übereinstimmt. Gemeint ist der Kommunitarismus. Amerikanische Soziologen und Philosophen haben seit den frühen achtziger Jahren die existentiellen Schwächen des liberalen Rechtsstaates herausgearbeitet und Vorschläge für dessen Rettung formuliert. Ihre Kritik richtete sich dabei gegen einen ungehemmten Liberalismus, wie ihn der Rechtstheoretiker John Rawls verstanden wissen wollte: Alle Gesellschaft sei in zahllose Individuen zu zerlegen, die ihre jeweiligen Interessen in Form von Verträgen mit den anderen Individuen ausgleichen. Der Staat – und das wäre dann der Nachtwächterstaat des vorigen Jahrhunderts – habe sich auf die Aufgabe zurückzuziehen, diesen egoistischen Interessenausgleich nicht zu behindern.

Dieses »ungebundene Selbst« wollte eine ganze philosophische Schule um Forscher wie Amitai Etzioni, Michael Walzer, Albert O. Hirschman nicht als Keimzelle eines Gemeinwesens akzeptieren, dessen Ziele demnach nur mehr in der Befriedigung individueller Bedürfnisse lägen. Die Kommunitaristen halten das Gedankenspiel eines völlig vereinzelten Bürgers für gefährlich. Funktioniert unser Zusammenleben nicht vielmehr nur, weil sich auch im bürokratischen Wohlfahrtsstaat jeder auf nicht-staatliche soziale Hilfe verlassen kann? Allein durch das selbstlose Wirken von Familien, Kirchengemeinden, Vereinen, Bürgerinitiativen, Nachbarschaften, so meinen die Kommunitaristen, können dem Einzelnen die faszinierenden Entfaltungsmöglichkeiten der Erlebnisgesellschaften überhaupt eröffnet oder gar garantiert werden. Wenn diese hochentwickelten Individuen ihre Rechte voll ausschöpfen, ihre sozialen Pflichten indes immer rigider zurückweisen, dann wird das ganze Gebäude irgendwann zusammenbrechen, weil es seine eigenen Fundamente unterhöhlt hat.

Michael Sandel, ein weiterer namhafter Kommunitarist, brachte den paradoxen Zustand des Einzelnen, der im Sozialstaat zwischen menschlicher Kälte und bürokratischer Überversorgung aufgerieben wird, auf den Punkt: »In unserem öffentlichen Leben sind wir stärker verfangen, aber weniger gebunden als je zuvor. Es ist, als ob das von der liberalen Ethik vorausgesetzte ungebundene Selbst Wirklichkeit geworden wäre – eher entmachtet als befreit und in einem Netzwerk von ungewollten Verpflichtungen verfangen, aber dennoch von den gemeinschaftlichen Identifikationen oder mitteilbaren Selbstbestimmungen abgekoppelt.« Auch in Belgien fiel die Übereinstimmung kommunitaristischer Forderungen mit den Zielen der entstehenden Bürgerbewegung auf, und Sandel wurde zur festlichen Multatuli-Vorlesung – benannt nach dem berühmtesten niederländischen Schriftsteller des neunzehnten Jahrhunderts – eingeladen, wo er seine Vorstellung von einem Bürgerstaat der Pflichten und Mitverantwortung einem interessierten Publikum vorstellen konnte.

Natürlich ging es bei der Massendemonstration in Brüssel vorrangig um die Trauer um ermordete Kinder sowie um den Schutz der lebenden Kinder. Doch begriffen Hunderttausende von Menschen instinktiv, daß es sich hier um eine Bedrohung ihrer Lebensweise handelte, die viel tiefer reicht als in den Sumpf der Schwerkriminalität von Charleroi. Mit Dutroux und seinen Helfershelfern waren moralisch völlig losgelöste Individuen, die Täter, auf nichtkommerzielle Gemeinschaften, die Familien, gestoßen. Und der Staat, der die Interessen der Gemeinschaften mit denen des Einzelnen auszugleichen hat, entschied sich in seiner konkreten Hilfe beständig für die zynischen Kriminellen, die ihrerseits den Staat wie eine Art Komplizen zu halten verstanden.

Die Belgier hatten nicht vergessen, daß Dutroux die Klaviatur des Versorgungsstaats virtuos beherrschte: Er hatte sich zum Invaliden erklären lassen und für seine Familie viertausend Mark Sozialhilfe im Monat kassiert, ungeachtet der Tatsache, daß er Immobilien erwarb und mit seinen schwarzen Geschäften glänzend zuverdiente; er hatte sich eine frühzeitige Freilassung ohne wirkliche Bewährungsauflagen erstritten; er hatte vom Paß über den Führer- bis zum Waffenschein die nötigen Papiere bereit; in Polizei und Politik hatte er, wie es aussah, verläßliche Helfer oder zumindest Zuschauer seiner Taten. Er konnte reisen; und selbst nach der Aufdeckung seines Treibens war er in der Lage, mit Hilfe von Spitzenanwälten seinen eigenen Fahnder zur Strecke zu bringen und von der Gefängniszelle aus, bereits wieder mit allen Rechten vertraut, souverän die Fäden zu ziehen. Und was war der mutmaßliche Hintermann Nihoul anderes als der Prototyp eines politischen Lobbyisten, wie er in den Führungskreisen aller Parteien ein und aus geht, den Bonzen Liebesdienste organisiert und dafür mit einer Sonderbehandlung rechnen kann?

Die Eltern dagegen lebten in der Regel bürgerlich und unauffällig; sie hatten – wie es die unausgesprochene Sittenlehre von ihnen verlangte – geheiratet, unter großer Mühe Kinder erzogen, die Väter arbeiteten hart für niedrige Gehälter und zahlten ihre Steuern; die Familien waren organisiert in Gewerkschaften oder Kirchengemeinden, vor allem in solidarischen Verwandtschaften; sie hatten nie in ihrem Leben etwas Ungesetzliches getan, vorbildliche

Staatsbürger allesamt. Und als Dutroux aus ihren wie kleinbürgerlichen Idyllen auch immer die Kinder herausraubte, hatte der Staat, ihr Staat, sie zynisch im Stich gelassen. De facto hatte die verzweigte und teure Organisation, welche die Eltern mit ihren Steuergeldern unterhielten, in zahlreichen Fällen Partei für den Mörder ergriffen, der seinerseits den Staat ausbeutete wie ein williges Melk- und Schlachtvieh.

Die Forderungen der Kommunitaristen entwickelten sich im zerfallenden amerikanischen Rechtsstaat, wo Jugendbanden ganze Straßenviertel kujonieren, wo die organisierte Kriminalität das Rechtswesen dominiert, die Großindustrie die Politiker kauft, wo Generationen von Randgruppen unter den Augen der Fürsorge immer weiter verarmen und die Bürger aufgerieben werden zwischen der Bezahlung des ineffizienten Wohlfahrtsstaates und der Angst und Vereinzelung, die sein Versagen hinterläßt. Als Antwort auf diese moralische Erosion wollen die Kommunitaristen die Pflichten des Individuums gegenüber dem Gemeinwesen stärken und die Schnorrer, Schmarotzer und Lobbyisten, welche die Gesellschaft nur ausnutzen, bestrafen. War Dutroux nicht ein solcher extremer Schmarotzer des Systems, das ihn eigentlich hätte bekämpfen müssen? Hatte nicht die zerstrittene Polizei ihre eigentliche Pflicht, ihre Geldgeber zu schützen, aus den Augen verloren?

Auffälligerweise beschwören auch die Kommunitaristen die Familie als beständigste Bastion gegen den gesellschaftlichen Verfall. In den Familie, so sie denn noch funktionieren, sehen sie den letzten Ort, wo unentgeltlich und nach dem Prinzip gegenseitiger Hilfeleistung füreinander gewirkt wird. Hier werden Kindern ethische Grundsätze beigebracht, und sie bekommen es – anders als im Sozialamt – auch zu spüren, wenn sie ihre Nächsten lediglich ausnutzen und sie für diese Hilfe auch noch verachten. Faßt man den Forderungskatalog des »Kommunitaristischen Manifests«, das Ende 1993 unter der Federführung von Amitai Etzioni in Washington formuliert wurde, zusammen, dann fällt eine markante Übereinstimmung mit den Zielen des Weißen Marsches auf. »Kinder zuerst« lautet eine der kommunitaristischen Parolen, wobei eine höhere Wertschätzung elterlicher Lasten und ein besserer Ausgleich für ihre Aufwendungen gefordert werden. Zudem soll organisierter Zusammenhalt von Nachbarschaften, Familien, Vereinen einen Teil der obrigkeitlichen Sozialmaßnahmen ersetzen, die ohnehin nicht mehr oder gar kontraproduktiv funktionieren: »Ein gewisses Maß an Fürsorge und Teilen ist von wesentlicher Bedeutung, wenn wir nicht die Zuständigkeit von Verwaltungsbehörden erweitern und bürokratisierte Wohlfahrtsbehörden und aufgeblähte Reglements, Polizei, Gerichte, Gefängnisse haben wollen.«

Dehaene lag falsch, als er die Forderungen seiner Einzelbürger wieder an die behördlichen Profis delegieren wollte. Die steuerzahlenden Bürger akzeptieren diese Instanzen nicht mehr, weil sie ihren Zweck nicht mehr erfüllen und – wie im Falle der Eltern von Julie und Mélissa – die Eltern beim Kampf ums Leben ihrer Kinder sogar noch behindern. Es ist nicht zulässig, die Protestierenden als anspruchsvolle Wohlstandsbürger zu klassifizieren, die vom Staat einen effektiveren Service verlangen. Die alte politische Zielrichtung, den Bürgern mehr staatliche Fürsorge zu versprechen und damit das Schreckgespenst der Anarchie zu vertreiben, geht hier fehl. Im moralischen Vakuum, das der moralisch untermauerte Wohlfahrtsstaat hinterlassen hat, vertraut diese Generation von Enttäuschten nur mehr auf ihre bewährten Netzwerke. Diese Menschen haben nicht nur im Fall Dutroux erlebt, daß der Staat mit seinen ausdifferenzierten Organen sich auf dem Rückzug befindet, daß er – in der Arbeits-, der Gesundheits-, der Kriminalitätspolitik – eine Niederlage nach der anderen erleben mußte. Die Generation, die jetzt Kinder aufzieht, hat eine ganz andere Lebenserfahrung als die ihrer Eltern, die in schlimmen Diktaturen groß wurden und danach Jahr für Jahr ein Mehr an sozialer Sicherheit verbuchen konnten.

Heute dagegen erfahren viele das »Dilemma des ungebundenen, zwischen Losgelöstheit und Verwicklung hin und her taumelnden Selbst« (Michael Sandel) am eigenen Leib. Die allseitige Entfaltung der Persönlichkeit, die spätestens seit 1968 mit der Modernisierung der westlichen Gesellschaften einherging, ist für viele zur Bedrohung geworden. Man kann sich anhand der belgischen Demonstrationen die Kehrtwende der öffentlichen Debatte klarmachen: Zum erstenmal gehen junge Menschen auf die Straße, um für eine schärfere Justiz zu demonstrieren. Früher hätten sie vor Gefängnissen und Gerichtsgebäuden für die Freilassung von Terroristen und Asylbewerbern Parolen skandiert, heute fordern sie den Stopp vorzeitiger Freilassung von Sexualverbrechern. Früher hätten sie einen besonders effektiven und ehrgeizigen Staatsanwalt zum Buhmann gemacht, in Deutschland wurde in den siebziger Jahren mit dem Generalbundesanwalt Buback sogar ein hoher Justizbeamter ein Opfer von Terroristen. 1996 dagegen steht eine ganze Schülergeneration zugunsten eines Untersuchungsrichters auf und verlangt sogar noch erweiterte Vollmachten für diesen Mann. Die Verschiebung der Gewichte könnte deutlicher nicht sein.

Das ist allerdings keineswegs mit einer Rückkehr zu vormodernen Maßnahmen wie Faustrecht, Todesstrafe oder Kastration verknüpft. Von Versuchen einzelner Demonstranten oder rechtsgerichteter Parteien, dem Weißen Marsch diese Wendung zu geben, distanzierten sich die Bürgerorganisationen vehement. Das Elternkomitee verwahrte sich gegen jeden Appell für die Todesstrafe in seinem Namen. Einzelne Eltern, die mit dem rechtsradikalen Vlaamse Blok in Verbindung gebracht wurden, ließen diese Unterstellungen von ihren Anwälten dementieren. Man würde es sich zu leicht machen, charakterisierte man diese Volksbewegung neuen Typs kurzerhand als Regression in atavistische Rachetriebe, so als forderten Hunderttausende einen autoritären oder gar diktatorischen Staat. Die Schüler, Studenten und jungen Eltern, die zum Weißen Marsch zogen, sind sich ihrer Freiheiten im Wohlfahrtsstaat sehr bewußt. Wenn es um die Liberalisierung von weichen Drogen, um Straferleichterungen bei Verkehrsdelikten, um die Abschaffung von Paß- und Visapflichten, um ein Rathaus als Dienstleistungszentrale geht, dann plädiert die Mehrheit dieser Menschen wahrscheinlich gegen die Obrigkeit alten Stils und für mehr individuelle Rechte.

Das wahrhaft Paradoxe an dieser Bewegung macht sie für politische Beobachter, die an den alten Debatten um staatliche Hilfe geschult sind, schwer einschätzbar: Die Menschen wollen mehr und weniger Staat zugleich. Sie wollen mehr Staat, wo er ihnen helfen könnte, etwa bei der Einrichtung einer zentralen belgischen Polizeieinheit, bei Therapiemaßnahmen für Verbrechensopfer, bei der Durchsetzung einer strengeren Haft für Sexualstraftäter, bei der Förderung soziologischer Forschung im staatlichen Kinderhilfszentrum. Und sie wollen weniger Staat, wo er sich mit aufgeblähten Bürokratien selbst im Wege steht, wo er hohe Ämter als Pfründe für privilegierte Parteigänger bereithält, wo er sich mit arroganten Obrigkeitsritualen gegen die Bürger wendet, wo er mit einem Gewirr von Ausnahmeregelungen und juristischen Fallen dem schlauen Verbrecher mehr Möglichkeiten bietet als dem biederen, wehrlosen Bürger. Die belgische Krise von 1996 brachte eine Frage auf die Tagesordnung der westlichen Demokratien, welche die Politiker noch Mühe haben zu begreifen: Es geht um eine

Korrektur des Wohlfahrtsstaates, die nicht entlang der alten Frontlinien von Arbeit und Kapital, von jugendlichem Liberalismus und hergebrachter Obrigkeit verlaufen wird.

Die größte Neuerung in der politischen Debatte stellten jedoch die auffallend idealistischen Parolen der Schüler und Studenten dar – einer Generation mit ausgefahrenen Ellenbogen, die nach landläufiger Meinung jenseits von egoistischer Bereicherung, von Medien- und Drogenkonsum ohnehin kein immaterieller Wert mehr interessiert. Nun standen Schülerinnen stundenlang in der Kälte vor dem Gerichtsgebäude und reckten Pappschilder mit dem Aufdruck »Liebe« oder »Vertrauen« in die Höhe. Diese halben Kinder wirkten wie die letzten Gläubigen der sanften Botschaften von Woodstock und Flower-power, welche die Hippies selbst längst verraten hatten. Doch offenbar glaubten die jungen Menschen an die Möglichkeit einer moralischen Wende in einem hochtechnisierten Gemeinwesen, das als kleinsten gemeinsamen Nenner lediglich allgemeinen Materialismus kennt. Und sie unterschieden sich in ihren Hoffnungen nicht wesentlich von den Müttern, die zur Demonstration mitzogen und sich verklärend an die gute alte Zeit erinnerten, als in der Kirchengemeinde noch Jung und Alt zusammenhielten. Die Affäre Dutroux hatte die Generationen in ihrem Interesse geeint. Die Mütter identifizierten sich mit den verhärmten Müttern ermordeter Kinder, und die Mädchen hatten sich die Sache der Opfer zu eigen gemacht; sie wußten, daß statt An und Eefje auch jede von ihnen in Dutroux' Auto hätte gezerrt und ermordet werden können. Daß alle diese Menschen instinktiv oder durch gezielte Information begriffen, daß nicht nur ein einzelner Triebtäter, sondern ein indolenter Staatsapparat an den Verbrechen mitgewirkt hatte, machte aus der Angst und der Trauer eine politische Bewegung. Die Erben der anti-autoritären Errungenschaften riefen nach Autorität.

Die nächstliegende Frage nach dem Weißen Marsch war die nach einer neuen politischen Partei. Nur ein Neuanfang, so schien es vielen, wäre in der Lage, das zynische Mächtegleichgewicht der wallonisch-flämisch-christlich-sozialistischen Großen Koalition hinwegzufegen. Die Erfahrung von monatelangem Koalitionsgerangel und Personalpoker, die seit den späten sechziger Jahren zum belgischen Regierungsalltag gehört, sollte die Belgier indes gelehrt haben, daß innerhalb der Parteien nur minimaler Raum für eine Verschiebung der Prioritäten und maximaler Raum für personalpolitischen Machiavellismus besteht. Im Proporz der angestammten Barone würde sich vielleicht ein machtloser Minister für Kinder-Angelegenheiten ansiedeln können. Aber zu welchem Nutzen? »Wir brauchen keine neue Partei auf Brüsseler Parkett«, sagte Gino Russo, der Vater von Mélissa, in einem Interview, »wir müssen eine Bürgerbewegung nach neuem Muster schaffen, eine Art Gewerkschaft für Kinder.«

Kommentatoren analysierten, daß lediglich eine starke, von Korruption und Zynismus unbeleckte Bewegung die verkrusteten Strukturen würde aufbrechen können. Meinungsumfragen sagten einer Weißen Partei – unter Führung von Volkshelden wie Gino Russo, Paul Marchal und Jean-Marc Connerotte – zeitweise eine absolute Mehrheit im gesamtbelgischen Parlament voraus. Die Gerüchte wollten nicht verstummen, der enttäuschte Connerotte werde sich aus dem Staatsdienst verabschieden und in die Politik gehen. Nur der geeignete Zeitpunkt sei noch nicht gekommen. Er ist es bis heute nicht. Sogleich drohten auch Veteranen der hergebrachten Parteien – etwa der wallonische Sprach-Aktivist José Happart oder ausgerechnet einige Funktionäre der korrupten Sozialisten – mit einem Beitritt zu der Volksbewegung. Oder sie wollten selbst eine neue Partei aus der Taufe heben und damit versuchen, aus dem Bürgerprotest Profit zu schlagen. Wie könnte man sich gegen solche parasitären Anhängsel, die nichts als ihre regionale Ausrichtung im Kopf haben, wehren? Noch immer ist die Möglichkeit nicht vom Tisch, daß aus den Überresten der durch und durch korrumpierten, doch in den Industriegebieten allmächtigen sozialistischen Partei Walloniens eine neue Bürgerbewegung zusammengeschmiedet wird. Vorbild ist die italienische Ulivo-Partei mit dem Ölzweig als Symbol, jene neue Gruppierung, in der die Überreste der alten italienischen Linken und der reformwilligen Christdemokraten sich vereinigten und auf Anhieb die Regierungsgewalt übernehmen konnten. Mit den Zielen des Weißen Marsches hätte eine solche Selbstreinigungspartei, unter Rückgriff auf den hochprofessionellen Bonzen-Apparat der alten Herrscher, jedoch wenig zu tun. Die Schüler und Studenten, die biederen Mütter und renitenten Rentner aus den Tagen des Protests gegen das Spaghetti-Urteil würden sich hier gewiß nicht einträchtig zusammenfinden, und das ist wohl die Hoffnung des Profis Jean-Luc Dehaene. Doch könnte derzeit jede neue Partei sehr wohl den Rückenwind der Erneuerung nutzen, der seit den Skandalen der Dutroux-Fahndung durch Belgien weht.

In der Frage, inwieweit die Elternbewegung eine Politisierung im politischen System anstrebte, kam es jedoch gleichfalls zu einer auffälligen Übereinstimmung mit den Ideen der Kommunitaristen. Auch die amerikanische Bürgerbewegung möchte sich kein eigenes Stück vom Kuchen der Macht abschneiden; man will lieber von außen auf die notwendigen Machtstrukturen einwirken, um sie zu reformieren und die schlimmsten Deformationen zurückzuschneiden. Gleichzeitig soll auf lokaler Ebene ein unpolitisches Netzwerk gegenseitiger Hilfe Gestalt annehmen, das zum Kern für neue glaubwürdige Politik und das Engagement des Einzelnen werden kann. In Amerika sind damit freiwillige Schutzmannschaften, selbstorganisierte Hilfs- und Therapiegruppen in Gegenden, die ansonsten über keine sozialen Angebote verfügen, oder freiwillige Altenpfleger in der Nachbarschaft gemeint. In Belgien gibt der Anlaß der Volkswut das Ziel vor: Maßnahmen zur Verbesserung des Kinderwohls.

Schon seit geraumer Zeit ist die Klage, daß der Generationenvertrag herkömmlicher Prägung die Jüngsten, die Kinder und die kommenden Generationen, benachteiligen wird, nicht nur von Kommunitaristen, sondern auch von verschiedenen Soziologen und Publizisten zu hören. Es hat sich als einer der Nachteile der Demokratie erwiesen, daß diese die aktiven Wähler unter der Bevölkerung naturgemäß besonders bevorzugt. Während Umweltzerstörung, nicht ausgeglichene Staatsbudgets und eine verantwortungslose Vorfinanzierung der Renten über Kredite das Leben erst in einigen Jahrzehnten spürbar erschweren werden, haben sich die Älteren als politische Interessengruppen, in einigen Ländern auch als Parteien, gut organisiert und können verhindern, daß ihre Besitzstände – solide Altersversorgung, ausgebautes Gesundheitswesen, Frühpensionierung – angetastet werden. Diejenigen, die noch nicht wählen dürfen, werden die Zeche später zwar einmal bezahlen, fallen für das politische Kalkül der augenblicklichen Politikergeneration aber nicht ins Gewicht. Die Weiße Bewegung zeigt, daß auch zahlreiche Bürger diesen Strukturfehler der Wohlstandsgesellschaft erkannt haben und bereit sind, sich für Kinder und künftige Generationen einzusetzen. Hier wurde ein entscheidendes Thema für den Fortbestand des Gemeinwesens aufgegriffen, das die Politik bisher aus strukturellen Gründen sträflich vernachlässigt hatte. »Es ist furchtbar«, so äußerte einer der Aktivisten der ersten Stunde, »daß wir erst die Kinderleichen finden mußten, um an diesen Punkt zu kommen.«

Die belgischen Demonstrationen vom Oktober 1996 waren daher nicht nur der Widerhall von Wut und Entsetzen über den Lauf der Dinge im Fall Dutroux. Über diesen Anlaß hinaus äußerte sich hier erstmals auf der Straße der Wunsch, den Generationenvertrag neu auszuhandeln – ein Kampf, der die politische Agenda der nächsten Jahre in ganz Europa bestimmen wird. Auffallend ist, daß die Belgier das Problem nicht als Konfrontation austrugen, sondern daß auch und gerade zahlreiche ältere Menschen sich mit den Belangen der Kinder solidarisch zeigten und dazu aufriefen, die Gesellschaft als Ganze kinderfreundlicher zu gestalten.

Während das politische Brüssel wieder zur Tagesordnung der Debatten um die wallonisch-flämischen Konflikte und um die Europäische Union überging, formierten sich nahezu unbemerkt im ganzen Land die sogenannten »Weißen Komitees«. Sowohl in Flandern als auch in der Wallonie versammelte sich mit Unterstützung einiger Eltern ermordeter Kinder eine Graswurzelbewegung, deren Programm schon bald schärfere Konturen annahm. An erster Stelle stand und steht das Ziel, Maßnahmen zugunsten der Lebensverhältnisse und der Sicherheit von Kindern zu formulieren und langfristig im politischen Prozeß zu fördern. Auch Verbrechensopfer wurden gesondert als Benachteiligte aufgeführt, für deren Rechte man sich einzusetzen versprach. Für dieses Ziel bekundeten die Unterzeichner ihre Absicht, »nicht an die Stelle bestehender Mächte und Einrichtungen zu treten, sondern mitzuhelfen, Druck auszuüben und jenseits der hergebrachten Strukturen organisatorische Ebenen zu schaffen, damit auf allen Ebenen ein Dialog unter Bürgern entstehen kann«. Die Absage an »jedwede Vereinnahmung durch politische Parteien oder andere politische oder religiöse Bewegungen« war deutlich. Darüber hinaus sollte es zum Grundsatz aller Mitwirkenden werden, stets im eigenen Namen und nicht unter dem Rubrum der vermißten Kinder aufzutreten, keine ethnischen oder ideologischen Trennungen zu akzeptieren sowie keine Geldsammlung für welches Ziel auch immer zu organisieren.

Ausgehend von dreizehn Weißen Komitees im ganzen Land haben sich inzwischen in ganz Belgien zahlreiche Bürgergruppen gegründet. Sie sind sich bewußt, daß sie ihre grundlegenden Ziele und die Wandlung der gesellschaftlichen Mentalität nur langfristig angehen können. Ihre Bewegung soll verhindern, daß nach ein, zwei Großdemonstrationen alles so weitergeht wie zuvor. »Schließlich«, so sagte ein Mitglied, »haben wir die Politiker ja gewählt und sind somit selbst schuld, wenn es so schlecht um unseren Staat steht.« Eine »Re-Politisierung« der Bürgergesellschaft könne demnach nur durch die Bürger selbst geschehen.

In den Medien ist nicht viel von dieser Weißen Bewegung zu hören. Nicht nur wegen des Lokalreporters, der das Spaghetti-Essen mit Connerotte überhaupt erst bekanntmachte, ist man gegenüber den Medien fast ebenso mißtrauisch wie gegenüber den Politikern. Auch Zeitungen und Fernsehen sind an die Konjunkturen des politischen Geschäfts gebunden, auch sie suchen nach Personen, deren Schicksale sie zu sensationellen Geschichten verdichten können. Darum ging es aber nur in der ersten Phase des Dramas. Damals waren verzweifelte Eltern fast täglich in Fernsehtalkshows zu sehen, oder sie verkauften, um an Geld für die Gerichtskosten zu kommen, zuweilen Interviews an Illustrierte. Das souveräne, fast schon professionelle Auftreten dieser unerfahrenen Menschen überrascht nur, wenn man außer acht läßt, daß diese Generation die erste ist, die, mit den Klatsch- und Tratschprogrammen der Privatsender vertraut, in die Öffentlichkeit geht. Aus dieser intimen Kenntnis des schlichten Jargons heraus, der ja der ihre ist, und ohne Scham, dem Diskurs nicht gewachsen zu sein, traten ganze Familien vor die Kameras und klagten das Establishment an. Kurzzeitig wurden die Skandalsendungen und Talkshows sogar ihr Image los, die Zuschauer mit einem visuellen Panoptikum zu verdummen. Diese Monstrositäten waren ja echt, diese Menschen hatten tatsächlich keinen anderen Ort, sich auszusprechen, als den Fernsehschirm, diese Skandale waren wirklich jahrelang im Behördensumpf vertuscht worden. Zeitweise konnte man befürchten, der virtuose Einsatz der Privatmedien durch die heterogene Elterngruppe würde irgendwann das ganze Drama auf das Niveau des Nachmittags-Talkshow-Genres herunterziehen. Doch als die schlimmsten Mißstände in der gesellschaftlichen Debatte verankert waren, zogen sich die meisten Eltern aus dem Medienzirkus zurück. Auch der Versuchung parteipolitischer Aufmerksamkeit widerstanden sie mit dem Hinweis, keine Berufspolitiker zu sein, und wandten sich statt dessen der Basisarbeit in den Weißen Komitees zu. Was die Komitees tatsächlich in Gemeinden und Stadtteilen, beim Engagement für Schulwege, Kindergärten und Spielplätze und in der Diskussion über soziale Brennpunkte werden bewirken können, ob sie einen dauernden Zugriff behalten werden, der Politik bis zur Bundesebene ihre Themen aufzudrängen, müssen die nächsten Jahre zeigen. Doch noch Monate nach der ersten Massendemonstration fanden in ganz Belgien an jedem Wochenende mehrere Weiße Märsche statt, meist beschränkt auf kleinere Städte, doch immer mit beachtlichem Zulauf. Die Unruhe ist noch nicht abgeklungen, wenn auch über politische Ziele nicht immer Einigkeit besteht. Die Gefahr droht, daß die Bewegung mit ihrem ritterlichen Motto »Herz und Mut« zum Sammelbecken für Querulanten, Selbstdarsteller und Gescheiterte des Landes wird. Regelmäßig treten die Eltern bei Demonstrationen und Podiumsdiskussionen auf und müssen sich die Klagen eines ganzen Landes anhören. So tritt der Diskurs auf der Stelle.

Im März 1997 schuf sich die Weiße Bewegung mit der zweisprachigen Monatszeitschrift *La Marche Blanche/De Witte Mars* eine vorläufige publizistische Plattform. Das Blatt ist für eine Mark und ohne Werbung in zahlreichen Geschäften aller Art zu kaufen. Neben Bekenntnissen der Eltern zu ihrem politischen Kampf, neben Ansprachen auf Trauerfeiern finden sich Berichte über verschleppte Gerichtsdossiers von vermeintlichen Päderasten. Die Harmlosigkeit und Naivität mancher Texte sowie die schlechte Übersetzung ins Flämische sehen die Eltern gerade als Beweis ihrer unprofessionellen und daher integren Methoden. Man sei es satt, sich immer nur von selbsternannten Experten und Medienleuten interpretieren zu lassen; hier kämen die Betroffenen zu Wort. Mittelfristig möchte man dreihunderttausend Leser, ebenso viele Menschen wie damals am historischen 20. Oktober, erreichen.

Das existentielle Problem dieser Art, Politik zu machen, hat Allroundpolitiker Jean-Luc Dehaene sofort erkannt, und es ist nicht ausgemacht, daß es sozusagen von unten, durch Machtverzicht und Konzentration auf Basisfragen, umgangen werden kann: Wie reagiert die heterogene Bewegung, wenn es gilt, andere Felder zu besetzen als das Wohl der Kinder? Unter dem weißen Dach und mit Blick auf die Portraits von Julie und Mélissa sind sich Flamen und Wallonen, Arbeiter und Bürger, Greise und Schüler einig. Doch im langen Marsch der Forderungen durch die Institutionen müssen unweigerlich von neuem die Geburtsfehler des belgischen Staates auftauchen: In welcher Sprache kommuniziert die Bewegung? Wie steht es mit der Nationalität der Kinder in Brüsseler Schulen? Wie stellt man sich zu der Gewalt von Jugendgruppen in verarmten Stadtteilen, sind sie Täter oder Opfer? Wie verhält sich die Weiße Bewegung zur patriarchalischen islamischen Familie der marokkanischen und türkischen Gastarbeiter?

Paul Marchal, die exponierteste Figur unter den Eltern, lebt in der limburgischen Mittelstadt Hasselt und arbeitet als Lehrer an einer Sonderschule. Er bekam die Mühen des Kleinkriegs nicht nur im Kampf mit den Justizbehörden zu spüren. Schnell kam es zwischen den Familien der beiden gemeinsam verschwundenen Mädchen An und Eefje zu Reibungen. Der zurückhaltende Vater Eefjes, Jean Lambrecks, fühlte sich vom kämpferischen Paul Marchal überrollt und teilte auch nicht dessen Fundamentalkritik am belgischen Staatsapparat. Schon bei den Beerdigungen kamen die Zwistigkeiten an die Oberfläche; entgegen dem Wunsch der gesamten Öffentlichkeit und der Familie Marchal wurden die beiden Mädchen nicht wie Julie und Mélissa gemeinsam beigesetzt. Auch lud Vater Lambrecks hohe Politiker und Vertreter des Hofes nicht ostentativ aus, sondern ließ für das Establishment Plätze in der Kirche von Hasselt reservieren. Später sollten er und die von ihm geschiedene Mutter Eefjes bekunden, daß sie den Medienrummel als furchtbare Erniedrigung empfunden hätten.

Vater Marchal gründete unter seinem Vorsitz eine Bürgerinitiative mit dem Namen »An und Eefje«, er ließ Plaketten, Postkarten und T-Shirts mit Namen und Bildern der beiden Mädchen bedrucken und eine CD von lokalen Chören zugunsten der Initiative aufnehmen. Mit dem Verkauf sollten die Kosten für diverse Aktionen der Initiative aufgefangen werden. Gegen diese Aktionen zog Jean Lambrecks vor Gericht. Paul Marchal argumentierte, Eefjes Name sei inzwischen zu einem Symbol für alle verschwundenen oder ermordeten Kinder geworden und deshalb im Zusammenhang mit ihrer Leidensgefährtin An sehr wohl abbildbar. Das Gericht aber veranschlagte die Privatsphäre der Familie Lambrecks höher und untersagte die Verwendung beider Vornamen zu irgendwelchen gemeinnützigen, werbenden oder gar kommerziellen Zwecken. Endlich habe seine Tochter Ruhe gefunden, kommentierte Vater Lambrecks das Urteil. Auch das muß die Weiße Bewegung akzeptieren: Es gibt Eltern, die dem Staat wenig Konkretes vorwerfen und lieber allein trauern, als ihre Empörung auf die Ebene der Politik zu tragen.

Paul Marchal dagegen hat seit seinem ersten öffentlichen Auftreten weit über siebzigtausend Briefe bekommen, die er alle zu beantworten sucht. In seinem Haus in Hasselt steht das Telefon nicht mehr still; Eltern verschwundener Kinder melden sich und wollen ernst genommen werden, aber auch für Querulanten und Möchtegern-Politiker ist er zur Anlaufstelle geworden. Hunderte von Terminen in Komitees, bei Familien, beim Königshaus will er wahrnehmen. Marchal hat diese immense Aufgabe, die ihm mit seinem Engagement zugewachsen ist, auf sich genommen; sie ist auch eine Art, den Schmerz um den Verlust der Tochter zu verarbeiten. Kurzzeitig fungierten die Eltern, vor allem die Familien Lejeune, Russo, Marchal und Brichet als belgische »Gegenregierung«. An sie und nicht an die Politiker wandten sich die Medien, wenn neue Details aus der Fahndung bekannt wurden. Fernsehteams und Reporter aus allen Kontinenten gingen in den schlichten Einfamilienhäusern ein und aus. Zuweilen erinnerte das hemdsärmelige und würdige Auftreten der Eltern an den Elektriker Lech Walesa, der Anfang der achtziger Jahre die Weltpresse in seiner Danziger Etagenwohnung empfing. Gewiß läßt sich der Erfolg des elterlichen Engagements nicht messen, doch ein moralisches Gegengewicht zur Politik bildet es allemal.

Vieles hat der Aufruhr der Bürger, den Dutroux auslöste, also bereits bewirkt – nicht auf der Ebene konkreter Gesetzesvorhaben und administrativer Reformen, aber in der Mentalität eines ganzen Volkes. Die Eltern in ihrem Leid zeigten eine ungeheure Würde. Nie verloren sie, obwohl sie niemand auf diese Rolle vorbereiten konnte, die Verantwortung aus dem Auge, die ihnen plötzlich zukam. Keine wütenden Aufrufe zu passiver und aktiver Gewalt, wie sie das – oft genug von den Parteien unterfütterte – Demonstrationsmilieu gewöhnlich hervorbringt, waren zu hören, ebensowenig Forderungen nach der Todesstrafe oder Unterstützung für rechtsradikale Parteien mit drakonischen Programmen. Nicht einmal zu individuellen Haßausbrüchen gegen Dutroux und seine Leute ließen sich die Eltern herab. Sie gaben vielmehr einem ganzen Volk, das an seinen eigenen demokratischen Einrichtungen zweifelte, ein Vorbild an besonnener Bürgertugend.

»Wir bleiben zurück mit dem schwärzesten Makel auf unserem Dasein, einem Makel, der ein viel zu großes Opfer ist, um darauf eine gerechtere, erneuerte Zukunft aufzubauen«, sagte Paul Marchal bei der Beerdigung seiner Tochter. »Dennoch müssen wir dieses Opfer annehmen und in ehrliche, mitmenschliche Einsichten umsetzen. Es sind harte, viel zu teuer bezahlte, unverlangte, ungewollte und bittere Opfer, die anderen jungen Menschen in der Welt Licht und Hoffnung bringen müssen.« Diese Ansprache war der Aufruf zu gesellschaftlichem Handeln. In der Kirche von Hasselt standen die Menschen auf und applaudierten, als sei dies eine Bürgerversammlung und keine Totenmesse. Seither sind Trauer und Politik in Belgien nicht mehr voneinander zu trennen.

8. Kapitel

Die wallonische Mafia

Der Mann, der am 18. Juli 1991 auf einem Parkplatz in Lüttich niedergeschossen wurde, war nicht irgendwer. André Cools, einer der mächtigsten Männer Belgiens, hatte die Nacht bei seiner Geliebten verbracht, als ihn am Morgen ein Unbekannter mit zwei Kopfschüssen niederstreckte. Trotz einer Großfahndung wurde der Täter nicht verhaftet. Dafür setzte die Suche nach möglichen Feinden des Mannes ein, der in der Region Lüttich und zeitweise in ganz Wallonien wie ein Monarch geherrscht und sich dabei zahllose Feinde gemacht hatte. Die junge Untersuchungsrichterin, die als Diensthabende an diesem Julimorgen zufällig an den Mordfall Cools geriet, ist noch Jahre später mit den Ermittlungen vollauf beschäftigt. Nach dem Tode Cools' trat ein Abgrund von Unregelmäßigkeiten und Mauscheleien zutage. Die Zahl der möglichen Verdächtigen aus dem In- und Ausland, die mit Cools im Laufe der Jahre unsaubere Geschäfte in der Grauzone von Politik, Wirtschaft und Kriminalität gemacht hatten, ging in die Hunderte. Allein die am Rande ans Licht gekommenen Bestechungsskandale haben bisher ein gutes Dutzend ehemaliger Bundes- und Landesminister das Amt gekostet. Stellt man als Motiv für den Mord auch die Möglichkeit einer persönlichen Rache von politischen Fanatikern, von eifersüchtigen Geliebten, von Zukurzgekommenen beim Postenschacher in Rechnung – denn auch hier hatte der barocke Provinzfürst Cools während seiner langen Karriere allerhand geschädigte Existenzen hinterlassen –, dann kann man die Sisyphusarbeit der Justiz in etwa ermessen. Und Wallonien wäre nicht Wallonien, hätte Cools nicht auch die Spitzen des Lütticher Gerichts mit seinen politischen Freunden besetzt; nun kamen sie bei der Aufarbeitung des Vorlebens ihres Patrons ins Schwitzen. Seit dem 18. Juli 1991 muß Belgien mit der Zeitbombe leben, daß die politische Elite in irgendeiner Weise in einen Auftragsmord verwickelt ist.

Die Jahre vor der Verhaftung des Marc Dutroux waren geprägt von zahllosen Spekulationen über den Mord an Cools. Wie ein Geschwür hatte dieser Fall die Atmosphäre jahrelang vergiftet, und die zersetzenden Spätfolgen wurden mit der Entdeckung der wallonischen Kinderschänder auf einen Schlag deutlich. Allein die Debatte um die verheerenden Machenschaften des André Cools, von den Medien mit immer neuen Pseudo-Enthüllungen gefüttert, bereitete das Feld für ein Klima, in welchem den Mächtigen jede Untat zugetraut wurde. Wenn im politischen Milieu ein Auftragskiller den alternden Paten Walloniens, einen ehemaligen Minister und einflußreichen Parteibonzen, förmlich hinrichten konnte, dann bestand auch die Möglichkeit, daß die Kinderfänger ihr Netz bis zur Spitze der Gesellschaft ausgedehnt hatten.

Daß Politik und Verbrechen sich in Belgien nicht in zwei getrennten Welten abspielen, war der Bevölkerung also seit längerem ins Bewußtsein gedrungen. Schon bei der Beerdigung von Cools fielen die filmreifen Worte eines hohen sozialistischen Funktionärs: »Der Täter befindet sich unter uns.« Und tatsächlich stellte sich im Verlauf der Untersuchung heraus, daß die Auftraggeber wahrscheinlich aus der politischen Umgebung des Ermordeten stammten. Lüttich erhielt im In- und Ausland den vielsagenden Beinamen »Palermo an der Maas«.

Was hatte André Cools auf dem Gewissen? Er gehörte zum Urgestein des wallonischen Sozialismus, der sich nur mühsam mit der moderaten europäischen Sozialdemokratie vergleichen läßt. In den Volkshäusern und Gewerkschaftszentralen der Industriegebiete um Charleroi und Lüttich hatten der klassenkämpferische Ton, der Kadavergehorsam der Funktionäre sowie ein eiserner Zusammenhalt gegen das Großkapital, die in der deutschen Sozialdemokratie seit den fünfziger Jahren durch den versöhnlichen Stil und die Offenheit einer modernen Volkspartei abgelöst worden waren, überlebt. In Wallonien mit seiner verarmten Industriearbeiterschaft, der hohen Zahl von wurzellosen Zuwanderern, den reihenweise schließenden Bergwerken und Fabriken blieb der Klassenkampf des Proletariats höchst lebendig und verwandelte sich nicht in den überholten Ursprungsmythos einer Aufsteiger- und Angestelltenpartei.

Cools, der als kleiner Junge noch vor dem Krieg den Maiparaden in seinem Stadtviertel Flémalle als Maskottchen gedient und der seine Bildung im örtlichen »Maison du Peuple« erworben hatte, zählte zu den entschiedensten Vertretern dieser Spielart des Klassenkampfes. Sein Vater wurde im Konzentrationslager Mauthausen umgebracht; der Sohn beerbte ihn als gewerkschaftlicher und parteipolitischer Patron seines Gemeinwesens, der Stahlregion von Lüttich. In den sechziger Jahren bekleidete er bereits verschiedene Ministerposten, eine Zeitlang war er Vizepremierminister Belgiens. Nachdem dann die Sozialisten lange von der Regierungsverantwortung ferngehalten worden waren, nutzte Cools die belgische Staatsreform der Flamen auf seine Weise. Er wußte: Wenn das Land tatsächlich zweigeteilt und mit neuen Landesregierungen versehen würde, dann fiel für die Sozialisten in Wallonien die absolute Mehrheit ab. Es wäre vorbei mit dem flämisch-wallonischen Gekungel der Christdemokraten, denn im industriellen Süden konnte keine Partei den Sozialisten etwas entgegensetzen.

Genau so kam es. In den achtziger Jahren konnten die Sozialisten unter ihrem Vorsitzenden Cools in Wallonien schalten und walten und bei den nationalen Proporzverhandlungen für ihr Hausmachtgebiet zahlreiche Forderungen nach Industrieansiedlungen, nach Militäraufträgen, nach immer neuen, gigantischen Behörden durchsetzen. Cools' Kunst bestand darin, sich über den entstehenden Apparat und seine Finanzierung bis in die kleinsten Verästelungen hinein die Kontrolle zu sichern. Dazu kam, daß er ein Imperium staatlicher Monopolfirmen aufbaute: Wasserwerke, Elektrizitätsversorger, Müllabfuhr, Versicherungsgesellschaften, Nahverkehrs- und Flughäfenbetreiber. In Zeiten der Massenentlassungen saß der allmächtige Cools an der einzigen Quelle für sichere, gutbezahlte Arbeitsplätze. Er konnte mit einem Federstrich über Lebensläufe entscheiden, das Schicksal ganzer Städte anhand von Ansiedlungsverträgen bestimmen und obendrein die Brüsseler Regierung von der sicheren Heimatbasis aus lenken, weil dort niemand ohne die Sozialisten regieren konnte. Da wundert es nicht, daß Cools nach 1980 auf die meisten öffentlichen Posten verzichtete. Ihm genügte der Vorsitz der Sozialisten und der Bürgermeisterposten von Flémalle, den er bis zu seinem gewaltsamen Tod nicht abgab. Zuweilen nahm er, eher aus symbolischen Gründen, einen Brüsseler Ehrentitel oder ein Amt im wallonischen Parlament an. Die wahre, die einzige Macht aber blieb die Partei. Von hier aus besetzte Cools nach Belieben die lukrativen Vorstandsposten der halbstaatlichen Wirtschaft. Von hier aus bestimmte er, wann eine bankrotte Fabrik vom Staat übernommen und fortan bezuschußt werden mußte. Von den schäbigen Kneipen und Volkshäusern der Lütticher Vororte aus machte er hohe Politik. Wenn es sein mußte, dinierte er auch mit Industriebossen im Sternelokal und brachte seine junge Geliebte mit. Oder er kam im weißen Anzug zur Audienz zum König, dem er keineswegs verheimlichte, daß ein echter Sozialist eigentlich nur Republikaner sein kann.

Es versteht sich von selbst, daß ein solch rabiates Patriarchat nicht ohne Opfer regiert. Cools kontrollierte die Posten akribisch und verpflichtete jedes Parteimitglied zur Gefolgschaftstreue; noch heute gibt es den sozialistischen Flügel der »Coolsiens«, die den Tod ihres Stammvaters immer noch nicht verwunden haben. Cools hatte seine Buchhalter für die feinen Verästelungen der öffentlichen und halb-öffentlichen Haushalte, deren Finanzierung er selbst erdacht hatte. Und er scheute sich nicht, Bürgermeister und Minister wie Strohpuppen abzusetzen und zu ernennen, je nachdem, ob sie dem Apparat – und das bedeutete: Cools – treue Dienste erwiesen hatten. Wenn es darauf ankam, sagte Cools brutal jedem Widersacher die Meinung ins Gesicht. Streikten die Arbeiter, wenn es ihm politisch nicht paßte, beschimpfte er seine Wähler als Faschisten. Selbst Schlägereien waren diesem Mann, der während des Widerstands und in der Zeit der politischen Straßenkämpfe groß geworden war, als politisches Mittel vertraut. Die Zahl seiner Feinde wuchs ebenso rapide wie seine Macht.

Diese Art korporativ-geheimer Machtausübung an den staatlichen Institutionen vorbei, doch mit dem vollen Gewicht der staatlichen Wirtschaftskraft im Rücken wurde bereits zu Cools' Lebzeiten mit der Mafia verglichen. Cools gefiel sich sogar, geschmückt mit dicker Sonnenbrille, Zigarre und jungen Verehrerinnen, in der Rolle des Mafiosos. Seine unkonventionelle Art der Parteifinanzierung, die unverhohlen kriminellen Methoden gehorchte, verheimlichte der Patriarch ebensowenig wie seine außerehelichen Beziehungen. Jeder Betrieb, der in Wallonien gedeihen und dabei lukrative Staatsaufträge bekommen wollte, hatte eine inoffizielle Abgabe an die Sozialistische Partei zu zahlen, in Cools' Diktion eine »Taxe revolutionaire« – für die Bezahlung von Wahlkämpfen, Volksfesten, neuen und alten Freunden. Weil die Sozialisten schließlich sowohl in den politischen Gremien saßen, die über die Vergabe von Geldern entschieden, als auch in den Aufsichtsräten der auftragnehmenden Staatsfirmen, zirkulierte das schmutzige Geld bald in einem perfekten Kreislauf.

So sehr er selbst seine sozialistischen Ideale verriet und sich mit wechselnden christdemokratischen Premierministern in Brüssel arrangierte, so sehr scheint Cools sein Leben lang von der Überzeugung beherrscht worden zu sein: Alles, was der Partei dient, ist gut für die Menschen. Das Schicksal der Sozialisten war für ihn gleichbedeutend mit dem Schicksal des gebeutelten Wallonien. War es nicht dem Arbeiterkind André Cools zu verdanken, daß seine halbgaren Zöglinge aus Lütticher Kneipen und Volkshochschulen in der Limousine vor pompösen Brüsseler Ministerien vorfahren und die Geschicke des Landes mitbestimmen konnten? Cools legte im Kreis der Seinen Wert auf die Feststellung, daß er die Summen, die im Lauf der Jahre durch seine Hände gegangen waren, stets der Partei hatte zufließen lassen. Private Bereicherung empfand er als Schande. Und tatsächlich stellte sich auch nach seinem Tod heraus, daß er nicht wie andere Spitzenpolitiker Häuser im Süden oder große Autos angeschafft hatte; auch Konten in Liechtenstein fanden sich nicht. Sein Vermögen belief sich auf sechshunderttausend Mark – ein Trinkgeld angesichts der Milliardensummen, die er in Wallonien verteilt hatte.

Während sich beim alternden Patriarchen die Überzeugung verfestigte, staatliche und private Interessen seien ein und dasselbe, scharten sich Dutzende junger Adepten um ihn, deren Widerstandskraft gegen die Verlockungen von Macht und Reichtum indes längst nicht so ausgeprägt war. Einmal auf einem Ministerposten angelangt und dort konfrontiert mit flamboyanten Konservativen aus reicher oder neureicher Familie, geriet ihnen das Wohl der Sozialisten schnell zur Nebensache. Bei Cools hatten die wallonischen Spitzenpolitiker gelernt, daß eine erfolgreiche Karriere vor allem darauf gründet, die lokale Machtbasis nicht aus der Hand zu geben und daheim als spendabler Mann von Welt aufzutreten. Aus dem Staatshaushalt ist dieser politischen Schule zufolge so viel Geld für Eigeninteressen herauszuholen wie nur möglich. Das belgische Gemeinwesen, mit dessen flämisch-bürgerlicher Mehrheit sich die »Coolsiens« weder als Wallonen noch als Sozialisten identifizieren konnten, war ihnen herzlich gleichgültig. In diesem Klima gediehen seit den achtziger Jahren zwei Grundübel, welche das Fundament des belgischen Staates allmählich unterhöhlten: Verschwendung öffentlicher Gelder und, damit verbunden, Zugang der organisierten Kriminalität zu Entscheidungszentralen wie Rathäusern und Polizeidiensten.

Es waren der lebenslustige, korrupte Ministerpräsident Paul Vanden Boeynants und sein Umfeld, welche die gewerkschaftliche Moral der Sozialisten während des Brüsseler Booms der sechziger Jahre völlig untergruben. Der Lebensstil neureicher Unternehmer mit schnellen Sportwagen, Villen im Süden, regelmäßigen Arbeits-

essen in Luxusrestaurants, jungen Freundinnen und einer Schar
von servilen Wasserträgern im Troß ist bis heute der Maßstab für
belgische, vor allem wallonische Politiker. Der kurzfristige Reichtum, den die Institutionen der Europäischen Union und der Aus-
verkauf der heimischen Industrie an ausländische Konzerne – eine
natürliche Folge des großen gemeinsamen Marktes – dem Land be-
scherten, ermöglichte seinen Lenkern eine burgundische Hofhaltung. Auch diese Sittenlosigkeit an der Spitze ihres Staates hatten
die Bürger im Kopf, als sie beim Weißen Marsch gegen die gesamte
politische Klasse auf die Straße gingen.

Als die Sozialisten 1981 aus der Regierung ausschieden und Vizepremierminister Cools sein Büro räumen mußte, fand sein christdemokratischer Nachfolger ein Boudoir direkt neben dem Büro
vor. Cools hatte dieses Privatgemach mit teuren Schlafmöbeln ausgestattet und einen Aufzug einbauen lassen, der direkt aus der Tiefgarage in die Räumlichkeiten des Ministers führte. Noch heute erzählt man sich in den prüderen Kreisen der Christdemokraten von
den Utensilien, die Cools in seinem Besprechungszimmer zurückgelassen hatte. Schon in den sechziger Jahren hatte die Partei ihm
eine intellektuelle Geliebte zugeführt, die den geistigen Horizont
des Vorsitzenden erweitern und den alten Veteranen generell ver-
jüngen sollte. Diese Dame erhielt eine Professur für Politologie
an der Lütticher Universität mit dazugehörigem Meinungsfor-
schungsinstitut, und in den folgenden Jahren bestellten die sozialistischen Minister, aber auch Koalitionspartner dort die ab-
surdesten Umfragen zu horrenden Preisen. Wie sich hinterher
herausstellte, kam das Geld, das durch die Hände von Cools' offi-
zieller Geliebter floß, der Parteikasse der Sozialisten und Lütticher
Projekten zugute. Wer den Weg zur Macht, also zu Cools, suchte,
tat gut daran, seine Mätresse mit Geschenken und Aufmerksam-
keiten zu überhäufen. Ein enger Mitarbeiter in ihrem Meinungs-
forschungsinstitut erzählte später: »Der Mätresse von Cools wurde
überall der Hof gemacht, von Politikern, Unternehmern. Für sie
wurde der rote Teppich ausgerollt. Nur durch sie bekam man Zugang zur Spitze der Sozialisten. Nach den Wahlen, bei der Zusam-
menstellung des Kabinetts lief ihr Telefon heiß. Sie wußte noch vor
den Auserkorenen, wer Minister wurde.«

Einer der gelehrigsten Gefolgsleute von Cools war Guy Mathot,
der ebenfalls aus einem Lütticher Arbeiterviertel stammte. Wie
Cools ließ er sich ein Boudoir neben seinem Büro einrichten, wohin
er sich mit einer seiner zahlreichen Sekretärinnen und ein paar

Champagnerflaschen in der Mittagspause zurückzuziehen pflegte. Auch Mathot hielt über seine offizielle Mätresse hof, die allerdings irgendwann über eine Affäre mit gefälschten Gemälden stolperte. Ihr Galan ging zumindest so weit, sie mit dem Ministerwagen vor der Polizei aus der Tiefgarage zu retten. Mathot fand schnell Ersatz und wurde von seinen Ministerkollegen um sein offensichtlich süßes Leben beneidet. Zuweilen erschien er, nach Parfüm duftend und im weißen Anzug, Stunden zu spät und überdies angetrunken zur Kabinettssitzung. Er war Stammkunde in einem Lütticher Luxusbordell, das ein Freund von ihm betrieb. Die Gerüchte über private Orgien im Prominentenkreis, die im Falle Michel Nihouls die Phantasie der Öffentlichkeit anheizen sollten, wurzelten in der Regierungstätigkeit von Cools und Mathot Ende der siebziger Jahre.

Noch vor seinem vierzigsten Lebensjahr war Mathot belgischer Minister für öffentliche Arbeiten und damit verantwortlich für die Vergabe von Milliardenaufträgen, später dann Finanzminister. Die gigantischen Schulden, die er in den zwei Jahren seiner Amtstätigkeit, 1980 und 1981, anzuhäufen verstand, belasten den belgischen Staat noch heute – nicht jedoch Mathot. Allein für das zynische Bonmot, das er damals prägte, verdient er, in die europäische Geschichte aufgenommen zu werden: »Die Staatsschuld ist von selbst gekommen, also wird sie auch von selbst wieder verschwinden.«

Mathot war in zahlreiche Affären verstrickt. Es tauchten gefälschte Schecks auf, die auf seiner Schreibmaschine getippt worden waren, gefälschte Gemälde, von dubioser Vergabe von Staatsaufträgen wurde gemunkelt. Doch niemals ging es dem Politiker an den Kragen, der sich an seiner Heimatbasis im bitterarmen Lütticher Stadtteil Seraing, einem gigantischen heruntergekommenen Stahlwerk, bis heute größter Beliebtheit erfreut. Und weil Mathot hier die Wahlen entschied, konnte er sich mühelos in der wallonischen Politik behaupten. Noch 1992 wurde er dort in die Regierung berufen. Erst während des Reformdrucks nach der Affäre Dutroux forderten zahlreiche Stimmen, diesen »Mafia-Politiker nach dem Vorbild des flüchtigen italienischen Expremierministers Craxi« endlich von den Schalthebeln der Macht zu entfernen. Nicht nur vom möglichen Schutz der Justiz für Dutroux war die Rede, sondern auch von höchst reeller Deckung eines »politischen Dinosauriers« wie Guy Mathot. Selbst als er unter Anklage gestellt und zum wiederholten Male seine Immunität aufgehoben wurde, konnte er sich auf die Protektion der Sozialisten verlassen.

Es gehörte zu den ungeschriebenen Gesetzen der wallonischen Sozialisten, gegen alle Kritik von außen die Reihen fest zu schließen und öffentlich wie ein Politbüro zusammenzuhalten. Diese Mentalität der »Omertà«, des unverbrüchlichen Schweigens, wie es bei der Mafia genannt wird, haben jüngere Politiker in der Zeit der Weißen Märsche angeprangert. Doch die Gewißheit, daß hier ein Politiker den anderen wegen zahlloser schmutziger Geschäfte in der Hand hat, hatte längst weite Teile der Bevölkerung erfaßt. Schließlich hatte Mathot von dem Mord an André Cools – der die Dauerkrise des Systems in den neunziger Jahren ausgelöst hatte – am meisten profitiert. Er war als Cools' Erbe zum informellen Chef der Lütticher Sozialisten geworden.

Dementsprechend hatten gleich nach dem Mord 1991 im Lütticher Gericht die Alarmglocken geläutet. Doch die Ermittlungen gegen hohe wallonische Sozialisten, zu denen der Mord an Cools führte, wußte der sozialistische Generalstaatsanwalt, den Cools auf diesen Posten gesetzt hatte, anfangs in eigener Person abzuwehren. Die jahrelangen erfolglosen Untersuchungen ließen das Mißtrauen der Bürger wachsen. Jahre später, bei der Fahndung nach Julie und Mélissa, sollte sich dieses Gericht als übles Wespennest politischer Hausmeierei entpuppen. Dieselben Fahnder, die bei der Klärung des Falls Cools versagt hatte, waren unfähig, die verschwundenen Kinder zu befreien.

Das Gewirr von Skandalen, auf das die Ermittlungsbehörden nach dem Mord an Cools stießen, läßt sich kurz nicht zusammenfassen. Es genügt jedoch, sich vorzustellen, daß so gut wie jeder staatliche Auftrag in Wallonien seit Jahrzehnten mit Parteispenden und persönlicher Bestechung verbunden war und daß Cools dabei die Schlüsselfigur spielte. Eine illustre Parade monegassischer Makler, Brüsseler Juweliere, Luxemburger Bankiers, Schweizer Anlageberater, französischer Immobilienhändler und vor allem italienischer Halbweltgestalten mischte mit beim Handel und Wandel der wallonischen Politik. Die Gegend um Lüttich und Charleroi entwickelte sich zu einem Eldorado für Finanzhaie und Geschäftemacher aus ganz Europa. Während die Region immer mehr verarmte, wurden immense Summen auf die zwielichtigste Weise wie bei einem Börsenspiel verschoben. Es gab zwei Grundmuster: Entweder ging es um große Bau- oder Rüstungsaufträge des Staates, die nach völlig unwirtschaftlichen Kriterien vergeben wurden und den politischen Auftraggebern daher mit erheblichen Schmiergeldern versüßt wurden. Oder die halbstaatlichen Firmen, die Cools kontrollierte, machten Geschäfte mit anderen Unternehmen, bei denen mit komplizierten Verschachtelungen die Steuer umgangen wurde. Der Staat betrog sich systematisch selbst.

Nach gut einem Jahr pausenloser Ermittlungen kristallisierten sich zwei heiße Spuren heraus. Die erste führte zu der sogenannten Agusta-Affäre. Während der Regierungsverhandlungen 1988, als es darum ging, die oppositionellen Sozialisten wieder an der Macht in Belgien zu beteiligen, versuchte der nahezu bankrotte italienische Flugzeugbauer Agusta, seine untauglichen Hubschrauber an das belgische Militär zu verkaufen. Obwohl deutsche und französische Anbieter die günstigeren Gebote abgegeben hatten, entschied sich die neue Regierung auf Druck der wallonischen Sozialisten für die Agusta-Hubschrauber. Cools war an diesem Milliardengeschäft wesentlich beteiligt. Als Kompensationsgeschäft hatte Agusta angeboten, in Belgien ein Ersatzteillager einzurichten und Arbeitsplätze zu schaffen. Den wallonischen Sozialisten gelang es nun, dieses Projekt gänzlich aus Flandern abzuziehen und in der Nähe des Lütticher Flughafens anzusiedeln. Cools plante, seine Stadt zum militärisch-technischen Zentrum aufzubauen und Arbeitsplätze in bewährter Manier vom Staat finanzieren zu lassen.

In den langwierigen Verhandlungen zwischen den Parteien und Agusta zog Cools zusammen mit einem pensionierten belgischen General die Fäden, der als Rüstungslobbyist und sozialistischer Funktionär an der entscheidenden Stelle saß. Dabei muß Cools mitbekommen haben, daß Agusta nicht nur anbot, in Belgien zu bauen, sondern auch bereits Millionen direkt in die sozialistische Parteikasse gezahlt hatte – sicher ist sicher. Dieses Geld tauchte niemals auf, und Cools scheint seinen Genossen kurz vor seiner Ermordung angedroht zu haben, die ganze Sache auffliegen zu lassen. Die Untersuchungsrichterin machte sich bei der Firma Agusta und deren belgischen Mittelsmännern auf die Suche nach dem Geld, und Anfang 1993 stürzte das ganze Kartenhaus ein. Die Folgen für die belgische Politik waren verheerend. Ein Jahr lang versuchte die politische Klasse, die Konsequenzen abzuwehren. Obwohl verschiedene Geldboten, Parteischatzmeister und Lobbyisten in Haft saßen, tat sich das Parlament schwer, die Immunität der Verantwortlichen aufzuheben. Immerhin war nahezu die halbe Regierung von 1988 betroffen. Als dies dann schließlich doch geschah, mußten gleich drei belgische Minister auf einen Schlag zurücktreten.

Weil sie alle den gleichen Vornamen tragen, gingen sie als »Die drei Guys« – fast wie eine Zirkustruppe – in die belgische Geschichte ein. Alle waren einflußreiche wallonische Sozialisten: Guy Mathot, Guy Spitaels, Guy Coeme. Letzterer, als Verteidigungsminister offiziell für den Hubschrauberkauf verantwortlich, wurde wegen passiver Bestechung zu zwei Jahren Gefängnisstrafe auf Bewährung und einer hohen Geldbuße verurteilt. Politisch ist er, den die Öffentlichkeit als Sündenbock auserkoren hat, seitdem erledigt. Die beiden anderen Ex-Minister waren die eigentlichen Erben von André Cools: Spitaels als Parteivorsitzender, Mathot als Chef in Lüttich. Beide haben auch nach ihrem erzwungenen Rückzug aus der nationalen Politik ihren Einfluß in der Partei nie verloren. Nach einer kleinen Kunstpause nahmen sie ihre politischen Aktivitäten in Wallonien wieder auf.

Bei der Suche nach den Agusta-Schmiergeldern stellte sich außerdem heraus, daß nicht nur die wallonischen, sondern auch die flämischen Sozialisten Geld von dem Flugzeugbauer angenommen hatten. Auch sie waren 1988 gemeinsam mit den wallonischen Genossen in die Regierung zurückgekehrt, auch sie hatten für die maroden Agusta-Hubschrauber gestimmt, obwohl Flandern nicht einmal eine Kompensation zuteil geworden war. Damit stand nun endgültig die Hälfte der Regierung unter Bestechungsverdacht. Die gesamte Führungsspitze der flämischen Sozialisten mußte 1994 zurücktreten: zwei Minister und der Ex-Minister Willy Claes, der inzwischen zum NATO-Generalsekretär aufgestiegen war. All ihre Machenschaften wären nie ans Licht gekommen, hätte man Cools nicht erschossen. Doch andererseits hätte dieser vielleicht selbst das Geheimnis um die Agusta-Gelder gelüftet und somit die Karrieren bereits viel früher erledigt. Immerhin gibt es Aussagen, die ein großes Champagnerdinner der sozialistischen Parteispitze nach dem Mord bezeugen. Wenn auch bisher nicht erwiesen ist, daß die Agusta-Affäre mit dem Mord an Cools ursächlich verbunden ist, so hat sie doch mindestens ein Menschenleben gefordert: Der betroffene General außer Dienst, der den Deal vermittelt hatte, wurde im März 1995 in einem Brüsseler Hotel tot aufgefunden; als Todesursache wurde Selbstmord angegeben.

Die flämischen Sozialisten wußten das Agusta-Schmiergeld längst nicht so professionell zu verwalten wie die Wallonen, die alles kurzerhand auf ein Schwarzkonto in Luxemburg schafften. Die Flamen merkten bald, daß hier eine Bombe lag, und verbrannten das Geld, satte zweieinhalb Millionen Mark, die in einem Schließfach deponiert worden waren. So jedenfalls behaupteten sie, nachdem das Gericht sie in die Enge getrieben hatte. Es nützte alles nichts. Allein die Umstände, unter denen dubiose Geschäftemacher und Berufslobbyisten in der Agusta-Affäre mit weiten Teilen der politischen Elite Belgiens ins Geschäft gekommen waren, liefern genügend Stoff für ein Sittenbild des moralischen Verfalls. Einer der Mittelsmänner für den Verkauf italienischen Militärgutes ins Ausland war der Privatsekretär des italienischen Premierministers und Sozialistenchefs Bettino Craxi. Craxi, der inzwischen mit über hundert Millionen Mark nach Tunesien geflüchtet ist, hatte seinem Sekretär Mauro Giallombardo einen lukrativen Nebenjob in Brüssel besorgt: als »Generalsekretär der Föderation der sozialistischen Parteien in der Europäischen Gemeinschaft«.

Dieser merkwürdige Posten, mit dem keinerlei konkrete Arbeit verbunden war, berechtigte Giallombardo zur Führung eines Büros in Brüssel, das er sogleich zu seiner persönlichen Firmenzentrale ausbaute. Der Italiener, der von seinen Mitarbeitern den Kosenamen »unser Mafioso« erhielt, erschien nur an drei, vier Tagen im Monat. Die Kasse der Föderation beaufsichtigte ein undurchschaubarer Landsmann Giallombardos, den man bis heute nur unter seinem Vornamen Giancarlo kennt. Allein die jugoslawische Sekretärin war befugt, bestimmte Telefonapparate zu bedienen. War Giallombardo anwesend, kamen stets italienische Klienten zu lautstarken Verhandlungen ins Büro. Und nachts ratterten Briefe über obskure Bauvorhaben in Millionenhöhe, die der Generalsekretär in Uganda oder im Sudan initiiert hatte, durch das büroeigene Faxgerät. Diese Zustände geben ein realistisches Bild der Staatskriminalität, die sich längst auf Brüsseler Korridoren breitgemacht hat. Die undurchschaubaren Strukturen des entstehenden Superstaates und die immensen Summen, die bei der Einrichtung dieser Strukturen ziellos verpulvert werden, haben Mafiosi und Geschäftemacher aus ganz Europa angelockt, die sich an der gesamteuropäischen Brust fürstlich nähren. Die verwahrlosten Sitten der belgischen Politik kommen diesem Milieu gerade recht.

Mauro Giallombardo, der den Agusta-Auftrag erfolgreich bearbeitet hatte, wurde zwar eine Zeitlang inhaftiert, ist aber längst wieder auf freiem Fuß und gilt inzwischen als Informant der belgischen Polizei, wenn es um zwielichtige Parteienfinanzierung geht. Kurz nach einem Verhör mit ihm platzte im Frühjahr 1997, mitten in die Staatskrise nach der Affäre Dutroux, die zweite Bombe: Auch der französische Flugzeugbauer Dassault hatte Schmiergelder an die wallonischen Sozialisten gezahlt, die dafür die Anschaffung von Düsenjägern regelten. Wieder gab es Konten in Luxemburg, von denen Cools wahrscheinlich erfahren hatte. Das Faß, das mit Dutroux überlief, so scheint es, ist paradoxerweise ein Faß ohne Boden. Die kriminellen Gewohnheiten zum Zwecke der Partei- und Politikerfinanzierung holen die belgischen Politiker ein. Der Mord an Cools könnte den Untergang der politischen Kultur einleiten, die der Ermordete selbst maßgeblich geprägt hat. Die Agusta-Hubschrauber übrigens wurden – wen wundert's – fünfzig Millionen Mark teurer als veranschlagt und erwiesen sich, wie in einer Expertise der belgischen Armee vorhergesagt, als vollkommen untauglich. Die meisten haben heute nur noch Schrottwert.

Wer von den Veteranen der Ära Cools noch übrig war, mußte während der Zeit des Weißen Marsches und in den Monaten danach von den Ämtern in der Partei und in der wallonischen Regierung zurücktreten. Wieder liefen Ermittlungen gegen Minister wegen Bestechlichkeit, und diesmal waren auch die wallonischen Christdemokraten betroffen. Der langwierig ausgehandelte Regierungskompromiß zwischen Flamen und Wallonen geriet ins Wanken. Nur die Angst, vom Volk die Quittung für den Fall Dutroux präsentiert zu bekommen, hielt die verängstigte politische Klasse noch zusammen.

Doch nicht wegen der Agusta-Affäre, sondern aufgrund der zweiten heißen Spur konnten die Mörder von André Cools schließlich 1996 inhaftiert werden – nicht zufällig genau eine Woche nach der Verhaftung von Marc Dutroux. Schon ein Jahr nach der Tat, 1992, hatte die Lütticher Justiz nach mehreren Gestalten aus der städtischen Halbwelt von Politik und Kriminalität gefahndet. Cools' letzter Regierungsposten war der des wallonischen Ministers für öffentliche Arbeiten gewesen. Als er der Last des Amtes überdrüssig war, übergab er den Posten an seinen Gefolgsmann Alain van der Biest. Mitarbeiter aus dem Kabinett dieses Ministers, so stellte sich heraus, waren an einem kriminellen Geschäft mit gestohlenen Aktien beteiligt. Als Cools seinen früheren, inzwischen von ihm abgefallenen Zögling Van der Biest in die Schranken weisen wollte, soll er mit der Enthüllung der Wertpapier-Affäre gedroht haben. Die Betroffenen, zugleich der sozialistischen Partei und dem Lütticher Mafia-Milieu angehörig, handelten schnell.

Diese Spur, die direkt ins Herz der Lütticher Sozialisten führte und keine Verbindungen zur Brüsseler Politik aufwies, wurde vom Lütticher Gericht mit auffallendem Widerwillen verfolgt. Erst als die Familie Cools in Neufchâteau Anklage erhob, meldete der dortige Untersuchungsrichter Connerotte bald Festnahmen. In seinen Verhören gab der Lütticher Mafioso Carlo Todarello zu, daß einige seiner Freunde von einflußreichen Hintermännern Geld für den Mord an Cools erhalten hätten. Zusammen mit Richard Taxquet, dem früheren Privatsekretär und Stabschef Van der Biests, dem ehemaligen Fahrer des Ministers und einem unbekannten vierten Mann habe man in Sizilien Auftragsmörder gedungen, sie in Lüttich untergebracht und nach dem Mord wieder nach Italien zurücktransportiert. Damit schien der Mord aufgeklärt.

Doch derselbe Kassationsgerichtshof, der Connerotte später den Fall Dutroux entziehen sollte, entband ihn auf Verlangen der Lütticher Justiz vom Fall Cools. Die Ermittlungen wanderten nach Lüttich zurück, wo Todarello plötzlich alle Aussagen zurücknahm. Einen anonymen Brief, der mit sehr konkreten Anhaltspunkten Todarellos Version bestätigte, händigte der ermittelnde Kommissar dem Hauptverdächtigen direkt aus. Alle Verdächtigen blieben auf freiem Fuß, und die Untersuchungsrichterin konzentrierte sich auf die Agusta-Affäre, die bis ins ferne Flandern und nicht so sehr ins nahe Lüttich reichte. Einzig die Nachforschungen über den erheblich harmloseren Aktienschwindel ließen sich nicht vereiteln. Dubiose Geschäftsmänner aus Brüssel und ein Friseur aus Charleroi hatten das Aktienpaket, das wie von Geisterhand auf dem Brüsseler Flughafen aufgetaucht war, nach Luxemburg verschoben. Der Stab des Ministers Van der Biest hatte dabei seine Finger im Spiel; die Mitarbeiter waren so dumm gewesen, sogar die Reise nach Liechtenstein, wo man die heiße Ware zu verkaufen hoffte, als Dienstfahrt anzugeben. Der Minister mußte zurücktreten, seine Mitarbeiter, die des Mordes beschuldigt waren, standen wegen Aktienbetrugs unter Anklage. Van der Biest, der mehrmals öffentlich angedeutet hatte, mehr über die Machenschaften seiner Mitarbeiter zu wissen, wurde im März 1993 mit eingeschlagenem Schädel vor seiner Haustür aufgefunden. Er überlebte die lebensgefährliche Verwundung mit knapper Not und erklärte, er sei im Suff gestürzt. Seither leidet er in Sachen Cools an Gedächtnisverlust.

Es dauerte bis zum Sommer 1996, bis die Cools-Mörder dann doch festgenommen wurden. Kurz zuvor waren auf eigene Verantwortung einige genervte Mitglieder der Cools-Fahndungskommission nach Sizilien gereist. Niemand war offiziell auf die Idee gekommen, die Fährte der Mörder dorthin zu verfolgen, wo sie wahrscheinlich Zuflucht gefunden hatten. Innerhalb weniger Tage war der Mordfall Cools geklärt, doch noch immer mußten die Polizisten den ermittelnden Kommissar Raymond Brose ausschalten, der die Verfolgung der sizilianischen Spur stets verboten hatte und ein enger Freund des Hauptverdächtigen Taxquet war. Erst in der Aufregung um Dutroux konnte sich die Wahrheit, die bereits einmal erfolgreich vertuscht worden war, durchsetzen. Kommissar Brose wurde entlassen, und Van der Biest wanderte mit seinen drei Mitarbeitern unter Mordanklage ins Gefängnis.

Diese Koinzidenz der Verhaftungen wirkte mit bei dem Versuch der Läuterung, der im Sommer 1996 in Belgien einsetzte: Der Knoten schien durchschlagen. Die beiden schlimmsten Verbrechen der letzten Jahre wurden gleichzeitig geklärt, weil plötzlich die Justiz zugreifen durfte. Denn wie das Vorleben Dutroux' waren auch die Fakten im Fall Cools den Ermittlungsbehörden längst bekannt gewesen. Wie hatte man die Lösung der Fälle über Jahre verhindern können? Das Schicksal von Untersuchungsrichter Connerotte lehrte die Bevölkerung dann aufs neue, daß einflußreiche Kreise kein Interesse an einer effektiven Strafverfolgung hatten: So wie man ihm den Fall Cools weggenommen hatte, so wurde er später in der Affäre Dutroux kaltgestellt. Doch 1991 war es um einen Politiker gegangen, der selbst tief in den Sumpf der Korruption verstrickt war. Diesmal aber kostete die allgemeine Korruption unschuldige Kinder das Leben. Das war zuviel.

Es gab eine weitere Verbindung zwischen Dutroux und Cools: Der inhaftierte Ex-Minister Alain van der Biest war gleichzeitig Bürgermeister von Grâce-Hollogne gewesen, dem Wohnort von Julie und Mélissa. Hier hatte er den früheren Polizisten Taxquet als Privatsekretär und Stabschef angeheuert, und der hatte seine Macht auch im Rathaus von Grâce-Hollogne für beste Unterweltkontakte genutzt. Wenn die Stadtverwaltung von der Mafia übernommen wird, dann ist es kein Wunder, daß dieselbe städtische Polizei die Fahndung nach Julie und Mélissa verschlampt – ob aus Desinteresse oder wegen offener Protektion der Verbrecher. Die verzweifelten Eltern hatten hier jedenfalls ebensowenig Unterstützung bei der Suche nach ihren Kindern gefunden wie im Lütticher Justizpalast, wo man alle Hände voll zu tun hatte, die Ermittlungen nach den Mördern des ehemaligen Sozialistenchefs in die genehmen Bahnen zu lenken.

Die Schlüsselfigur für die verwahrlosten politischen Verhältnisse in Lüttich ist Alain van der Biest. Er war ursprünglich Italienischlehrer und zeichnet als Verfasser mehrerer schöngeistiger Romane und Erinnerungsbücher. Als Stroh- und Gefolgsmann von Cools machte er eine schnelle Karriere. In dessen Auftrag wurde er Fraktionsvorsitzender der Sozialisten, immerhin der zweitgrößten Partei des Landes, im Parlament und zeichnete sich bereits dabei durch seine Weltfremdheit und Unfähigkeit aus. Auch seine Alkoholprobleme blieben der Öffentlichkeit nicht verborgen. In Schweden, wo er bei einer Reise eine Ansprache halten sollte, brach er sturzbetrunken zusammen. Als Cools ein Jahr vor seiner Ermordung von seinem letzten Ministerposten in Wallonien zurücktrat, beerbte ihn Van der Biest auch hier. Erst mit dem Tod des Schirmherrn endete die politische Karriere des Zöglings.

Der hilflose und schöngeistige Trinker Van der Biest umgab sich vorzugsweise mit handfesten Gestalten. Sein Privatsekretär Taxquet, mütterlicherseits sizilianischer Abkunft und Neffe von Carlo Todarello, brachte allerhand Sippschaft in der Politik unter. Der frühere Gefängniswärter Pino di Mauro wurde zum Fahrer des Ministers. Wie diese Gruppe im Brüsseler Ministerium für Pensionen und im Rathaus des bitterarmen Grâce-Hollogne gehaust hatte, brachte eine Untersuchung anläßlich ihrer Inhaftierung in Sachen Cools ans Licht. Sie hatten sich die Sitten der wallonischen Sozialisten schnell zu eigen gemacht. So gut wie sämtliche persönlichen Ausgaben wurden generös über den Steuerzahler abgerechnet. Private Zugfahrkarten, Benzin- und Arztrechnungen, aber auch Möbel, Kühlschränke, Katzenfutter, Schlafanzüge, Zigaretten, Reisen, Betten – alles lief über den Ministeretat. Als besondere Überraschung schaffte man einen Whirlpool an und schenkte ihn dem Mentor André Cools, der ja auch die Ernennung des Ministers durchgeboxt hatte. Gegen horrende Honorare wurden unnütze Studien in Auftrag gegeben. Geburtstage feierte man in großer Runde in Luxusrestaurants. Auch dem Minister selbst machte man eine kleine Freude: Seine wenig populären Bücher wurden aus dem eigenen Etat aufgekauft.

Kurz: Die korrupte Hofhaltung der politischen Potentaten setzte sich – wie vielerorts in Belgien – bis in die untersten Chargen fort. Den Staat betrachteten die aufgestiegenen Funktionäre einzig als ihre private Milchkuh. Als sie schließlich aus noch immer ungeklärten Kanälen der Auftrag für die Ermordung des Paten Cools erreichte, suchten die Männer um Van der Biest in dem Milieu

Hilfe, in dem sie sich auskannten. Sie aktivierten zwei Mafiosi, die gleichfalls in Wallonien Geschäfte machten, Mimmo Castellino und Cosimo Solazzo, und schickten sie gen Süden. Grâce-Hollogne unterhielt praktischerweise eine Städtepartnerschaft mit der sizilianischen Gemeinde, aus der viele Einwohner zugewandert waren; diese Jumelage erwies sich nun als nützlich. In Sizilien heuerte man für rund dreißigtausend Mark zwei Tunesier an, die dort als Immigranten noch elendiger lebten als die Sizilianer.

Die Mörder, die inzwischen in Tunesien eine Haftstrafe verbüßen, sind gefunden und werden angeklagt. Die Mordwaffe hat die Polizei im Sommer 1996 nach den Angaben der Drahtzieher aus dem wallonischen Flüßchen Ourthe gefischt. Die Organisatoren, allesamt italienischer Herkunft, sitzen im Gefängnis. Nur Alain van der Biest ist wieder auf freiem Fuß und versucht seither, die Taten auf niemand anderen als seinen Parteifreund Guy Mathot abzuwälzen. Der sei aus unerfindlichen Gründen der eigentliche Vertraute und Duzfreund der Italiener gewesen, und nur der habe ein Interesse an Cools' Tod gehabt. Tatsächlich hatte Van der Biest kein echtes Motiv. Für ihn, der als unfähiger Alkoholiker nur durch Protektion ein Amt bekommen konnte, war die Ermordung seines Ziehvaters eine Katastrophe. Mathot hingegen übernahm die Machtposition des Ermordeten. Nicht allein deshalb, sondern auch wegen seiner skandalösen Vergangenheit, die immer mit skrupelloser Bereicherung verbunden war, fällt in den belgischen Medien immer wieder der Name Mathot, wenn über die wahren Hintermänner des Mordes spekuliert wird. Doch über vermeintliche Auftraggeber befragt, schweigen die Inhaftierten ebenso eisig wie ein paar Kilometer weiter Michel Nihoul und Marc Dutroux, wenn es um ein mögliches Kinderpornonetzwerk geht. Die Befürchtung, die eigentlichen Drahtzieher in Sachen Cools und Dutroux seien noch auf freiem Fuß und würden nie gefaßt, ist in Belgien sehr lebendig.

Auffällig sind im Mordfall Cools die mafiösen Verbindungen zwischen Belgien und Italien, und zwar auf allen Ebenen. Da stößt man auf italienische Europa-Abgeordnete, die im Auftrag ihres Premierministers in aller Harmlosigkeit Kontakte für den Waffenexport nach Belgien herstellen. Es folgen Lobbyisten und Geschäftsleute, die bemerkenswert häufig in Geldwäscheaktionen der italienischen Mafia verwickelt sind. Luxemburg, das sich am ehesten dazu anbietet, liegt direkt an der wallonischen Grenze. Hier hat auch der ganz gewöhnliche Lütticher Steuerflüchtling sein

Schwarzkonto, hier agierte der Schatzmeister der Sozialisten mit italienischem Schwarzgeld. Konten, die von den Cools-Fahndern überprüft wurden, wiesen auf Verbindungen zwischen Cools-Firmen und dem italienischen Finanzmann De Benedetti, mit deren Hilfe Gewinne an der Steuer vorbeitransferiert wurden. Dieselbe Investmentgesellschaft, mit der die wallonischen Sozialisten Projekte am Staat vorbei initiierten, nutzte Silvio Berlusconi, um den Ankauf von Fußballspielern für den AC Mailand zu finanzieren. Solche Geschäfte sind längst grenzüberschreitend, und die Europäische Union hat wie im Fall Agusta mitgeholfen, die Geschäftspartner einander näherzubringen.

Es sei ganz einfach, einen belgischen Politiker zu kaufen, war die erste Meldung, die der Cheflobbyist der Agusta in Sachen Hubschrauberverkauf an seine Firmenzentrale sandte. Es gebe in diesem Land sogar feste Preise. Solche Verhältnisse in dem Land, das zur Drehscheibe der europäischen Subventionen geworden ist, riefen und rufen nicht nur bei italienischen Industriellen Frohlocken hervor. In Belgien selbst hat man die Affinität des eigenen Systems zur sizilianischen Mafia inzwischen auch entdeckt. Ein Politologe hat eine Forschungsarbeit über die Parallelen zwischen der italienischen und der belgischen Politkriminalität begonnen und sogar einen bilateralen Kongreß zum Thema ausgerichtet. Man kam zu dem Schluß, daß beide Gesellschaften bis in die untersten Positionen hinein von den politischen Parteien dominiert würden und daß diese Parteien dadurch den Rang von Generalunternehmern einnähmen, die das gesamte Umfeld kontrollieren: Wirtschaft, Politik, Justiz, Polizei, Medien, sogar Forschung und Erziehung. Die größte Gefahr sei dabei, so die Diagnose der Experten, daß das System sich so lange selbst unterminiert, bis es zusammenbricht. Das System, sagen die Bürger kürzer, ist durch und durch verrottet. Die Schuld liegt bei den demokratischen Parteien.

André Cools, der sich selbst den Ehrentitel »Gangster des öffentlichen Sektors« verlieh, hätte es auch nicht besser beschreiben können. Die Kriminalisierung der europäischen Politik ist vor allem in Belgien und Italien augenfällig. In Italien ist das Parteiengefüge zusammengebrochen und hat sich an einer neuen brüchigen Scheidelinie – Neofaschisten und Großindustrie hier, Altkommunisten und Demokraten dort – reorganisiert. In Belgien warnen seit der gleichzeitigen Festnahme Dutroux' und der Cools-Mörder die Experten vor einer ähnlichen Entwicklung. Das politische System ist bis zur Immobilität festgefahren. Jeder neue Skandal könnte es zum Einsturz bringen – wenn nicht plötzlich durch eine Revolte wie nach der Entlassung Connerottes, dann schleichend durch die vollkommene Weigerung der Bürger, an einem solchen Staat konstruktiv mitzuarbeiten. Spätestens 1999 muß in Belgien gewählt werden; auch hier steht in Gestalt des Vlaamse Blok eine neofaschistische Alternative bereit, die korrumpierte Elite abzulösen. Auf der anderen Seite formiert sich seit Dutroux eine Volksbewegung, auf deren Zug die jüngeren Parteipolitiker unter dem Slogan »neue politische Kultur« aufzuspringen versuchen. In welcher Form auch immer die alten Machtkonstellationen einer überheblichen demokratischen Elite zerschlagen werden, in jedem Fall kann dies in Belgien nur entlang der wallonisch-flämischen Scheidelinie und unter Auswechslung einer ganzen korrumpierten Politikergeneration stattfinden.

In Italien, wo der Kollaps des Parteienstaats bereits erfolgte, hatte eine unbestechliche Justiz den Ausschlag gegeben und sich nicht von der Aufdeckung zahlloser politischer Bestechungsfälle abhalten lassen. In Belgien gehörte die Justiz an vorderster Stelle zum Komplott; überall waren über die Parteiseilschaften hohe Richter in das System eingebunden, die der Elite Prozesse vom Leibe hielten. Dennoch fanden sich in Gestalt von Connerotte und Bourlet zwei unbestechliche Beamte, die mit ihren Ermittlungen eine Volksbewegung ungeahnten Ausmaßes in Gang brachten. Ideologische Fragen, der Links-Rechts-Gegensatz stehen dabei nicht mehr im Mittelpunkt, wenn einflußreiche Geschäftsleute jedweder Couleur die Politik kontrollieren und sogar die Justiz ausschalten vermögen. Ob also die Beharrungskräfte tatsächlich auf dem Rechtsweg beiseite geschoben werden können, ist fraglich. Das System könnte sich als stabiler erweisen, als es scheint, und sich immer wieder reorganisieren.

Eine Gewißheit aber hat die belgische Krise zerstört. Eine Zeitlang schien es so, als sei mit dem Triumph des marktwirtschaftlichen Systems das »Ende der Geschichte« angebrochen. Doch die westlichen Strukturen sind viel anfälliger und morbider, als es auf den ersten Blick scheint. In Belgien bedurfte es zweier Kriminalfälle, des Mordes an Cools und der Morde an den unschuldigen Mädchen, um allen Bürgern das gemeinsame Wirken der Mafia und des Parteienstaates vor Augen zu führen. Es ist diese unheilige Koalition – und nicht irgendwelche ephemeren ideologischen Fragen –, gegen welche die Bürger zu Felde zogen, als sie ihren Staat als Mittäter brandmarkten und ihn dafür verfluchten.

9. Kapitel

Fremde in Belgien – zweierlei Opfer

Was wäre in Belgien geschehen, wenn anstelle von Dutroux ein Ausländer, sagen wir ein türkischer Gemüsehändler oder ein Asylant aus Westafrika festgenommen worden wäre und sich als mörderischer Päderast entpuppt hätte? Ausländerfeindliche Ausschreitungen wären in einem solchen Fall wohl kaum zu verhindern gewesen, denn die Bevölkerung kochte vor Wut angesichts der grausamen Taten. Gegen wen dieser diffuse Zorn sich richten würde, war anfangs völlig unklar. Nicht wenige Politiker und vor allem Intellektuelle wirkten in der ersten Zeit unbehaglich; sie blieben lieber stumm, als sich von einer volkstümlichen Rache-Bewegung vereinnahmen zu lassen, zumal in beiden Landesteilen die rechtsextremen und fremdenfeindlichen Parteien Vlaamse Blok und Front National regelmäßig Stimmenanteile von rund zwanzig Prozent verbuchen können.

Doch weil die Täter nach außen so gespenstisch – und wohl mit voller Absicht – die Lebensweise der Mehrheit imitierten, ließ sich die wallonische Kleinfamilie Dutroux nicht für Hetzjagden gegen Randgruppen instrumentalisieren. Eher schien es, als stünden die Täter für das Böse, das die bürgerliche Lebensweise der Mehrheit selbst hervorgebracht hatte. Eben deshalb war der Haß auf die dreifache Mutter und Kindergärtnerin Michelle Martin am größten, die mit den Kindern zur Oma fuhr und einen Tag im Freizeitpark verlebte, während ihr Mann Mädchen kidnappte. Nachdem sich der erste Zorn gegen sie und Dutroux selber entladen hatte und die Rufe nach Lynchjustiz allmählich abflauten, richtete sich die Aggression der Protestierenden gegen staatliche Institutionen: Polizei, Justiz, Regierung. Die Frage nach den Fahndungspannen und die Vermutung, daß die Täter von höherer Stelle beschützt worden waren, schoben alle Erwägungen nach Herkunft und Nationalität der Beteiligten beiseite. Hier ging es in erster Linie um Institutionen, die alle Belgier betrafen. Deshalb ließ sich kein separatistisches Süppchen kochen: Das Leid der Kinder und ihrer Familien empfanden die Belgier erkennbar nicht als wallonisches oder flämisches Leid; vielmehr solidarisierten sie sich aus einem schlichten humanen Mitgefühl heraus über die Sprachgrenze hinweg. Hinsichtlich der Täter wurden da schon andere Unterschiede gemacht. Die Hauptverdächtigen Dutroux und Nihoul sowie Dutroux' Frau und der Helfershelfer Michel Lelièvre kamen allesamt aus Wallonien, sprachen allesamt nur Französisch. Ein Spießgeselle, Diakostavrianos, stammte aus Griechenland, ein anderer, Weinstein, aus Frankreich.

Im belgischen Parlament äußerten flämische Nationalisten den Verdacht, die Verbrechensserie könne etwas mit dem Zustand der staatlichen Autorität und dem Ausmaß der Korruption im französischsprachigen Landesteil zu tun haben. Ein empörter Aufschrei der politischen Mehrheit war die Folge. Diese billige Argumentation, die indirekt den Opfern sogar eine Art Mitschuld an den Verhältnissen in ihrer Region aufbürdete, setzte sich nicht durch. Von flämischer Seite wollte man die Wallonen mit ihren Problemen ausnahmsweise einmal nicht im Stich lassen. Wenn es um Fragen der Sozialversicherung, um Renten oder staatliche Subventionen für die Industrie geht, hat kein flämischer Funktionär Skrupel, sich im Zweifel für die säuberliche Trennung der Landesteile auszusprechen. Doch im Fall der ermordeten Kinder hätte die direkte politische Ausschlachtung sogar für belgische Verhältnisse geschmacklos gewirkt. Die Eltern Marchal aus Flandern sowie Lejeune und Russo aus Wallonien traten einträchtig auf, stellten dieselben Forderungen für die Sicherheit von Kindern. Konnte es sein, daß die Spannungen zwischen den Sprachgruppen weit weniger relevant waren, als die politische Klasse, die von diesen Konflikten lebt, wahrhaben wollte? Angesichts von kleinen Mädchen, die die separatistischen Streitigkeiten herzlich wenig angingen, ließ sich nur mit Mühe nationalistisch argumentieren. Die Photos von Julie und Mélissa appellierten vor allem an elterliche Gefühle, und zwar weit über Belgien hinaus, wie die Anteilnahme in ganz Europa bewies. Der Fall Dutroux samt seinen politischen Implikationen wurde und blieb deshalb ein gesamtbelgisches Problem, dem sich keine noch so separatistische Partei entziehen konnte. Der rechtsradikale Vlaamse Blok nutzte denn auch nicht die wallonische Herkunft von Tätern oder Opfern zur Agitation, sondern den allzu liberalen Umgang mit Sexualdelikten. Die Kinder, die alle dasselbe grausame Schicksal miteinander teilten, auseinanderzudividieren fiel nicht einmal dem abgefeimtesten Interessenpolitiker ein.

Dennoch wurde beim Weißen Marsch in Brüssel ein Kind vergessen. Als die Portraits und die Namen der vermißten oder ermordeten Mädchen auf einer großen Schauwand angebracht wurden, fehlte Loubna Benaïssa. Das neunjährige Kind marokkanischer Einwanderer war am 5. August 1992 von ihrer Mutter zu einem nahe gelegenen Supermarkt geschickt worden, um Joghurt zu kaufen. Seither war Loubna verschwunden. Nicht nur die peinliche Unterlassung beim Weißen Marsch, die zahlreiche Immigranten empörte und mit einem provisorisch aufgehängten Photo notdürftig wettgemacht wurde, unterschied Loubnas Fall von dem der anderen verschwundenen Kinder. Die Polizei schien bei der Suche nach ihr noch nachlässiger und oberflächlicher zu Werke gegangen zu sein als in allen vergleichbaren Fällen.

Kein Untersuchungsrichter wurde mit dem Fall bemüht. Den Benaïssas rieten die Ermittler sogar ab, sich einen Anwalt zu nehmen. Dergleichen nutze nichts und koste nur viel Geld. Es gab einen Hauptverdächtigen, der dabei beobachtet worden war, wie er, ohne sein Bier auszutrinken, überstürzt die Kneipe verlassen hatte, als Loubna draußen vorbeigekommen war. Der Mann erwies sich als vorbestraft und gleichzeitig als Informant der Gerichtspolizei. Lange waren sich die Behörden sicher, mit ihm den Täter gefunden zu haben. Doch schließlich konnte er Alibis für die Zeit von Loubnas Entführung präsentieren; sein Aufbruch aus dem Lokal schien nur eine zufällige Koinzidenz zu sein. Als die Nachforschungen im armen Brüsseler Vorort Elsene, wo viele Ausländer, vor allem Marokkaner und Portugiesen, leben, auch nach drei Monaten keine Ergebnisse brachten, schloß man das Dossier ab. Weder wurde mit Spürhunden nach dem Kind gesucht, noch wurden die einschlägig Vorbestraften in der Gegend systematisch kontrolliert. Niemand organisierte eine Plakatkampagne im ganzen Land. Die Eltern hatten sich damit abzufinden, daß sie ihre Tochter niemals wiedersehen würden. Erst als Dutroux verhaftet worden war, schenkte die Öffentlichkeit allen Fällen in Belgien verschwundener Kinder neue Aufmerksamkeit. Auch Loubnas Fall und die merkwürdig nachlässige Haltung der Polizei kamen zur Sprache, eine Verbindung zu Dutroux ließ sich jedoch nicht herstellen.

Loubnas Familie geriet jetzt allerdings immer mehr ins Rampenlicht. Schon bei den ersten gewalttätigen Protesten gegen das Spaghetti-Urteil sprach Loubnas ältere Schwester Nabela der aufgebrachten Menge beruhigend zu, verschwieg aber gleichzeitig nicht ihre Enttäuschung darüber, wie man ihre Familie während der Ermittlungen behandelt hatte. Auf dem Weißen Marsch kühlte sie, ein Megaphon in der Hand, abermals die Gemüter. Das siebzehnjährige Mädchen mit dem traditionellen weißen Kopftuch war überraschend nüchtern und bedachtsam in seinen Urteilen. Ob die Polizei deshalb ohne besonderen Eifer nach Loubna gefahndet hatte, weil fremdenfeindliche Motive im Spiel waren, dazu wollte sie nicht Stellung nehmen. Sie insistierte würdig auf dem Schmerz ihrer Familie und forderte im Einklang mit anderen Familien Gerechtigkeit und faire Behandlung der Angehörigen, gleich welcher Herkunft und welchen Glaubens. Die empörten Mitglieder der marokkanischen Gemeinschaft forderte sie auf, im Andenken an ihre Schwester Ruhe und Würde zu bewahren.

Viele Belgier, sogar die Medien, konstatierten mit Verblüffung, wie gut sich die Schülerin auf französisch auszudrücken vermochte, wie klug und gewandt sie in der Öffentlichkeit auftrat, obwohl sie dergleichen ja keineswegs gewohnt war. Diese Verwunderung machte die Unkenntnis über die Einwanderer aus arabischen Ländern deutlich. Nabela Benaïssa war schließlich in Brüssel, wo ihr Vater nachts in einem Reinigungsunternehmen arbeitete, groß geworden und zur Schule gegangen. Französisch beherrscht sie deshalb ebenso fließend wie ihre arabische Muttersprache. Viele Belgier hatten sich unter einem marokkanischen Mädchen offenbar eine radebrechende und verschleierte Fremde vorgestellt, für die es natürlich ist, schüchtern drei Schritte hinter den Männern ihrer Familie herzulaufen und meist den Mund zu halten. In der Familie Benaïssa war es jedoch die älteste Schwester, die für alle redete, während sich der Vater, der nicht so gut Französisch sprach, in der Öffentlichkeit zurückhielt. Nabela erschien auch im Fernsehen mit ihrer schlichten Tracht, weißem Kopftuch, einfachen Pullovern, Hosen und meist einer billigen Umhängetasche aus Kunstleder. Zum einen entsprach das Mädchen also nicht den simplen und herabwürdigenden Vorstellungen, die sich eine westliche Öffentlichkeit von einer Marokkanerin zu machen pflegt, zum anderen paßte sie sich aber auch nicht ängstlich an Kleidung und Gebräuche der westlichen Konsumgesellschaft an, sondern blieb mit Jeans, Turnschuhen und Kopftuch diejenige, die sie war. In ihrem Buch »Im Namen meiner Schwester«, das im März 1997 auf den Markt kam, betont Nabela, ihre Familie habe in all den Jahren niemals rassistische Übergriffe erlebt. Allerdings zeugt bereits Nabelas Vorname von einer gewissen Schludrigkeit der Behörden im Umgang mit der Einwandererfamilie: Als sie 1978 ihre älteste

Tochter beim Standesamt unter dem Namen »Nabila« – das bedeutet »Edle« – anmelden wollten, verwechselte man im Amt die Buchstaben. Seither trägt das Mädchen einen Namen, den es in seiner Sprache nicht gibt und der nichts bedeutet. Nach der Entführung ihrer Schwester – Nabela war vierzehn Jahre alt – wandte sie sich verstärkt dem Islam zu.

Daß moslemische Werte und Traditionen vor allem in den Brüsseler Stadtteilen mit einem starken moslemischen Bevölkerungsanteil gepflegt wurden, war den meisten Belgiern entgangen. Es hatte sie auch nicht sonderlich interessiert. Stadtteile wie Vilvoorde oder Elsene mit einem Ausländeranteil von gut fünfzig Prozent kamen gewöhnlich nur in die Nachrichten, wenn junge Maghrebiner oder Türken heißblütig gegen die Schikanen der Polizei bei den Paßkontrollen protestierten. Ansonsten diente die beachtliche moslemische Minderheit, vor allem im Großraum Brüssel, rechtsradikalen Parteien als Zielscheibe, wenn sie gegen vermeintliche Unterwanderung des Staates durch Moslem-Fundamentalisten Stimmung machten. Das Klima zwischen den Bevölkerungsgruppen erwies sich als besonders gespannt, weil Brüssel die Erosion des sozialen Zusammenhalts noch drastischer erlebte als andere Millionenstädte in Europa. Wo die einheimische Bevölkerung in die Büros der staatlichen Administration und der multinationalen Großkonzerne überwechselte, füllten die Einwanderer die entstandenen Lücken in den Fabriken und dominierten zunehmend den Kleinhandel. Der belgische Mittelstand zog fast geschlossen aus der Stadt ins Grüne. Rund um Brüssel wurden endlose Reihenhaussiedlungen gebaut, während die Immigranten sich in den freiwerdenden Arbeiterwohnungen aus dem vorigen Jahrhundert niederließen. Hier, unweit der Innenstadt, litten sie besonders unter der Immobilienspekulation, die angesichts immer neuer europäischer und belgischer Behördenbauten, angesichts zahlloser Lobbyisten und der Ansiedlung von Konzernzentralen gewaltige Ausmaße annahm. Der Baubestand ganzer Viertel verwahrloste zusehends und war nur mehr an arme Einwanderer zu vermieten. Am Sprachenstreit zwischen den Wallonen und Flamen, die ihre Identität entdeckt hatten, nahmen die Ausländer keinen Anteil, obwohl sie oft genug die Mehrheit in ihren Vierteln stellten. Es war wie überall in Europa: Die Einwanderer führten ein mißtrauisch beäugtes Dasein am Rande der diversifizierten Gesellschaft, deren Funktionieren sie mit ihrer Basisarbeit in Fabriken und Märkten überhaupt erst aufrechterhielten.

Die Familie Benaïssa mit ihren – ohne Loubna – sieben Kindern gab den Belgiern, die das in ihrer strukturellen Unkenntnis nicht wahrgenommen hatten oder nicht wahrnehmen wollten, nun ein Beispiel, daß es auch in einer marokkanischen Familie nicht unbedingt anders zuging als bei ihnen daheim – wenn man davon absieht, daß die Benaïssas einer anderen Religion angehörten als die meisten Belgier, daß sie sehr viel beengter lebten und sehr viel ärmer waren. Die Eltern vergingen vor Gram um das Verschwinden der geliebten kleinen Tochter. Während der Vater hart arbeitete und die Mutter sich um die sieben Geschwister kümmerte, übernahm die älteste Schwester, kundig, aber keinesfalls assimiliert, die Rolle der souveränen Mittlerin zur Kultur des Gastlandes. Die größte Überraschung für eine Öffentlichkeit, die sich moslemische Kultur am ehesten als unberechenbar, rachsüchtig und laut vorstellen konnte, war die Milde, mit der die gesamte Familie auftrat. Nahezu verlegen standen die Benaïssas, denen so viel Unrecht geschehen war, bei den kämpferischen Auftritten der anderen Eltern mit vor den Kameras. Es war fast, als schämten sie sich als Einwanderer, ebenso mutig für die verschwundene Loubna zu kämpfen, wie das die anderen Eltern für ihre Kinder taten. Doch diese Zurückhaltung verging mit der Zeit.

Die Aufmerksamkeit für dieses vorbildliche Verhalten blieb nicht aus. Nabela Benaïssa bekam in kurzer Folge für ihre improvisierte Ansprache vor dem Brüsseler Justizpalast nicht weniger als vier Bürgerpreise zugesprochen. Preisgelder und vor allem öffentliches Lob regneten auf sie nieder. Nabelas weißes Kopftuch war ebenso zum Symbol des Bürgermutes geworden wie die weißen Ballons, die bei der Trauermesse für Julie und Mélissa zum Himmel aufgestiegen waren, und die weißen Blumen, die die Brüsseler Großdemonstration beherrscht hatten. Nabela wurde zur »Brüsselerin des Jahres« erklärt. Ihr Auftreten habe, so sagte die belgische Sozialministerin, mehr für das Ansehen der Einwanderer bewirkt als die gesamte Politik der vergangenen Jahre.

Eine solche Reaktion, so gut gemeint sie auch war, zeugte vor allem von den Versäumnissen der Vergangenheit. Jeder, der gegenüber den Einwanderern Gleichgültigkeit oder Abneigung verspürt hatte, versuchte nun angesichts von Loubnas Schicksal sein schlechtes Gewissen zu bekämpfen, indem er mit den Benaïssas besonders wohlwollend umging. Minister besuchten sie in ihrer Wohnung, Nabela und ihr Vater wurden beim Premierminister empfangen, erhielten persönliche Botschaften vom Königshaus. Bis zum 6. März 1997 versuchte die Gesellschaft das Verschwinden Loubnas, das mittlerweile über vier Jahre zurücklag, mit einer Welle des Goodwill zu kompensieren. Dann wurde plötzlich Loubnas Leichnam gefunden, und Belgien befand sich mit einem Schlag wieder inmitten des Alptraums, den Dutroux keine acht Monate zuvor ausgelöst hatte. Denn auch in diesem Fall häuften sich die Nachlässigkeiten der Fahnder, auch in diesem Fall waren es die Männer von Staatsanwalt Bourlet aus Neufchâteau, die den Fall endlich aufklären konnten, den andere Polizeieinheiten längst zu den Akten gelegt hatten.

Die stark verwesten Überreste des Kindes fanden sich in einer Metallkiste im Keller einer Tankstelle, keine hundertfünfzig Meter von der Wohnung seiner Familie entfernt. Der Sohn des Tankstellenbetreibers, der dreiunddreißigjährige Mechaniker Patrick Derochette, wurde unter dringendem Tatverdacht festgenommen. Im nachhinein erscheint es kaum glaublich, daß die Polizei nicht schon vorher auf diesen Mann aufmerksam geworden war. Anfang der achtziger Jahre war er in drei aufeinanderfolgenden Jahren festgenommen worden, weil er kleine Jungen bedroht, in seinen Tankstellenkeller verschleppt und mit wachsender Brutalität sexuell mißhandelt hatte. Sein letztes Opfer, ein neunjähriger Sohn vietnamesischer Bootsflüchtlinge, hatte die Traktierung mit einer Eisenstange nur knapp überlebt. Derochette saß für alle drei Vergewaltigungen insgesamt fünfzig Tage in einer psychiatrischen Klinik. Ein Gutachter bescheinigte ihm verminderte Schuldfähigkeit aufgrund einer stark zurückgebliebenen Persönlichkeit; dennoch plädierte er für Sicherheitsverwahrung, weil dieser Mann unberechenbar sei und vor allem für wehrlose Opfer eine latente Gefahr darstelle.

Trotzdem wurde er ohne Verurteilung wieder zu seiner Familie entlassen. Die Auflagen waren hart, standen aber kaum in einem Verhältnis zur Schwere der Taten: Er mußte sich zweimal die Woche psychiatrisch behandeln lassen und stand unter regelmäßiger Aufsicht eines Sozialarbeiters. Auch wurde ihm ein Alkoholverbot auferlegt, das er aber nicht beachtete. Im ganzen Viertel war er als Säufer bekannt, auch über seine perversen Neigungen gingen in Elsene handfeste Gerüchte um. Man erzählte sich von einem prominenten Karatelehrer, zu dem auch Patrick Derochette und sein Bruder als Kinder zum Sportunterricht gegangen waren. Als damals konkrete Hinweise laut wurden, daß sich der Mann auf

Wochenend-Freizeiten an seinen Zöglingen vergriff, wurde er entlassen. Um größeres Aufsehen zu vermeiden, vertuschte der Sportclub die peinliche Angelegenheit. Heute weiß man, daß die Mehrheit der Päderasten als Kinder selbst mißbraucht worden ist. Wahrscheinlich steht also schon am Beginn der schlimmen Laufbahn Derochettes ein anderes, unaufgeklärtes Verbrechen.

Immerhin konnte er nach der Haftentlassung durch seine Mitarbeit im elterlichen Betrieb Arbeit und Wohnung vorweisen. Als Mechaniker reichten seine Fähigkeiten zwar nicht aus, doch konnte er tanken und Öl wechseln und betrieb zusammen mit seinem Bruder einen Abschleppdienst. Welche Fortschritte Derochette während der Behandlung wirklich machte, wußte nicht einmal das Komitee, das ihn 1992, acht Jahre nach der letzten bekannten Tat, aus der Bewährung entließ und seine Daten im Polizeicomputer löschte.

Hier kommen, außer der milden Behandlung nach einem brutalen Mordversuch, die ersten Ungereimtheiten ins Spiel, und auch hier finden sich auffallende Parallelen zum kriminellen Vorleben Dutroux', der seine milden Bewährungsauflagen ebenfalls elegant zu umgehen verstand. Patrick Derochettes Anwalt war zugleich Mitglied der Kommission, die über seine Rehabilitierung und die Aufhebung aller Auflagen entschied. Der Anwalt konnte also für sein eigenes Gremium den Antrag vorbereiten; für die Sitzung zum Fall Derochette ließ er sich dann formal von einem Kollegen vertreten, der von den Zusammenhängen kaum eine Ahnung hatte. Eines der beiden medizinischen Gutachten war positiv, eines vehement negativ. Die konkreten Behandlungsdaten unterlagen der medizinischen Schweigepflicht. Trotz dieser mehr als undurchsichtigen Beweislage entschied sich das »Komitee zum Schutz der Gesellschaft«, die Gesellschaft nicht weiter vor Patrick Derochette zu schützen und seine Akte endgültig zu schließen; ein Vorstrafenregister hatte er ohnehin nicht, weil er niemals verurteilt worden war. Fünf Monate später verschwand Loubna Benaïssa.

Das Mädchen war auf seinem Schulweg jeden Tag an der Tankstelle vorbeigekommen, kannte Patrick Derochette und grüßte ihn regelmäßig. Der zurückgebliebene Mann war im ganzen Viertel als Kinderfreund bekannt; zuweilen steckte er den Immigrantenkindern Süßigkeiten oder Sammelbildchen zu, dann wieder war er merkwürdig aggressiv und verschlossen. Die Entführung Loubnas konnte er nicht geplant haben, denn sie war spontan noch einmal zum nahe gelegenen Supermarkt zurückgelaufen. Zusammen mit ihrer Schwester hatte sie Einkäufe gemacht, aber bemerkt, daß sie den Joghurt vergessen hatte. Die Entführung muß in Sekundenschnelle am späten Nachmittag eines hellen Sommertags inmitten eines belebten Viertels stattgefunden haben.

Die Gemeindepolizei von Elsene wußte über die Vergangenheit Patrick Derochettes Bescheid. Sie wußte auch, daß Loubna am besagten Tag an der Tankstelle vorbeigekommen war; der Weg war kaum zweihundert Meter lang und sehr genau zurückzuverfolgen. Eigentlich hätte man Derochette nun hart in die Mangel nehmen müssen, doch genau das Gegenteil geschah. Zwei Gemeindepolizisten, die von der übergeordneten Gerichtspolizei mit dieser Routinesache betraut worden waren und die Derochette kannten, schauten in der Tankstelle vorbei. Nachdem der Verdächtige bekannte, nichts gesehen und gehört zu haben, bestätigte sein Bruder, daß sie zur besagten Zeit beim Essen gesessen hätten. Ein kurzer Blick in den Keller – dann wurde der Spur nicht weiter nachgegangen. Die übergeordneten Ermittler der Gerichtspolizei konnten keine konkreten Fakten über Derochettes perverse Vorlieben ausfindig machen, weil die Akte über die Vergewaltigungen von 1982 bis 1984 falsch abgelegt war.

Ein paar Tage nach Loubnas Verschwinden meldete sich eine Frau aus der Nachbarschaft, die erst jetzt von dem Fall erfahren hatte, bei der Polizei. Sie sagte aus, am Nachmittag des 5. August aus Richtung der Tankstelle einen langen, markerschütternden Kinderschrei gehört zu haben, der plötzlich abbrach. Eine leerstehende Klinik gegenüber der Tankstelle wurde oberflächlich durchsucht, ansonsten erfolgte nichts.

Dreizehn Tage nach Loubnas Verschwinden kam eine ihrer Schulkameradinnen zu ihrem Vater und behauptete, das Mädchen auf der Rückbank eines schwarzen VW Golf in der Brüsseler Innenstadt gesehen zu haben. Das elfjährige Mädchen notierte sich das Kennzeichen geistesgegenwärtig auf dem Arm. Die Nachforschung ergab, daß das Kennzeichen nicht zu einem VW Golf gehörte, und auch der Fahrzeughalter war über jeden Verdacht erhaben.

Ende 1996 reichte der Anwalt, den Loubnas Familie inzwischen doch eingeschaltet hatte, Klage beim Gericht in Neufchâteau ein. Der etwas konstruierte Grund: Man habe Anlaß zu der Vermutung, daß Loubnas Fall im Zusammenhang mit dem Verschwinden der anderen Kinder stehe, darum müsse auch dieser Fall im abgelegenen Neufchâteau behandelt werden. In Wahrheit, sagte der

Anwalt später, habe er um jeden Preis vermeiden wollen, daß dieselben Behörden, die den Fall seinerzeit verschlampt hatten, bei einer Wiederaufnahme noch einmal zum Zuge kommen würden. Ihm war aufgefallen, daß die Ermittlungsakte der Brüsseler Behörden für ein solch schwerwiegendes Delikt ungemein dünn und dürftig war. Ob die Fahnder sich keine Mühe gegeben haben, weil es um ein marokkanisches Mädchen ging? Wie immer ist die absichtliche Unterlassung schwer zu beweisen. Fest steht, daß die Fahnder von Neufchâteau nicht über ein Indiz mehr verfügten als die Brüsseler Polizei im August 1992. Sie brauchten nur wenige Wochen, um den Fall aufzuklären und Loubnas Überreste aufzufinden.

In der Nachbetrachtung erscheint die Lösung derart simpel und naheliegend, daß man nicht versteht, warum Loubnas Entführung als unlösbar abgeheftet wurde. In Neufchâteau tat man nichts anderes, als die drei gewichtigen Indizien zusammenzufügen: Das Kindergeschrei aus Richtung der Tankstelle, das kriminelle Vorleben des Garagenbetreibers sowie das Nummernschild. Hier tauschte ein Fahnder einfach einen Buchstaben aus und landete beim schwarzen VW Golf von Derochettes Bruder, der ihm auch das Alibi verschafft hatte. Viel länger als für diese Kombination brauchten die Fahnder allerdings dafür, Derochettes Akte in Brüssel ausfindig zu machen. Einen Tag lang stellten mehrere Experten das Archiv auf den Kopf, bis sie die Papiere schließlich unter dem Buchstaben B fanden. Man hatte sich, aus welchen Gründen auch immer, verschrieben und die Akte »Derochette« ganz woanders eingeordnet.

Bereits einige Stunden nach der Auffindung der Leiche stellten sich dieselben Reflexe ein wie ein gutes halbes Jahr zuvor, als Dutroux' Anwesen umgegraben worden waren. Politiker, an der Spitze Premierminister Dehaene und Justizminister De Clerck, schlossen sich ostentativ der Volksmeinung an und beklagten ernsthafte Nachlässigkeiten bei der Brüsseler Polizei. Hier müßten Konsequenzen gezogen werden, orakelten sie. Damit verbunden war ein Lob an die Leute von Staatsanwalt Bourlet, der auch ohne seinen Mitstreiter Connerotte entschlossen blieb, die Fälle verschwundener Kinder »bis auf den Grund« aufzuklären. Die kleine Ardennenstadt Neufchâteau wirkte spätestens seit diesem neuen Durchbruch in einem anderswo aufgegebenen Fall wie die Hauptstadt der belgischen Strafverfolgung. Die Eltern anderer verschwundener Kinder meldeten sich ebenfalls bei dem Gericht in den Ardennen, weil sie nur hier davon überzeugt waren, daß eine professionelle Fahndung in Gang gesetzt würde. Die Gewichte in der belgischen Justizhierarchie verschoben sich immer mehr. Sarkastische Stimmen erinnerten an das vorrangige Ziel des Spaghetti-Urteils: sämtliche Fälle dieser Art nach Lüttich oder nach Brüssel zu überweisen. Wie gründlich man hier arbeitete, war spätestens jetzt jedem Bürger klar.

Der Krieg der Polizisten hatte auch während der Suche nach Loubna weiter gewütet. Derselbe Fahnder aus Neufchâteau, der die Zeichenfolge des Nummernschilds neu kombinierte und damit den Mord im Alleingang aufklärte, stand zur gleichen Zeit unter Beschuß der Gerichtspolizei aus Brüssel. Ein Kommissar, der 1992 die erfolglose Fahndung nach Loubna geleitet hatte, drängte die Reichswacht in Neufchâteau, den Mann zu entlassen, weil er gegen die Interessen der Gerichtspolizei arbeite und versuche, diese mit Informanten zu infiltrieren. Dem Gesuch wurde nicht stattgegeben, sonst wäre Loubnas Leiche wahrscheinlich niemals gefunden worden. Erfolgreiche Beamte zu torpedieren, eine Methode, die bei Untersuchungsrichter Connerotte bereits funktioniert hatte, setzte sich also auch auf niedrigeren Ebenen fort. Der Konkurrenzkampf der Polizeieinheiten kam durch die Fahndungserfolge keineswegs zum Erliegen. Im Gegenteil: Die unter Druck geratenen Brüsseler Polizisten gingen an die Öffentlichkeit und unterstützten in einem Offenen Brief ihren Untersuchungsrichter, der bereits eingeräumt hatte, bei der Suche nach Loubna seien entscheidende Fehler gemacht worden. Ein neuer Vorgesetzter, Disziplinarmaßnahmen oder gar die Auflösung von Abteilungen wurden innerhalb der jeweiligen Einheiten also als Terrainverlust gegenüber der Konkurrenz begriffen. Anstatt die Versäumnisse zuzugeben, bei der Aufarbeitung aktiv mitzuhelfen und selber Umorganisationen vorzuschlagen, schlossen die betroffenen Dienststellen die Reihen und versuchten, alle Konsequenzen mit falscher Kameradentreue abzuwenden. Daß diese Dienststellen über Überlastung klagten und über Jahre keine entscheidenden Fahndungserfolge aufzuweisen in der Lage waren, erscheint angesichts solchen internen Hickhacks kaum als Anlaß zur Verwunderung. Die ersten Konsequenzen im angeschlagenen Polizeikorps von Charleroi, dem »Wirkungsort« des Marc Dutroux, waren denn auch nicht dienstrechtlicher, sondern freiwilliger Natur. Der verantwortliche Kommissar sowie der Fahnder, die die erfolglosen Hausdurchsuchungen bei Dutroux unternommen hatten, baten um ihre Versetzung nach Brüssel. Am

Zweikampf der Polizeieinheiten – zwischen Gerichtspolizei und Reichswacht – änderte sich nichts. Im Falle Loubnas wurde sogar ein Dreikampf daraus: Den Verdächtigen Patrick Derochette hatte 1992 die Gemeindepolizei von Elsene in dessen Werkstatt verhört. Nach dem Leichenfund mehr als vier Jahre später meinte ein Gemeindepolizist, man sei damals wohl nicht mit Feuereifer bei der Sache gewesen: Ermittlungen von niederen Gemeindepolizisten gälten bei der Gerichtspolizei nicht viel.

Der entscheidende Auslöser für den Fahndungserfolg hatte eben auch im Fall Loubnas gefehlt: der Wille. Dies äußerte ein resignierender Justizminister De Clerck, als er in Brüssel Staatsanwalt Bourlet gratulierte. Ohne den Ehrgeiz, einen Täter auch fassen zu wollen, sei jede Justizpolitik sinnlos. Tatsächlich hatten die Elsener Polizisten 1992 im Keller der Garage Unmengen von Gerümpel, alte Autos und Schrottwaren übereinandergehäuft vorgefunden. Derochette pflegte sich nur ungern von den abgeschleppten und ausgeschlachteten Autos zu trennen und baute sich in den Kellern seines Elternhauses ein wahres Imperium aus Gerümpel. Hierher hatte er auch seine ersten Opfer gelockt. Doch das Ausmisten dieses Augiasstalls wäre mit enormer Arbeit verbunden gewesen. Genau das war den Polizisten augenscheinlich zuviel, obwohl es um das Leben eines Kindes ging.

1997 war das Durcheinander nicht geringer. Doch Staatsanwalt Bourlet rückte aus den Ardennen mit einem großen Team und schwerem Gerät an. Sie benötigten weniger als eine Stunde für ihren traurigen Fund. Der Umgang mit dem mörderischen Gerümpel, das in Belgiens finsteren Kellern herumliegt, mußte auf die Bevölkerung symbolisch wirken: Dieses eine Mal ging jemand der Sache wirklich auf den Grund.

Patrick Derochette war den Fahndern alles andere als eine Hilfe. Er leugnete hartnäckig, etwas mit dem Fall zu tun zu haben. Als man die Leiche fand, beteuerte er wirr, das Kind sei aus eigenen Stücken zu ihm in die Tankstelle gekommen und habe sich aus Angst in der Kiste verkrochen. Dann wieder gab der Täter zu, das Mädchen mißbraucht zu haben; es habe sich dann den Kopf gestoßen und sei daran gestorben. Der grauenvolle Zustand der körperlichen Überreste zeugt von ganz anderen Gewalttaten. Derochette entsprach exakt dem Täterprofil des zurückgebliebenen, impulsiven, jedoch höchst gewalttätigen Kindermörders, wie es die neuere Viktimologie idealtypisch zeichnet: Er lebt zurückgezogen und als Sonderling am Rande der Gesellschaft. Seine Gewalttaten plant er nicht systematisch, trägt aber das Vorhaben jahrelang mit sich herum und schlägt dann unvorhersehbar in Sekundenschnelle, oft am hellichten Tag zu. Gewöhnlich kennt er sein Opfer. Seine Taten führt er meist mit unvorstellbarer Brutalität durch; sie sind der Moment des verzückten Herrschens – ein Lebenshöhepunkt, an den er sich immer wieder erinnern wird. Nicht zuletzt deswegen berechnet man die Rückfallquote solcher Täter auf über neunzig Prozent; forensische Mediziner sprechen von einem unheilbaren Drang. Nach dem Mord wird die Leiche des Opfers häufig im eigenen Haus verwahrt.

Derochette handelte in vieler Hinsicht ebenso wie Dutroux, der allerdings viel intelligenter ist und, anders als Derochette, seine Taten – zumindest zum Teil – systematisch zu planen pflegte. Beide jedoch übten ohne Berufsausbildung die Tätigkeit des Schrotthändlers aus, der auf einem eigenen Gelände Wagenteile verwahrt und tagelang hier herumbastelt und schaufelt. Die auffällige Häufung von Schrotthändlern in dieser makabren Szenerie fiel bereits Psychologen auf. Auch Lelièvre, Weinstein und zwei französische Brüder, die im Spätwinter 1997 vier junge Frauen ermordeten, arbeiteten in dieser Branche. Alle ziehen, in der Deutung der Psychologie, eine Parallele zwischen der Behandlung von Autos und der von Kindern. Sie stehen ihnen zum Ausschlachten zur Verfügung; schließlich werfen sie sie achtlos weg und lagern die Reste auf eigenem Grund. Gewöhnlich haben sie keinerlei Schuldbewußtsein, weil sie ihre Opfer als Dinge und nicht als Lebewesen begreifen. Und sie pflegen die Brutalität ihrer Übergriffe immer weiter zu steigern, weil sie den Kick der Gewalt – und nicht vorrangig den der Sexualität – auskosten wie eine Droge. Genau diese Stufenfolge läßt sich auch bei Dutroux und Derochette beobachten: Ihre letzten Opfer sollten nicht mehr freikommen.

Die Täter waren allerdings immer wieder freigekommen. Derochette dreimal und ohne eigentliche Bestrafung, Dutroux zweimal. Beide ließen sich durch die auferlegten Bewährungsmaßnahmen nicht daran hindern, erneut zuzuschlagen. Was sie aber aus ihren Kontakten mit Justiz und Medizin gelernt hatten, war die Bedeutung einer bürgerlichen Fassade für alle Kontrollorgane. Sowohl Dutroux als auch Derochette heirateten, letzterer auffälligerweise sogar eine Marokkanerin. Beide Frauen lebten in der Ehe im Zustand totaler Unterwürfigkeit. Nach seiner Tat hatte Patrick Derochette gegenüber allen Kunden an der Tankstelle sein Entsetzen über Loubnas Verschwinden bekundet. An seinem Abschleppwagen brachte er sogar ein Suchbild des Mädchens an. Vater Benaïssa war Stammkunde bei ihm.

Ebenso wie im Fall Dutroux setzte schnell die Suche nach möglichen weiteren Opfern dieses Mannes ein. Es ist erstaunlich, wie viele unaufgeklärte Fälle ermordeter oder verschwundener Kinder und Jugendlicher es in einer Agglomeration wie Brüssel gibt. In Molenbeek, einem weiteren Vorort von Brüssel, war 1985 ein sechsjähriger türkischer Junge spurlos auf dem Heimweg vom Fußballspielen verschwunden. 1988 wurde ein siebzehnjähriger Schüler als vermißt gemeldet, der an der Tankstelle eines Brüsseler Vororts Nachtdienst versah. Genau an dieser Tankstelle besorgte sich Derochette seine Zigaretten und sein Bier, das ihm der eigene Vater wegen der Bewährungsauflagen verweigerte. War man einem neuen Serienmörder auf der Spur?

Koinzidenzen dieser Art beflügeln das Gehirn jedes Krimi-Lesers. Die belgische Öffentlichkeit war Anfang 1997 längst an diesem Punkt angekommen: Man hielt die absonderlichsten Zusammenhänge für möglich, wenn nicht gar wahrscheinlich. Und so überraschte es kaum jemanden, als unter den Stammkunden der Tankstelle Derochette ein alter Bekannter auftauchte: Michel Nihoul. Auch er wohnte in Brüssel, gleich um die Ecke der Tankstelle betrieb seine Lebensgefährtin den zwielichtigen Nachtclub »Le Dolo«. Dieses Etablissement war bereits während der Untersuchung zu Nihouls Vorleben ins Gerede gekommen: Von regelmäßigen Sexparties wurde gemunkelt, bei denen auch die örtliche Polizei und andere Notabeln ihre Finger im Spiel gehabt haben sollen. Vor überraschenden Durchsuchungen waren die Betreiber stets informiert worden. Die Bar wurde Ende 1996 dann doch geschlossen. Nun kam heraus, daß auch Patrick Derochette zu den Stammkunden des »Le Dolo« gehört hat. Mit einem Mal schienen die Fahnder wieder den Zipfel eines Pornonetzwerkes in der Hand zu haben. Konnten dies alles Zufälle sein?

Michel Nihoul läßt seine Autos bei Marc Dutroux, hundert Kilometer südlich von Brüssel reparieren. Er tankt bei Patrick Derochette in einem anderen Stadtteil; Nihoul wohnt in Brüssel-Vorst, Derochette in Brüssel-Elsene. Somit stellt der verdächtige Brüsseler Geschäftsmann das einzige Bindeglied zwischen den beiden Kindesentführern und geständigen Kindermördern dar. Nihoul müsse ja ein gewaltiger Pechvogel sein, daß er sich für seine Autopflege ausgerechnet diese beiden Männer ausgesucht habe, höhnte die belgische Presse. Doch genau dies behauptet auch Nihouls Anwältin: Weder Tanken noch Reparaturen seien schließlich strafbar, es handele sich um einen Zufall, es gebe keine harten Beweise gegen ihren Mandanten.

Was es jedoch gab, war ein anonymer Hinweis, und zwar schon gleich nach der Verhaftung Dutroux'. Ein Briefschreiber hatte darauf aufmerksam gemacht, daß Nihoul ein Bekannter von Derochette sei. Also wurde dieser im August 1996 noch einmal verhört, diesmal nicht wegen Loubna. Bei einer vierzigminütigen Durchsuchung seiner Wohnung stellte man Kinderporno-Videos sicher. Vater Derochette hatte in der Zusammenarbeit mit der Polizei besonderen Eifer an den Tag gelegt: Er gab ihnen eine Kundenliste der Tankstelle mit, auf der Nihoul verzeichnet war. Und auch Marc Dutroux wollte er anhand der Fernsehbilder als Kunden erkannt haben.

Eine Mitwisserschaft der Familie Derochette beim Mord an Loubna war keineswegs auszuschließen. Konnte der grenzdebile Sohn eine solche Tat vor den Verwandten geheimhalten, mit denen er im selben Haus zusammenlebte? Zumindest das Alibi, das ihm sein Bruder verschafft hatte, war falsch. Aber auch hier zeigt das belgische Gesetz großes Verständnis. Wer Kinder oder Geschwister in Mordsachen schützt, macht sich nach geltendem belgischen Recht nicht strafbar. Selbst wenn also die Familie von der Kinderleiche im Keller gewußt haben sollte, wird sie für ihr Schweigen nicht zur Rechenschaft gezogen werden. Doch andererseits erfüllte Derochette alle Merkmale eines perversen Einzeltäters, der das Mädchen aus einem krankhaften Drang heraus entführte und bald umbrachte. Hier kommen die beiden anderen gewichtigen Indizien ins Spiel. Hatte Loubna am Nachmittag ihrer Entführung in Todesangst geschrien, und war dieser Schrei, den eine Nachbarin hörte, ihr letzter? Oder stimmte die Beobachtung der Schulkameradin? Dann war Loubna auch zwei Wochen nach ihrer Entführung noch am Leben gewesen und durch die Stadt gefahren worden. Über einen solchen Zeitraum hätte der beschränkte Derochette die Entführung wohl kaum allein organisieren können. Wie im Fall von Julie und Mélissa stellte sich hier vor allem die Frage, was mit den Kindern nach ihrem Verschwinden geschehen war.

Die Fahnder von Neufchâteau versuchten fieberhaft, einen Zugang zu dem Ring von Kinderpornographen zu bekommen, dessen Existenz sie inzwischen als wahrscheinlich voraussetzten. Doch wenn Loubna nach ihrer Entführung in Brüssel herumgefahren wurde, warum fand sich ihre Leiche dann am Ort des Kidnappings wieder, wo sie gewiß nicht ohne Aufsehen heraus- und wieder hereintransportiert werden konnte?

Bis heute ist ungeklärt, inwiefern und ob überhaupt die Opfer von Dutroux für Pornoaufnahmen oder Parties mißbraucht worden sind. Die mysteriösen Geldzahlungen auf Dutroux' Konto immer nach der Entführung eines Mädchens deuten auf einen solchen Zusammenhang hin. Und er selbst hatte in unbedachten Äußerungen wiederholt auf das Vorhaben angespielt, Kinder nach Osteuropa »verkaufen« zu wollen. Auch reiste er persönlich diverse Male in die Slowakei. Tat er das, um dort Kinder zu mißbrauchen oder holte er sich »Nachschub« für seine Unternehmungen in Belgien? Das Zeugnis einer Frau aus Lausanne ist in diesem Zusammenhang von Bedeutung. Sie gab an, Julie und Mélissa drei Monate nach ihrer Entführung in der Obhut einer Frau am Ufer des Genfer Sees gesehen zu haben. Ihr fielen die Mädchen auf, weil eines von ihnen sich losmachte und sich an der Passantin festklammerte. Die Aufpasserin habe das Mädchen weggerissen und auf eine Yacht gezerrt, die am Kai lag. Die Frau, der das Verhalten des Mädchens sehr merkwürdig vorkam, beobachtete die Kinder genau und meldete den Vorfall der Schweizer Polizei, doch blieb das ohne Folgen. Erst als ein Jahr später die Photos der beiden Mädchen auch in den Schweizer Medien auftauchten, entsann sich die Zeugin des Vorfalls und behauptete, die Mädchen wiederzuerkennen. Seltsamerweise hatte die Schweizer Polizei inzwischen ein geheimes Filmstudio für Pornoaufnahmen nur wenige hundert Meter von der Anlegestelle entfernt ausgehoben. Auch der Besitzer der Yacht ließ sich ermitteln. Es handelte sich um einen Schrotthändler und Informanten der örtlichen Polizei; er leugnete, mit der Angelegenheit irgend etwas zu tun zu haben.

Nicht eine dieser Spuren ließ sich bislang verifizieren. Jedenfalls schweigen die Fahnder in Neufchâteau hartnäckig – entweder weil sie keine Beweise für ein europäisches Netzwerk gefunden haben, oder weil die Ermittlungen so weite Kreise ziehen, daß höchste Diskretion geboten ist. Sollte Michel Nihoul vielleicht tatsächlich der Drahtzieher gewesen sein, der das Zufallsopfer eines zurückgebliebenen Tankwartes kommerziell ausbeutete und ihm dann wieder in die Garage zurückbrachte? Stoff genug für die wildesten Vermutungen gibt es jedenfalls bis heute.

Daß ausländische Kinder bevorzugte Opfer von Kinderpornographen sein könnten, bestätigen polizeiliche Experten wie die einzigartige Sonderkommission für Kinderpornographie in Amsterdam. In Italien, so ließ ein Fahnder dieser Stelle bei einer Konferenz wissen, könne man Straßenkinder, verwahrloste Geschöpfe aus Zigeuner- oder Asylantenfamilien zum Preis von rund dreißigtausend Mark kaufen und danach mit dem Kind anstellen, was man wolle. Daß sogenannte Snuff-Videos existieren, also Aufnahmen, welche die Ermordung eines Kindes zeigen, wird weder von der amerikanischen noch von der europäischen Polizei ernsthaft dementiert und wohl nur deshalb nicht publik gemacht, weil man die perverse Sogwirkung solcher Nachrichten auf Voyeure aller Art fürchtet. Kurz nach der Auffindung von Loubnas Leiche trat in Paris ein Jugendlicher algerischer Abstammung mit einem Buch an die Öffentlichkeit, in dem er behauptet, jahrelang Opfer eines sadistischen Kinderporno-Ringes gewesen zu sein. Als Junge sei er von zu Hause fortgelaufen und habe sich auf Rummelplätzen herumgetrieben, wo er als Zwölfjähriger von einem Mann aufgelesen worden sei, der ihn jahrelang gefangengehalten und auf Sexparties in ganz Europa herumgereicht habe. Mehrfach sei er mit giftiger Säure verätzt worden und trage am ganzen Körper Narben seines Martyriums. Für den Fall, daß er aussage, sei er mit dem Tod bedroht worden. Jahrelang habe er sich vor seinem Schritt an die Öffentlichkeit versteckt gehalten.

Falls also der oder die Täter auch im Fall Loubnas darauf spekuliert haben sollten, ein Mädchen orientalischen Ursprungs werde nicht mit derselben Intensität gesucht wie ein europäisches, so hatten sie mit dieser Kalkulation recht. Noch vor dem Auffinden von Loubnas Leiche bezeichnete es ein belgischer Strafrechtsprofessor als Skandal, daß bei den einzelnen Vermißtenfällen unterschiedliche Maßstäbe angelegt worden seien. Die Tatsache, daß man Loubna einfach vergessen habe, hob er dabei besonders hervor.

Und so waren auch die Reaktionen der Bevölkerung nicht frei von dem ausgesprochenen oder kaum verhohlenen Vorwurf, dieses Mal gehe es auch um die Situation der Einwanderer in der Agglomeration Brüssel und in ganz Belgien. Orientalische Jugendliche, vor allem Marokkaner, versammelten sich nachts vor dem Rathaus von Brüssel-Elsene, zündeten einige Barrikaden an und warfen Schaufensterscheiben ein. Die Reservoirs der Tankstelle wurden sogleich leer gepumpt, nicht nur um nach möglichen weiteren Opfern zu suchen, sondern auch um eine Brandkatastrophe zu verhindern, falls sich der Volkszorn am neuen »Horrorhaus« entzünden sollte. Die Familie Benaïssa, in erster Linie die Schwester Nabela, die in solchen Dingen inzwischen traurige Erfahrung hatte, wandte sich auf den Straßen ihres Viertels und im Fernsehen gegen die Unruhen. Sie wollte würdig und in Frieden Abschied von Loubna nehmen und kündigte an, es den Gewalttätern nicht zu verzeihen, wenn ihr diese Gelegenheit nach Jahren des Bangens und Wartens nun nicht gegeben werde.

Die Tankstelle wurde wie die Häuser von Dutroux in Marcinelle und in Jumet zu einem Wallfahrtsort, an dem Tausende Menschen Blumen niederlegten, zu dem Schulklassen und Belegschaften pilgerten, wo Demonstrationen abgehalten wurden. Es kamen natürlich zahlreiche Schaulustige, aber auch Angehörige der Weißen Komitees, die versuchten, den Volksauflauf erneut zu einer Bewegung gegen das schlampige Justizwesen umzufunktionieren. Die Welle der Solidarität, welche der Familie Benaïssa zuvor schon entgegengeschlagen war, schwoll weiter an. Das orientalische Kopftuch wurde nun sogar von belgischen Mädchen getragen, die Fußballnationalmannschaft kam im Trainingsanzug zum Trauerbesuch bei den Benaïssas vorbei, die Familie wurde zur Audienz in den Königspalast geladen. Zu den Trauerfeierlichkeiten in und vor der größten Brüsseler Moschee strömten mehr als zwanzigtausend Menschen. Wieder einmal hatte der Tod eines kleinen Mädchens einen Staatsakt zur Folge, wieder einmal wurde alles live im Fernsehen übertragen und erreichte Millionen von Zuschauern.

Vieles war indes diesmal anders. Die weiblichen Gäste aus der Politik und die Mütter anderer verschwundener und ermordeter Kinder trugen aus Respekt vor der islamischen Religion allesamt Kopftücher. Die Mutter der verschwundenen Elisabeth Brichet gestand in einer Ansprache, sie habe früher gegenüber den orientalischen Immigranten und ihren fremden Sitten Mißtrauen empfunden, aber die Benaïssas hätten sie Verständnis gelehrt. Auch der Brüsseler Imam zeigte sich stolz, daß hier das wahre Gesicht des Islam zum Vorschein gekommen sei: tolerant, demütig, würdig, stolz. In der Nacht vor dem Begräbnis holte sich die Familie den Sarg zur Totenwache in die Wohnung, in die Loubna lebend nicht hatte zurückkehren können. Der Abschied von Loubna sollte auch der Anfang einer neuen Beziehung zwischen den islamischen und den anderen Belgiern sein, so wie Dutroux' Opfer Flamen und Wallonen, Christen und Sozialisten im Schmerz vereint hatten.

Wie schon zuvor bei den Gottesdiensten für An und Eefje, Julie und Mélissa setzte das Ereignis enorme Emotionen frei. Plötzlich schienen die wirtschaftlichen und kulturellen Unterschiede zwischen Belgiern und Einwanderern keine Bedeutung mehr zu haben. Noch einmal erwies sich die ungeheure Kraft einer solchen Veranstaltung, politische und ideologische Gräben zu überwinden. Ein ermordetes kleines Mädchen wurde zum universellen Symbol der Schutzlosigkeit und der geschändeten Unschuld. Sogar der fremdenfeindliche Vlaamse Blok, der für die Ausweisung sämtlicher Einwanderer plädierte und damit bei Wahlen in Flandern gehörige Stimmengewinne erzielte, sah sich genötigt, der Familie Benaïssa zu kondolieren. Dieser »Loubna-Effekt« blieb auch den belgischen Politologen nicht verborgen; mit ihrem berufsspezifischen Mißtrauen gegen emotionale Aufwallungen im gesellschaftlichen Prozeß wollten sie sich jedoch auf keine Wertungen einlassen. So schnell, wie das Pendel unter dem Eindruck des toten Mädchens, dessen Photo nun gleichfalls im ganzen Land aushing, zugunsten der Immigranten ausgeschlagen hatte, so schnell konnte es unter dem Eindruck neuer Tagesereignisse wieder die Richtung wechseln. Und wirklich kehrte in den Brüsseler Vororten bereits eine Woche nach Loubnas Beerdigung Ernüchterung ein, als bei einem Streit im kriminellen marokkanischen Milieu ein Haus angezündet wurde und vier Menschen zu Tode kamen. Als Motiv wurde Schutzgelderpressung vermutet. Einen weiteren Monat später hob die belgische Polizei dann eine belgisch-marokkanische Jugendbande aus, die im selben Stadtteil wie Loubnas Familie ihren Sitz hatte. Dieser »Bande von Elsene«, der in wechselnder Zusammensetzung und mit immer neuem Nachwuchs fast hundert halbwüchsige Immigranten angehörten, wurden Überfälle auf Geldtransporte mit Waffengewalt zur Last gelegt. Nachdem die Schutzmaßnahmen für Geldboten verstärkt worden waren, verlegte sich die Bande auf die Sprengung von Geldautomaten mit Dynamit. Diese aus dem Ruder gelaufenen Immigrantenkinder hoben sich kontrastreich von der friedlichen Familie Benaïssa ab und ließen die Welle der transnationalen Verbrüderung wieder abebben.

Die Eltern der anderen verschwundenen und ermordeten Kinder wußten sich auf einer höheren Ebene einig mit den Benaïssas. Die Marchals, Russos und Lejeunes zeigten sich während der Trauerfeiern solidarisch. Loubna wurde pathetisch als kleine Schwester der anderen ermordeten Mädchen bezeichnet. Einige Eltern, die sich während der Protest- und Traueraktionen der vergangenen Monate mit den Benaïssas angefreundet hatten, reisten sogar mit zu Loubnas Begräbnis im marokkanischen Tanger. Daß sie so weit von ihrer Familie beerdigt werden mußte, bewies, wie bigott das plötzliche Bekenntnis der belgischen Öffentlichkeit zur Integration der islamischen Mitbürger eigentlich war. Es gab und gibt – von ganz wenigen geduldeten Ausnahmen abgesehen – in ganz Belgien keine islamischen Friedhöfe, die Einrichtung war bisher immer am Widerstand der Behörden gescheitert. Zwar wurde der Islam seit 1974 als Religion offiziell anerkannt, doch konnte man sich in mehr als zwei Jahrzehnten nicht über konkrete Maßnahmen einigen. Die islamischen Vorschriften fordern ewige Ruhe für die Toten, nach belgischen Gesetzen muß die Bodenpacht alle zwanzig Jahre erneuert werden. Detailfragen wie die Bettung der Toten in Richtung Mekka oder das Verbot für Hunde und Spaziergänger auf islamischen Begräbnisstätten scheiterten an den säkularen belgischen Gesetzen aus dem neunzehnten Jahrhundert, die nicht zulassen, daß eine bestimmte Religionsgemeinschaft gesondert behandelt wird. Was sich einst gegen die Diskriminierung von Juden und Atheisten gerichtet hatte, machte es nun einer starken Minderheit unmöglich, in dem Land die letzte Ruhe zu finden, wo die Menschen auch gearbeitet hatten. Zu all diesen Problemen kam wie üblich der belgische Kompetenzwirrwarr zwischen Gemeinden, Bundesstaat und Regionen hinzu. Niemand fühlte sich zuständig, eine Entscheidung zu treffen. Die überwiegende Mehrheit der Marokkaner in Belgien schloß deshalb Versicherungen ab, um später per Flugzeug überführt und mit den vorgeschriebenen Ritualen im Heimatland begraben zu werden. Ein eigener Gewerbezweig nahm sich dieser Wünsche an und war verständlicherweise auch nicht erfreut über die Initiativen belgischer Politiker, nach Loubnas Überführung nun endlich islamische Friedhöfe in Belgien einzurichten. Schon eine Woche nach Loubnas Tod waren – zumindest als Vorspiegelung politischer Aktivitäten – dementsprechende Gesetzesvorschläge auf dem Weg.

Plötzlich kam auch Bewegung in die Debatte um das Stimmrecht für Ausländer bei den Kommunalwahlen. Premierminister Dehaene meldete sich noch am Tag der Trauerfeierlichkeiten zu Wort und gab sein Wohlwollen für diese überfälligen Reformen zum Ausdruck. In einer Stadt wie Brüssel, wo die Ausländer in zahlreichen Stadtteilen in der Mehrheit sind, hätte ein erweitertes Stimmrecht entscheidende Auswirkungen. Auch könnte dies in einer

Stadt wie Antwerpen, wo der Vlaamse Blok die größte Partei stellt, eine breitere Front gegen Rechtsradikalismus nach sich ziehen, weil die Ausländer gewiß gegen diese Richtung stimmen würden. Ein gewiefter Taktiker wie Dehaene hatte alle solche Implikationen bedacht, bevor er an die Öffentlichkeit ging. Allerdings versandete die Diskussion um das Ausländerwahlrecht bald wieder im Instanzenweg. So schnell ein solcher Vorschlag in Belgien geäußert ist, so zäh wird das Tauziehen der Parteien, sobald die aktuelle Emotion abgeebbt ist. Auffallend blieb dennoch, daß die Regierung in diesem Fall nicht mehr wochenlang wartete, bevor sie sich zu Initiativen entschloß. Der Weiße Marsch und die Bedrohung durch eine mögliche Bürgerrechtspartei hatte das Klima bereits durchgreifend verändert. Im Sommer 1996, nach Dutroux' Verhaftung, war Dehaene im Urlaub geblieben. Ein halbes Jahr später hätte er das nicht mehr getan.

Bereits im Herbst 1996 hatte der Fall Dutroux zu einer schweren politischen Krise geführt. Um ein Haar wäre die Regierung zurückgetreten. Mit einem Mal zeigte sich, daß die Stimmung nach dem Tod der Kinder keineswegs nur friedlich, solidarisch und fair war, daß die Klagen sich nicht nur gegen die mangelnde Effizienz von Staatsorganen richteten, sondern daß sich zugleich eine schwüle Atmosphäre von Verdächtigungen und Gerüchten ausbreitete. Im November nach der Verhaftung des Kindermörders kam es zu einer Hexenjagd, wie sie das Land noch nicht erlebt hatte. Ihr Opfer war Elio di Rupo, der belgische Wirtschaftsminister.

Auch er war, wie Loubna, das Kind von Einwanderern. Die Eltern Di Rupos kamen aus Italien. Kurz nach dem Krieg hatte Belgien mit der italienischen Regierung einen Kontrakt über die Zuwanderung von Zigtausenden von Arbeitern unterzeichnet. Vor dem Krieg waren vornehmlich arme Polen ins Industriebecken zwischen Charleroi und Lüttich geströmt. Nachdem die Zwangsarbeiter unter deutscher Besatzung und später die deutschen Kriegsgefangenen das Land verlassen hatten, fehlten massenhaft Arbeitskräfte in den Kohlengruben von Charleroi und Limburg, aber auch in der wallonischen Großindustrie. Für jeden Bergarbeiter, denn um sie handelte es sich vor allem, erhielt Italien bei diesem Menschenhandel ab 1946 eine Tonne Kohle. Die Leute wurden in ihren norditalienischen Dörfern angeworben und taxiert wie Vieh. Wer gesunde Zähne hatte und die Prüfung durch den belgischen Arzt bestand, wurde in Mailand in einen Sammeltransport gesteckt, der erst vor den Bergwerken wieder hielt. Die Männer, die oft Frau und Kinder in Italien zurückgelassen hatten, kamen in Barackensiedlungen früherer Zwangsarbeiter oder Gefangener unter.

Die Zustände waren derart erschreckend, daß ein Drittel der Italiener sofort wieder umkehren wollte, ungeachtet der ökonomischen Verluste und der langen, demütigenden Internierung, die damit verbunden waren. In Italien erwarteten sie zwar Arbeitslosigkeit und Hunger, doch die belgischen Bergwerke waren in der ganzen Branche berüchtigt. Auf Sicherheit und Instandhaltung hatte man vor allem in den Kriegsjahren keinen Wert gelegt. Was die Italiener für ihre und die belgische Regierung leisten sollten, war pure Sklavenarbeit. Der Name Marcinelle hatte bereits lange vor Marc Dutroux traurige Berühmtheit erlangt, weil hier 1956 bei einem Grubenunglück mehrere hundert, vorwiegend italienische Bergleute zu Tode gekommen waren. Erst danach stoppte die italienische Regierung auf massiven Druck hin die Anwerbung junger Männer für die verrufene belgische Großindustrie.

Aber Hunderttausende waren bereits da, holten ihre Frauen nach und zogen in Belgien Kinder groß. Als dann die Zechen seit den späten sechziger Jahren eine nach der anderen geschlossen wurden, erlebte die Region gewalttätige Arbeitskämpfe, bei denen auch Tote zu beklagen waren. Die Stärke der Gewerkschaftsbewegung und der sozialistischen Partei in Wallonien gründet sich auf diese Jahrzehnte des Kampfes für eine würdige Arbeitswelt. Die Tragik der gesamten Bewegung liegt darin, daß nach der Immigration vieler tausend Arbeitskräfte zwar die Ziele – Achtstundentag, Sozial- und Krankenversicherung und selbst politische Macht – erreicht wurden, daß es aber danach immer weniger Arbeit gab. Die Gewerkschaftsbewegung hatte es geschafft, die Arbeiter an die Macht zu bringen, und es war ihnen auch gelungen, keinen Nationalismus unter den Genossen aufkommen zu lassen. Doch was es nun mit allem Stolz zu verwalten galt, war Massenarbeitslosigkeit.

Die erste Generation italienischer Einwanderer konnte sich kaum integrieren. In La Louvière steht heute noch im Gedenken an die Anfänge das alte Kriegsgefangenenlager, wo Tausende von Italienern über Monate in Baracken wohnten. Nach einem halben Jahrhundert versucht der Staat, die Erinnerungen, die Lieder und die Herkunft der Menschen zu rekonstruieren, die teilweise bis in die siebziger Jahre hier hausten. Bis heute sprechen die alten Männer kaum Französisch, von Flämisch ganz zu schweigen. Sie haben ihr ganzes Leben in Belgien unter Landsleuten verbracht, in geschlossenen Gemeinschaften, in denen sie ihr Heimweh ausleben konnten und nie umlernen mußten. In Lüttich gibt es Viertel, wo Italienisch die eigentliche Umgangssprache ist.

Ihre Rolle als Fremde in der neuen Heimat teilen die belgischen Immigranten mit dem Schicksal der Türken in Deutschland, der Maghrebiner in Frankreich, der Inder in Großbritannien. Die folgende Generation allerdings konnte sich so schnell eingliedern und wurde von den belgischen Eliten auch so rasch an der Macht beteiligt, wie das in den viel immobileren Nachbarländern nie der Fall gewesen wäre. Hier zahlte sich die Tradition der sozialen Beweglichkeit, die dem belgischen Staat seit 1830 eigen war, aus. Den Wallonen, die allesamt einen flämischen Großvater oder einen Schwiegervater aus Polen hatten, sich also selbst als Zuwanderer fühlten, fiel es anfangs nicht ein, italienische Kollegen zu diskriminieren. Erst mit den orientalischen Zuwanderern, die nicht nur in die Fabriken, sondern auch in den Kleinhandel strebten und in Zeiten steigender Arbeitslosigkeit eintrafen, änderte sich diese belgische Offenheit, die in ganz Europa – außer vielleicht im Ruhrgebiet – ihresgleichen sucht.

Elio di Rupo ist ein typischer Vertreter der Nachkriegsgeneration. Seine Eltern lebten noch in den Baracken für Neuankömmlinge. Als der Vater bei einem Autounfall starb, blieb die Mutter so mittellos zurück, daß sie die meisten ihrer Kinder ins Heim geben mußte. Elio besaß das Privileg, bleiben zu dürfen, und wurde zum verwöhnten Nesthäkchen, auf dem die Hoffnungen aller ruhten. Er konnte Chemie studieren, blieb aber dabei den Wurzeln der sozialistischen Partei und der Gewerkschaftsbewegung verpflichtet. Im Herbst 1996 hatte der junge, beliebte Politiker, der meist mit legerem Anzug und Fliege auftrat, bereits den Posten des Wirtschaftsministers erklommen. Nachdem das politische Personal der Sozialistischen Partei Walloniens durch die Schmiergeld-Skandale um Rüstungsaufträge und wegen der Ermordung von André Cools arg dezimiert worden war, stieg Di Rupo als Hoffnungsträger der jungen Modernisierer in die höchsten Ränge auf. Bald war er nach Jean-Luc Dehaene als Vizepremierminister der zweite Mann im Staat; nach dem Proporz dieser schwarzroten Koalition war dieses Amt traditionell den wallonischen Sozialisten vorbehalten.

Es war die lange Tradition von inneren Anerkennungskämpfen zwischen Wallonen und Flamen, die Immigrantenkindern wie Di Rupo eine solche Karriere ermöglichte. Während die Wallonen sich in Brüssel französische Schulen erkämpften, während Flamen auf allen Ebenen des öffentlichen Lebens ihre Sprache hoffähig zu machen suchten, profitierten auch die italienischen Einwanderer von den Chancen dieses gesellschaftlichen Umbaus. Im ganzen Land haben sich die Italienstämmigen inzwischen durchgesetzt, in ihrer Energie vergleichbar den Ostvertriebenen in der bundesdeutschen Gesellschaft nach 1945. Der wichtigste sozialistische Gewerkschaftsführer, Roberto D'Orazio, stammt von Einwanderern ab, die Sozialministerin Magda De Galan ebenso. In ganz Europa kannte man bereits vor zwanzig Jahren den melancholischen Schlagersänger Salvatore Adamo, der seine Chansons auf französisch sang. Anderswo hätte sich die Integration der ausländischen Arbeiter höchstens auf Fußballspieler beschränkt, deren die italienische Gemeinschaft in Belgien mit Enzo Scifo ebenfalls einen berühmten hervorgebracht hat.

Elio di Rupos rasanter Aufstieg hat offenbar auch Neid geweckt. Untersuchungsrichter Connerotte ließ ein paar Tage vor seiner Ablösung das sogenannte Grüne Telefon einrichten. Damit wollten die Ermittler sämtliche Hinweise auf pädosexuelle Straftaten im Land bündeln und auch diejenigen Zeugen oder Betroffenen zur Aussage ermuntern, die den Gang zur Justiz scheuten. Ein Team von Spezialisten sollte die eingegangenen Informationen werten und gegebenenfalls an die Strafverfolgungsbehörden weiterleiten. Welches Risiko mit einer derart weitgespannten Telefonaktion verbunden war, müssen Connerotte und Bourlet gewußt haben. Allein die Möglichkeit, auf ein verzweigtes Netz von Kinderpornographen gestoßen zu sein, und die Hoffnung, dieses durch ein landesweites Gewebe von Hinweisen in den Umrissen aufspüren zu können, müssen sie zu ihrer ungewöhnlichen Maßnahme inspiriert haben.

Die Grünen Telefone liefen heiß. Wie nicht anders zu erwarten, gab es neben den Zeugnissen von Menschen, die meist vor langer Zeit in ihren Familien sexuell mißbraucht worden waren, und wenigen kriminalistisch brauchbaren Tips unzählige Vermutungen und Denunziationen. Gut möglich, daß die Fülle der Hinweise die Fahndung eher erstickt hat, als daß sie sie beleben konnte. Jedenfalls gingen verschiedene anonyme Anschuldigungen gegen Mitglieder der belgischen Regierung ein – welche die üblichen undichten Stellen sogleich an die Medien weitergaben. Existierte also tatsächlich eine Verbindung der Kinderpornographen zu den Schaltstellen der staatlichen Macht? Nach gut drei Wochen und mitten im heißesten Protest rund um den Weißen Marsch schien die Forderung, welche zahlreiche Manifestanten skandiert hatten, erfüllt: Endlich wurde der Name einer hochgestellten Persönlichkeit öffentlich genannt. Es handelte sich um Elio di Rupo.

Ein Informant hatte der Polizei erklärt, er sei als Minderjähriger noch in den späten achtziger Jahren wiederholte Male von dem heutigen Wirtschaftsminister mißbraucht worden. Diese Mitteilungen, die im November 1996 nach und nach an die Öffentlichkeit kamen, brachten Di Rupo in ernsthafte Schwierigkeiten. Er sah sich gezwungen, eine Erklärung abzugeben: Er kenne den Denunzianten nicht und habe sexuelle Kontakte stets nur im Einvernehmen mit Volljährigen gehabt. Was er nicht mehr verhindern konnte, war sein erzwungenes Outing als Homosexueller. In einer Affäre um mißbrauchte und ermordete Mädchen saß nun ausgerechnet ein Schwuler auf der Anklagebank. Im Zusammenhang von Dutroux' zahlreichen Straftaten war es fast immer nur um Mädchen gegangen. Doch diese feine Nuance schien nun, da endlich konkrete Anhaltspunkte für eine Verstrickung der Staatsspitze vorzuliegen schienen, nicht mehr von Belang. Da man nach den schrecklichen Funden bei Dutroux und nach einer monatelangen Mediendebatte Kindesmißbrauch in welcher Form auch immer für ein allgegenwärtiges Phänomen, gerade in der hohen Politik, zu halten gewillt war, mußte mit den Enthüllungen ein Anfang gemacht werden.

Die Affäre beherrschte die Diskussion im ganzen Land. Weil Belgien klein ist, wollten nun viele immer schon gewußt haben, daß Di Rupos erotische Vorlieben nicht gesetzeskonform seien. In den Medien wurde der Minister durch gezielte Indiskretionen in wenigen Tagen sturmreif geschossen. Sein Rücktritt werde stündlich erwartet, hieß es sogar in deutschen Zeitungen. Nicht unbeteiligt daran war der Kassationsgerichtshof, der erst wenige Wochen zuvor Untersuchungsrichter Connerotte den Fall Dutroux entzogen hatte. Dessen Vorsitzende, Eliane Liekendael, reichte die eingegangenen Beschuldigungen mit Kommentaren versehen ans Parlament weiter, das vor einer Strafverfolgung die Aufhebung von Di Rupos Immunität beschließen mußte. Weil sie dabei den Beschuldigten als erste offiziell beim Namen nannte und die Schweigepflicht verletzte, kam die Frage auf, ob nicht auch in diesem Fall Voreingenommenheit und Mißachtung der Regeln attestiert werden müßten. Richter Connerotte war wegen einer Lappalie abgelöst worden. Nun griff die Instanz, die ihn gemaßregelt und dafür den Haß eines ganzen Volkes auf sich gezogen hatte, die Regierung frontal an. Der Eindruck, die auch von Politikern hart kritisierte Justiz schlage nun zurück und drohe der politischen Klasse mit Vergeltung, war schwer von der Hand zu weisen.

Das Dossier gegen Elio di Rupo wurde schnell bekannt, sobald es den Parlamentariern, also auch den eigenen Parteigenossen, vorlag. Und tatsächlich – die Vorwürfe waren nicht nur äußerst vage, sondern stammten von einer höchst dubiosen Person und waren unter noch dubioseren Umständen der Polizei zur Kenntnis gelangt. Bei dem vorgeblichen Opfer Di Rupos handelte es sich um Olivier Trusgnach, den früheren Türsteher des ländlichen Luxusrestaurants »Scholteshof« bei Hasselt. In diesem komfortablen Gutshof mit Gästezimmern, der über einen eigenen Hubschrauberlandeplatz verfügt, steigen nicht nur kuwaitische Scheichs und hochrangige europäische Konzernmanager ab, hier verkehrt auch die belgische Regierungsspitze. Trusgnach hatte dort aus einer Ausstellungsvitrine verschiedene Schmuckstücke mitgenommen und war damit nach London verschwunden. Bei seiner Rückkehr nach Belgien wurde der junge Mann, den sein Chef inzwischen angezeigt hatte, von der Polizei verhaftet. Nach den ersten Verhören begriff Trusgnach schnell, daß er nur eine Chance auf Freilassung hatte, wenn er der Polizei eine sensationelle Geschichte verkaufen konnte. Er, der wahrscheinlich auf dem Scholteshof Gelegenheit hatte, auch Di Rupo und sein Privatleben von ferne zu verfolgen, behauptete nun, vor knapp zehn Jahren, also als Siebzehnjähriger, in der Stricherszene mehrmals von Di Rupo mißbraucht worden zu sein.

Die Polizei und die Gerichtsbehörden waren offenbar so erleichtert über dieses Bekenntnis, daß sie ein Verfahren eröffneten, ohne den Informanten zu überprüfen. Auch das Wann und Wo der vermeintlichen Übergriffe wurde nicht verifiziert. Nachdem man in den Fahndungen nach den entführten Mädchen oft monatelang das Nötigste versäumt hatte, sollte nun innerhalb von Stunden über die Ehrbarkeit eines Beschuldigten und zugleich den Bestand der Regierung entschieden werden. Olivier Trusgnach war jedoch nicht gerade der Mann, auf dessen Aussagen man ein derart schwerwiegendes Verfahren aufbauen konnte. Er stand in seinem Bekanntenkreis im Ruch eines notorischen Hochstaplers, der in der Regel als »Baron« unterzeichnete und wegen seiner Aufschneidereien bereits in psychiatrischer Behandlung gewesen war. Seine eigene Mutter, der er geschrieben hatte, durch seine erfundene Geschichte bald wieder freizukommen, forderte die Polizisten auf, ihrem Sohn keinen Glauben zu schenken. Doch was anderswo als Possenspiel eines Größenwahnsinnigen abgetan worden wäre, führte im Belgien nach Dutroux zu einer ernsten Regierungskrise. Nachdem von den Beschuldigungen nicht das geringste bestätigt werden konnte und der Zeuge nach ein paar Tagen seine Aussage zurücknahm, war das unwürdige Spektakel vorbei. Das Parlament mußte in geschlossener Sitzung eine Ehrenerklärung für Di Rupo abgeben, ein Schritt, zu dem sich die Opposition nicht bereit fand. Trusgnach, der »rosa Baron«, wie ihn die Presse getauft hatte, konnte triumphieren: Er war tatsächlich berühmt geworden.

Zusammen mit Di Rupo wurde auch die parlamentarische Immunität von Jean-Pierre Grafé überprüft, allerdings mit anderem Ergebnis. Die Ermittlungen gegen den wallonischen Unterrichtsminister wurden freigegeben, es gab eine staatsanwaltliche Anklage. Die konkreten Vorwürfe gegen Grafé gelangten nicht an die Öffentlichkeit; bekannt wurde lediglich, daß es auch hier um gleichgeschlechtliche Kontakte mit Minderjährigen gegangen sein soll. Der Minister selbst stritt alle Sittendelikte empört ab und kündigte an, für seinen guten Ruf zu kämpfen, mußte aber noch am selben Tag zurücktreten. In den nördlichen Lütticher Vororten, wo Grafé seine Machtbasis hat und als Politiker ungemein beliebt ist, kam nach den Gesetzen des Klientelismus sofort eine große Kampagne für ihn in Gang. Noch Monate später fanden sich auf Verkehrsschildern, Plakatwänden, Fensterscheiben die Solidaritätsaufkleber für einen Politiker, der nach Meinung seiner Anhänger von einer entfesselten Justiz zum Rücktritt gezwungen wurde. Ob es wirklich zu einem Verfahren gegen ihn kommt, steht noch nicht fest.

Die Homosexuellen als Kollektiv sehen sich als bisher erste Leidtragende des Skandals um Mädchenschänder und Kindermörder. In der allgemeinen Hysterie werde Homosexualität mit Pädophilie gleichgesetzt, stellten die Betreiber des schwul-lesbischen Nottelefons in Flandern fest. Sie hätten deswegen einen markanten Anstieg von Hilferufen nach der Affäre Dutroux zu verzeichnen. Zahlreiche Homosexuelle fühlten sich noch stärker isoliert als früher und wagten nicht mehr, mit jungen Erwachsenen Kontakt aufzunehmen, weil sie Angst hätten, sogleich als Pädophile in Verruf zu geraten. Man warnte vor einer Hexenjagd.

Elio di Rupo und die Familie Benaïssa, die beide auf gänzlich unterschiedliche Weise in dieselbe Affäre gezogen wurden, symbolisieren zwei gegensätzliche Auswirkungen der gesellschaftlichen Krise Belgiens. Beide Male geht es um Immigranten der zweiten Generation, doch beide verkörpern ein anderes Schicksal. Loubna Benaïssa lebte an der Armutsgrenze und kam aus der beargwöhnten islamischen Gemeinschaft, weshalb ihr Schicksal lange außerhalb der eigenen Familie niemanden zu interessieren schien. Erst die Festnahme eines Mörders belgischer Mädchen führte dazu, daß auch der Mord an ihr aufgeklärt wurde. Elio di Rupo dagegen hatte den Aufstieg in die höchsten Ränge der belgischen Gesellschaft geschafft. Ihm gegenüber hatte sich die Justiz nicht faul, sondern übereifrig gezeigt; die Aufmerksamkeit und der Neid der ganzen Öffentlichkeit konzentrierte sich auf ihn, obwohl er mit der Affäre nichts zu tun hatte. Doch ohne den Rückhalt einer bürgerlichen Familie, deren Werte in dieser ganzen Affäre immer weiter in den Vordergrund gerückt waren, stand er ganz allein da. Die Ehrenerklärungen und Treueschwüre zu seinen Gunsten waren immer nur politischer Natur, nie kamen sie – wie bei den verschwundenen Kindern – von einem liebenden Menschen.

Die Außenseiterin Loubna war nicht nur symbolisch geopfert worden; nach grauenvollen Qualen mußte sie für die Nachlässigkeit der Gesellschaft mit dem Leben bezahlen. Der Schock darüber saß so tief, daß sie nachträglich als »Kind ganz Belgiens« beweint und zu Grabe getragen wurde; die Scham war so groß, daß ihrer Schwester die Aufmerksamkeit zuteil wurde, die man Loubna verwehrt hatte. Diese Einbeziehung einer Außenstehenden steht in einem wechselseitigen Verhältnis zur Ausschließung des Vize-Premierministers, dem dieselbe Gesellschaft plötzlich als »doppeltem Fremdling« – italienischstämmig und homosexuell – nicht nur die Gemeinschaft verwehrte, sondern selbst die geringsten Rechtsgarantien. Nicht zufällig fiel die Wahl in einer nicht gerade asketisch lebenden politischen Klasse gerade auf diesen Mann. Ebenso wie Loubna prädestiniert war, erst der juristischen Gleichgültigkeit vor der Entdeckung Dutroux' zum Opfer zu fallen und später dann zum nationalen Lieblingskind auserkoren zu werden, war Elio di Rupo das Schicksal vorherbestimmt, vor der Entdeckung Dutroux' von der freizügigen Gesellschaft zu profitieren und ein Opfer der darauf folgenden juristischen Überaktivität zu werden.

Das Klima im Land hatte sich innerhalb weniger Monate merklich verschärft und neigte zu Extremen: totale Identifikation mit der verfolgten Unschuld auf der einen Seite, totales Mißtrauen gegenüber dem vermeintlich verrotteten System auf der anderen Seite. Daher auch rührt das Mißtrauen der Sozialwissenschaftler gegen volkstümliche Gefühlsausbrüche dieser Art: Emotionen können schnell umschlagen und sich gegen Minderheiten richten oder gegen Individuen, deren Rechte der Staat zu schützen hat. Könnte es sein, daß der Schock über das Versagen des Rechtsstaates nur negative Folgen zeitigt? Daß er Anlaß zu permanentem Haß und Hexenjagden liefert, ohne daß die Mißstände wirklich angepackt werden? Noch ist nicht deutlich, welche politischen und gesellschaftlichen Folgen das Engagement für ermordete und verschwundene Kinder auf lange Sicht nach sich ziehen wird.

Ein mutiger Kommentator in der frankophilen Tageszeitung *Le Soir* merkte an, die erbosten Bürger müßten aufpassen, daß sie sich mit ihren Anliegen nicht hinter den Kindern verschanzten. Politik werde immer noch von Erwachsenen gemacht. Der ständige Verweis auf die Jüngsten zeugt auch von einer drohenden Infantilisierung der Bürgerbewegung. Es handelt dann eine Elterngeneration, die sich im Namen der Kinder ihrer Sehnsucht nach familiärer Geborgenheit wie auch ihren Ressentiments gegenüber Außenstehenden hemmungslos hingeben kann. Die zwei Außenseiter, von denen jeder auf seine Art in diese Affäre verwickelt wurde, haben diese Gefahr offengelegt. Loubna Benaïssa hat die nachträgliche Güte nicht mehr helfen können. Elio di Rupo hat die nachträgliche Härte schwer geschadet.

10. Kapitel

Kolonialwaren – der weltweite Kinderhandel

Fünf Tage nach der Beerdigung von Julie und Mélissa wurde in Stockholm zum Gedenken an die beiden Mädchen eine Schweigeminute abgehalten. Der erste Weltkongreß der Vereinten Nationen gegen die kommerzielle sexuelle Ausbeutung von Kindern begann auf dem Höhepunkt der Dutroux-Affäre; eintausendzweihundert Delegierte hatten Medienvertreter aus allen Erdteilen angelockt, die nun von Skandinavien aus die Nachricht von den Morden in Belgien rund um den Erdball verbreiteten. Dabei sollte es bei dem seit Jahren vorbereiteten Kongreß eigentlich vorrangig um Kinderprostitution in Entwicklungsländern gehen. Über zwei Millionen Kinder auf der ganzen Welt werden in Bordellen ausgebeutet, mißhandelt, getötet. Die Konferenz hatte das Ziel, auf diesen fürchterlichen Mißstand in den armen Ländern aufmerksam zu machen und Möglichkeiten der Bekämpfung hauptsächlich mit den Mitteln der reichen Länder zu eruieren.

Daß aber wenige Tage zuvor mitten in einem friedlichen kleinen Land der Europäischen Gemeinschaft Verbrechen offenbar geworden waren, die an Brutalität und – wahrscheinlich – kommerziellem Interesse den Fällen in Thailand oder Brasilien in nichts nachstanden, verschob die Gewichte der Stockholmer Konferenz. »Die Lehre aus Belgien ist für uns, daß dieses Geschäft heute grenzüberschreitend betrieben wird«, verkündete Ron O'Grady, Leiter eines privaten Hilfswerks, das in den Vergnügungsvierteln Thailands versucht, Kinder aus den Händen ihrer Peiniger zu befreien. Indem sie auf die geographische Nähe der Kinderpornographen und Kinderfänger zum europäischen Medienpublikum verwiesen, rückten die Vorkämpfer für Kinderrechte die Dringlichkeit ihres Anliegens klug ins Rampenlicht.

Und tatsächlich scheint auch Marc Dutroux die Chancen des weltumspannenden Verkehrs und der europäischen Öffnung nach dem Wegfall des Eisernen Vorhangs für seine perversen Gelüste und Geschäfte zielsicher genutzt zu haben. Noch kurz vor seiner

Inhaftierung, also im Sommer 1996, besuchte er die Slowakei. Überhaupt war der frühere Ostblock sein bevorzugtes Reiseziel. Zuweilen brachte er von diesen Fahrten Mädchen mit nach Hause, die er in der Nachbarschaft als Kinder von Freunden der Familie ausgab, die er gleichsam aus humanitären Gründen mit nach Belgien gebracht habe. Auch junge Frauen kamen mit Dutroux nach Belgien, um hier Pornoaufnahmen zu machen. Sie fuhren freiwillig, wenn man solche Selbstausbeutungen aus wirtschaftlicher Not mit diesem Wort zutreffend beschreiben kann. In Tschechien machten belgische Fahnder einige dieser Frauen ausfindig. Sie erklärten, sich an die Filmaufnahmen nicht erinnern zu können. Vermutlich wurden sie unter Betäubungs- und Beruhigungsmittel gesetzt, damit sie später nichts von den Praktiken erzählen konnten, denen man sie unterwarf – eine verbreitete Maßnahme im billigsten Pornogeschäft.

Anfangs flüchtete sich Dutroux in die Geschichte, er habe An und Eefje an ein Bordell im Osten verkauft. Sofort machten sich Spürtrupps der belgischen Polizei auf den Weg in die Vergnügungsviertel von Prag und Bratislava, bis sich herausstellte, daß die Mädchen längst tot und in Belgien verscharrt waren. Über die Kontakte der Bande von Dutroux wie über den osteuropäischen Porno- und Frauenhandel überhaupt ist bisher wenig ans Tageslicht gekommen. Sicher ist, daß Dutroux über gute Verbindungen nach Osteuropa verfügte. Er soll sogar ein paar Brocken Slowakisch gesprochen haben. Kinder und junge Frauen für die Prostitution gabelt man hier nicht an jeder Ecke auf. Auch Dutroux' Spießgesellen standen in engem Kontakt zu östlichen Ländern. Sowohl Diakostavrianos als auch Lelièvre, die beiden Hauptverdächtigen neben Dutroux, waren zum Zeitpunkt ihrer Verhaftung mit tschechischen Frauen liiert, Lelièvre war sogar gerade Vater geworden. Der von Dutroux ermordete Helfershelfer Bernard Weinstein stammte ursprünglich aus der Tschechoslowakei. Auch in Ungarn und Österreich konnte die Polizei Aufenthalte Dutroux' nachweisen. In der Slowakei verdächtigte man ihn kurzzeitig sogar der Vergewaltigung einer Vierzehnjährigen. In Polen soll er im Gefängnis gesessen haben.

Mit der Erkenntnis, daß die verarmten Länder des ehemaligen Ostblocks ein Paradies für Kinderschänder sind, stand Dutroux nicht allein. Nach 1989 kam ein regelrechter Päderastentourismus nach Rußland, ins Baltikum und auf den Balkan in Gang. Hier leben zahlreiche Straßenkinder – nach UN-Angaben allein gut hunderttausend im Baltikum – in Verhältnissen, die man sonst nur aus Südamerika kennt, und sind gegen ein Essen, ein paar Mark oder eine warme Schlafstelle für sexuelle Gegenleistungen bequem zu haben. Falls die Polizei sich für dieserart Verbrechen überhaupt interessieren sollte, ist sie meist durch ein Bestechungsgeld dazu zu überreden, die Sache nicht weiterzuverfolgen.

Wie überall in der Welt hat wachsende Armut auch in Osteuropa die Kinderprostitution befördert, wenn nicht gar erst verursacht. Oder, um genau zu sein: Die wachsende Kluft zwischen Reichtum und Armut, die mit einem Mal hungernde Opfer und zahlungskräftige Kunden auf denselben Schauplatz lockte, hatte in Ländern wie der Slowakei, Litauen oder Rumänien längst den rechtsfreien Raum für abscheuliche Verbrechen aller Art entstehen lassen, über den man sich in Belgien zu Recht so entsetzte. Es steht zu vermuten, daß Dutroux weiter ungeschoren davongekommen wäre, hätte er sich auf osteuropäische Kinder beschränkt und nicht begonnen, in Belgien Kinder von der Straße zu fangen.

Schon vor Jahrhunderten scheint Kinderprostitution ein Armutsproblem gewesen zu sein. Der Historiker Peter Schuster hat anläßlich einer Studie über Täter und Opfer im Mittelalter konkrete Quellen gefunden: 1437, während hohe Kirchenfunktionäre aus ganz Europa sich in Basel zum Konzil versammelten, verbannte der Rat der Stadt eine Familie vor die Tore, weil diese ihre neunjährige Tochter den Konzilherren »gegen Geld zur Schande« ausgeliefert hatte. Auch aus anderen Städten ist die Praxis der Kinderprostitution im Mittelalter belegt. Die Rechtsauffassung unserer Zeit, die solchen Mißbrauch verabscheut, war auch damals nicht viel anders. Wer sich an einer Schutzbefohlenen, einer Stieftochter etwa, verging, konnte durchaus hingerichtet werden. Oft allerdings kamen die reichen Kunden ungeschoren davon, während die kindlichen Prostituierten ausgepeitscht und aus der Stadt gejagt wurden.

Vor allem aus dem neunzehnten Jahrhundert ist aufgrund von Sitten-Kampagnen überliefert, wie allgegenwärtig Kinderprostitution in Europa gewesen ist. Im Jahr 1865 berichtete eine Vorkämpferin für Frauenrechte aus der französischen Stadt Reims, daß sich in den Industriequartieren über hundert Mädchen von nicht mehr als zwölf Jahren prostituieren mußten, weil die Arbeitslöhne für ein Auskommen viel zu niedrig waren. Erst mit der Durchsetzung der Arbeits- und Sozialgesetzgebung zu Beginn dieses Jahrhunderts scheint die Kinderprostitution aus dem Stadtbild Mitteleuropas weitgehend verschwunden zu sein und der Kindesmißbrauch sich, wie in den Jahrhunderten davor, hauptsächlich innerhalb der Familien abgespielt zu haben.

Daß weiterhin ein nennenswertes Bedürfnis nach und ein lukrativer Markt für Sex mit Kindern bestand, zeigte sich mit dem Aufkommen des Ferntourismus in den siebziger Jahren, der reiche Kunden in wenigen Stunden direkt zu bitterarmen Opfern brachte. Europa begann, mit dem Sextourismus seine Perversionen zu exportieren und unschuldige Kinder in Thailand, auf den Philippinen, in Sri Lanka für ihre Armut büßen zu lassen. Erst in den letzten Jahren ist der europäische Sextourismus, der immer auch mögliche Ausschweifungen mit Kindern einschließt, überhaupt ins Gerede gekommen. Die UN-Konferenz in Stockholm war denn auch ein Tribunal der Empörung über eine Welt, in der Hunderttausende reicher westlicher Kunden sich für wenig Geld das Recht erkaufen, Kinder unter zehn Jahren zu vergewaltigen, sie sadistisch zu mißhandeln und für immer zu ruinieren. Horrende fünfzig bis achtzig Prozent der Insassen von Kinderbordellen sind je nach Region mit dem HIV-Virus infiziert, weil die Kunden glauben, sich bei Kindern nicht anstecken zu können. Die Kinder sind nicht in der Position, die Freier zum Tragen von Präservativen zu zwingen, oder haben von Aids ohnehin noch nichts gehört. Die Kinderprostitution läuft also auf hunderttausendfachen Mord in der sogenannten Dritten Welt hinaus, so wie die Kinderpornographie des Marc Dutroux auf Serienmord in Europa hinauslief.

Natürlich läßt sich das Leid der Opfer nicht quantifizieren und schon gar nicht gegeneinander aufrechnen. Jedes einzelne leidende Kind ist eines zuviel. In Wahrheit besteht zwischen der Verrohung der Sextouristen auf der Südhalbkugel und der der Pornokunden mitten im reichen Westeuropa ein Zusammenhang. Wer in der Ferne die Erfahrung gemacht hat, daß das Leben eines Kindes nichts zählt, der wird auch daheim die Hemmungen verlieren, an mörderischen und sadistischen Praktiken gegen Wehrlose teilzunehmen. Die Schweigeminute der Delegierten in Stockholm im Gedenken an Julie und Mélissa drückte also aus, daß sich die Welt der Wechselwirkung zwischen Kinderprostitution und Kinderpornographie überall auf der Erdkugel bewußt war. »Wenn wir eine Welt hinnehmen«, so rief ein Sprecher, »in der Kinder wie Waren im Supermarkt gekauft und verkauft werden können, haben wir das Recht verspielt, uns zivilisiert zu nennen.«

Dennoch mutet es im nachhinein merkwürdig an, daß erst der Mord an zwei belgischen Mädchen in Belgien dem Kongreß weltweite Aufmerksamkeit und Aktualität in den Medien bescherte, obwohl der tägliche Tod von Tausenden mißbrauchten Kindern anerkannte Realität ist. Sollte die Tatsache, daß Kinder verkauft und aus kommerziellen Erwägungen getötet werden, den Maßstab für die Zivilisiertheit der Welt darstellen, dann befinden wir uns auch ohne die scheußlichen Taten des Marc Dutroux auf einer ungemein niedrigen Stufe.

Die Zahlen sprechen für sich. Von den geschätzten zwei Millionen Kinderprostituierten leben allein circa fünfhunderttausend in Brasilien, die meisten anderen in Süd- und Ostasien. Die wichtigsten Länder sind hier Thailand, die Philippinen und Sri Lanka, aber auch neue Märkte wie Kambodscha oder Nepal gewinnen an Bedeutung. Über Westafrika oder die arabischen Staaten, wo es hauptsächlich um Knaben geht, liegen keine verläßlichen Zahlen vor. Die europäischen Kunden sind – wie auch Marc Dutroux – ungemein beweglich und scheuen keine Entfernungen. Der Jahresumsatz des Sextourismus aus den reichen Ländern liegt – sehr grob geschätzt – bei fünf Milliarden Dollar. Auch die Zahlen der deutschen Bundesregierung sind da nicht wesentlich genauer. Man nimmt an, daß in Deutschland ein harter Kundenkreis von etwa fünfzigtausend Menschen existiert, die im Jahr rund hundert Millionen Mark für ihre Neigung ausgeben. Gemeint ist vor allem der Kauf von einschlägigen Zeitschriften und Videokassetten mit Filmen, auf denen Kinder auf jede erdenkliche Manier mißbraucht werden. Allein bei den zahlreichen Haussuchungen in der Affäre Dutroux, die allerdings auch Verdächtige betrafen, die nichts mit den Kindermorden zu tun hatten, beschlagnahmte die belgische Polizei sage und schreibe zehntausend Bänder.

In den armen Ländern dreht sich das Geschäft weniger um Filmmaterial als um lebendige »Ware«. Es erscheint zynisch, so von den Kindern zu sprechen. Doch die Gebräuche im Kinderhandel rechtfertigen die Behauptung, daß die Bordellbetreiber und Lieferanten die Kinder nicht als menschliche Wesen, sondern als auszubeutende Materie betrachten. Im Zuge der Dutroux-Affäre wuchs das Medieninteresse an diesem Zweig der weltweiten Sexindustrie. Inzwischen sind in Europa zahllose Berichte über das Martyrium von sexuell ausgebeuteten Kindern erschienen, nachdem das Phänomen jahrzehntelang aus dem öffentlichen Bewußtsein verdrängt worden war.

Die bekannteste und engagierteste Aktivistin gegen die sexuelle Ausbeutung von Kindern kommt ausgerechnet aus Belgien. Das Buch »Die Nacht der Krokodile« der Brüsseler Sozialarbeiterin Marie-France Botte wird seit Jahren in zahlreiche Sprachen übersetzt, die Autorin wurde für ihr Engagement 1995 in Frankreich zur »Frau des Jahres« ausgerufen. Botte war die erste, die schonungslos über die Zustände in den Bordellen von Pattaya oder Manila berichtete und die ökonomischen Zusammenhänge darzustellen wußte. Sie erzählt von achtjährigen Mädchen, die am ganzen Körper Narben der Mißhandlungen tragen – etwa die Brandspuren ausgedrückter Zigaretten oder verstümmelte Geschlechtsorgane. Besonders hoch ist die Rate HIV-infizierter Kinder in Asien. Täglich sterben zahlreiche Halbwüchsige, die in völliger Wehrlosigkeit infiziert worden sind. In Brasilien rekrutieren sich die Prostituierten meist aus dem Milieu der herrenlosen Straßenkinder in den Favelas; Fälle, in denen das Mädchen acht, sein Zuhälter zwölf Jahre alt ist, bilden keine Ausnahme.

Immer ist die Kinderprostitution ursächlich auf Armut zurückzuführen. Die Kinder stammen meist aus abgelegenen Dörfern, wo sie von Agenten gegen eine geringe Summe – sie variiert zwischen umgerechnet hundertfünfzig und tausendfünfhundert Mark – den Eltern abgekauft werden. Häufig werden diese Menschen in dem guten Glauben gewiegt, ihre Töchter und Söhne würden in der Stadt als Hauspersonal oder Bedienung arbeiten. Oft genug aber ist man froh, einen Esser weniger und einen nennenswerten Erlös durch das Kind zu haben. Die Opfer landen dann – oft weit vor ihrem zehnten Geburtstag – in einem Billigbordell, wo die Betreiber keinerlei hygienische Rücksichten nehmen. Je ärmer das Herkunftsland, desto sicherer der Profit beim Export der Kinder. So hat sich inzwischen ein florierendes Geschäft an den thailändischen Grenzen entwickelt, wo Kinder aus Burma und Kambodscha für die Prostitution importiert werden. Die Zöllner und Polizisten, die selbst nur Hungerlöhne verdienen, sind schnell an dem Handel beteiligt. Dasselbe gilt für westliche Touristen, die beim Kindersex auf frischer Tat ertappt werden. Gegen eine niedrige Bestechungssumme konnte sich bis vor kurzem noch jeder Delinquent freikaufen und unbehelligt nach Europa in sein gutbürgerliches Milieu zurückkehren. Eine besonders perfide Variante bestand und besteht in der Heirat einer thailändischen Frau, die kleine Kinder hat. Was nach außen wie gelebte Entwicklungshilfe im Familienkreis aussieht, ist nach Meinung von Experten oft die Gelegenheit, sich die Opfer legal in die Wohnung zu holen. Mutter und Kinder können sich anfangs kaum in ihrer neuen Umgebung verständigen und haben, wollen sie nicht das Aufenthaltsrecht verlieren, keine Möglichkeit, sich in Europa bei den Behörden zu beschweren. Werden dann die Kinder zu alt, zu lästig, oder droht die Entdeckung, läßt sich der Päderast scheiden und kann, wenn er sich klug an die gesetzlichen Fristen hält, die mißbrauchte Familie sogar auf Kosten des Steuerzahlers wieder nach Asien transportieren lassen.

Gegenüber solchen Praktiken ist die westliche Gesellschaft in den vergangenen Jahren deutlich wachsamer geworden. Manche Länder wie Schweden haben vereinzelt Polizisten und Sozialarbeiter an die Brennpunkte – etwa Bangkok und Manila – entsandt. Neue Gesetze bieten in mehreren europäischen Ländern, auch in Deutschland, die Handhabe, überführte Päderasten auch in ihren Heimatländern gerichtlich zu belangen und zu Haftstrafen zu verurteilen. Seit 1996 passiert das auch vereinzelt. Vertreter von Kinderschutzorganisationen werten solche Verschärfungen als Erfolge, weil auf diese Weise wenigstens die Atmosphäre straf- und reuelosen Mißbrauchs schwindet. Sämtliche große Fluggesellschaften haben inzwischen eine Charta unterzeichnet, mit welcher sie sich verpflichten, nicht mehr wissentlich für Veranstalter zu fliegen, die Sextourismus anbieten. Der Erfolg solcher Maßnahmen ist aber allenfalls symbolischer Natur, weil in den jeweiligen Ländern ein eingespieltes Netzwerk von Taxifahrern, Hoteliers und Gastronomen die Kunden zu den Kindern führt. Wer nicht auf frischer Tat ertappt wird, ist ohnehin kaum zu überführen. Um so schwerer wiegt die zwischenzeitliche Entschlossenheit einiger Länder, mit drakonischen Strafen gegen Kindersextouristen vorzugehen. Auf den Philippinen und in Thailand sitzen seit 1996 mehrere Täter, denen gewalttätige Übergriffe auf Minderjährige nachgewiesen werden konnten, in Haft. In manchen Fällen wurden des Mißbrauchs Schuldige zu über vierzig Jahren Gefängnis verurteilt. Inzwischen hat die Sozialwissenschaft aufgrund mehrerer hundert Verhafteter ein Täterprofil für die asiatischen Länder erstellt. Die Männer kommen aus Amerika, Deutschland, Australien und Großbritannien – in dieser Reihenfolge. Auffällig oft, nämlich zu rund achtzig Prozent, arbeiten sie in Branchen, in denen sie mit Kindern und jungen Schutzbefohlenen zu tun haben, als Heimleiter, Lehrer oder Offizier. Fast alle sind über vierzig Jahre alt, meist sind sie verheiratet und haben selber Kinder. Keine drei Monate nach der Aufdeckung der Bande von Dutroux wurde in Sri Lanka ein Belgier verhaftet, der dort ein Waisenhaus betrieb und kleine Jungen an die örtliche Sexindustrie vermittelte. Die Werbung für seine Dienste hatte regelmäßig interessierte Kreise in Belgien erreicht. Nachdem jahrelang Gerüchte über diese schmutzigen Geschäfte kursiert waren, wurde nun in Belgien der Druck so groß, daß plötzlich sogar am anderen Ende der Welt die Polizei zuschlug.

Doch das harte Durchgreifen in der jüngsten Vergangenheit soll vor allem abschreckende Wirkung haben, denn arme Länder wie die Philippinen oder Thailand verfügen nicht über die polizeilichen Kräfte, um für die Durchsetzung ihrer neuen Gesetze sorgen zu können. Auch die verbreitete Korruption unter den Amtsträgern wird mit Strafen allein nicht aus der Welt zu schaffen sein. Die wohlfeilen Absichtserklärungen, noch härtere Strafen einzuführen und Sextouristen effektiver zu verfolgen, mit denen sich die Vertreter westlicher Staaten auf der Konferenz in Stockholm überboten, hinterließen bei den meisten Hilfsorganisationen und den Abgesandten aus den jeweiligen Ländern keinen nennenswerten Eindruck. Der reiche Westen reagierte auf die furchtbare Tatsache der Kinderprostitution mit denselben Mitteln, mit denen die Belgier auf die Affäre Dutroux antworteten: Man forderte höhere Strafen, bessere Überwachung, psychologische Beratung für die Opfer und ist sich einig in der allgemeinen Ächtung des Deliktes.

Doch mit alldem wird in den armen Ländern die Kinderprostitution nicht einzudämmen sein. Weil sie in erster Linie ein Armutsphänomen darstellt und in dieser Form – wie nicht nur der Fall Dutroux lehrt – inzwischen nach Europa zurückgekehrt ist, kann man sie allein durch Bekämpfung der Armut wirkungsvoll zurückdrängen. Eine solche Analyse hörte man in Stockholm vor allem von der kubanischen Delegierten, die der westlichen Welt eine ultralibertäre Wirtschaftspolitik vorwarf, durch die bei den Armen der Eindruck entstehe, es gebe lediglich materielle Werte und man könne alles für Geld kaufen. Moralische Werte, beklagte unter dem Eindruck der Ereignisse auch der belgische Außenminister, könne die westliche Wirtschaftsform in der Welt und selbst bei sich daheim nicht mehr vermitteln. In Wahrheit wäre es statt mit Moral eher mit besseren Entwicklungsmöglichkeiten für die Kinder getan.

Die Mitarbeiter von Hilfsorganisationen klagen, daß viele der aufgegriffenen Kinderprostituierten wieder auf die Straße zurückkehren, weil man ihnen außer Bastelarbeiten auch keine Perspektive bieten kann. Zudem ist das Seelenleben der Kinder nach Jahren der täglichen Folter meist so nachhaltig geschädigt, daß keine gründliche Heilung zu erwarten ist, selbst wenn es ausreichend Therapieplätze gäbe. Der Präsident der kambodschanischen Menschenrechtsliga berichtete von einem sechsjährigen Mädchen, das sich in der Nähe aller Erwachsenen nackt auszog und hemmungslos zu schreien begann. Wie sollen solche Kinder – und es gibt Millionen von ihnen – je wieder in die Gesellschaft eingegliedert werden? Kein Wunder, daß bei den Betroffenen und namentlich in den fernöstlichen Gemeinwesen drakonischere Strafen gefordert werden. In Manila demonstrierten ehemalige Kinderprostituierte vor dem Parlament und forderten die Todesstrafe für alle Päderasten, die bei ihnen »Dämonen« heißen. Auch staatliche Vertreter neigen inzwischen solchen Radikallösungen zu, gegen die westliche Menschenrechtsvertreter nun wieder ihrerseits starke Einwände geltend machen.

Seit und aufgrund der Affäre Dutroux sind in Europa die Erkenntnisse über weltweite Kinderprostitution rapide gewachsen. Die ernüchternde Einsicht bleibt, daß das grauenvolle Phänomen mit den Mitteln westlichen Goodwills höchstens minimal zu bekämpfen ist, weil es vor allem ein Problem der armen Länder selbst ist. So abstoßend die Bilder von Hunderttausenden westlicher Sextouristen wirken – in Thailand etwa kommen fünfundneunzig Prozent der Kunden von Kinderprostituierten aus dem eigenen Land. In zahlreichen Kulturen werden arme Kinder als eine Art Eigentum der Erwachsenen begriffen und auch so behandelt. Hier ist es oft immer noch Sitte, einem Amtsträger anläßlich des Besuchs eines Dorfes zum Vergnügen ein kleines Mädchen anzubieten. Der Bordellbesuch ist in diesen Ländern eine Selbstverständlichkeit, wobei die Versteigerung der Jungfräulichkeit frisch eingetroffener Kinderprostituierter zu den beliebtesten Ritualen zählt. Noch heute werden Jahr für Jahr an einem hinduistischen Feiertag in der indischen Provinz Karnataka über tausend zehnjährige Mädchen der Göttin Yellama geweiht. Direkt nach der ersten Menstruation werden sie als »Sklavinnen der Göttin« an den Meistbietenden versteigert und landen in der Regel in einem Kinderbordell in Bombay. Ihnen ist ein religiös verbrämtes Leben in Qual und Unterwerfung vorherbestimmt; jede Auflehnung wäre gleichbedeutend mit Frevel. Der Brauch ist über dreihundert Jahre alt und in Südindien bei Unberührbaren und Angehörigen niedriger Kasten verbreitet, die nur durch die Opferung eines Kindes ihre religiösen und finanziellen Schulden glauben begleichen zu können. Indien und China, die bevölkerungsreichsten Länder der Erde, sind mit ziemlicher Sicherheit auch ohne jeden Sextourismus die Nationen mit der größten Anzahl von Kinderprostituierten – nur gibt es keine Statistiken. Solange bei den Kunden kein Unrechtsbewußtsein aufkommt und die Opfer keine Chance haben, auf andere Weise das allernötigste Geld zu verdienen, bleibt das millionenfache Leid von Kindern in der sogenannten Dritten Welt bestehen.

Die gravierende Armut und die ökonomischen Unterschiede auf dem Planeten erweisen sich für die Blüte der Kinderprostitution als viel entscheidender denn die Aufwallungen des europäischen Humanismus. Doch die Wahrnehmung des Elends bleibt bei uns an europäische Phänomene gekoppelt. Die Affäre Dutroux habe erheblich mehr zur Bewußtmachung der Gefahren beigetragen als der gesamte Kinderkongreß der Vereinten Nationen in Stockholm, sagte die Leiterin einer französischen Kinderhilfsorganisation.

In Belgien hat der kollektive Aufschrei viel bewirkt und wird das noch weiter tun. »Die Welt ist ein gefährlicher Ort« stand lakonisch auf einem T-Shirt, das die Fahndung nach Julie und Mélissa unterstützen sollte. Wer nichts gegen diese Gefahren unternehme, so hieß es weiter, mache sich mitschuldig. Auf der Grundlage dieses Minimalkonsenses ist jeder noch so geringe Einsatz gegen Kindesmißbrauch und Kinderprostitution ein Schritt in die richtige Richtung. Doch die Beschäftigung mit der weltweiten sexuellen Ausbeutung von Kindern hat in Europa zugleich die Grenzen der humanitären Möglichkeiten aufgezeigt. Allerdings kann nun niemand mehr behaupten, nicht zu wissen, daß schon dreißig Kilometer hinter Wien oder Nürnberg, wo früher der Eiserne Vorhang war und die offene europäische Kinderprostitution beginnt, die Regeln des westeuropäischen Humanismus versagen. Marc Dutroux, der die Annehmlichkeiten des westlichen Wohlfahrtsstaates so souverän zu nutzen verstand, hat auch in dieser Hinsicht einen sicheren Instinkt gehabt, als er regelmäßig nach Tschechien und in die Slowakei reiste. So genau wir inzwischen über seinen kriminellen Lebenswandel in Belgien unterrichtet sind – über die möglichen Todesopfer, die er östlich der kulturellen Wasserscheide hinterlassen hat, ist bisher nichts bekanntgeworden. Ob überhaupt ernsthaft ermittelt wird, steht dahin. Auch innerhalb von Europa sind die Preise für ein Kinderleben höchst unterschiedlich. Gerüchte, Dutroux habe sich ebenfalls in Brasilien herumgetrieben, ließen sich bisher nicht bestätigen. Die Kinder dort hätten wohl auch

nicht seinen Vorlieben entsprochen, die er wiederholt in Unter-
weltskreisen von Charleroi hinausposaunt hatte: Die Mädchen
sollten schlank, um die zehn Jahre alt, bleichhäutig und möglichst
blond sein. Hätte Dutroux einen anderen Geschmack gehabt und
sein Unwesen in Thailand oder Sri Lanka getrieben, er wäre
höchstwahrscheinlich heute noch nicht gefaßt.

Der sogenannten Dritten Welt ist Marc Dutroux, der seine ersten
vier Lebensjahre in Burundi als Sohn eines Entwicklungshelfers
verbracht hat, erspart geblieben. Hierin unterschied er sich von
den meisten europäischen Päderasten, die immer noch gern ihre
Opfer auf Fernreisen suchen. Daß die Ermittlungen gegen Dutroux
& Co. Kreise bis nach Übersee gezogen haben, liegt vielmehr an
Michel Nihoul. Er verkehrte über Jahre im Milieu der Prostitution
und des Frauenhandels, der längst weltumspannend ist. Bei den
Nachforschungen zu seinem Vorleben stießen die Fahnder auf
zahlreiche Bordelle, in denen Nihoul ein und aus ging. Seine Freundin betrieb die Bar »Le Dolo«, in der ja auch der Mörder Loubna
Benaïssas Stammkunde war. Dazu kommen die Sexparties in Brüssel und auf dem Land, die Nihoul organisierte. Die Frauen, die hier
arbeiteten, stammten unter anderem aus dem ehemaligen Ostblock. Ob hier Beziehungen zu Dutroux' Reisen gen Osten bestehen, ist noch nicht klar.
   Bei Nihoul fand man die Visitenkarte einer Bar aus der Gegend
von Lüttich, deren Betreiber erst unlängst wegen Handels mit
litauischen Frauen verurteilt worden waren. Plötzlich wollten
Nachbarn auch gesehen haben, daß auffällig häufig Kunden mit
Kindern das heruntergekommene Etablissement besucht hätten.
Außer Nihoul sollen Dutroux' Helfer Diakostavrianos und Lelièvre ebenfalls hier verkehrt haben. In dem Prozeß gegen die
Mädchenhändler waren merkwürdige Zugeständnisse der örtlichen Polizei an die Betreiber des Sexclubs ans Licht gekommen.
Mitangeklagter war der Lütticher Unterweltmann Carlo Todarello, der später wegen des Mordes an dem sozialistischen Politiker
André Cools inhaftiert wurde. Bisher sind zwischen den beiden
größten Kriminalskandalen der belgischen Geschichte, der Affäre
Dutroux und dem Mord an Cools, keine engeren Zusammenhänge
nachgewiesen worden. Für die Belgier wirkt es aber durchaus nicht
zufällig, daß derselbe Polizist, der die Betreiber der besagten Sex-
bar »Le Refuge« auffällig lange mit illegalen Prostituierten arbeiten ließ, als Polizist der zuständigen Dienststelle Seraing die erfolg-

lose Fahndung nach den Entführern von Julie und Mélissa koordinierte. Aber Belgien ist ein kleines Land, da ist es fast unvermeidlich, daß sich in den halbseidenen Milieus immer dieselben Menschen über den Weg laufen. So kann es auch bloßer Zufall sein, daß derjenige Mann für die Zeit der Entführung von Dutroux' letzten Opfern Nihoul ein (falsches) Alibi verschaffte, der als Anwalt Berufsverbot bekam, weil er zugunsten der Bande gearbeitet hatte, die den früheren Ministerpräsidenten Vanden Boeynants entführt hatte. Damit hätte der Pechvogel Nihoul auch noch Beziehungen zum dritten großen Kriminalskandal Belgiens gehabt.

Doch Nihoul beschränkte seinen Wirkungskreis nicht allein auf Belgien. Sein größter und spektakulärster Betrug überschritt kühn die Landesgrenzen. 1985 rief er einen Entwicklungshilfe-Fonds für das arme Afrika ins Leben. Als Betreiber einer freien Radiostation in Brüssel betätigte sich Nihoul als eifriger Geldsammler und Aktivist eines gemeinnützigen Vereins namens »SOS Sahel«. Er mißbrauchte dabei das Vertrauen eines philanthropischen Postboten und anderweit bekannten Afrikafreundes. Die Sache brachte immerhin mehrere hunderttausend Mark ein und flog erst Ende 1987 auf, als sich herausstellte, daß Nihoul das gesamte von ihm gesammelte Geld in die eigene Tasche gesteckt hatte. Schnell kam der betrügerische Entwicklungshelfer jedoch wieder aus der Untersuchungshaft frei. Merkwürdigerweise zog sich die Eröffnung des Verfahrens gegen ihn fast zehn Jahre hin. Erst nachdem er wegen der Affäre Dutroux bereits in Haft saß, wurde ihm wegen »SOS Sahel« der Prozeß gemacht. Nihoul erhielt drei Jahre Gefängnis.

Der ebenso windige wie findige Geschäftsmann Nihoul hatte es nicht zufällig auf die Spendenfreudigkeit seiner Landsleute abgesehen. Hilfe für Afrika hat in Belgien einen ganz besonderen Stellenwert. Seit Mitte des vorigen Jahrhunderts der größte Teil Mittelafrikas zur belgischen Kolonie geworden war, entsandte das Land ununterbrochen Missionare, Nonnen, Techniker und später Lehrer und Entwicklungshelfer in den Kongo. Die Bindung zu der damaligen Kolonie, die 1960 und mitten in einem langen Bürgerkrieg in die Unabhängigkeit entlassen wurde, ist immer noch eng. Nachrichten aus dem Kongo und Ruanda/Burundi, das Belgien nach dem Ersten Weltkrieg von Deutschland übernommen und bis 1962 verwaltet hatte, werden ungemein wichtig genommen und gleich nach der Innenpolitik präsentiert. Und auch aus dieser Region mußten die Belgier während der Affäre Dutroux schlechte Nachrichten verkraften. In Ruanda war gerade ein Völkermord mit

Hunderttausenden von Toten geschehen, die Täter blieben weitgehend ungestraft; die wichtigsten Hintermänner hielten sich in Belgien auf. In Burundi kam es aus Furcht vor ähnlichen Massakern zu einer Massenflucht; im damaligen Zaire brach bei zunehmender Hinfälligkeit des von Belgien gestützten Diktators Mobutu der blutige Bürgerkrieg aus, und die Machthaber wurden gestürzt, das Land drohte auseinanderzufallen.

Das traurige Schicksal der früheren belgischen Kolonien bleibt also über Nihouls Afrika-Engagement hinaus mit der Affäre Dutroux im Bewußtsein der Belgier verbunden. Während im Inland die Menschen um die Sicherheit ihrer Kinder fürchteten, Hunderttausende gegen den völligen moralischen Verfall auf die Straße gingen und den Bankrott der Politik bekundeten, wurden sie in den Auslandsnachrichten über den gleichzeitigen Bankrott einer Kolonialpolitik auf dem laufenden gehalten, die mit der Geschichte Belgiens und seiner Führung seit der Staatsgründung stets verflochten war. Daheim starben die Kinder, und die Polizei sah dabei zu. Im Kongo starben die früheren Schutzbefohlenen, und die belgischen UN-Truppen konnten nichts dagegen ausrichten. Es war, als holten alle bösen Geister der Vergangenheit Belgien mit einem Schlag ein. Da war es fast keine große Überraschung mehr, daß ein belgischer Angehöriger des UN-Friedenskommandos in Somalia ein Buch veröffentlichte, in dem er die Übergriffe schilderte, deren sich seine Kameraden aus der belgischen Fallschirmjägertruppe beim langweiligen Wüsteneinsatz drei Jahre zuvor schuldig gemacht hatten. Es erschienen Photos, wie zwei belgische »Paras« ein somalisches Kind, das Lebensmittel gestohlen hatte, über einem Lagerfeuer rösten. Die brennende Kleidung wurde dann mit Schlägen und Tritten gelöscht. Ein anderes Kind kam nicht mit dem Leben davon. Nachdem der Junge Brot gestohlen hatte, sperrten ihn die Soldaten in einen Metallcontainer, wo das Kind nach zwei Tagen in der glühenden Sonne nur noch tot aufgefunden wurde. Seine Schreie waren immer leiser geworden und schließlich ganz verstummt. Marc Dutroux ist mit seinen Opfern auch nicht inhumaner verfahren. Inzwischen wird gegen mehrere Soldaten wegen Mordes ermittelt.

Afrikaner nicht als vollwertige Menschen zu betrachten hat in Belgien, das stark durch seine koloniale Vergangenheit geprägt wurde, eine gewisse Tradition. Die afrikanischen Gebiete rund um den Kongofluß und die Großen Seen, über die man in Brüssel bis 1960 gebot, sind etwa hundertmal so groß wie das kleine »Mutterland«. Schon die Art und Weise, wie Belgien an die Kolonien kam, ist bezeichnend für seine politische Organisation im Geiste des amoralischen Kapitalismus. König Leopold II., der von seinen britischen Verwandten viel über den Nutzen von Kolonien erfahren hatte, wollte auch für das junge Belgien Länder in Übersee erwerben. Er tat das in den Jahren nach 1870 mit Hilfe einer eigenen Anlagegesellschaft, der »Association Internationale du Congo«, die im unzugänglichen Dschungel Mittelafrikas die letzten weißen Flecken von der Landkarte eliminierte und riesige Gebiete zur Ausbeutung durch den Eigner absteckte. Das führte zu der einzigartigen Konstellation, daß der 1885 geschaffene »unabhängige Kongostaat« rechtlich Privateigentum des belgischen Königs war – als hätte er nicht einen halben Erdteil, sondern ein Stück Garten erworben. Die Menschen, die dort lebten, mußten für die Unternehmerqualitäten des belgischen Monarchen einen hohen Preis bezahlen. Die Behandlung der Ureinwohner und die Niederschlagung zahlreicher Aufstände durch Leopolds Privatarmee verliefen so brutal, daß selbst die wenig zimperlichen anderen Kolonialmächte das Regime moralisch unter Druck setzten. Die Erzählung »Herz der Finsternis« des britisch-polnischen Romanciers Joseph Conrad handelt von den Zuständen in den belgischen Handelsniederlassungen am Kongofluß vor der Jahrhundertwende. Conrad beschreibt einen höllischen Sklavenstaat, in dem die Bewohner gnadenlos bis zum Tode ausgebeutet werden, ein Szenario, das in nationalsozialistischen Konzentrationslagern wieder lebendig werden sollte. Der belgische Kongo wurde wahrhaftig zum »Herz der Finsternis«, zu einem der ethischen Tiefpunkte in der daran gewiß nicht armen europäischen Geschichte. Erst 1908, als die Zustände nicht mehr zu verantworten waren, übereignete die Coburger Monarchie das riesige Privatgrundstück von der Größe halb Europas auch formaljuristisch dem belgischen Staat.

Die kolonialen Machtverhältnisse in der gigantischen Sklavenkolonie hatten sich allerdings bereits verfestigt. Baumwoll- und Gummibaumplantagen, die Jagd auf Elefanten zur Elfenbeingewinnung und vor allem die Kupfergewinnung in der Provinz Katanga waren in der Hand mächtiger privater Investoren aus Belgien. Die riesigen Gewinne teilten sich das Königshaus, der im Kolonialdienst angestellte Adel sowie die hohe Finanzbourgeoisie. Noch heute zeugen die prächtigen Art-Déco-Viertel in Brüssel und Antwerpen von dem Reichtum, der damals ins Land floß. Im Zweiten Weltkrieg lieferten die Urangruben im Kongo das Rohmaterial für die Bomben von Hiroshima und Nagasaki.

Das moderne Belgien war auch nach der Unabhängigkeit von Zaire und Ruanda/Burundi keineswegs frei von Verantwortung für die Zustände in diesen Ländern. Auf dem Höhepunkt der Affäre Dutroux wurde bekannt, daß die belgische Regierung von den Plänen zur Ermordung des ersten kongolesischen Ministerpräsidenten Lumumba gewußt und nichts dagegen unternommen hatte. Der Vertraute des CIA, General Joseph Mobutu, hatte schließlich das heterogene Land blutig unterworfen und herrschte bis Mai 1997 in einer Diktatur, die Hunderttausende von Opfern forderte. Mobutu arbeitete mit den alten Kolonialherren, ohne deren Know-how er nicht auskam, in einer gespannten gegenseitigen Abhängigkeit zusammen. Die belgischen Gewinne mußten von da an geteilt werden. Die Dekolonialisierung des Kongo und alles, was sich seit 1960 zwischen Belgien und der früheren Kolonie abgespielt hat, bezeichnete Manu Ruys, einflußreicher Ex-Chefredakteur der flämischen Tageszeitung *De Standaard* und Afrika-Kenner, noch vor der Dutroux-Affäre als »das größte Kapitel der Schande« in der belgischen Geschichte.

Das schlechte Gewissen der Belgier mündete direkt in eine großangelegte Entwicklungshilfe. Von 1960 bis 1990 flossen fast fünfzehn Milliarden Mark nach Zaire, was Mobutu zwar zu einem der reichsten Männer der Welt machte, dem Land aber kaum von Nutzen war. Gerade die großzügige belgische Hilfe inspirierte die Geschäftswelt des Mutterlandes zu ausgeklügelten, gewohnheitsmäßigen Betrügereien um Entwicklungsprojekte. Diese sogenannten Weißen Elefanten zählen gleichfalls zu den spektakulären Skandalen, welche das Vertrauen der Belgier in Politik und Justiz derart unterminierten, daß die Erschütterung durch Dutroux das ganze Kartenhaus zum Einsturz zu bringen drohte. Es begann damit, daß mit der Unabhängigkeit Zaires fast die gesamte alte Kolonialbürokratie in Brüssel untergebracht werden mußte. Dies geschah in Form des neuen Entwicklungshilfeministeriums. Zuweilen wechselten die Sachwalter wichtiger Kolonialunternehmungen, vor allem der allmächtigen Kupfergesellschaft, direkt ins Ministerium. Dadurch gerieten die früheren gewerbsmäßigen Ausbeuter auf die Posten, wo nun über Bauprojekte in der alten Kolonie entschieden wurde. Und wieder entstand ein typisch belgisches Netzwerk, welches das Geld – etwa eine Milliarde Mark an jährlicher Entwicklungshilfe – zum Nutzen der Eingeweihten und zum Nachteil der Bedürftigen in alle Regionen der Welt verteilte. Ein begnadeter Klientelist wie Diktator Mobutu begriff schnell, daß das Wohlwollen belgischer Politiker durch eine geschickte Auswahl derjenigen Firmen zu erreichen war, die an Zaire Fabriken und Maschinen lieferten.

Schließlich wurde der gutdotierte Entwicklungshilfe-Etat in Verbindung mit dubiosen Geschäftemachern zum Selbstbedienungsladen für die belgische Strukturpolitik. Politiker, die hier Einfluß bekamen, konnten für Arbeitsplätze im heimischen Wahlkreis sorgen, oft wurden die georderten Gerätschaften nicht einmal bis in die Dritte Welt geliefert. Die Beispiele, die 1996 eine Parlamentskommission ans Licht förderte, reichen von einem Krankenhaus ohne Patienten über eine verrostete Meerwasser-Entsalzungsanlage in der Wüste bis zu einem Katastrophenfonds, dessen Hilfsgüter bei der Mafia in Sizilien versandeten. Statt Personenzügen wurden Lokomotiven geliefert, eine Erzgrube in erzfreiem Gebiet gebaut, eine Glasfabrik ohne Strom errichtet. Die belgische Entwicklungshilfe überzog die Südhalbkugel mit teuren und unnützen Projekten. Eine Erfolgskontrolle gab es nicht. An der Spitze der schwarzen Schafe stand der Ingenieurbetrieb »Tractebel«; hohe Beamte und Berater des Entwicklungshilfeministeriums fanden sich hier sogar auf der Gehaltsliste. Kurz vor der Affäre Dutroux wurde die Arbeit der Untersuchungskommission, welche diese Mißstände aufdecken sollte, auf bewährte belgische Manier lahmgelegt. Die Bevölkerung erhielt eine weitere Lektion über die Machtlosigkeit des Parlaments gegenüber der Korruptionsmafia: Der allzu eifrige flämische Leiter der eigens eingerichteten AntiKorruptionsbehörde – »Man hat mich vollkommen ausgeschaltet« – wurde von höherer Hand durch einen Wallonen abgelöst. Danach mußten erst einmal alle Akten ins Französische übersetzt werden. Die Mitarbeiter ließ man ein halbes Jahr auf unnötigen Schulungsseminaren versauern. Die Akten bekamen sie nicht zu sehen. Dem inkriminierten Betrieb »Tractebel« wurde indessen der Auftrag für die lukrative Studie erteilt, ob in einem equadorianischen Badeort Kürbisse gezüchtet werden können.

Geschäfte auf dem Rücken der armen Länder zu machen ist also in Belgien nichts Neues. Auch Annie Bouty, Nihouls langjährige Lebensgefährtin und Mutter seiner zwei Kinder, beschritt den Weg, den ihr Freund mit »SOS-Sahel« vor ihr begangen hatte. Nachdem sie 1983 wegen Beeinflussung von Zeugen verhaftet und aus dem

Anwaltsstand ausgeschlossen worden war, rief sie ein gemeinnütziziges Büro zur Beratung afrikanischer Flüchtlinge ins Leben, die in Belgien Asyl suchten. Als »Madame Annie« wurde sie zur Anlaufstelle für Tausende von Klienten, die sie immer noch für eine Rechtsanwältin hielten. Doch konnte sie für die Gebühren, die sie einnahm, längst nicht allen Bittstellern zur versprochenen Aufenthaltsgenehmigung verhelfen. Schließlich ging das Beratungsbüro pleite. Wegen Betrugs und betrügerischen Bankrotts wurde auch Bouty ein paar Tage nach ihrem langjährigen Lebensgefährten zu einer Gefängnisstrafe auf Bewährung verurteilt. Sicher ist, daß Bouty eine Schlüsselstellung innehatte, wenn es darum ging, illegale Einwanderung nach Belgien durch vorgebliche Ausbildungsdiplome zu legalisieren. In Wahrheit reisten junge Männer nicht zur Ausbildung nach Belgien ein, sondern ließen ihre Frauen nachkommen und organisierten Zuhälter-Ringe. In diesem Zusammenhang wird auch Boutys Tätigkeit als juristische Bevollmächtigte einer obskuren nigerianischen Sekte, der »Celestian Church of Christ«, gesehen. Die Gruppierung wird des Menschenhandels und der Prostitution verdächtigt. Die Tochter eines der Sektenführer wurde 1995 in Antwerpen als Prostituierte aufgegriffen. Sie war fünfzehn Jahre alt.

Ob sich juristisch die Kreise zwischen internationalem Frauenhandel und den Verbrechen schließen, die Dutroux an belgischen Mädchen begangen hat, steht noch dahin. Hinsichtlich der Skrupellosigkeit aber, zu Geld und gegebenenfalls auch zu perversem Spaß zu kommen, gehört der gesamte Komplex zusammen: Dutroux' slowakische Eskapaden, Nihouls Entwicklungshilfe in die eigene Tasche, Boutys Mitwirkung bei der Einwanderung von Prostituierten. Die kriminelle Gewohnheit, Entwicklungshilfe als Topf zur Bedienung von Wirtschaftsinteressen zu begreifen, ging mit dem privaten verbrecherischen Spürsinn von Dutroux, Nihoul, Bouty einher. Darum auch sind für die Bürger Belgiens die moralische Verwahrlosung der Entwicklungshilfe, die Grausamkeiten des Sextourismus und die enthemmte Gewaltfreude der Pornoindustrie miteinander verknüpft. Alle Delinquenten stammen aus einem Milieu, das die Nachfrage nach Prostitution und Pornographie in Europa bestens kennt und zu deren Befriedigung den Nachschub aus ärmeren Ländern organisiert. Die Sexindustrie auf Kosten der armen Länder, die Betreiber und auch Freier gern als Spielart der Entwicklungshilfe verbrämen, ist ein wichtiger Geschäftszweig geworden, mit dem in Europa viel Geld verdient wird.

Marie-France Botte hat genau diese Zusammenhänge in ihren Büchern und Vorträgen immer wieder angeprangert. Von der Affäre Dutroux – direkt vor ihrer Haustür – wurde sie überrascht, als sie in Kambodscha, einem der neuesten Modeländer des Sextourismus, recherchierte. Ihre ersten Stellungnahmen erreichten über eine rauschende Telefonleitung die belgischen Fernsehzuschauer: Es gebe mörderische Pornonetzwerke in Europa, die Kinder opferten und Morde an Kindern auf Videofilmen aufzeichneten. Zurück in Brüssel, forderte die Aktivistin unablässig, endlich die Namen prominenter Kunden der Kinderpornoindustrie zu veröffentlichen. Sie wisse, daß sich Listen im Besitz der Justiz befänden. Man sei dabei, die Spuren in die höchsten Kreise der Gesellschaft zu verwischen. Ob das wirklich stimmt, hat der pressescheue Staatsanwalt Bourlet bisher weder bestätigt noch dementiert.

Der belgische König berief Marie-France Botte im Herbst 1996 in seine neu gegründete Kinderschutzkommission und erhob sie – quasi im Eilverfahren – in den nicht-erblichen Adelsstand. Wenige Tage später wurde sie, als sie spätabends in ihre Mietwohnung in einem Brüsseler Vorort heimkehrte, im Flur von einem Unbekannten angefallen, der versuchte, sie zu erwürgen. In letzter Sekunde und schwer verletzt konnte Frau Botte sich befreien und hinter eine Kellertür retten. Seit ihrer Rückkehr nach Belgien war sie anonym bedroht worden. Der Täter ist bis heute nicht gefaßt.

11. Kapitel

Gute Zeiten, schlechte Zeiten: Journalisten und Intellektuelle

»Wenn die Medien das Schicksal meiner Tochter dazu benutzen, ihre Auflagen und ihre Einschaltquoten zu steigern, dann kann ich guten Gewissens die Medien benutzen, um nach meiner Tochter zu suchen.« Mit dieser Einschätzung Paul Marchals, des Vaters der entführten und ermordeten An, ist die Interessenlage der Beteiligten treffend beschrieben. Den Eltern, die sich von Polizei und Justiz im Stich gelassen fühlten, war jedes Mittel recht, auf das Schicksal ihrer Kinder aufmerksam zu machen, Bilder und Kennzeichen der Gesuchten bis in die entferntesten Winkel zu verbreiten. Auf der anderen Seite entwickelte sich daraus für die Medien schon während der langen Zeit der Suche nach verschwundenen Kindern ein Thema, das buchstäblich jeden Bürger interessierte. Vollends dann nach Dutroux' Verhaftung wuchs sich die Affäre zum gewaltigen Medienereignis aus. Kein Sender, keine Zeitung konnte da abseits stehen.

Doch die Rolle der Medien in dieser Angelegenheit überschritt das gewöhnliche Maß an umfassender Berichterstattung weit. Die meisten verzweifelten Eltern traten von sich aus an die Öffentlichkeit und forderten dadurch eine Stellungnahme förmlich heraus. Hier trafen die Journalisten und Fernsehmoderatoren auf Schicksale, denen man nicht einfach mit der üblichen beruflichen Abgeklärtheit begegnen konnte. Zahlreiche Berichterstatter liefen angesichts der grauenvollen Ereignisse und der eindeutigen Zuordnung von Tätern und Opfern mit fliegenden Fahnen über ins Lager der Eltern. Eine in Europa bislang unbekannte Form von teilnehmendem Journalismus entstand. Im Herbst 1996 verging kaum ein Tag, an welchem die bedrohlichen Ausmaße des Verbrechens nicht zur besten Sendezeit im Fernsehen diskutiert wurden. Und so gut wie immer waren Vertreter der Eltern anwesend und erhielten Gelegenheit, den Staat anzuklagen und von ihrer Trauer zu berichten. Innerhalb weniger Wochen waren Paul Marchal, Jean-Denis Lejeune, der Vater von Julie, oder Carine Russo, die Mutter von

Mélissa, im In- und Ausland bekannt. Die französischsprachigen Nachrichten des belgischen Fernsehens wurden von zahllosen Nordfranzosen in der Grenzregion verfolgt; die frankophonen Privatkanäle, vor allem RTL, überschreiten die Landesgrenzen ohnehin. Das Schicksal der wallonischen Kinder wurde bald auch zu einer französischen und welsch-schweizerischen Angelegenheit.

Die Medien berichteten über das Entstehen der Weißen Bewegung viel ausführlicher, als es bei einer anderen politischen Bewegung der Fall gewesen wäre. Die Gesetze journalistischer Unparteilichkeit und Distanz galten plötzlich nicht mehr. Denn welcher Journalist – zumal wenn er selbst Kinder hatte – hätte angesichts des Schicksals der Mädchen guten Gewissens kühl und kritisch bleiben können? Wer hätte sich vornehm zurückhalten können, als es um ein Anliegen ging, das alle parteipolitischen und staatsrechtlichen Einwände aushebelte? Was immer die Eltern vorbrachten, seien es auch unreflektierte Beschuldigungen oder politische Forderungen – ihr fürchterliches Schicksal schien jede Kritik zu verbieten. Wer so viel durchgemacht hatte, hatte auch das Recht, so pauschal sein Leid zu klagen und Konsequenzen zu fordern. Ihre Leidensgeschichte verschaffte den Eltern in den Debatten ein unerhörtes moralisches Gewicht. Kaum ein Politiker oder Untersuchungsrichter durfte sich herausnehmen, mit ebenso harten Worten die Anschuldigungen zurückzuweisen; es hätte pietätlos gewirkt. Die ausgeklügelte Verteilung von Sendezeit, die Ausgewogenheit bis zur Inhaltslosigkeit, wie man sie nicht nur vom belgischen Fernsehen kennt, waren mit einem Schlag außer Kraft gesetzt. Es herrschte eine eindeutige Konstellation: alle Bürger guten Willens gegen das verrottete System.

Betrachtet man die psychische Verfassung der Eltern, so ist ihre Bereitschaft zur Medienpräsenz leicht zu begreifen. Auch als keine Hoffnung mehr bestand, die Kinder mit Hilfe der Medien lebend zu befreien, blieben doch eine ungeheure Wut und eine Verbitterung zurück, für die sie ein Ventil brauchten. Nur die Eltern von Eefje wählten den Weg, in aller Stille, ja Abgeschiedenheit den Tod ihrer Tochter zu betrauern, und erklärten ihren Abscheu vor dem Medienrummel. Die anderen betroffenen Eltern gingen in die Offensive, und sei es nur, um als unermüdliche Mahner und Warner dem absurden, grausamen Tod ihrer Kinder wenigstens nachträglich einen Sinn zu geben. Im Fernsehen und in Illustrierten wurden nun alle echten und vermeintlichen Fahndungsfehler aufgedeckt, wurden die Kumpaneien in Politik und Justiz ohne Unterschied für den Tod der Kinder verantwortlich gemacht. »Wäre ich Innenminister gewesen«, so sagte Gino Russo im Fernsehen, »dann würde meine Tochter noch leben.« Wie sollte man diese Behauptung widerlegen? Die üblichen ätzenden Antworten aus den angegriffenen politischen Lagern blieben diesem Vater deshalb erspart. Jeder Politiker, der offen Front gegen die Fundamentalkritik der Eltern gemacht hätte, wäre politisch erledigt gewesen. Millionen von Fernsehzuschauern erlebten so das seltene Spektakel, daß Politiker und hohe Funktionäre einzig auf dem Bildschirm auftauchten, um sich, konfrontiert mit dem Leid der Eltern jeder Möglichkeit zur Widerrede beraubt, als unfähig und korrupt beschimpfen zu lassen. Die herrschende Klasse, gegen die sich der geballte Zorn der eigenen Wähler entlud, konnte nur abwiegeln, vertrösten, Reformen versprechen, angesichts der immer neuen Enthüllungen den Kopf einziehen und auf ruhigere Zeiten hoffen. Durch spontane Umfragen auf der Straße ließ sich die aufgeladene Atmosphäre mühelos weiter anheizen. Hier standen Gut und Böse von vornherein fest, hier konnten alle Bürger aus dem Stand heraus antworten und ihrer Wut freien Lauf lassen.

In dieser Situation ergriffen auch prominente belgische Fernsehmoderatoren ganz unverhohlen die Partei der Eltern. Vor allem in den Privatsendern, die ohnehin auf emotionale Boulevardberichterstattung setzen, verwandelten sich Talkshows in Tribunale. Zahlreiche unaufgeklärte Fälle verschwundener Kinder, die die Gerichte längst zu den Akten gelegt hatten, wurden im Fernsehen erneut aufgerollt. Daß Eltern und Moderatoren dabei mit Kritik an den Ermittlungsbehörden nicht sparten, kann man sich vorstellen. Die aktivsten der Angehörigen, die Marchals, die Russos sowie Nabela Benaïssa, gehörten schließlich zur Stammbesetzung der allwöchentlichen Diskussionsrunden; sie diktierten ihre Bekenntnisse Illustriertenreportern in die Feder oder verfaßten unter professioneller Hilfe selber Bücher. Talkshows und politische Debattenrunden waren geprägt vom Tonfall einer innigen Pietät, glaubte doch ein jeder, im Namen der ermordeten Mädchen zu sprechen. Nabela Benaïssas Buch trägt nicht ohne Grund den Titel »Im Namen meiner Schwester«. Auch Paul Marchal, der schon während der Suche nach seiner Tochter als regelmäßiger Kolumnist einer flämischen Tageszeitung in Erscheinung getreten war, veröffentlichte das Tagebuch, das er seit dem Verschwinden Ans zu führen begonnen hatte. Das Buch wurde schon vor seinem Erscheinen ins Französische übersetzt.

Ihre Bildschirmpräsenz ließ die Angehörigen der Opfer zu Vertrauten aller Bürger werden. In herkömmlichen politischen Debatten benutzen selbst enge Freunde um einer vorgeblichen Objektivität willen das förmliche »Sie« und bauen so künstliche Distanz auf. Die Fernsehzuschauer und -macher der Sendungen zum Fall Dutroux hingegen wurden – in Leid und Empörung vereint – plötzlich zu der großen Familie, deren Geborgenheit der Boulevardjournalismus ohnehin immer vorzugaukeln sucht. Die Grenzen zwischen Berichterstattern und Betroffenen waren aufgehoben. Das vertrauliche »Du« gab den familiären Ton vor. Paul und Betty, Gino und Carine sprachen wie im eigenen Wohnzimmer mit den Jacques, Moniques und Yves der verschiedenen Fernsehanstalten. Und auch dagegen regte sich keinerlei Protest. Die Eltern hatten allen Grund, in ihrer Trauer die Nähe verständnisvoller Journalisten zu suchen. Und die Moderatoren taten nur, was jeder gutherzige Mensch an ihrer Stelle getan hätte: Sie machten die Anliegen der Eltern zu ihren eigenen. Daß diese Vertraulichkeit in einem elektronischen Medium auch in peinliche Familiarität umschlagen kann, daß also die Regeln der journalistischen Distanz nicht ohne Grund gelten – diese Einwände hatte die Brisanz der Affäre schon gleich zu Anfang hinweggefegt. Standen nicht Menschenleben auf dem Spiel, drohten nicht Spuren verwischt zu werden?

Den Höhepunkt der gefühligen Sitzungen bot der Rückblick auf das »Weiße Jahr« zu Silvester 1996. Schon während der Weihnachtszeit waren auf RTL die Eltern alltäglich vor den Abendnachrichten zu sehen gewesen. Sie hatten den vielen Tausenden von Bürgern gedankt, die ihnen geschrieben hatten, und sich dafür entschuldigt, daß sie die Post nicht persönlich beantworten konnten. In welcher Funktion ihnen die Sendezeit gewährt wurde, war zu diesem Zeitpunkt längst unklar geworden. Der Sender schützte bei diesen Weihnachtsbotschaften naturgemäß humanitäre Gründe vor. Doch gleichzeitig schien es, als stünden die Eltern im Sold des Fernsehens, das seinerseits weit weniger auf die Gefühle der Beteiligten Rücksicht nahm, als es vorspiegelte. Beim Unterrichtsbeginn der Grundschulklasse, in die früher Julie und Mélissa gegangen waren, hatten nicht weniger als drei Fernsehteams auf die Reaktionen der verängstigten Kinder gelauert. Auch das Auffinden der sterblichen Überreste von An und Eefje wurde ausführlich in Bildern dokumentiert: Über den Zaun von Dutroux' Anwesen hinweg war zu sehen, wie ein Beamter mit großer Sorgfalt Knochenreste in eine Kiste packte. Wenn schon alle Betroffenen zu einer Familie gehörten, dann sollte man voreinander auch keine Geheimnisse mehr haben. Der Kampf um die Einschaltquote, das eigentliche Agens aller elektronischen Medien unter dem Diktat des Profits, hatte über jede Pietät gesiegt.

Bei der Jahresabschlußdiskussion zum Fall Dutroux im Privatfernsehen ging dann der Moderator – selbstverständlich wieder in Anwesenheit der prominentesten Eltern – so weit, den Priester, der die Totenmesse für Julie und Mélissa gehalten hatte, um eine Botschaft an Marc Dutroux zu bitten, »der jetzt vielleicht in seiner Zelle sitzt und uns zuschaut«. Der Kreis der telegenen Gesellschaft hatte sich endgültig geschlossen. Es gab kein Draußen mehr im umfassenden Wohnzimmer der Fernsehberichterstattung. Sollte Dutroux je die Chance zu einem Freigang bekommen, ist durchaus vorstellbar, daß sein erster Weg ihn ins Aufnahmestudio führt, wo er die Eltern seiner Opfer vor den Augen der Fernsehnation um Verzeihung bitten könnte.

Einzig einige belgische Soziologen kritisierten die Auswüchse der totalen Emotion, welche die Medien im Fall der ermordeten Mädchen für sich ausnutzten: das Niveau der Berichterstattung sinke immer mehr auf puren Boulevardstil herab, und diese Entwicklung sei durch die Affäre Dutroux extrem beschleunigt worden. Seither habe sich der Ton von der vielstimmigen Objektivität zur totalen Einstimmigkeit verschoben. Wo früher zwischen Bericht und Meinung getrennt worden sei, herrsche nun das Diktat des Volksempfindens. Es wurde sogar der Vorwurf laut, die Eltern hätten die Medien in ihrem Sinne manipuliert. Hinter den scheinbar so spontanen Erklärungen stünden immer öfter die Anwälte, die somit imstande seien, eigene Kampagnen gegen die Justiz zu inszenieren. Einige Fernsehjournalisten bekannten nichtsdestoweniger ihren Stolz, im Zuge der Berichterstattung die Freundschaft der Eltern gewonnen zu haben. Unter immensem Druck und in dem Bewußtsein, für eine gute Sache zu kämpfen, wuchsen Medien und Opfer zusammen, und sie scheuten sich auch nicht, ihre Parteilichkeit öffentlich auszustellen: Seht her, wir sind Freunde fürs Leben, verbunden durch das gemeinsam durchmessene Leid. Allen Beteiligten kam diese Offenheit augenscheinlich immer noch ehrlicher vor als das Gemauschel der Justiz und der Polizei hinter verschlossenen Türen.

Solche selbstbewußten Töne bilden keine Ausnahme. Während die Affäre Dutroux eigentlich alle staatlichen Institutionen – Polizei, Parlament, Justiz, Regierung – bis ins Mark erschütterte, nahm die Glaubwürdigkeit der Medien enorm zu. Dabei spielte gewiß eine Rolle, daß keine Fernsehstation, keine der traditionell partei-politisch gebundenen Zeitungen in diesem Fall abwiegelte. Sobald die Tragweite der Verbrechen ans Tageslicht kam, war die Presse mit Sondernummern, Beilagen und einer umfassenden Berichter-stattung zum Thema zur Stelle. Das reichte von der täglichen Chro-nik der Ereignisse über empörte Kommentare in immer radikalerer Tonlage bis zu Hintergrundberichten über die Therapie von Pä-derasten. Vor dieser Offensive rückhaltloser und ausführlicher In-formation kapitulierten schließlich auch die Politiker. Die öffentli-chen Sitzungen des parlamentarischen Untersuchungsausschusses wurden wochenlang vom belgischen Fernsehen live gesendet. Das große Interesse der Zuschauer und die erneute öffentliche Debatte über die Funktionsweise und Effizienz der Justiz, welche die Über-tragungen zur Folge hatten, zeigen, wie notwendig und förderlich dieses Fernsehtribunal gewesen ist.

Auch sämtliche Zeitungen konnten ihre Auflagen steigern, denn immer mehr Belgier benötigten eine tägliche Aufbereitung der Nachrichten, wenn sie über das immer unübersichtlichere Skan-dalgeschehen auf dem laufenden bleiben wollten. Im Frühjahr 1997 gab es sogar Sonderbeilagen zum derzeitigen Stand der Staatsaffären. Von Dutroux bis zum Premierminister fanden sich hier sämtliche Figuren aufgelistet, die in den letzten Jahren in Miß-kredit geraten waren. Ohne eine auswählende, wertende, sondie-rende Presse drohten selbst politisch interessierte Bürger schnell den Überblick über das Geflecht der ökonomischen, politischen und kriminellen Skandale zu verlieren. Schlechte Zeiten für den Staat sind eben gute Zeiten für die Presse.

Außerdem spiegelt sich in dem markant gestiegenen Medien-konsum die große Hoffnung, wenigstens die Vierte Gewalt könnte als Hüterin von Recht und Ordnung in die Bresche springen, wenn schon die anderen drei Gewalten bei ihren Aufgaben jämmerlich versagt haben. Die immense Bedeutung von Fernsehen und Presse in diesem Skandal ist auch ein Indiz dafür, wie tief das Vertrauen der Bürger in die eigentlichen Staatsorgane schon erschüttert war. Entscheidende Dokumente aus den Justizverfahren landeten nicht nur aus kommerziellen Erwägungen bei Enthüllungsjournalisten, sondern auch weil die Informanten der Polizei verständlicherweise nicht mehr trauten. Zahlreiche wichtige Akten und Zeugenaussa-gen nahmen über die Veröffentlichung in den Medien gleichsam einen neuen Dienstweg. Erst wenn Hinweise auf unterschlagene Dokumente oder nicht beachtete Zeugenaussagen öffentlich bekannt waren, hatten die Informanten keine Angst mehr vor den Ermittlungsbehörden. So kam es zu gespenstischen Fernsehsendungen: Die Redaktionen hatten Gesprächspartner aus dem kriminellen Pädophilenmilieu aufgetrieben. Vermummt und mit verzerrter Stimme berichteten dann die – vermeintlichen oder echten – Insider, wie sorgfältig die mafiösen Päderastenkreise ihre Opfer auswählen, erzählten von regelrechten »Bestellungen« für »Kinderfleisch« und »frisches Wild«. Solche anonymen, nicht überprüfbaren Aussagen sind für die Strafverfolgung wertlos, solange sie nicht vor der Justiz abgegeben werden. Doch genau das fürchteten gewisse Informanten nach der Ablösung von Richter Connerotte am meisten: mit ihren Angaben über mächtige Hintermänner direkt in die Höhle des Löwen zu laufen. Denn gerade in den Polizei- und Gerichtsgebäuden vermutete man die kriminellen Netzwerke.

Da nimmt es nicht wunder, daß Enthüllungsjournalisten sich zunehmend selbst in der Rolle von Ermittlern sahen. Keine Woche verging, in der nicht Akten, Aussagen oder auch nur Gerüchte aus dem Ermittlungsverfahren gegen Dutroux groß aufgemacht die Öffentlichkeit erreichten. Nicht das geringste Maß an Diskretion war aufrechtzuerhalten. Mochten die Ermittler auch schweigen; nahezu jedes Detail, selbst aus geschlossenen Sitzungen, kam ans Licht, sobald die Mitglieder des parlamentarischen Untersuchungsausschusses informiert wurden und gezielte Indiskretionen für ihre Ziele zu nutzen versuchten. Staatsanwalt Bourlet hatte sich anfangs gegenüber den Medien noch einigermaßen offen gezeigt. Nach den ersten pompösen und im Kern falschen Sensationsgeschichten über immer neue Leichen auf Dutroux' Grundstücken änderte Bourlet seine Politik radikal. Er schottete sich der Öffentlichkeit gegenüber völlig ab, vergatterte seine zahlreichen Mitarbeiter zu Stillschweigen und sorgte so dafür, daß über die Tragweite der Ermittlungen die unglaublichsten Gerüchte die Runde machten. Die Büchse der Pandora war nicht mehr zu schließen.

Die Taktik der Ermittler hatte ihre Gründe. Immer neue anonyme und auch beurkundete Aussagen gegen Päderastenringe erreichten das Gericht in Neufchâteau. Im Fall des geouteten Vizepremierministers Elio di Rupo stellte sich schnell heraus, wie verderblich und rücksichtslos das Klima allgemeiner Verdächtigungen zu werden drohte, das mit dem Bekanntwerden immer neuer Beschuldigungen um sich griff. Umgekehrt konnten seriöse Ermittlungen erschwert oder gar konterkariert werden, wenn die Medien täglich mit neuen Indiskretionen aufwarteten. Einen besonders spektakulären Verlauf nahmen die Grabungsarbeiten auf dem aufgelassenen Minengelände von Jumet, einem Stadtteil von Charleroi, mitten in Dutroux' engerem Wirkungsbereich.

Von Mitte Dezember an konnten Belgiens Fernsehzuschauer täglich am Bildschirm verfolgen, wie immer neue Stollen in dieses riesige Gelände getrieben und unter immensen Schwierigkeiten von der Polizei durchsucht wurden. Man fahnde, so der Wortführer der Grabungsmannschaften, nach Kinderleichen, die Dutroux und seine Bande auf diesem Gelände verborgen und wahrscheinlich gar in eigens gebauten Kammern aufbewahrt hätten. Dutroux' Frau, Michelle Martin, soll die Fahnder ausdrücklich auf diese Fährte gesetzt haben. Über mehrere Wochen zogen sich die Arbeiten bei schlechtesten Witterungsverhältnissen hin. Alte Bergwerkspläne und pensionierte Kumpel wurden zu Rate gezogen. Doch man fand nichts.

Im Januar dann veröffentlichten Teile der frankophonen Presse die wahren Zusammenhänge, die noch viel unglaublicher waren als die vorgespiegelten: Staatsanwalt Bourlet hatte die Medien schon zu Beginn der Grabungsarbeiten darüber informiert, daß man einem Netzwerk von Kinderschändern auf der Spur sei, das unabhängig von Dutroux operiert habe. Die Journalisten bekamen die Geschichte zu hören, durften sie jedoch unter Androhung von Strafe nicht veröffentlichen; Menschenleben stünden auf dem Spiel. Nachdem man im Herbst aus Furcht vor Übergriffen anderer Häftlinge sämtliche in Belgien einsitzenden Päderasten in einem Spezialgefängnis zusammengelegt hatte, begann in einer Dreimannzelle ein älterer Veteran der Szene zu plaudern: Dutroux sei nur ein kleiner Fisch. Auf dem Zechengebiet von Jumet habe man mit einer eigenen Organisation viel mehr Kinder verborgen und ihre Leichen dort auch vergraben. Ein Mithäftling aus der Zelle offenbarte sich der Polizei, und nun begann ein makabres Suchspiel. Jeden Tag wurde ausführlich in den Nachrichten über die Grabungen berichtet, um den geschwätzigen Päderasten, der mit seinen Zellengenossen vor dem Fernseher saß, zu neuen Bekenntnissen anzustacheln. Und es funktionierte – so schien es. Der Mann äußerte seine Verwunderung: Wie denn die Polizei die Informationen von Dutroux' Frau haben könnte, die habe doch nichts damit zu tun. Täglich kommentierte der Häftling den Fortgang der Grabungen, merkte an, daß die Polizei am ganz falschen Ende suche, daß man tiefer baggern müsse. Und täglich leitete der Informant, obwohl er um sein Leben fürchtete, die Hinweise den Polizisten weiter, die nun genauer wußten, wo sie zu graben hatten. Tatsächlich stellten sich die Hinweise als erstaunlich korrekt heraus und stimmten mit der Topographie des Minengeländes überein.

Die Fahnder stießen auf frisch abgebrochene Hütten und verschüttete Gänge, als habe hier jemand Spuren verwischen wollen. Doch die Leichen zahlreicher verschwundener Kinder fanden die Polizisten nicht. Irgendwann wurde dann der Konkurrenzdruck innerhalb der Medien zu stark; die ganze Geschichte erschien in einer wallonischen Zeitung, lief bald auch über Radio und Fernsehen. Der Informant wurde sofort aus der Zelle geholt, der geschwätzige Päderast schwieg wie ein Grab.

Immerhin lenkte diese obskure Affäre das Augenmerk der Öffentlichkeit darauf, daß nicht unbedingt allein Marc Dutroux der Generalbösewicht sein mußte, der das Verschwinden sämtlicher vermißter Kinder zu verantworten hat. Nach den vergeblichen Grabungen von Jumet wurde deutlich, daß durchaus unterschiedliche kriminelle Netzwerke von Kinderfängern ihre Hand im Spiel haben konnten. Der redselige Päderast aus dem Gefängnis kam aus Namur, und so verfolgten die Fahnder und Medien nun zuvörderst den Fall der zwölfjährigen Elisabeth Brichet, die unter mysteriösen Umständen aus einer Vorstadt von Namur verschwunden war. Und ähnlich wie im Fall der kleinen Loubna Benaïssa gab es, ohne daß neues Material hinzugekommen wäre, plötzlich einen Hauptverdächtigen.

Als vier Tage vor Weihnachten 1989 das Mädchen an einer belebten Verkehrsader in den Abendstunden, keine zweihundert Meter von daheim, plötzlich verschwindet, gerät auch der exzentrische Filmemacher Jean-Marc Houdmont kurzzeitig ins Visier der Polizei. Doch es läßt sich keine Verbindung zu dem auffallend hübschen, blonden Kind nachweisen. Die Mutter, ebenfalls enttäuscht von der mangelnden Einsatzbereitschaft der Fahnder, schaltet schließlich einen Privatdetektiv ein und verliert dabei viel Geld. Als die geschiedene Frau selbst eine Zeitlang von der Polizei zu den Verdächtigen gezählt und unsanft darauf aufmerksam gemacht wird, daß sie sich nicht in die Ermittlungen einzumischen habe, unternimmt sie einen Selbstmordversuch. Erst die Festnahme von Dutroux und die Aufmerksamkeit, die danach auch ihrem Fall zuteil wird, hilft der völlig verzweifelten Mutter aus der Depression. Sie ist die eigentliche Initiatorin und Organisatorin des Weißen Marsches und dringt beständig darauf, die Polizei möge das Verschwinden ihrer Tochter Elisabeth vor über sechs Jahren erneut untersuchen.

Man muß es dem Klima in Belgien nach Dutroux' Entdeckung zuschreiben, daß wirklich etwas geschieht. Elisabeths Photo erscheint in allen Zeitungen, ihre Mutter hält in verschiedenen Fernsehsendungen das Interesse am Fall wach. Diese unerwartete Aufmerksamkeit ist es schließlich, die auch in dem erwähnten Spezialgefängnis den Verdächtigen aus Namur zum Plaudern bringt. Weitere Häftlinge melden sich freiwillig und geben an, sie hätten über die Entführung Konkretes zu Ohren bekommen. Diesmal finden sie Gehör: Drei Männer, darunter ein gewisser »Jean-Marc«, hätten das Kind seinerzeit gekidnappt. Es sei an einem Autobahnkreuz von einem Mercedes in einen Lieferwagen umgesetzt und dann mit unbekanntem Ziel abtransportiert worden. Auch diesmal stellt sich Jahre später heraus, wie flüchtig und oberflächlich die ersten Spuren bearbeitet worden sind. Der Verdächtige Houdmont, der im selben Stadtteil wie das entführte Kind lebte und auffiel, weil er, obwohl ohne feste Beschäftigung einen wohlhabenden Lebensstil pflegte, war im Besitz eines Mercedes, wie ihn mehrere Zeugen am Tatort bemerkt hatten. Weil die Farbe nicht übereinstimmte, war man seinerzeit dem Verdacht nicht weiter nachgegangen. Doch plötzlich vermutet die Polizei, das Auto könne auch umgespritzt worden sein. Auch hält man es inzwischen für möglich, daß Houdmont den Besitz eines anderen Mercedes der Polizei verschwiegen haben könnte. Die Frage blieb, weshalb den Fahndern solche Ungereimtheiten erst jetzt auffielen, da das ganze Land auf die Ermittlungen in Namur schaute. Zahlreiche Kommentatoren wiesen angesichts der himmelschreienden Versäumnisse nach dem Verschwinden Loubna Benaïssas darauf hin, daß es an der Zeit sei, sämtliche Fälle verschwundener Kinder erneut aufzurollen. Auch in Namur wurde die Polizei plötzlich aktiv, vielleicht aus Furcht, hier könnten wieder einmal die Ermittler aus Neufchâteau allein die Wahrheit ans Tageslicht bringen.

Wie Dutroux verfügte auch Houdmont über mehrere Grundstücke und Wohnungen. Ein Ferienhaus in den Ardennen an einem unbewachten Grenzübergang nach Frankreich wurde überprüft und das Gelände völlig umgegraben. Gleich jenseits der Grenze, so stellte sich heraus, hatte der Verdächtige eine Garage gemietet, wo – man ahnt es schon – der Autonarr mit Schrott und Wagenteilen handelte. Die Sommer verbrachte er in Südfrankreich auf Campingplätzen. Hier soll er ebenfalls Anwesen gehabt haben. Mit einem Mal paßte alles zusammen, vielleicht auch, weil die Polizei nach Dutroux ein Täterprofil entwickelt hatte und sich über die Tragweite der Aktivitäten möglicher Päderastenringe im klaren war.

Houdmont lebte wie Dutroux mit einer unterwürfigen, verängstigten Frau zusammen und war trotz seiner Arbeitslosigkeit ständig unterwegs. In Namur stand er seit den siebziger Jahren in dem Ruf eines verkrachten Filmemachers. Verschiedene Male hatte er die staatliche Filmförderung oder unbedarfte Amateure dazu überreden können, ihm Geld für Projekte vorzuschießen. Ein Film wurde nie daraus. Später wurde er beim illegalen Kopieren von Disney-Filmen erwischt und verurteilt. Was er genau machte, wußte niemand. Nur seine große Sammlung von Pornofilmen und anderen Materialien war bekannt. Zudem fiel auf, daß seine Autos immer größer wurden: Mercedes, Rover, Jaguar. Zwar wurde er 1983 als Verdächtiger im Fall eines Brüsseler Sittenskandals mit Kindern verhört, aber zu einer Verurteilung kam es nicht.

Lange versuchte sich der mysteriöse Mann in der Vorweihnachtszeit als Kinderphotograph. Mit einem Lama stellte er sich vor Einkaufszentren auf und schoß Bilder von Kindern, die er auf dem Tier sitzen ließ. Von den amüsierten Eltern erhielt er gegen Vorkasse die Anschrift. Die Photos bekamen die Ahnungslosen nie zu sehen, doch vermutet die Polizei, daß Houdmont auf diese raffinierte Weise ein ganzes Register mit Kinderphotos samt Adressen anlegen konnte. Deutete dieser Lebenslauf auf den mörderischen Päderastenring, den der Häftling bei seinen Prahlereien über die Verstecke auf dem Minengelände im Sinn hatte? Auffällig ist, daß mehrere andere Delinquenten aus Namur, die wegen sexueller Delikte mit Kindern in Haft sitzen, in der Film- und Photobranche arbeiteten, als Photographen, als Betreiber oder Mitarbeiter eines Photogeschäfts.

Auch diesmal fanden sich in den Medien wieder Details, die das langjährige Desinteresse der Fahnder ausgesprochen verdächtig wirken lassen. Houdmonts Wohnung war kurz nach der Entführung Elisabeths und seinem Verhör vollständig ausgebrannt. Eine Warnung? Der Brandstifter wurde ausfindig gemacht und erwies sich als dermaßen verwirrt, daß er in eine psychiatrische Klinik eingewiesen werden mußte. Dort fiel er nach ein paar Tagen aus ungeklärter Ursache aus dem Fenster und war tot – Selbstmord, so nahm man damals an.

Weil alle diese Indizien plötzlich die Öffentlichkeit aufhorchen ließen und sogar das Phantombild des vermutlichen Täters einer weiteren mysteriösen Kindesentführung auffällige Übereinstimmung mit Houdmont zeigte, wurde er Ende Februar 1997 in Namur ausführlich von denselben Polizeidienststellen verhört, die ihn sechs Jahre vorher nicht weiter überprüft hatten. Hausdurchsuchungen förderten abermals große Mengen pornographischen Materials zutage, außerdem Kinderkleidung und Spielzeug, obwohl Houdmont und seine Freundin gar keine Kinder hatten. Doch während zweier Tage fast permanenten, harten Verhörs blieb Houdmont ungebrochen. Er leugnete, irgend etwas mit Elisabeths Entführung oder dem Verschwinden anderer Kinder zu tun zu haben. Die Polizei entließ ihn nach Hause.

Am nächsten Morgen rief er bei der Polizei an und erklärte zur großen Überraschung der Beamten, er habe eine entscheidende Mitteilung zu machen und komme sofort nach Namur ins Polizeipräsidium. Auf dem Weg dorthin raste er mit seinem Wagen gegen eine Hauswand und war sofort tot. Weil weder die Untersuchung des Wagens noch die Autopsie irgendwelche Hinweise auf ein Eingreifen Dritter, auf Manipulationen am Auto oder auf den Einfluß von Medikamenten lieferten, nimmt die Polizei an, daß Houdmont sich in Panik umbrachte – für einen Autonarren eine adäquate Methode. Seine langjährige Freundin wurde sofort verhaftet. Warum Houdmont sich so unerwartet bei der Polizei meldete und welche Information er loswerden wollte, bleibt ein Rätsel.

Der Fall von Elisabeth Brichet zeigt, wie die öffentliche Aufmerksamkeit nach Dutroux' Verhaftung eine abgelegte Untersuchung wieder in Gang bringen konnte. Diesmal handelte es sich nämlich nicht um Staatsanwalt Bourlet, der »bis zum Grund« aufklärte; es waren vielmehr dieselben Beamten, denen plötzlich durch die Erfolge der Kollegen und durch die Aufmerksamkeit der Medien Beine gemacht wurden. In jedem Fall ließ auch die Fahndung in Namur nicht den Eindruck aufkommen, daß das juristisch-polizeiliche System ohne Überwachung durch die Vierte Gewalt zur Selbstreinigung imstande wäre.

Merkwürdigerweise hielt sich bei der massiven Kritik an den Institutionen eine Gruppierung abseits, zu deren Selbstverständnis eine solche Abrechnung mit dem System eigentlich immer gehört hatte:

die der Schriftsteller und Intellektuellen. Ein älterer flämischer Lyriker beklagte nach dem Weißen Marsch gar »den Verrat der Intellektuellen«, denn er hatte keinen Autorenkollegen in der Menge ausgemacht: »Ich bin enttäuscht über diese Leute, die auf Kosten der Gesellschaft studieren, um ihr danach den Rücken zuzukehren.« Auch hatte es von dieser Seite keine Stellungnahme zugunsten der Volksbewegung gegeben, obwohl die Schriftsteller doch sonst eher zu den gesprächigen Menschen zählen, denen keine Unterschriftensammlung, kein öffentlicher Aufruf entgeht. Der Kolumnist und Romancier Dom Lanoye, der sonst zu den ätzendsten und originellsten Kritikern des belgischen Establishments zählt, blieb auffällig schweigsam. Ihm fiel nur ein, den neuen Moralismus zu geißeln, der auch die Gefahr eines neuen Konservativismus in sich berge. Die international berühmte, flämische Romanautorin Kristien Hemmerechts bekannte, sie könne den Namen Dutroux nicht mehr hören. Dieser Mann sei jetzt ja wohl der berühmteste Belgier aller Zeiten, und das ekele sie an.

Solche Äußerungen sprechen für ein Unbehagen der Intellektuellen an der Weißen Bewegung. Diese Demonstranten legten Wert darauf, ihre bürgerliche Gesetzestreue und ihre Biederkeit in Abgrenzung zu den perversen Kinderschändern und ihren vermeintlichen Helfern im System deutlich zu machen. Damit verkörperten sie gerade jene konventionelle und gewöhnlich schweigende Mehrheit, gegen die sich die nonkonformistischen Denker und Autoren stets abzusetzen bemühen. Proteste, die auf moralische Unterstützung von seiten der Intellektuellen rechnen können, sehen ganz anders aus; da ziehen skandierende Gruppen gegen Atomkraftwerke oder Konzernzentralen zu Felde. Wenn Intellektuelle vor Gefängnissen und Justizgebäuden demonstrieren, dann, um die Befreiung eines Insassen – etwa eines verurteilten Terroristen oder eines abzuschiebenden Asylanten – zu fordern, nicht aber, um Sicherheitsverwahrung für Sexualstraftäter oder ein härteres Vorgehen der Richter einzuklagen. Schon der Gründungsakt des modernen Intellektuellentums im Frankreich der Jahrhundertwende, Émile Zolas Verteidigungsschrift für den zu Unrecht als Spion verurteilten jüdischen Hauptmann Dreyfus, drehte sich um die Befreiung eines Inhaftierten und um die Verteidigung der Individualrechte gegen die Intoleranz der Bevölkerung. Immer zielte seither der intellektuelle Protest auf die Stärkung der Rechte des Einzelnen, so zuletzt beim iranischen Todesurteil gegen den Romancier Salman Rushdie.

In der Affäre Dutroux hatten sich die Vorzeichen genau umgekehrt: Hier forderten die Demonstranten nachdrücklich, die Gemeinschaft gegen die gar zu tolerante Behandlung eines Individuums, des Sexualstraftäters, zu verteidigen. Mit diesem Bruch der
Tradition wollte sich vorderhand kein Intellektueller einlassen.
Allzu groß wirkte die Gefahr, von einem gesunden Volksempfinden
vereinnahmt zu werden. Das so ostentativ kleinbürgerliche Auftreten der Eltern in den Talkshows des Privatfernsehens wirkte auf
Schriftsteller verdächtig. Obendrein verfochten die Verwandten
der Opfer ihre Sache so selbstgewiß im Gefühl der moralischen
Überlegenheit und fanden ihr Forum derart selbstverständlich in
den populären Medien, daß sie auf Kommentare der ihnen verdächtigen, libertinären Hochkultur sogar gereizt reagierten. Dieser
Aufstand der bedrohten Durchschnittsmoral gegen die bedrohlichen Abweichler wollte nichts mit den »Berufsprotestierern« zu
tun haben.

So kann von einem »Verrat der Intellektuellen« keine Rede sein,
denn die Volksbewegung konnte sich nicht von einem Stand verraten fühlen, dessen Bekundungen und Engagement ohnehin an ihrer
Aufmerksamkeit vorbeigingen. Die Stellungnahmen belgischer
Denker und Autoren kamen – wie auch sonst meist – nicht über
das eigene Milieu hinaus. Der bedeutendste französischsprachige
Romancier Belgiens, Pierre Mertens, veröffentlichte auf dem
Höhepunkt der Affäre zwei »Notrufe an die Europäer«, die auch
in deutschen Zeitungen erschienen. Zwar bekundet Mertens darin
seine Hochachtung für die »große Würde und unglaubliche staats-
bürgerliche Reife der Eltern« und preist die Massenbewegung des
Weißen Marsches. Doch die Volkswut vor der eigenen Haustür
deutet der Autor als Menetekel für die baldige Teilung Belgiens.
Sein Notruf war im Namen der französischsprachigen Brüsseler
geschrieben, die fürchten, von flämischen Nationalisten vereinnahmt und zu Fremden in der eigenen Stadt gestempelt zu werden.
Kein Wunder, daß Mertens' Hauptwerk »Une paix royale« das belgische Königtum nostalgisch beschwört und anhand des Radsport-
helden Eddy Merckx an einer versöhnlichen Mythologie der künstlichen belgischen Nation bastelt. Die Brüsseler Frankophonen
wären die ersten Opfer der Landesteilung und appellieren daher an
Europa. Mertens' populärer Kollege Jacques Neyrinck geht in
einem wallonischen Bestseller noch weiter und schildert in dem
Roman »Le siège de Bruxelles« die Eroberung Brüssels durch einen
faschistischen flämischen Feldherrn. Hier werden alle Vorurteile

gegen die vermeintlich rechtsradikalen Flamen angesprochen, die angeblich ihre Hauptstadt von Ausländern und Wallonen reinigen wollen. Daß der Weiße Marsch und die Beerdigung von Loubna Benaïssa keine Spur solcher sezessionistischen und fremdenfeindlichen Regungen zeigten, drang zu den Intellektuellen nicht durch.

In Belgien wird wieder einmal eine gegenseitige Gleichgültigkeit und eine Unkenntnis deutlich, wie sie auch für das vereinte Europa mit seinen heterogenen intellektuellen Milieus bezeichnend sind. Eine hundertsechzigjährige gemeinsame Geschichte in einem kleinen Staatsverband haben nichts daran ändern können, daß wallonische Autoren einzig die Debatten verfolgen, die im Pariser Quartier Latin geführt werden, während sämtliche flämischen Schriftsteller von Rang in den finanzstarken Niederlanden ihre Verlage gefunden haben. Selbst das geistige Leben des Landes ist also radikal zweigeteilt. Als sich auf dem Höhepunkt der Affäre Dutroux flämische und wallonische Autoren in Brüssel zu einer Podiumsdiskussion trafen, war das ein außergewöhnliches Ereignis. Normalerweise nimmt man keinerlei Notiz voneinander; da konnte auch die Aufwallung wegen der ermordeten Kinder keine übereilte Gemeinsamkeit herbeiführen. Belgien, so schreibt der Soziologe und Essayist Claude Javeau angesichts der Mutlosigkeit im Fall Dutroux, verfüge eben nicht über eine geistige Elite: »Es gibt zwar Intellektuelle in Belgien, sogar ganz exzellente. Aber ihr Horizont bezieht sich auf eine Welt außerhalb von Belgien.«

Der berühmteste Autor des Landes ist ein Flame: Hugo Claus. Er hat bis heute mit keinem Wort zu Dutroux und den Folgen Stellung genommen. Und doch ist sein Werk bei vielen Gesprächen über die nicht abreißende Kette von Skandalen präsent. Seit den fünfziger Jahren schildert der Autor seine Landsleute drastisch und unerbittlich als geile, verklemmte Katholiken, denen jede sexuelle Abnormität zuzutrauen ist. In seinem Werk treibt man es ziemlich ungeniert quer durch die Verwandtschaft, und auch die Kinder bleiben dabei nicht ungeschoren. In seinem Sittenbild aus der provinziellen Kulturszene, »Belladonna«, verkehrt der Provinzgouverneur im Knabenpuff, und ein dreizehnjähriges Mädchen macht sich zielgerichtet an einen alten Schriftsteller heran.

Was hat Claus mit solchen obszönen Visionen, verfaßt lange vor der Aufdeckung der Affäre Dutroux, beabsichtigt? Gewiß wollte er auf die Verluderung der Sitten bei den Politikern und hohen staatlichen Funktionären hinweisen. Die Szenerie mit dem kleinen

Mädchen, das dem dicken, alten Dichter hinterherläuft, ist eine deutliche Anspielung auf Louis Paul Boon (1912–1979), einen der genialsten Vertreter der literarischen Moderne in Belgien und außerdem unerschrockenen Verfechter des Sozialismus. Boon machte in seinem Spätwerk kaum einen Hehl aus seinen pädophilen Neigungen, und lange untersuchte die Literaturwissenschaft seine Bekanntschaften mit kleinen Mädchen und den Niederschlag dieser Leidenschaften in den Romanen eher amüsiert. Heute ist das Thema höchst inopportun und wird von der Wissenschaft lieber nicht mehr erwähnt.

Im Herbst 1996, während das ganze Land sich in die Gerüchte um mögliche Kinderschänderringe und die vermutete Verstrickung hoher Politiker hineinsteigerte, erschien der neueste Roman von Hugo Claus. Passenderweise hieß auch das Buch »De geruchten« (Die Gerüchte) und handelte von einer Dorfgemeinschaft, die ein Heimkehrer aus dem Kongo mit einer rätselhaften, todbringenden Seuche infiziert. In Wahrheit aber ist die verlogene Moral, sind die ewigen bösen Gerüchte und die unbewältigte Schuld in den Kolonien die Gründe für die Verrottung der Gesellschaft bei lebendigem Leib. In der Dorfkneipe hocken die Biedermänner beisammen und verschwören sich gegen den todbringenden Außenseiter: »Warum, von wem wird dieser Verbrecher geschützt? Es gibt keine Gerechtigkeit mehr in Belgien. Es muß etwas getan werden – mit oder ohne Gesetz. Wir werden doch nicht darauf warten, daß wir mit Kind und Kegel dran sind.«

Claus hat nie kommentiert, ob er realistische Anhaltspunkte besaß, als er die Politiker seines Landes als sexbesessene, korrupte Wüstlinge darstellte. Daß die Belgier, die der Autor klischeehaft als verlogen und verklemmt karikiert, seiner Meinung nach keine besseren Sachwalter verdient haben – daran läßt Claus keinen Zweifel. Er selbst war einige Jahre mit der Soft-Porno-Darstellerin Silvia Kristel verheiratet und hängt der Tradition an, möglichst rückhaltlos über die verdrängte Sexualität zu schreiben. Alle seine Bücher wurden vor der Affäre Dutroux verfaßt, doch sie wirken in der Rückschau merkwürdig hellsichtig.

Einem anderen Genre, dem politischen Thriller, hat Belgien geradezu das ideale Feld bereitet. Ein Land mit so vielen politischen Affären, wo ein Politiker wie André Cools auf offener Straße von der Mafia hingerichtet wird, bietet Autoren von Kriminal- und Agentenromanen ideale Arbeitsbedingungen. Der pensionierte Buchhalter Bob Mendes hat sich von der kriminellen Realität Belgiens gleich zu drei verschwörungstheoretischen Romanen inspirieren lassen. Es beginnt mit der Katastrophe der erdrückten und totgeschlagenen Fans im Brüsseler Fußballstadion, für die der Autor den Kommunalbehörden und ihrer korrupten Bauaufsicht die Schuld gibt. Es folgt ein Sittenbild über die kriminellen Umtriebe des früheren Premierministers Paul Vanden Boeynants, und die Trilogie wird abgeschlossen von einer Studie, die den Mord an André Cools als Abrechnung im Mafia-Milieu darstellt. Bald darauf zeigte sich, daß der Autor mit seiner Hypothese nicht weit von der Wahrheit entfernt war.

Über den Mord an Cools sind inzwischen nicht weniger als drei Krimis erschienen, die allesamt über die Verstrickung weiter Kreise des politischen Establishments in den Fall spekulieren. Der Romancier Jef Geeraerts hat mit seinen belgischen Sittenbildern internationale Berühmtheit erlangt. Er ist bestens vertraut mit den Verbindungen der führenden Schicht zum kriminellen Milieu und ist über die Enthüllungen im Fall Dutroux nicht im geringsten verblüfft. Der beste Kriminalschriftsteller des Landes hatte die Katastrophe schon länger kommen sehen: »Dutroux war nur der Tropfen, der das Faß zum Überlaufen brachte. Belgien war schon länger ein Land geworden, wo die Rechtssicherheit des Bürgers hauptsächlich von der politischen Gesinnung abhängt.« Auch Jef Geeraerts fürchtet wie manche seiner wallonischen Schriftstellerkollegen eine schwelende Krise, die am Ende einen Politiker mit diktatorischen Befugnissen ans Ruder bringen könnte. Doch hat sich Geeraerts trotz aller Scham über die Verbrechen nicht bei der Weißen Bewegung engagiert, und auch das Vorbild der um ihr Recht kämpfenden Eltern macht auf ihn keinen Eindruck: »Das Gedächtnis des belgischen Volkes funktioniert schlecht. In Wahrheit ist der Belgier ein Pragmatiker, der nicht weiter als sieben Tage im voraus denkt. Was hinter seinem Gemüsegarten passiert, interessiert ihn nur in Momenten nationaler Rührung. Die strukturellen Aspekte des ganzen Elends interessieren nur einige Verrückte – wie mich.«

Diese Verachtung der Bürger und ihrer politischen Klugheit durch einen bedeutenden Autor steht am Ende der Volksbewegung. Von Aufbruchstimmung ist nichts zu spüren. Vielleicht hat, wer Kriminalromane über belgische Staatsaffären schreibt, schon zuviel im Milieu recherchiert, um noch an Besserung zu glauben. Das ist das Dilemma des Intellektuellen in der Demokratie: Die große Masse, die ja immer wieder treu zur Urne geht und in Belgien durch Wahlpflicht sogar dazu gezwungen wird, hat in den Augen des nonkonformistischen Denkers und Systemkritikers genau die Ordnung, die sie verdient. Geeraerts und die anderen Intellektuellen stehen abseits. Sie bleiben, wie es ihr Selbstverständnis gebietet, pessimistisch und mißtrauisch gegen die breite Strömung des Protests. Allerdings kann so auch die angemahnte strukturelle Veränderung niemals im eigenen Sinne zustande kommen.

Die Medien indessen, vor allem die Fernsehsender, sind längst auf den Zug aufgesprungen und formen in den Talkshows eifrig das Bild einer emotionalisierten Gesprächsdemokratie. Die erregte Dauerdebatte aber trägt die Gefahr in sich, echte politische Veränderungen nur diskursiv vorzutäuschen. Die Menschen mit ihrem moralischen Anliegen dürfen sich wohl fühlen im Einvernehmen mit den Moderatoren, solange die Einschaltquoten kommerzielle Gewinne für den Sender versprechen. Irgendwann beginnt dann das Thema zu langweilen, und die Gesprächsrunden mit immer denselben Teilnehmern werden fade. Neue Sensationen müssen ins Programm. Beides – die moralische Aufregung des Mittelstandes wie der Sarkasmus der Intellektuellen – könnte am Ende auf dieselbe Gefahr hinauslaufen: Die naiven Gefühle des Zusammenhalts verpuffen ebenso folgenlos wie die überkluge Resignation. Und alles kann bleiben, wie es ist.

Der bedeutendste lebende Romancier niederländischer Sprache, der in Amsterdam wohnende A.F.Th. van der Heijden, will sich mit der Kluft zwischen populärer Empörung und intellektuellem Zynismus nicht abfinden. Bei der Verleihung eines der höchstdotierten Literaturpreise in Belgien ließ er sich entschuldigen. Er sei überarbeitet, weil er unter dem Eindruck der gesellschaftlichen Ereignisse mit einem neuen, wichtigen Projekt begonnen habe. Es geht um einen Roman über die kommerzielle Ausbeutung und den Mißbrauch von Kindern.

12. Kapitel

Land unter Schock

Mitte April 1997 sollte sich erweisen, welche Konsequenzen der belgische Staat aus der Affäre Dutroux zu ziehen bereit war. In einer Sondersitzung des Parlaments stellte die Untersuchungskommission den Bericht vor, auf den sich die Vertreter aller Parteien nach über hundert, teils öffentlichen Anhörungen geeinigt hatten. Die Schlußfolgerungen der Kommission waren vernichtend, was das Funktionieren der staatlichen Institutionen anbetraf: Das Leben der Mädchen hätte gerettet werden können, wenn die Fahndungsbehörden ordentlich gearbeitet hätten. Bei Loubna Benaïssa hätte wahrscheinlich schon der Einsatz von Polizeihunden genügt, »aber der Hundeführer war seinerzeit im Urlaub«. Im Falle der anderen Opfer hätte man nur zentral alle Informationen über Dutroux auswerten und darauf zugreifen müssen – was bekanntlich nicht geschah. In mehr als hundert entscheidenden Punkten wies die Untersuchung individuelle Fehlleistungen der Fahnder nach – eine unvorstellbare Ballung, die entweder auf einen vollkommen unzureichenden Polizei- und Justizapparat schließen läßt oder den Verdacht bestärkt, hier hätten höhere Stellen systematisch die Täter beschützt. Damit dieser letzten, der schlimmsten aller Hypothesen intensiver nachgegangen werden kann, verlängerte das Parlament das Mandat des Untersuchungsausschusses bis in den Herbst. Doch schon im ersten Bericht über das Unwesen, welches Dutroux jahrelang unbehelligt treiben konnte, tauchen Hinweise auf politische Protektion für den Mörder und seine Entourage auf. Zeugen sagten unter Eid aus, Nihoul habe den aktiven Schutz zweier Angehöriger eines Ministerbüros genossen. Das habe dazu geführt, daß er sogar Einfluß auf Haftentlassungen und die Erteilung von Aufenthaltsgenehmigungen habe nehmen können.

Diese Spuren deuten auf eine Dimension, welche die Fahnder aus Neufchâteau immer wieder beschworen hatten: Dutroux ist nur die Spitze eines Eisbergs. Es geht um eine international agierende Bande, die sich im großen Stil mit Frauenhandel, mit Hehlerei gestohlener Autos und mit der Kinderpornoindustrie befaßt. Vielleicht um den Ermittlungen und dem anschließenden Strafprozeß nicht allzusehr vorzugreifen, ging die parlamentarische Kommission hier nicht weiter ins Detail. Vielleicht aber auch werden sich diese Spuren niemals erhärten lassen. Es scheint, als hätten Unbekannte auf mysteriöse Weise die Ermittlungen lahmzulegen versucht. So erwies sich die Spur, Kinderleichen seien auf dem riesigen Minengelände von Jumet vergraben, plötzlich als schlechter Witz. Die Päderasten, die aus dem Gefängnis heraus die Fahnder zu immensen Grabungsarbeiten anspornten, hatten die gesamte Geschichte höchstwahrscheinlich frei erfunden. Dahinter stand eine abenteuerliche Konstruktion: Ein geschwätziger Übeltäter wird von einem reumütigen Überläufer belauscht, der die Informationen heimlich an die Ermittler weitergibt. Die Polizei ging während der hysterischen Suche nach noch immer vermißten Kindern auf das Räuber-und-Gendarm-Spiel ein und sandte zahlreiche Polizisten mit schwerem Gerät nach Jumet, von wo aus die Belgier über Monate täglich mit Nachrichten von ergebnislosen Grabungen versorgt wurden. Gut zehn Millionen Mark, ein knappes Zehntel der Ressourcen für die gesamten Dutroux-Ermittlungen, wurden in Jumet verpulvert; Tausende von Überstunden fielen an, Dutzende von spezialisierten Fahndern, die dadurch an anderen Orten fehlten, wurden durch die winterlichen Grabungen gebunden.

Nachdem einer der Häftlinge schließlich zugegeben hatte, die Geschichte sei nichts als pure Erfindung, erhob sich die Frage: Warum haben sich die Päderasten derlei ausgedacht? Handelte es sich um kriminelle Solidarität mit Dutroux? Wollte man der Polizei eins auswischen? Einer der Männer stellte sich als notorischer Aufschneider und Betrüger heraus, was um so unverständlicher macht, weshalb die Polizei so bereitwillig auf ihn hereinfiel. Er wurde von demselben Kommissar als »Informant« präsentiert, der schon mit den falschen Enthüllungen über den Vizepremierminister Elio di Rupo eine Regierungskrise ausgelöst hatte.

Der andere Insasse hatte durch seine Lügengeschichte offenbar wenig zu verlieren, denn er war bereits wegen wiederholter Vergewaltigung von Kindern zu lebenslanger Zwangsarbeit verurteilt worden. Um so merkwürdiger ist es, daß gerade auf das Konto dieses Delinquenten, der die Polizei so souverän genasführt hatte, von unbekannter Seite hohe Geldbeträge eingezahlt wurden. Versuchten die Täter einen Deal mit der Polizei zu machen: Informationen gegen frühzeitige Freilassung? Angesichts der ergebnislosen Grabungen konnten sie damit wohl kaum rechnen. Oder lag hier eine diabolisch gezielte Blockierung des Polizeiapparates vor, wie nicht wenige enttäuschte Polizisten vermuteten? Falls tatsächlich eine mächtige Mafia existierte, die sich an Kinderpornographie und dem Handel mit Kindern bereicherte, so hatte sie mit ansehen müssen, wie die entschlossenen Fahnder von Neufchâteau einen Vermißtenfall nach dem anderen aufrollten und immer neues Versagen der Polizeibehörden offenlegten. Konnte man die Fahnder nun ablenken und mit nutzlosen Arbeiten beschäftigen, dann bliebe diesen Dunkelmännern genügend Zeit, mögliche Spuren in aller Ruhe zu verwischen.

Vor diesem Hintergrund erschien auch die Brandstiftung in einem von Dutroux' Häusern in einem neuen Licht. Während des Weihnachtsurlaubs der Fahnder hatten Unbekannte das Holzhaus in Jumet, in welchem Weinstein gelebt hatte und in dessen Garten zwei Mädchenleichen vergraben worden waren, nachts an allen vier Ecken angezündet. In ihrer Hektik hatten es die Fahnder unterlassen, den Bau vor dem Brand photographisch genau zu dokumentieren, und auch eine endgültige Spurensicherung stand noch aus. Die Polizei nahm sogleich an, rachsüchtige Nachbarn hätten sich des Schandflecks für ihr Gemeinwesen, der immer wieder Schaulustige und Trauernde anzog, entledigen wollen: ein topographischer Racheakt, wie er bei solchen »Horrorhäusern« öfter vorkommt. Doch in der überschaubaren Nachbarschaft schworen alle Anwohner Stein und Bein, sie hätten nichts mit der Brandstiftung zu tun. In jedem Fall schadete das Feuer der Fahndung. Das Haus, wo Dutroux sein Unwesen getrieben hatte, war restlos vernichtet. Ein paar hundert Meter weiter aber wurden ganze Hundertschaften von Polizisten bei einem riesigen, inszenierten Geländespiel in die Irre geführt. Wurden also die Kindermörder sogar noch geschützt, während die Polizei ermittelte und die Untersuchungskommission das Versagen der staatlichen Institutionen auflistete?

Schon bald nach der Einsetzung des Ausschusses im Herbst 1996 hatte sich gezeigt, daß der Vorsitzende Marc Verwilghen, ein flämischer Anwalt und Abgeordneter der Liberalen, von dem Willen und dem Ehrgeiz getrieben war, die Schlampigkeiten, Unterlassungen, ja selbst die möglichen Verbindungen staatlicher Stellen zu den Kinderfängern aufzuklären. In den im Fernsehen übertragenen

Befragungen entließ der Politiker keinen Richter, keinen Polizisten, aber auch keinen Politikerkollegen aus der Verantwortung. Er wies auf widersprüchliche Aussagen, auf lügenhafte Entschuldigungen, auf Mauscheleien und Hilfestellungen der Justizbehörden untereinander hin. Daß er sich damit keine Freunde machen würde, habe er vorab gewußt, gab er abschließend in einem Interview zu Protokoll. Daß ihm, der ohnehin ein Außenseiter in den Brüsseler Zirkeln war, derartige Fallstricke gelegt würden, hätte er jedoch nicht für möglich gehalten. Immer wieder drohten die beabsichtigte rückhaltlose Selbstanklage und Selbstreinigung des Staates an der hartnäckigen Weigerung der jeweiligen Parteienvertreter zu zerbrechen, »ihre« Vertrauensleute der Kritik auszusetzen. Weil der Chef der Reichswacht ein Protegé der flämischen Sozialisten war, gestatteten diese nicht, daß der Organisation Unterlassungen angekreidet wurden. Umgekehrt erwies sich die Gerichtspolizei als Domäne der wallonischen Christdemokraten. Als die gerichtlichen Fahnder aus Lüttich und Charleroi in besonderem Maße unter Beschuß gerieten, versuchten die christlich-demokratischen Ausschußmitglieder ihr Veto einzulegen. Weil indes die schwer belastete Untersuchungsrichterin Doutrewe auf dem Ticket der wallonischen Liberalen in ihr Amt gekommen war, drohte deren Parteivorsitzender, den gesamten Ausschuß zu torpedieren, wenn Doutrewe weiter so hart angepackt werde. Zudem nährten die wallonischen Ausschußmitglieder, ohnehin schon irritiert durch die genüßliche Anwesenheit eines flämischen Rechtsradikalen in der Kommission, permanent das Mißtrauen gegen den Flamen Verwilghen.

Zu einem bestimmten Zeitpunkt wählte der Vorsitzende denselben Weg, den vor ihm bereits Staatsanwalt Bourlet beschritten hatte. Er wandte sich an die Öffentlichkeit und beteuerte seinen festen Willen, bis zum Ende zu ermitteln – »wenn man mich läßt«. Wer mit »man« gemeint war, daraus machte der Politiker kein Geheimnis: die einflußreichen Parteipolitiker in Brüssel, die um ihre Macht und ihren Einfluß auf sämtliche staatlichen Institutionen von der Lottogesellschaft bis zum Verfassungsgericht fürchteten. Denn genau diese belgische Partitokratie stand vor dem Offenbarungseid, und eben sie ist es, die gründlich reformiert werden müßte, würden die Empfehlungen der Dutroux-Kommission wirklich in die Tat umgesetzt.

Einzig, um ein drohendes Scheitern auf der ganzen Linie abzuwenden und der damit verbundenen internationalen Blamage aus dem Weg zu gehen, einigten sich die Kommissionsmitglieder schließlich auf ihren Abschlußbericht. Und aus denselben Gründen nahm ihn das notorisch zerstrittene Parlament einstimmig an – ein noch nie dagewesener Vorgang. Sogar der Premierminister fand bewegende Worte der Scham über die schlampigen Ermittlungen und über die Arroganz, welche die staatlichen Funktionsträger gegenüber den Eltern gezeigt hatten, die nun in großer Zahl auf der Zuschauertribüne saßen und von dort aus beobachteten. Sie verfolgten, wie sich Legislative und Exekutive vor ihren ermordeten Kindern verneigten und das Leid betrauerten, das den Familien angetan worden war. Ebenso wachsam verfolgten die ausländischen Medien aus aller Welt diesen Akt beispielloser Selbstkritik. Mit der symbolischen Tat, so hoffte die politische Elite des Landes, wäre die lästige Affäre endlich ausgestanden.

Man übersah dabei allerdings, daß die Kinder keineswegs symbolisch gestorben waren. Dementsprechend forderten die Verwandten nun auch reale Konsequenzen aus dem Untersuchungsbericht. Sie seien enttäuscht, äußerte die Mehrheit der Eltern. Zwar würden, einmalig in der belgischen Geschichte, tatsächlich die Verantwortlichen beim Namen genannt, doch wie in Zukunft ähnliche Verbrechen vermieden werden könnten – davon sei im Bericht keine Rede. Immerhin gab es zwei konkrete Ansatzpunkte: die grundlegende Reform des in sich zerstrittenen Polizeiwesens und die Abstrafung des früheren Justizministers Wathelet, der Dutroux entgegen den Empfehlungen von Experten frühzeitig aus der Haft entlassen hatte.

Eine Polizeireform wurde in der Tat von zahlreichen Volksvertretern zur Sprache gebracht. Doch wieder einmal erwies sich das wichtigste Wesenselement des belgischen Systems – dasselbe, das es so zäh und beständig gegen alle Reformen gemacht hatte – als stärker: der verästelte Proporz. Gegen dieses Dickicht von Zuständigkeiten, Erbhöfen und gegenseitiger Ranküne kam und kommt so leicht keine gutgemeinte Initiative an. Im Fall der Polizeireform, die eine Zusammenlegung der drei zerstrittenen Einheiten unter zentraler Führung bedeutet hätte, zeigte sich die normative Kraft des Faktischen bereits während der Debatte über den Bericht der Dutroux-Kommission. Nur mit zusammengebissenen Zähnen und aus Furcht vor einem Skandal stimmten die wallonischen Parteien dem Bericht überhaupt zu. Dessen Forderung nach einer Einheitspolizei für Schwerkriminalität, soviel stand sofort fest, würden die Wallonen niemals zustimmen, sähen sie sich doch dann möglicherweise mit einer flämisch dominierten Super-Ermittlungsbehörde konfrontiert. Diese könnte nicht nur die Verhältnisse in Wallonien ziemlich durcheinanderwirbeln; zumindest bei der französischsprachigen Bevölkerung würde sie das Mißtrauen gegen die Polizei nur vergrößern. Daß für die Verbrecherjagd regionale Fragen zugunsten des Fahndungserfolgs hintanstehen müssen, ließ sich im Klima des Mißtrauens zwischen Flamen und Wallonen nicht durchsetzen.

Die gewieften Politiker hatten Erfahrung im Umgang der Medien mit solchen Themen und beherrschten gerade in Belgien die Kunst des Aussitzens. Im Fall der Dutroux-Morde war das Interesse der Öffentlichkeit freilich auch nach neun Monaten noch nicht abgeklungen. Aber sobald die politischen Initiativen einmal in die Ausschüsse und endlosen parteipolitischen Debatten verwiesen waren, so stand zu erwarten, würden sich die zahlreichen heiklen Detailfragen in der Mühle eben dieser Ausschüsse zermahlen lassen. So erging es beispielsweise der Reform des Ausländerwahlrechts, welche der Premierminister und mehrere Parteien während der Trauerfeierlichkeiten für die ermordete Loubna Benaïssa so flammend angemahnt hatten. Keine drei Monate nach den bewegenden Ereignissen war die Angelegenheit dergestalt zerredet, daß mittlerweile das Jahr 2006 für einen Probelauf in Aussicht genommen wurde. Eine Polizeireform, die bereits am ersten Tag heftig von einflußreichen Parteivertretern unter Beschuß genommen wurde, hatte da erst recht kaum Aussichten auf Erfolg. Dazu kam, daß die Vertreter der jeweiligen Polizeigewerkschaften zu Protestkundgebungen aufriefen. Reichswacht und Gerichtspolizei gingen getrennt für ihre Unabhängigkeit auf die Straße. Seit Jahrzehnten hatten die einzelnen Einheiten eifrig an der gegenseitigen Sabotage gearbeitet und unter allen ethischen Tugenden den wechselseitigen Futterneid am höchsten eingeschätzt. Wie sollte sich daraus eine schlagkräftige, vereinte Truppe formen lassen? Ein Staat, der seine Organe bis in jede Militärkaserne auseinanderdividieren und regionalisieren will, kann schwerlich eine Einheitspolizei nach dem Vorbild des FBI einrichten und mit weitreichenden Kompetenzen gegen das internationale Verbrechertum ausstatten. Genau eine solche Institution hatte aber die Dutroux-Kommission für Belgien gefordert. Ob sie je kommt, steht in den Sternen.

In den nächsten Jahren soll statt dessen die Europäische Zentralpolizei mit Sitz in Den Haag, Europol, ausgebaut werden. Es ist geplant, von einem bescheidenen Gebäudekomplex in der

Nähe der Nordseestrände aus den Kampf gegen die grenzüberschreitende Kriminalität zu organisieren, der gegenüber sechzehn überforderte nationale Polizeieinheiten zusehends das Nachsehen haben. Im vergleichsweise überschaubaren Belgien mit seinen immerhin nur zwei Sprachen gelang es einer gespaltenen Polizei nicht, Dutroux und seine Bande rechtzeitig aufzuspüren. Nimmt man die unterschiedlichen Dimensionen von EU und Belgien einerseits, den belgischen Kinderfängern und der gesamteuropäischen Mafia andererseits zum Maßstab, dann hat unsere Zivilisation den Kampf gegen das Verbrechen bereits verloren.

Denn das Prinzip konkurrierender Polizeieinheiten mit unterschiedlichen Sprachen, Hierarchien und Traditionen, das in Belgien bei der Fahndung nach Dutroux für Verwirrung sorgte, wird im europäischen Maßstab mit großer Sicherheit ebensowenig funktionieren. Es ist nur an die hoffnungslosen Bemühungen der Kölner Polizei zu erinnern, die belgische Bande von Autodieben jenseits der Staatsgrenze, aber nur gut zweihundert Kilometer von den Tatorten entfernt, aufzuspüren. Hätten die Kriminalbeamten aus Köln freie Hand bei der Ermittlung gehabt, wären ihnen Dutroux und seine Helfershelfer wahrscheinlich schon vor den Mädchenmorden in die Hände gefallen. Doch die Fahnder, die Adressen und Geständnisse vorliegen hatten, stießen in Charleroi bei desinteressierten oder gar in kriminelle Machenschaften verwickelten Kollegen auf taube Ohren. Für die Täter bedeutete die offene Grenze zwischen Belgien und Deutschland kein Hindernis, für die Polizei war sie eine unüberwindliche Hürde. Ähnliche Fälle werden im Alltag der Ermittlungsbehörden zunehmend die Regel. Keine vier Wochen nach der Verabschiedung des europäischen Protokolls, das die grenzüberschreitende Zusammenarbeit der Polizeieinheiten regeln sollte, untersagte das französische Innenministerium die Verfolgung von Verbrechern durch die deutsche Polizei auf französischem Boden. Die machtlose Europol-Behörde hat der Pariser Exekutive da nicht hineinzureden. Zudem ist völlig unklar, wie eine rasche Fahndung oder gar direkte Verfolgung möglich sein soll, wenn jeder Polizist im Zweifelsfall den langen und umwegreichen Dienstweg über Den Haag gehen muß, und in welcher Sprache man sich dabei verständigen soll. Eine Blütezeit für Kriminalität auf jedem Niveau steht dem vereinigten Europa bevor.

Weil keines der Mitgliedsländer der Europäischen Gemeinschaft die Befugnisse der polizeilichen Staatsgewalt an den neuen Superstaat abgegeben hat, andererseits aber die Gemeinschaft durch

Öffnung der Grenzen und regellosen kontinentalen Waren- und Geldverkehr der internationalen Kriminalität beste Bedingungen geschaffen hat, droht sich das Verbrechen großen Maßstabs immer systematischer in Europa festzusetzen und sich der Fahndung dauerhaft zu entziehen. Wie andererseits Kriminelle die Schlupflöcher der zahlreichen, in sich widersprüchlichen Landesgesetze nutzen und mit der Drohung, nach Luxemburg vor den Europäischen Gerichtshof zu ziehen, aufwendige Prozesse platzen lassen können, wird gleichfalls immer deutlicher. Die Angst vor der verbrecherfreundlichen Paragraphenreiterei des Luxemburger Gerichtshofs gab nicht zuletzt den Ausschlag bei der Absetzung von Richter Connerotte. Damit schließt sich bereits im Fall Dutroux der Circulus vitiosus: Dutroux' grenzüberschreitender Autoschmuggel konnte von der deutschen Polizei auch nach dem Vertrag von Maastricht und seinem Bekenntnis zu internationaler Zusammenarbeit nicht unterbunden werden. Der unbeugsame Fahnder aber wurde mit Hinweis auf den strengen Kodex der europäischen Rechtspflege wirkungsvoll zur Strecke gebracht.

Der übergeordneten Behörde Europol in Den Haag kommt in Zukunft, so steht zu befürchten, also nur mehr die Rolle des Popanzes zu, der an zentraler Stelle Daten sammeln und die nationalen Polizeikräfte mühsam koordinieren soll – eine weitere europäische Superbehörde unter vielen, nur daß hier die zu erwartende Ineffektivität und das programmierte Chaos blutigere Folgen haben werden als bei der katastrophalen Agrar-, Fischerei- oder Finanzverwaltung in europäischem Maßstab. Weil Europol keine übergeordneten Kompetenzen zugestanden werden, mit deren Hilfe die Behörde Fahndungsergebnisse in Handeln umsetzen könnte, weil keine europäische Zentralpolizei mit eigenem Stab und eigenem Gewaltmonopol existiert, können sich die Verbrecher das jeweils schwächste und unorganisierteste Mitgliedsland für ihre Aktivitäten aussuchen. Bis dann die Akten aus dem Finnischen ins Griechische übersetzt sind und den Empfindlichkeiten der jeweiligen Hierarchien Rechnung getragen worden ist, sind findige Gesetzesbrecher längst über alle Berge und beginnen in Portugal, Irland, Sizilien dasselbe üble Spielchen von vorn. Die Deregulierung der Geld- und Warenströme und die geplante Entmachtung des Staates kommt dergestalt nicht nur den internationalen Konzernen, den eigentlichen Profiteuren der europäischen Bewegung, sondern auch den internationalen Verbrechensorganisationen zugute. Legale und illegale Weltwirtschaft gleichen sich im Zeichen des Nachtwächterstaates immer mehr einander an, wie die systematische und reibungslose Verwandlung von kriminellen Erlösen in »sauberes« Geld beweist. Die von schwachen Beamtenpolitikern organisierte staatliche Machtlosigkeit erinnert also frappant an die belgischen Verhältnisse, wo die flämischen Behörden nicht wußten, was die wallonische Konkurrenz schon lange zu den Akten gelegt hatte, wo die eine Polizeieinheit ihre Informanten vor dem Zugriff der anderen schützte, wo monatelang Akten übersetzt und Fahndungsteams nicht nach Qualifikation, sondern nach dem Parteienproporz zusammengesetzt wurden.

Es gibt allerdings einen entscheidenden Unterschied, und der liegt in den Dimensionen der wirklich profitablen Kriminalitätszweige wie Abfallschmuggel, Finanzschwindel oder Drogenhandel. Gegen diese Maßstäbe, die viele Milliarden Mark, oder besser ausgedrückt: Euro bedeuten, ist der diabolische Handwerker Dutroux mit Bagger, Kellerverlies und Videokamera ein Stümper. Daß Mord, Menschenhandel, Drogenschmuggel, Wirtschaftskriminalität, Umweltfrevel in der Europäischen Union der offenen Grenzen nicht einigermaßen rechtsstaatlich werden geahndet werden können, hat der Fall Dutroux bewiesen, in dem die Polizei aus politischen Gründen systematisch lahmgelegt wurde.

Die zweite Probe, an welcher der belgische Staat angesichts der schrecklichen Kindermorde seine Reformfähigkeit beweisen mußte, stand nur einen Tag nach der pathetischen Verkündigung des Untersuchungsberichtes auf der Tagesordnung der Regierung. Die Kommission unter Marc Verwilghen hatte unter den zahlreichen der Nachlässigkeit und Pflichtverletzung schuldigen Amtsträgern auch einen früheren Minister genannt: Melchior Wathelet. Der wallonische Christdemokrat hatte als Chef des Justizressorts Dutroux schon nach dreieinhalb Jahren aus der Haft, die dieser wegen wiederholter Vergewaltigung und Folterung Minderjähriger verbüßte, entlassen. Schon am Tage der erneuten Verhaftung des Mörders im August 1996 hatte die Polizei das Haus des ehemaligen Ministers unter Bewachung stellen müssen. »Haben Sie ein ruhiges Gewissen, Monsieur Wathelet?« – so lautete der Text eines Plakates, das überall im Land aushing. Die aufgebrachten Menschen betrachteten instinktiv den merkwürdigen Gnadenerlaß des Ministers für einen gefährlichen Gewalttäter als Hauptursache der Morde. Hätte Dutroux seine volle Strafe abgebüßt, dann hätte er noch im Jahr 2000 hinter Gittern gesessen.

Doch das Gewissen des ausgebufften Berufspolitikers Melchior Wathelet schien davon unbelastet zu bleiben. Mit keinem Wort räumte er ein, bei der Prüfung der Unterlagen zu Dutroux fahrlässig gehandelt zu haben, von persönlichen Konsequenzen war erst recht keine Rede. Nach einer steilen Karriere bei den wallonischen Christdemokraten hatte man den Zögling einer einflußreichen, klerikal gesonnenen Familie aus Verviers nach dem Sturz der letzten Regierung vom Amt des Justizministers auf einen höchst lukrativen Versorgungsposten weggelobt, weil das Ressort fortan an die flämischen Christdemokraten fallen sollte. Melchior Wathelet wurde mir nichts, dir nichts zum Richter am Europäischen Gerichtshof in Luxemburg ernannt, das er von daheim bequem mit dem Auto erreichen kann. Ausgerechnet Wathelet also, den der Kommissionsbericht zum politischen Hauptübeltäter stempelte, verkörperte seither in der Welt den höchsten belgischen Funktionär im Dienste der Gerechtigkeit.

Wie das Schicksal es wollte, mußte das belgische Parlament direkt nach der Verkündigung des für Wathelet vernichtenden Untersuchungsberichts über die Verlängerung seines Mandates in Luxemburg entscheiden. Richter Wathelet in allen Ehren im Amt zu belassen, kam einer völligen Desavouierung des Untersuchungsausschusses gleich. Nun hatten die Parlamentarier erstmals nach den pathetischen Ansprachen über das Martyrium der ermordeten Kinder die Gelegenheit, den Worten auch Taten folgen zu lassen – oder aber die Würde der trauernden Eltern abermals mit Füßen zu treten. Die Volksvertreter wählten die zweite Möglichkeit. Nach heftigen Debatten hinter verschlossenen Türen wurde Richter Wathelet, der mehr auf dem Gewissen hatte als einen Teller Spaghetti, im Amt bestätigt. Die Tinte auf dem Bericht, der seine Pflichtvergessenheit manifestierte, war noch nicht trocken. Die Regierung über diesen abgeschobenen Ex-Politiker stürzen zu lassen, so hatte Premierminister Dehaene zuvor zynisch argumentiert, wäre ein gar zu hoher Preis und letztlich ein weiterer Triumph für Dutroux. Damit war auch allen anderen anstehenden Sanktionen gegen Personen im Justiz- und Polizeiwesen die Spitze genommen; es sollte, so die eindeutige Botschaft, bei symbolischen Gesten bleiben. Dasselbe galt für die Reformen. Das belgische System hatte sich wieder einmal als zur Selbstreinigung unfähig erwiesen.

Genaugenommen hatte der Premierminister nicht einmal unrecht. Denn nach der Logik dieses Staates mußte die Maßregelung eines hohen Politikers das ganze Gebäude ins Wanken bringen. Die wallonischen Christdemokraten hatten wissen lassen, daß ihnen schon die Anschuldigungen des Untersuchungsberichts gegen »ihre« Leute schwer genug zu schaffen machten. Ein Affront gegen den mächtigen Provinzfürsten Wathelet hätte die Partei genötigt, aus der Regierung auszutreten und damit das ganze, bis ins Detail abgesprochene Gleichgewicht zwischen flämischen und wallonischen Kleinparteien ins Wanken gebracht. Und auch die Christdemokraten lagen nicht so falsch: War Wathelet nicht der Sündenbock, der nun für die Verfehlungen eines ganzen Systems geschlachtet werden sollte? Die Konsequenz aus dieser Einsicht wäre gewesen, nicht nur diesen einen Übeltäter, sondern auch alle anderen pflichtvergessenen Beamten schonungslos zu bestrafen. Derartige Einschnitte in die ausgeklügelte Balance des Parteienproporzes aber hätten den belgischen Staat vollends ins Chaos stürzen lassen. Der oft intelligente, manchmal auch faule Kompromiß, der das Land bis jetzt hatte überleben lassen, drohte es nun zu ersticken.

Die Parlamentarier, die ein halbes Jahr lang im Dutroux-Ausschuß hart gearbeitet und mit Mühen einige Verantwortliche herausgefunden hatten, waren durch das *business as usual* schon einen Tag nach der Veröffentlichung des Berichts restlos düpiert. Sie enthielten sich, um den Schein zu wahren, nach vorheriger Absprache bei der Abstimmung über Melchior Wathelet der Stimme. Die weiteren Sitzungen über mögliche politische Protektion der Kinderfängerbande werden nun längst nicht mehr mit demselben brennenden Interesse in der Öffentlichkeit verfolgt; niemand traut den Abgeordneten, und seien sie persönlich noch so integer, mehr zu, mächtige Hintermänner zu enttarnen. Wie zuvor schon bei Richter Connerotte hat sich die Strategie gelohnt, diejenigen Amtsträger, die unbestechlich an der Aufklärung des Falles arbeiten zu behindern und schließlich auszuschalten. Die allfälligen Unmutsbekundungen im Volk ließen sich aussitzen. Dann konnte alles so weitergehen wie bisher.

Diese Erkenntnis muß auch die Eltern getroffen haben wie ein Schlag. Noch während der ersten Parlamentssitzung über den Kommissionsbericht hatten sich einige von ihnen enttäuscht über die spärlichen Konsequenzen geäußert – und da wußten sie noch nicht, daß nicht einmal diese gezogen werden würden. Die Familien Russo und Lejeune, welche die Weiße Bewegung seit Anbeginn am intensivsten gestützt hatten, waren gar nicht erst erschienen, sondern zur Erholung nach Frankreich gefahren. Ein paar Tage später ließen sie über ihren Anwalt mitteilen, daß sie sämtliche Funktionen in der Weißen Bewegung niederlegen würden. Ausgerechnet die unerbittlichsten Kämpfer für Gerechtigkeit hatten keine Hoffnung mehr, auf dem Weg der öffentlichen Mobilisierung etwas bewirken zu können. Man wolle sich aus den Medien und der Bewegung vollkommen zurückziehen und Julie und Mélissa fortan im Stillen betrauern. Die Existenz im Blickpunkt der Öffentlichkeit sei ohnehin schwer genug zu ertragen gewesen, nun habe man endgültig keine Kraft mehr. Daß auch innerhalb der Elterninitiative offener Streit ausgebrochen war, wird die Russos und Lejeunes bei ihrer Entscheidung beeinflußt haben: Die beiden wichtigsten Kinderschutzbünde, die während der Suche nach vermißten Kindern entstanden waren, hatten kurz zuvor gegeneinander zu prozessieren begonnen. Es ging um die Verteilung von Geldern und Kompetenzen: Während einige Funktionäre bereits bestens mit den staatlichen Stellen harmonierten, wollten die anderen unabhängig und staatskritisch weiterarbeiten.

Die Eltern, die wie Vater Lambrecks ihr Kind in aller Intimität betrauerten, haben sich solche Enttäuschungen von Beginn an erspart. Eric Geijsbregts, der Vater der nie aufgefundenen Natalie, setzte auf seine Art ein Zeichen, als er im Frühjahr 1997 am sechsten Jahrestag des Verschwindens seiner Tochter ein Denkmal enthüllte – an genau dem Punkt, wo sie zuletzt lebend gesehen wurde. Der Vater war zu Fuß durch ganz Belgien gezogen, um das Geld für das Standbild aufzutreiben, das die Erinnerung an das Kind bewahren soll.

Die Demontage der Helden der Kinderschutzbewegung machte auch vor Marie-France Botte nicht halt, die in den ersten Wochen noch die heftigste und hartnäckigste Kritikerin der Regierung gewesen war und inzwischen vom König für ihre Verdienste zur Baronin geadelt worden war. Nun mußte sie mit den Gesetzen des Medienbetriebes Bekanntschaft machen, der die Menschen zwar schnell erhebt, sie danach aber auch gnadenlos überwacht und gegebenenfalls fallen läßt. Baronin Botte wurde von früheren Mitarbeitern ihres Kinderschutzbundes für Entwicklungsländer beschuldigt, Gelder veruntreut zu haben. Die Zahlen, so lauteten die Beschwerden, stimmten vorne und hinten nicht. In den von Frau Botte stolz angeführten Heimen lebten nur einige wenige Kinder, und deren Herkunft sei ungewiß. So wurde die wichtigste internationale Symbolfigur für den Kampf gegen die sexuelle Ausbeutung von Kindern schwer beschädigt – und das Fernsehen ließ es sich nicht nehmen, eine Pressekonferenz zu übertragen, bei der ein enttäuschter Anhänger der Baronin vor laufenden Kameras eine Sahnetorte ins Gesicht warf. Die Kämpfer für die Rechte von Kindern drohten sich, für alle sichtbar, in unwürdige Prozesse, Machtkämpfe und amateurhafte Imagekampagnen zu verwickeln. Die professionellen Politiker enthielten sich wohlweislich jeglicher Kommentare, doch viele werden Genugtuung dabei empfunden haben, daß die unerbittlichen Moralprediger sich nun selbst in den Fallstricken von Macht und Ruhm verfingen. Als Galionsfigur der Staatsreform kam nicht einmal mehr Vater Marchal in Frage, der mit seinem Drang in die Öffentlichkeit bereits zur Zielscheibe zynischer Witze geworden war: Ob er nicht auch entführt worden sei? Man habe ihn schon eine Woche nicht mehr im Fernsehen gesehen...

In dieser Stimmung drohte die Weiße Bewegung, die mit soviel Idealismus und auch mit beachtlicher politischer Klugheit angetreten war, ebenfalls von der resignativen Welle und der sturen Routine des Staatsapparates zermürbt zu werden. Zwar existierten immer noch Hunderte von Zellen im ganzen Land, doch sank die Anziehungskraft der Diskussionsrunden und Schweigemärsche beträchtlich, seit andere Themen die Medien beherrschten. Einige Aktivisten hatten von Anfang an erklärt, daß man einen langen Atem brauche. Der belgische Staat sei eine eingespielte Oligarchie, eine Hydra; für jeden abgeschlagenen Kopf wüchsen zwei neue nach. Erst die nächsten Wahlen im Jahr 1999 könnten zeigen, wie viele Belgier wirklich eine radikale Reform wünschten. Und genau diese, Neuwahlen nämlich, hat das System während der monatelangen Erschütterungen durch Dutroux und Cools, welche die Regierung mehrmals an den Rand des Rücktritts brachten, mit Bedacht zu verhindern verstanden. Nun erinnerten sich viele Belgier wieder an die gelassenen Worte des Premierministers während des Weißen Marsches, als er die ergreifende Prozession von Eltern und Angehörigen in seiner Dienstwohnung empfangen hatte: Es sei gut, daß sie bis hierher gekommen seien. Aber nun müsse der Protest ein Ende haben. Schließlich, so mag der gewiefte Profi Dehaene gedacht haben, münden solche philanthropisch-amateurhaften Bewegungen ohnehin über kurz oder lang in Streit und Resignation.

Diese Zeit schien im Frühjahr 1997 gekommen. Der Elternprotest und die große gesellschaftliche Anhängerschaft löste sich langsam auf. Und – von einigen belanglosen Versetzungen abgesehen –

kein einziger Amtsträger, kein schlampiger Polizist, keine pflicht-vergessene Richterin war gemaßregelt worden. Lediglich Richter Connerotte, der Dutroux verhaftet hatte, war abgelöst worden. Er sollte der einzige bleiben, der in diesem Fall geopfert wurde.

Auch die Polizei in Neufchâteau konnte mit keinen spektakulären Fahndungserfolgen mehr aufwarten. Keine der mutmaßlichen Personen auf den Sexvideos wurde bisher verhaftet, es scheint nicht einmal sicher, was darauf zu sehen ist. Auch die mächtigen Hintermänner der Bande, von denen so viel gemunkelt wurde, blieben unangetastet, wenn sie denn existierten. Dieser Mißerfolg steht in eigentümlichem Kontrast zu den Aussagen der Fahnder vor dem Untersuchungsausschuß. Dort hatten sie von sicheren Indizien für ein internationales Syndikat der Pornoindustrie und der Autohehlerei gesprochen, in welchem Dutroux nur ein kleines Rädchen gewesen sei. Entweder hat die Polizei geblufft, was ihre Glaubwürdigkeit endgültig ruinieren würde, oder, noch schlimmer: Man kommt an die großen Strukturen nicht heran. Dann aber könnte sich der Fall Dutroux überall in Europa, vor allem aber in Belgien, jederzeit wiederholen.

Nun richtet sich das Augenmerk auf den Prozeß gegen Dutroux und seine Helfershelfer. Ein Mann wie er dürfe niemals wieder auf freien Fuß kommen, hieß es bereits in den ersten offiziellen Stellungnahmen. Damit ist nicht zu rechnen, jedenfalls nicht so bald angesichts des gewaltigen Entsetzens, das seine Verbrechen ausgelöst haben. Bei einer milden Auslegung des Gesetzes, so schrieben belgische Zeitungen, sei er in fünf bis sieben Jahren wieder frei. Doch dieser Fall wird wohl nicht eintreten. Wie bereits bei seiner ersten Verurteilung ist die Härte der Gesetze nicht das Problem, eher schon ihre Anwendung. Dutroux war schließlich für seine ersten Verbrechen zur Höchststrafe verurteilt worden. Das Gericht hatte in der Revision das Strafmaß sogar um einige Jahre erhöht und das Maximum von dreizehneinhalb Jahren verhängt. Dennoch gab es für den Täter Mittel, die Konsequenzen dieses harten Durchgreifens drastisch zu reduzieren.

Nicht ohne Grund also hat der Fall Dutroux in Zusammenarbeit mit einigen anderen Frauen- und Kindermorden, vor allem in Deutschland, eine europaweite Diskussion über die Abstrafung und Therapierung von Päderasten ausgelöst. Zum erstenmal seit den notwendigen Liberalisierungen des Strafrechts in den sechziger und siebziger Jahren ging es hier um eine Verschärfung der Gesetze. Die Rechtsordnung des neunzehnten Jahrhunderts, die mit zeittypischer Prüderie und Heuchelei Sexualdelikte verdrängte, für Eigentumsdelikte aber – Schrecken des Bürgertums – drakonische Strafen vorsah, geriet und gerät weiter ins Wanken. Immer noch gibt es das absurde Mißverhältnis, daß Menschen wegen des Zerkratzens von Autolack oder einem nicht ordentlich deklarierten Zolltransport für viele Monate hinter Gitter müssen, während Sexualstraftäter, die beteuern, ihr Opfer im Affekt getötet zu haben, zuweilen mit einer Bewährungsstrafe davonkommen.

Der Fall Dutroux hat das Bewußtsein dafür geschärft, daß hier die Gewichtung nicht stimmt. Außerdem wird seit Dutroux erheblich ausführlicher über Fälle von sexuellem Mißbrauch an Kindern oder sogar Kindesmord berichtet als zuvor – und zwar beileibe nicht mehr mit dem zur Gewohnheit gewordenen Verständnis für die Täter und ihre schlimmen, hormonell bedingten Zwänge. Offenbar ist eine Grenze der Liberalisierung erreicht. Immer stärker prägt alltägliche Gewalt – ob in den Medien oder der persönlichen Erfahrung – die Gesellschaft, und es wächst die Furcht, man selber oder die nächsten Verwandten könnten zum Opfer werden. In dieser Atmosphäre herrscht nicht vorrangig die Sorge, der anonyme Staat könne den Einzelnen mit drakonischer Härte jahrelang für Lappalien einsperren. Vielmehr haben die Bürger zunehmend Angst vor einem gleichgültigen Staat, der gefährliche Straftäter freiläßt, gegen Verbrechen nichts unternimmt und hinterher alle Regeln der milden Rechtsprechung zugunsten des Täters anwendet. Das – und nicht die Furcht vor dem Überwachungsstaat – ist die Schreckensvision zahlloser Eltern und der Demonstranten des Weißen Marsches.

Die erweiterte Berichterstattung über Sittendelikte im allgemeinen blieb nicht ohne Folgen. Die Öffentlichkeit wunderte sich über bemerkenswert milde Urteile, die sie ein paar Monate zuvor überhaupt nicht zur Kenntnis genommen hätte. So wurde ein sechsunddreißigjähriger Päderast aus Brüssel, der einen neunjährigen Jungen bei Sexspielchen mit einem Kissen erstickt hatte, zu einer Strafe von dreißig Monaten Gefängnis auf Bewährung verurteilt, weil ihm ein Psychiater eine günstige Expertise erstellt hatte. In seiner Wut über die himmelschreiende Laxheit der Justizbehörden wählte ein Vater aus der belgischen Provinz Limburg den Weg der Selbstjustiz. Er hatte einen Mann dabei erwischt, wie dieser versuchte, seine zwölfjährige Tochter zu vergewaltigen. Als es zur Verhandlung kam, beschloß das Gericht, den Täter nicht strafrechtlich zu verfolgen, weil die Vergewaltigung ja nicht vollzogen worden war.

Statt dessen wurde dem Mann eine Therapie auferlegt. Der Vater des bedrohten Mädchens konnte dieses Urteil nicht verkraften, betrank sich und erstach den Sexualtäter in dessen Wohnung. Eine Mutter eines vergewaltigten und dadurch schwer geschädigten Mädchens gründete eine Bürgerinitiative, um zu verhindern, daß der unheilbar an Krebs erkrankte Täter für seine letzte Lebenszeit in die Freiheit entlassen wurde: »Er möchte in Freiheit sterben, aber meine Tochter wird sich niemals von seiner Tat befreien können.«

Solche privaten Tragödien und die allgemeine Hysterie wegen Dutroux ließen die Richter sogleich härter durchgreifen. Die Haftstrafen, die seit dem Sommer 1996 wegen sexuellen Mißbrauchs von Kindern verhängt wurden, lagen um Jahre über dem früheren Mittelwert, und auch bei den vorzeitigen Freilassungen kam es zu einem Stau. Kein Justizbeamter und schon gar kein politischer Funktionär wollte mehr die Verantwortung für einen potentiellen Kinderschänder in Freiheit tragen. Mehrere Verurteilte wandten sich daraufhin über ihre Anwälte an die Öffentlichkeit: Sie fürchteten, auf Jahre in Sicherheitsverwahrung genommen zu werden und für Dutroux die Rechnung bezahlen zu müssen. Sie fanden keine öffentlichen Fürsprecher.

Auch in den Nachbarländern reagierte man schnell auf die Geschehnisse in Belgien. Frankreich hatte erst 1995 eines der härtesten Gesetze der Welt gegen Kindesmißbrauch und Kindermord verabschiedet. Dort ist es seither bei einem Fall von Kindstötung juristisch unmöglich, den Täter vorzeitig aus der Haft zu entlassen. Eine lebenslange Strafe muß daher auch im Gefängnis abgesessen werden – ein Standpunkt, den das Verfassungsgericht in Deutschland verboten hat. Außerdem wurden nicht lange nach der Verhaftung von Dutroux in ganz Frankreich Razzien gegen Kinderpornographie durchgeführt, vor allem das Internet wurde durchforscht. Über zweihundert Verdächtige wurden vorgeladen, mehr als zwanzig Verhaftungen vorgenommen. Die eigens eingerichtete Sonderkommission in Nizza teilte mit, es handele sich um zahlreiche kleine Netzwerke, die unabhängig voneinander entstanden seien. Das mache es so schwer, mit gezielten Aktionen das Übel auszuschalten; immer ende man bei einigen wenigen Mitwissern. In Spanien wurde ein Student festgenommen, der Tausende obszöner Kinderphotos ins Computernetz eingespeist hatte. Auch aus Deutschland wurden ähnliche Taten gemeldet, wobei die Polizei zugab, daß sie für Fahndungen in der virtuellen, höchst kriminalitätsanfälligen Welt der Datennetze noch längst nicht über die nötige Sachkenntnis und ausreichende Fachkräfte verfügt.

Nachdem in Deutschland kurz hintereinander zwei Mädchen von vorzeitig freigelassenen und unzureichend therapierten Gewalttätern ermordet worden waren, lancierten die Regierungsparteien Gesetzesinitiativen, die eine deutliche Verschärfung des Strafrechts in dieser Hinsicht vorsahen. Die Höchststrafe für den sexuellen Mißbrauch Minderjähriger liegt demnach nicht mehr bei zehn, sondern bei fünfzehn Jahren, die Mindeststrafe statt bei einem halben in Zukunft bei einem Jahr. Zuvor war der sexuelle Mißbrauch von Kindern juristisch nur als ein Vergehen, nicht aber als ein Verbrechen behandelt worden. Erst bei einer Vergewaltigung oder Tötung ließen sich sexuelle Übergriffe an Kindern überhaupt als Verbrechen ahnden, was die häufig lächerlich geringen Strafen für jahrelangen Mißbrauch in der Familie erklärt. Denn es war das pharisäische Idealbild einer heilen, harmonischen Familie, welches das bürgerliche Rechtsverständnis ins Gesetzbuch hinüberretten wollte, obgleich immer schon deutlich war, daß zwischen den nächsten Verwandten und im schützenden Privatkreis die abscheulichsten sexuellen Verbrechen geschehen.

In Deutschland werden pro Jahr über sechzehntausend Sexualstraftaten an Kindern ruchbar, die weitaus meisten davon in Familien oder im engeren Bekanntenkreis. Das Horrorbild des »bösen Onkels«, der wie Dutroux fremde Kinder von der Straße wegfängt und bei sich einschließt, stimmt also in den meisten Fällen nicht mit der Realität sexuellen Mißbrauchs überein.

Was indes mit den vielen Tausenden, meist psychisch massiv gestörten Sexualstraftätern – man rechne noch Exhibitionisten und Vergewaltiger hinzu – geschehen soll, die im europäischen Rechtsbetrieb jährlich anfallen, wird mit der Zeit zum größten Problem unserer Rechtsordnung. Das deutsche Gesetz sieht vor, Wiederholungstäter ohne große Umstände in dauerhafte Sicherungsverwahrung zu nehmen, selbst wenn sie ihre Strafe bereits abgesessen haben. Das kann zu lebenslänglicher Einsperrung ohne Urteil führen. Daß ungeheuer viele Päderasten nach ihrer Entlassung erneut straffällig werden, belegen alle Statistiken, die je nach Gewichtung Rückfallquoten von vierzig bis neunzig Prozent aufweisen. Die belgische Viktimologin Carine Hutsebaut, die verurteilte Kindermörder in Gesprächstherapien betreut, um den Ursachen dieses Triebes auf die Spur zu kommen, warnt eindringlich vor der

Hoffnung, eine langjährige Gefängnisstrafe könnte die Täter läutern. Im Gegenteil: Viele Täter erfahren den kurzen Zeitraum der Folterung und Ermordung ihrer Opfer als triumphalen Lebenshöhepunkt, den sie in ihrer Erinnerung immer wieder genüßlich durchleben. Einmal freigelassen, schwindet nie die Versuchung, einen solchen Augenblick totaler Macht und Kontrolle wieder zu erleben. Der frühere Kindermord begleitet solche Menschen lebenslang – als immense Verlockung und nicht als Warnung vor lebenslanger Strafe. Die Opfer haben sie in ihrer psychischen Verirrung ohnehin zu Gegenständen umdefiniert; zu Reue sehen sie deshalb oft keinen Anlaß.

Eine solche gefährliche Konstellation erklärt etwa den Fall des Kindermörders Rolf Diesterweg, der als Sechzehnjähriger ein zwölfjähriges Nachbarmädchen tötete. Nach drei Jahren Jugendhaft führte er fünfzehn Jahre lang in der Fremde ein unauffälliges Leben; dann kehrte er in sein Heimatdorf zurück, entführte dort Anfang 1997 ein zehnjähriges Mädchen, vergewaltigte und ermordete es.

Je mehr man über diese psychischen Konstellationen weiß, desto größer wird das Dilemma: Nach herkömmlichem Verständnis ist der Strafvollzug bereits der Beginn der Resozialisierung. Auf derart veranlagte Menschen aber läßt sich nicht ohne weiteres die Unschuldsvermutung für die Zeit nach ihrer Freilassung anwenden. Daß sich die Täter im Gefängnis, wo ihnen jeder Anlaß zu Übergriffen fehlt, meist großartig betragen und in den Therapiegesprächen vielleicht aus Klugheit innere Umkehr heucheln, wird in Freiheit schnell gegenstandslos. Unter Gerichtspsychologen kursiert der Witz, jeder Therapeut könne ohne Bedenken fünfzig Prozent seiner Patienten freilassen; er weiß nur nie, welche.

Im Sog von Dutroux wurde einer breiten Öffentlichkeit klar, daß unser Gemeinwesen mit den Sexualstraftätern ein diabolisches Russisch-Roulette spielt. Um den zivilisierten, humanitären Grundsätzen der Resozialisierung nicht zu widersprechen, entläßt man Täter aus dem Gefängnis, von denen man genau weiß, daß ein unerträglich hoher Prozentsatz zu einer tödlichen Gefahr für unschuldige Opfer wird. Das Leben der Kinder, die mit den Illusionen der offenen Gesellschaft in dieser Lebensphase wenig genug zu tun haben, wird dabei zum Einsatz. Strafrechtler, Gerichtspsychologen, Gefängnistherapeuten schränken bedenkenlos das Lebensrecht wehrloser Kinder ein, um nicht den abstrakten Rechtsgrundsatz von der völligen Freiheit des einmal abgestraften Individuums zu verletzen. Für die Juristen und Psychiater besteht ja auch keine Gefahr.

Die einzige Chance für Kindermörder liegt in einer gründlichen Therapie und auch später in regelmäßiger Begleitung und Überwachung. Worin diese Therapie bestehen kann, darüber diskutieren Experten in mehreren europäischen Ländern seit Jahren. Als Allheilmittel galt lange Zeit die sogenannte chemische Kastration, die Einnahme von Hormonen, die den Sexualtrieb abtöten. Inzwischen weiß man, daß auf dem internationalen Hormonmarkt neben Muskel- und Ausdauerpräparaten auch Cocktails zur Wiedergewinnung der sexuellen Fähigkeiten zu kaufen sind: Die Täter könnten sich also nach einer chemischen Kastration relativ leicht wieder aufputschen und wären trotzdem als ungefährlich entlassen worden. In mehreren Ländern, so auch Deutschland und Frankreich, ist die Tätertherapie obligatorisch – zur Not auch unter Zwang –, wenngleich Psychologen einen Heilungserfolg ohne Mitarbeit des Patienten für nicht möglich halten.

Die guten Absichten, die Tausenden von wandelnden Zeitbomben zu entschärfen, drohen jedoch bereits in der Frühphase zu scheitern. In Belgien, aber auch in Deutschland fehlen viele hundert Therapieplätze. Unter den Bedingungen starker Kürzungen im Sozial-, Gesundheits- und Justizwesen ist auch keine Abhilfe in Sicht. So steht zu befürchten, daß das deutsche Zwangstherapiegesetz Makulatur bleibt, weil sämtliche Bundesländer die Ausführung der vorgeschriebenen Intensivbetreuung für unmöglich erklärt haben. Allein in Bayern müßten zur sachgemäßen Anwendung der neuen Vorschriften zweihundert neue Therapieplätze geschaffen werden – eine Utopie. Und was noch schlimmer ist: Bis heute ist ungeklärt, ob Therapien die Rückfallquote von Sexualstraftätern tatsächlich nennenswert mindern. Einige Psychologen geben unumwunden zu, daß sie einen hohen Prozentsatz der Täter für therapieresistent halten. Trotz aller hektischen Gesetzesmaßnahmen bleibt also das Dilemma bestehen. Denn auf Verdacht Menschen ein Leben lang einzusperren, verstößt gegen die wichtigsten Grundsätze der zivilisierten Rechtsordnung. Sie freizulassen bedeutet jedoch, sich aus Sparsamkeitsgründen und anderen »Sachzwängen« mit der bestialischen Ermordung von Kindern abzufinden. In jedem Fall wird unsere Rechtsordnung hinsichtlich der Frage, was mit Sexualstraftätern zu geschehen hat, auch in Zukunft an einer Scheidelinie stehen. Die beiden einzigen Möglichkeiten – drakonische Härte gegenüber den Tätern oder therapeutische Behandlung – fordern Opfer, die mit eben dieser Rechtsordnung unvereinbar sind: in dem einen Fall die Weggesperrten, deren Haft eigentlich abgelaufen ist, im anderen Fall die unschuldigen Kinder. Es sieht sehr danach aus, als hätten sich die Gewichte in der letzten Zeit zuungunsten der Täter verschoben.

Seit einigen Jahren wird den Opfern im strafrechtlichen Diskurs mehr Raum beigemessen. Das zeigt sich etwa in der Einführung von Opferhilfe für Menschen, die Schäden durch Straftaten erlitten haben, oder an Stiftungen wie dem deutschen »Weißen Ring«, die dasselbe unbürokratischer und aus privater Initiative versuchen. Dennoch ist die Fürsorge des Staates für Kriminalitätsopfer erschreckend gering; das gilt vor allem für Kinder, die ja keine Stimme haben, um sich vor staatlichen Instanzen für ihre Rechte einzusetzen. In Deutschland werden bis heute nur zehn Millionen Mark von den 750 Millionen Mark an einkassierten Bußgeldern an Verbrechensopfer ausbezahlt. Oft genug sind demütigende bürokratische Prozeduren mit der Gewährung der Hilfe verbunden, so daß viele Opfer resignieren und hilflos weiterleiden. Erst im Zuge der Dutroux-Affäre führte man in Mitteleuropa eine Vernehmungspraxis ein, die sich in Skandinavien längst bewährt hatte: Kinder, die Opfer von Sexualdelikten geworden sind, werden behutsam von Psychologen, nicht von Juristen befragt. Diese Gespräche werden aufgezeichnet und haben jetzt in dieser Form Beweiskraft vor Gericht. Damit wird den Kindern der Spießrutenlauf erspart, die grauenvollen Geschehnisse im anonymen Gerichtssaal vor Publikum noch einmal durchleben zu müssen oder gar vom Verteidiger ihres Peinigers in die Mangel genommen zu werden.
    Doch obwohl sich viele Kriminologen inzwischen in »Viktimologen« umgetauft haben, hat sich das Interesse, hat sich die Sorgfaltspflicht des Staates bei Strafprozessen immer noch nicht gebührend vom Täter zu den Opfern verschoben. Psychologen erklären diese Ungerechtigkeit mit dem unbewußten Kitzel, den uns die Monstrosität des Täters verschafft. Ein Täter ist geheimnisvoll, sein Innenleben, sei es auch noch so abscheulich, ist der Analyse wert. Schon auf Polizeistationen, so haben Soziologen herausgefunden, wird dem Täter meist erheblich mehr Aufmerksamkeit zuteil als dem Opfer, und oft ist diese Aufmerksamkeit genau das, was die Täter gesucht haben. Die Opfer hingegen sind meist zufällig dem Täter in die Hände gefallen. Außer ihrem Leid zeich-

net sie psychologisch und charakterlich nichts aus – jedenfalls aus dem Blickwinkel der Rechtspflege, wohingegen der Täter genauestens auf Motive, Kindheitserlebnisse, Traumata untersucht werden muß. Ein ideales Experimentierfeld für sensible Kriminalisten. Vor allem Sexualstraftäter, die im Alltag oft unauffällig und zurückgezogen leben, blühen angesichts der Observation und der Neugier der Polizei ungemein auf. Ein Opfer dagegen, ein mißbrauchtes Kind, eine vergewaltigte Frau, ein niedergeschlagener Rentner, verschließt sich in seinem Schrecken, ist mißtrauisch, widerspenstig, unberechenbar, emotional. Opfer werden auf dem Weg durch die Instanzen – Polizei, Staatsanwaltschaft, Gericht, Therapie – deshalb oft als lästig empfunden und auch so behandelt. Es bedarf genauer Selbstbeobachtung und beträchtlicher finanzieller Anstrengungen des Justizsystems, um diese unweigerliche Bevorzugung des Täters auszugleichen.

In Belgien wurden solche Initiativen zögerlich in Gang gesetzt. Vereinzelt wurden Kinderpsychologen eingestellt, Streifenwagen mit Spielzeug und Teddybären ausgestattet. Es hilft oft wenig genug. So fiel Laetitia Delhez, das letzte Opfer Dutroux', in die tiefe Depression, die Psychologen bei zahlreichen mißbrauchten Kindern beobachten. In den ersten Tagen nach ihrer Befreiung aus dem Kerker hatte sie ihrer Mutter noch freimütig von den Vergewaltigungen durch Dutroux erzählt und war in der Öffentlichkeit aufgetreten. In ihrem Ardennenstädtchen Bertrix war sie wie eine Volksheldin gefeiert worden. Mit der Zeit erlahmte jedoch das Interesse der Mitbürger, und die anfängliche Fürsorge schlug in Neid um. Das Mädchen, das dem Ort unfreiwillig so negative Schlagzeilen bescherte, kann inzwischen kaum mehr seine Berufsschule besuchen, verbarrikadiert sich die meiste Zeit zu Hause und läßt niemanden an sich heran – wie übrigens auch Sabine Dardenne, die über zwei Monate von Dutroux gefangengehalten wurde und ebenfalls schwere psychische Schäden davontrug. Laetitia wird von ihren pubertierenden Altersgenossen als Hure beschimpft, ihre Kleidung wird im Ort streng auf Züchtigkeit kontrolliert, die Mutter hat fast jeden sozialen Kontakt verloren.

Das Wissen um die verheerenden Folgen sexuellen Mißbrauchs von Kindern ist gewachsen. Frauen – und bei über siebzig Prozent der Opfer handelt es sich um Mädchen –, die in ihrer Kindheit mißbraucht wurden, leiden in drastisch erhöhtem Maße an Gebärmutterkrebs, Unfruchtbarkeit, Magersucht, Bulimie, die grausamen psychischen Störungen nicht gerechnet. Gegen das Schreckbild solcher, oft tödlicher Spätfolgen kommen auch liberale Strafrechtler und Psychologen immer weniger an. Daß die meisten der Täter selbst als Jungen mißbraucht worden sind, schafft ein verzerrtes Bild. Denn das Leid eines Täters rechtfertigt keineswegs, neue unschuldige Opfer zu schaffen.

Ein Einwand, den Strafrechtler und Sozialarbeiter gegen die Verschärfung des Sexualstrafrechts vorbrachten, betraf die hohe Strafandrohung. Bei Aussicht auf obligatorische zehn bis fünfzehn Jahre Haft gebe keine Mutter mehr ihren Ehemann als Vergewaltiger der Tochter an. Auch Kinder, die ja oft genug in einem paradoxen Angst- und Abhängigkeitsverhältnis zu ihrem Peiniger stehen, würde eine hohe Strafe vom Gang zur Polizei abhalten. Aber diese Argumentation ist keineswegs schlüssig. Denn ob zehn oder fünfzehn Jahre Haft – das macht für die Zukunft einer Familie wohl keinen Unterschied. Es sind eher die Gewaltverhältnisse in den Familien, die ein Klima der Angst schaffen, welches zahlreiche Anzeigen verhindert. Wüßten die betreffenden Mütter oder Kinder, daß die Vergewaltiger mit Sicherheit eine harte Strafe erwartet und sie dauerhaft von den Nachstellungen verschont blieben, dann würden wahrscheinlich auch mehr Anzeigen gestellt.

Andererseits, so wird eingewandt, hat sich herausgestellt, daß potentielle Täter sich von der Strafhöhe nicht beeindrucken lassen. Das mag zwar stimmen, doch führen hier die Kriminologen immer noch die Debatten der sechziger und siebziger Jahre, in denen es angesichts veralteter drakonischer Gesetze darum ging, nicht ohne gesellschaftlichen Nutzen unnötig viele Menschen unnötig lange ihrer Freiheit zu berauben. Heute ist es vielen Bürgern völlig gleichgültig, wie gering die Strafhöhe bemessen sein muß, die zur Abschreckung genügt. Statt dessen ist man beruhigt, wenn ein Täter – egal wie schwer seine Kindheit war – so viele Jahre wie möglich von der Gesellschaft ferngehalten wird. Jedes Jahr im Gefängnis mehr bedeutet nach dieser schlichten, aber schwer zu widerlegenden Rechnung weniger potentielle Opfer.

Die rechtsradikalen Parteien, die in Belgien gleich nach der Verhaftung von Dutroux auf den Plan traten, argumentierten ähnlich, wenngleich drastischer, und fanden mit ihren Thesen großen Zulauf. Die Todesstrafe, die der französische Demagoge Le Pen für Dutroux forderte, oder das bedingungslose »Lebenslänglich« auch für Vergewaltiger würden einen Rückfall in inhumane Justizgebräuche bedeuten. Aber die Eltern ermordeter Kinder wüßten gewiß, daß ihre Liebsten noch lebten, hätte der Täter nur seine

Strafe ausgesessen. Will der Rechtsstaat nicht die Fragen der Sicherheit kampflos den brachialen Thesen der Rübe-ab-Fanatiker überlassen, dann muß er einen besseren Schutz gewährleisten und garantieren, daß verurteilte Sexualstraftäter nicht mit einer Sorglosigkeit freigelassen und von Therapie verschont werden, als hätten diese einen Ladendiebstahl begangen. Der Fall Dutroux jedenfalls hat das Vertrauen in die Fähigkeit des Staates, seine Zukunft, die Kinder, zu schützen, nachhaltig erschüttert. Daß sich das Verlangen zahlreicher Menschen, vor allem von Männern, in Verbindung mit sexuellen Handlungen wehrlosen Mitmenschen Gewalt anzutun, nicht völlig wird eindämmen lassen, ist allen klar. Doch die fast verbrecherische Laxheit, mit der unsere Strafordnung, die keinen Steuerhinterzieher verschont, gefährliche Sexualtäter laufenläßt, wird sich ändern müssen. Die schwere kindliche oder gesellschaftliche Beschädigung des Täters ins Feld zu führen zeugt von einem großen humanen Verständnis unserer Form von Justizausübung. Doch damit wird sich angesichts der Opfer auf Dauer nicht länger argumentieren lassen. Immense Strafnachlässe für sexuell Verstörte und Eingriffe dubioser psychologischer Gutachter in die Rechtsordnung werden nicht die Regel bleiben. Denn der beneidenswerte Optimismus, man könne durch gesellschaftliche Reformen der Schwerkriminalität Herr werden, klingt zunehmend ab in einer Gesellschaft, die in Medien, Schulen, öffentlichen Verkehrsmitteln immer stärker von brutaler Gewalt geprägt wird. Die Anlässe, die Täter zu entschuldigen, wachsen in dem Maße, wie sie die Gemeinschaft bedrohen. Die Perspektive der sanften, schnellstmöglichen Eingliederung ohne Rücksicht auf die Ängste der Opfer hat in einer verrohten Gesellschaft keine große Zukunft. Wenn die Schere zwischen Armut und Reichtum auseinandergeht, dann wachsen die illegale Bereicherung, die Brutalität aufgrund fehlender Zukunftsaussichten von selbst. Die Mehrheit der Bevölkerung, die der wachsenden Aggression durch ökonomische Konkurrenz und Kriminalität wenig entgegenzusetzen hat, wird dann aus natürlichem Eigennutz für den starken Staat optieren.

Weil sie den Auswirkungen des liberalen Strafrechts inzwischen mißtrauen, haben nun ausgerechnet feministische und Bürgerrechtsorganisationen an der staatlichen Gewalt vorbei die Frage der Sexualstraftäter selbst in die Hand genommen. In Neuseeland und Australien veröffentlichte eine selbsternannte Bürgerrechtlerin namens Deborah Coddington Schwarzbücher mit den Namen, Adressen, Telefonnummern und der kriminellen Biographie Hunderter von pädophilen Straftätern. Für die Zukunft ist ein ähnlicher »Pädophilen-Index« auch für den europäischen Raum geplant. Die Polizei fürchtet wahre Hexenjagden, sieht die Sicherheit der früheren Delinquenten bedroht. Elternorganisationen verlangen dagegen schon seit Jahren, daß die Nachbarschaften informiert werden, wenn ein verurteilter Päderast sich neu niederläßt. Wohin solche Menschen dann überhaupt noch siedeln können, interessiert die jeweiligen Interessengemeinschaften, die das Wohl ihrer Kinder bedroht sehen, nur in zweiter Linie. Eine Jugendbande in England nahm die drohenden Zustände schon einmal vorweg. Nachdem eine Lokalzeitung das verwaschene Photo eines »Pädophilen in der Stadt« abgedruckt hatte, schlug sie einen älteren geistig Behinderten zusammen, so daß dieser lebensgefährliche Verletzungen erlitt. Es handelte sich, so stellte sich später heraus, um eine Verwechslung.

Wichtiger als das Bürgerrecht eines abgestraften Gesetzesbrechers wird zunehmend das Recht erachtet, sich präventiv gegen gefährlich veranlagte Mitmenschen zu schützen. Mit dem geltenden Recht, welches allein von geschehenen, nicht jedoch von potentiellen Straftaten handelt, sind die Päderasten-Dateien jedenfalls nicht vereinbar. Ganz von allein nähert sich so die Gesellschaft – ob aus Gründen der Hysterie oder aus berechtigter Selbstverteidigung – dem Szenario, das der Systemtheoretiker und damalige Chef des Bundeskriminalamts Horst Herold Ende der siebziger Jahre entworfen hat: In einer anonymen und funktionalistischen Gesellschaft komme der Polizei die Aufgabe der planenden Verbrechensvorsorge durch umfassende Kontrolle zu. Was damals wie ein Schreckbild aus Orwells »1984« erschien, entwickelt sich zunehmend zum Wunschbild besorgter Bürger, die angesichts von Kürzungen bei der Polizei befürchten, daß ihnen die unterbesetzte Behörde im Fall einer Gewalttat nicht mehr helfen kann. Die Schicksale der Familien jener Kinder, die Dutroux in die Hände fielen, bieten für diese Befürchtungen bestes Anschauungsmaterial.

Belgien, wo jeder Bürger das Versagen der staatlichen Verbrechensbekämpfer minutiös vor Augen geführt bekam, wird sich so bald nicht von dem Schock erholen, daß eine verhältnismäßig kleine und ohne große Subtilität agierende Bande in der Lage war, nach Belieben den halbherzigen Polizeiapparat auszuspielen und so Millionen von Menschen höchst berechtigte Ängste einzujagen. Doch auch mit dem eingesperrten Dutroux kommt das Land nicht zur Ruhe, die psychischen Folgewirkungen sind allerorten zu spüren.

Als im Frühjahr 1997 in Mons, keine fünfzig Kilometer westlich von Charleroi, ein Mörder die sauber abgetrennten Leichenteile dreier ermordeter Frauen in Plastiksäcken systematisch deponierte und damit auf perverse Weise die Polizei herausforderte, erreichte der Ekel der Belgier vor der Nachtseite ihrer Gesellschaft einen neuen Höhepunkt. Schon einige Monate zuvor hatte die Schriftstellerin Kristien Hemmerechts ihre Abstumpfung angesichts der tödlichen Porno-Industrie kurz und bündig in die Worte gefaßt: »Dutroux ist inzwischen der berühmteste Belgier aller Zeiten.« Sie sprach mit dieser Weigerung, sich immer wieder schaulustig auf die abseitigen Spektakel von Perversen zu konzentrieren, vielen Landsleuten aus der Seele. Die Berichterstattung über Monstrositäten aller Art jedoch riß nicht ab. So wurde ein Pensionär aus Antwerpen verhaftet, der wahrscheinlich über zehn Jahre lang Kindergräber in ganz Belgien geschändet hatte, in Leichenhallen eingedrungen war und die Körper photographiert hatte. Man hatte ihn zwar einmal auf frischer Tat erwischt, aber ohne Konsequenzen wieder laufenlassen. In seiner Wohnung, in der er in einem Sarg schlief, wurden mehrere tausend Photos von Kinderleichen beschlagnahmt. Nicht einmal nach ihrem Tod hatten die belgischen Kinder also Ruhe gefunden.

Eine besonders geschmacklose Variante, die Dutroux-Affäre auszubeuten, führte zu einem Ableger-Prozeß: Ein Schüler aus der Gegend von Antwerpen hatte Nacktbilder, auf welche die Köpfe von Julie und Mélissa montiert waren, im Internet unter einer falschen Adresse angeboten und konnte nach aufwendiger Datenrecherche festgenommen werden. Für ein solches Delikt existierte noch nicht einmal ein Paragraph im Strafrecht, so daß dem jungen Mann wegen Mißbrauchs der Telefonleitungen der Prozeß gemacht werden mußte.

Die gesellschaftliche Hysterie sorgte an den unerwartetsten Stellen für Probleme. So drohten die vier Phantomzeichner der belgischen Polizeidienste mit Streik. Wegen der vervielfachten Nachfrage nach Robotbildern mutmaßlicher Straftäter waren sie nicht mehr in der Lage, Urlaub zu nehmen, und mußten sogar die Wochenenden durcharbeiten. In einigen Städten machten es sich Jugendliche zum Spaß, bedrohlich langsam an Kindergärten oder Grundschulen vorbeizufahren, was dann unweigerlich besorgte Eltern und die Polizei auf den Plan rief. Ein Phantombild mußte her.

Doch nicht nur in solchen makabren Einzelfällen sorgte Dutroux für Verunsicherung. Die belgischen Kinderschutzverbände mußten neues Personal einstellen, weil die Angestellten die Anfragen von Schulen und Gemeinden nicht mehr bewältigen konnten. Kinderpsychologen warnten vor der Dauerbeschallung über die Untaten der Kinderfänger. Selbst Kleinkindern, die beim Fernsehen oder Radiohören anwesend seien, werde auf diese Weise tiefes Mißtrauen gegen die Eltern und die ganze Welt eingeimpft. In Belgiens Medien erschienen Standardbriefe, welche die Eltern ihren Kindern vorlesen sollten, wenn diese von Alpträumen oder Angstvorstellungen geplagt wurden. Für so gut wie jede Mutter in Belgien hat sich seit der endlosen Beschäftigung mit Dutroux und Co. ihr Verhältnis zu den Kindern geändert. Viele geben zu Protokoll, daß sie ihre Kleinen keine Minute mehr aus den Augen lassen können, daß sie sie nicht mehr draußen spielen lassen und überhaupt viel hysterischer auf Verhaltensänderungen oder Unpünktlichkeiten reagieren als zuvor – und genau vor dieser Gluckenhaftigkeit warnen wieder die Kinderpsychologen. Dutroux ist sich wahrscheinlich äußerst bewußt, daß es ihm gelungen ist, sich in den Köpfen der Bevölkerungsmehrheit dauerhaft einzunisten.

Weil die Sexindustrie insgesamt mit der Kinderpornographie in Zusammenhang gebracht wurde, fürchteten gesellschaftliche Gruppen wie etwa Homosexuellen-Organisationen das Aufkommen einer neuen Prüderie. Werbeplakate mit halbnackten und besonders jungen Models wurden in zahlreichen Städten mit dem Wort »Dutroux« übersprüht. Und die Betreiber von Brüsseler Sexshops klagten öffentlich über einen Umsatzrückgang von über dreißig Prozent. Die ersten Konkurse waren unvermeidlich. Die Dutroux-Hysterie erstreckte sich bis ins Ausland. Der belgische Fremdenverkehr befürchtete im Jahr nach der kriminellen Katastrophe einen Rückgang von etwa dreißig Prozent – explizit wegen des schlechten Images, an welchem das sonst so ruhige und lebensfrohe Land nun auf Jahre zu tragen hat. In Deutschland sprang die Fernsehmoderatorin Schreinemakers auf den Zug auf und initiierte die Aktion »Wir helfen suchen«. Eltern verschwundener Kinder durften ihr Schicksal im Fernsehen ausbreiten, und Produzenten von Plastiktüten, Brotbeuteln oder Milchverpackungen druckten die Fahndungsphotos auf ihren Produkten ab – nicht ohne Befriedigung über die kostenlose Werbung. Wenn den verzweifelten Eltern auch jedes Mittel für die Suche recht ist, so haftete an der Aktion doch der Ruch des Kommerziellen. Der

Geschäftsführer des deutschen Kinderschutzbundes schätzte die Wirksamkeit solcher Aktionen »tendenziell bei Null« ein. Eine Satirezeitung kommentierte sarkastisch die publicityträchtige Aktion der schwerreichen Fernsehmoderatorin mit dem Vorschlag, man könne dann ja auf den aufgefundenen Kindern als Gegenleistung Milchwerbung abdrucken.

In jedem Fall ist die reißerische Beschäftigung mit dem furchtbaren Problem verschwundener Kinder heikel. Allzu leicht verliert die höchst persönliche Botschaft im Medientrubel ihre Würde und droht zum bloßen Sensationseffekt zu verkommen – Kommerz durch Kinderleichen. Um diesen Eindruck zu vermeiden und nicht fälschlich zur Selbstjustiz aufzufordern, setzte der belgische Verleih den amerikanischen Spielfilm »A Time to Kill« auf dem Höhepunkt der Dutroux-Hysterie ab. In dem Streifen nach einem Roman von John Grisham geht es um die Vergewaltigung eines zehnjährigen schwarzen Mädchens, woraufhin deren Vater die beiden weißen Täter niederschießt und sich dafür vor Gericht verantworten muß. Ein solches Szenario wollte niemand zur Diskussion stellen, während im ganzen Land Listen zugunsten der Einführung der Todesstrafe für Sexualverbrechen an Kindern auslagen.

Nicht überall war man so dezent und vorausblickend wie in der Filmbranche. Trittbrettfahrer fand man nicht nur in Belgien. Offenbar brauchten manche Menschen ein Ventil, um die endlose Beschallung mit ekelerregenden Details verarbeiten zu können. Oder die Geschehnisse aus Charleroi dienten als Beleg, wie verkommen die Gesellschaft als Ganzes ist. In den Niederlanden verkaufte eine Punkband ihren »Dutroux«-Hit »Fuck the Children« recht erfolgreich. Im französischen Wahlkampf kam es Mitte Mai 1997 zu einem Prozeß, als ein Satiriker den Chansonnier Yves Duteil aufs Korn nahm. Der Barde hatte sich für die Gaullisten eingesetzt und auf Wahlveranstaltungen seinen Erfolgsschlager »Prendre un enfant par la main« (Nimm ein Kind bei der Hand) vorgetragen. Als er dafür von der Gegenseite als »der singende Dutroux« lächerlich gemacht wurde, zog der Künstler vor Gericht.

Irgendwann werden solche geschmacklosen oder auch nur ungeschickten Anspielungen auf die belgische Kinderfängerbande abklingen. Doch die Aufmerksamkeit für die erdumspannende Schande der sexuellen Ausbeutung und Ermordung von Kindern ist immerhin durch den Skandal immens gewachsen. Das dürfte eine der wenigen tröstlichen und hoffnungsvollen Auswirkungen des Skandals sein. Ob aber die diskursive Präsenz des Phänomens irgend etwas an den Zuständen wird ändern können, steht in den Sternen. Noch im Frühjahr 1997 veröffentlichten die Vereinten Nationen einen Bericht der Sonderbeauftragten Ofelia Calceta Santos zur sexuellen Ausbeutung von Kindern, in dem dieses Delikt als »epidemisch« bezeichnet wird. In immer neuen Ländern – Mexiko, das Baltikum und die Dominikanische Republik werden genannt – fallen viele Tausende von Kindern in die Hände kommerzieller Ausbeuter, die aus dem Phänomen ein gigantisches Geschäft gemacht haben. Ob Kinder wirklich in epidemisch steigendem Ausmaß für die Gewinne der Sexindustrie geopfert werden oder ob das Ausmaß der Mißstände erst jetzt, nach Dutroux, der Weltöffentlichkeit auffällt – beide Möglichkeiten sind gleich unerträglich.

Wie wird die Affäre Dutroux enden? Auf dem juristischen Feld ist die Antwort einfach. Es wird irgendwann zu einem Prozeß kommen, und dieser Prozeß wird mit angemessenen Strafen abgeschlossen werden. Man darf diese Voraussage getrost wagen, weil die inhaftierten Bandenmitglieder bisher ihre Taten im großen und ganzen gestanden haben und die Gesetze eine harte Strafe bis hin zur lebenslänglichen Haft und Sicherheitsverwahrung ermöglichen. Nur über die Anteile an den jeweiligen Entführungen, Mißbräuchen und Tötungen wird beim Prozeß im Detail gestritten werden, was für Eltern, Verwandte und die überlebenden Opfer eine erneute Höllenqual bedeutet. Einzig Michel Nihoul streitet vehement jede Beteiligung ab. Was die Fahnder hinsichtlich seiner Schuld an belastendem Material und an Zeugen werden aufbieten können, ist bisher nicht abzusehen und wird die entscheidende Frage ausmachen. Denn anhand der Figur Nihoul wird juristisch festgestellt werden müssen, ob es um eine überschaubare Bande von Perversen oder um ein weitverzweigtes Netz von Kinderhändlern geht.

Die Fahndungsgruppe der Gerichtspolizei mit dem treffenden Namen »Obelix«, bei der man Ende 1996 die Ermittlungen gegen den korpulenten Nihoul zu konzentrieren suchte, hat Ende Mai 1997 aufgehört zu bestehen. Der leitende Kommissar warf das Handtuch, weil er immer wieder ohne Erfolg beim Justizministerium über mangelndes Personal und unterbliebene logistische Hilfe geklagt hatte. Die belgische Presse zitierte unterrichtete Justizkreise, die hinter vorgehaltener Hand wissen lassen, bei Staatsanwalt Bourlets vorgesetzter Behörde, im berüchtigten Gericht von

Lüttich, blockiere man systematisch die Bemühungen, Päderasten-netzwerke rund um Nihoul aufzuspüren. Der belgische Justizmini-ster präsentierte Anfang Juni 1997 schließlich eine notdürftig re-organisierte Fahndungsgruppe Nihoul. Es handelte sich um weniger anspruchsvolle Beamte, die auch mit den reduzierten Mit-teln und geringerer Mannstärke weiterzuarbeiten bereit waren. Die Öffentlichkeit hat also Gründe genug, nicht mehr daran zu glau-ben, daß wirklich aufgedeckt wird, wer von Kinderpornographie und Kinderhandel tatsächlich profitiert. Vor Gericht könnte es demnach mit der Bestrafung von Dutroux und seinen Handlangern sein Bewenden haben.

Reformen im Behördenapparat als Folge der Affäre Dutroux wurden ein Jahr nach der Verhaftung Dutroux' immer unwahr-scheinlicher. Der Justiz- und Polizeiapparat erwies sich als resistent gegen jede Reorganisation. Auch hier haben die meisten Bürger die Hoffnung aufgegeben, daß die Katastrophe den Apparat oder we-nigstens leitende Funktionäre zur Umkehr bewegt haben könnte. Um so drängender wird folgerichtig die Frage einer belgischen Staatsreform. Als die flämische Partei »Volksunie« – die zehn bis zwanzig Prozent der Stimmen im belgischen Parlament erreicht – im Mai 1997 ihr neues Programm vorstellte, bezog sich die Partei-spitze ausdrücklich auf die gescheiterten Bemühungen, nach der Affäre Dutroux mit der Schlampigkeit und kriminellen Ver-strickung der belgischen Behörden aufzuräumen. Man habe die Probe der Reformfähigkeit abgewartet, verkündete der Parteivor-sitzende Bert Anciaux, nun sei dieser Test gescheitert, und man fordere künftig die Auflösung Belgiens und die flämische Unab-hängigkeit, damit sich ähnliche Verbrechen wenigstens in Flandern nicht wiederholen könnten. Wenn bis zur nächsten turnusgemäßen Wahl im Jahr 1999 oder bei vorgezogenen Neuwahlen auch andere Parteien auf diesen Zug springen, dann war Dutroux gleichsam der Nagel am Sarg des belgischen Gemeinwesens. Auch Paul Marchal, der Vater der ermordeten An, trug sich im Sommer 1997 in seiner Verbitterung über die unterbliebene Reform an Haupt und Glie-dern immer noch mit der Idee, eine Weiße Partei zu gründen. Wie alle Eltern, die kollektiv schwere Beschuldigungen gegen den ge-wieften Ministerpräsidenten Dehaene äußerten, sah und sieht Paul Marchal in einer eigenen politischen Partei nur das letzte Mittel. Doch die Verhältnisse, so ließ er in einem Interview wissen, seien so desolat, daß man vielleicht den Frontalangriff gegen die eta-blierte Politik noch einmal wagen müsse – und dann weniger naiv als beim Weißen Marsch. Es könnte also durchaus sein, daß Dutroux die nächste Wahl in Belgien entscheidet – je nachdem, wie gut sich die Wähler an ihre Empörung und an ihre Demonstrationslust im Herbst 1996 erinnern können.

Das wichtigste Ziel der Eltern, die Einrichtung einer Zentralstelle für die Fahndung nach verschwundenen Kindern und zur Vorbeugung gegen Kindesmißbrauch, ist in ihren Augen gleichfalls diskreditiert. Nachdem die Regierung es ablehnte, die Daten verurteilter Päderasten in denjenigen Nachbarschaften bekanntzumachen, wo sich diese Menschen neu ansiedeln, erklärte das Kollektiv der Eltern, an der Maßnahme kein Interesse mehr zu haben. Das Recht auf Privatsphäre trug gegenüber dem Schutz bedrohter Kinder den Sieg davon. Auch hier erlebten die Aktivisten Enttäuschung auf der ganzen Linie.

Auf den ersten Blick sieht es also so aus, als habe die Weiße Bewegung, die erste kommunitaristische Graswurzelbewegung in nationalem Maßstab, zugleich auch erwiesen, daß das Gedankengut des Gemeinnutzes zu harmlos und zu bieder ist, als daß es die festgefahrenen Strukturen eines Parteienstaates aufweichen könnte. Wie die zahlreichen Gruppen der Kinderschutzbewegung auf örtlicher Ebene agieren und ob sie auf mittlere Sicht auseinanderfallen und zum Forum für Querulanten und Stimmungsmacher aller Art werden, läßt sich noch nicht absehen. Immerhin: Der soziale Zusammenhalt und die Wachsamkeit, sich für Interessen Schwächerer einzusetzen, mag in vielen überschaubaren Gemeinschaften wie Kirchengemeinden, Schulen, Nachbarschaften gestärkt worden sein. Doch im Bewußtsein, daß für diese soziale Selbstverständlichkeit Kinder sterben mußten und daß sich auf institutioneller Ebene nichts verändert hat, ist das ein schwacher Trost.

Die nachhaltigsten Wirkungen hat die Affäre Dutroux im Gefühlshaushalt der Staatsbürger hinterlassen. Die Verbrechen sorgten anfangs dafür, daß vielen Hunderttausenden der Geduldsfaden riß und sie ziellos gegen ein anonymes und verkommenes System auf die Straße gingen. Als sich die Bewegung festfuhr und der Staatsapparat in bewährter Manier mit Zähnen und Klauen an seinen Besitzständen festhielt, blieb vielen Menschen – so etwa der Mehrheit der hartgeprüften Eltern ermordeter Kinder – nur mehr die Resignation. Sie ist die bitterste Hinterlassenschaft der Affäre Dutroux. Zyniker, die schon seit längerem vorhersagen, daß der Parteienstaat westlicher Prägung nur über den Kollaps und die soziale Katastrophe, nicht aber durch vernünftige Reformen umzugestalten sei, sind durch den Verlauf dieser Tragödie, einer der verheerendsten Kriminalgeschichten im Europa der Nachkriegszeit, bisher nur bestätigt worden. Unter diesem Gesichtspunkt ist vielleicht schon die Ausgangsfrage, wie die Affäre Dutroux ausgehen wird, falsch. Vielleicht wird es – wenn auch in schwächerer Form – der gesamten Gesellschaft so ergehen wie den Eltern der ermordeten und verschwundenen Kinder. Für sie jedenfalls bedeutet die Affäre Dutroux einen Alptraum, aus dem es kein Erwachen gibt.

Epilog

Ein Friedhof bei Lüttich

Marcinelle, Avenue de Philippeville. Ein paar hundert Schritte vom Südbahnhof der Großstadt entfernt eine graue, öde Straße mit kleinen Reihenhäuschen, wie sie diese Bergwerksregion prägen. Kurz vor einem Bahnübergang das Haus, in dem Marc Dutroux während der letzten Jahre mit seiner Familie wohnte, ebenso in Backstein gemauert und ebenso grau patiniert, unscheinbar wie alle anderen. Man würde es unter den zahlreichen leerstehenden Gebäuden in dieser Gegend nicht erkennen, wäre da nicht der durchweichte Blumenhaufen auf der anderen Straßenseite am Bahndamm. Die Straße ist immer noch abgesperrt, doch nicht mehr, wie im August 1996, wegen der Spurensicherung, wegen Tausender Schaulustiger und Dutzenden von Fernsehteams. Jetzt werden in der Avenue de Philippeville neue Kabel und Rohre verlegt.

Man kann nur schwer glauben, daß hier niemandem etwas vom Treiben des Mörders aufgefallen ist. Wie lassen sich mindestens sechs Mädchen inmitten einer belebten Innenstadt in ein winziges Reihenhaus transportieren, ohne daß die Nachbarschaft etwas merkt? Julie, Mélissa und Sabine brachten hier viele Wochen zu. Sogar auf der Schwelle haben Zeugen, die sich freilich erst hinterher daran erinnerten, die Kinder gesehen. In der heruntergekommenen Eckkneipe hängen schon morgens Frauen und Männer herum, wie man sie in dieser bitterarmen Stadt nicht selten antrifft: im Trainingsanzug, mit eingefallenen Wangen und dem flackernden Blick des Alkoholikers. Am Zapfhahn klebt noch immer das Bild von Julie und Mélissa, das im Viertel bald jeder an seiner Wohnzimmerfensterscheibe befestigt hat. Keiner will den Eindruck erwecken, Mitwisser oder gar stillschweigender Profiteur von den finsteren Geschäften des Nachbarn Dutroux gewesen zu sein.

Die Vermutung, daß viele hier etwas Ungutes ahnten, liegt nahe genug. Hat es keinen Lärm gemacht, als Dutroux Wand an Wand mit den Nachbarn den eigenen Keller zu einem Gefängnis umbaute, Geheimtüren anlegte und immer wieder dort hinunterstieg? Das »Horrorhaus« ist kaum acht Meter breit, verfügt vielleicht über hundertfünfzig Quadratmeter Wohnfläche. Jeder Zentimeter ist mit Ultraschall abgehört, ausgeleuchtet, abgeklopft worden. Teile der Tapeten haben die Fahnder von den Wänden gerissen, den Hinterhof umgegraben. Was die Polizei übriggelassen hat, transportieren einige Handwerker jetzt ab: ein paar Obstkisten mit altem Geschirr, einen falschen Kamin, eine Kinderbadewanne aus Zink. Der Besitzer des Hauses, so viel ist gewiß, wird so bald nicht wiederkehren. Was mit dem Eigentum geschehen wird, kann sich in Charleroi niemand vorstellen. Es wird wohl kaum jemanden geben, der in diesem Gebäude leben möchte. Zum Abriß eignet es sich gleichfalls nicht, denn es ist genau in die Häuserzeile eingepaßt. Das praktischste wäre, die ganze Straße wegzusanieren. Aber wenn man damit in Charleroi beginnen wollte, dann wäre von der ganzen Stadt bald nichts mehr übrig.

Überall, wo Dutroux Grund- und Hausbesitz hinterlassen hat, streiten sich Behörden, Nachbarn, Opfer um die zukünftige Nutzung. Nachdem Unbekannte das Holzhaus in Jumet abgebrannt haben, sammelte man Tausende von Unterschriften für die Anlage einer Grünfläche zum Gedenken an die Opfer, vor allem an An und Eefje, die hier klaftertief vergraben lagen. In Sars-la-Buissière hat die belgische Justizverwaltung den Verkauf des Gebäudes in die Wege geleitet, hinter dem Dutroux die Leichen von Julie und Mélissa vergraben hatte. Das winzige Bruchsteingebäude liegt relativ frei im Ort, inmitten von Wildwiesen und verwachsenen Obstgärten. Für den benachbarten Schrotthändler wäre es ein ideales Erweiterungsterrain. Doch der Bürgermeister, dem aus der negativen Publicity im Gefolge von Dutroux schon genug Ärger erwuchs, wehrt sich vehement gegen einen Verkauf des verfluchten Grundstücks: Wer weiß, welche makabren Ausbeuter den Zuschlag erhalten werden? In Sars hat man Angst vor Sekten, Okkultisten oder Freunden der Sado-Maso-Szene. Ein Verkauf wäre eine Beleidigung für die Opfer. Doch um, wie geplant, auch hier eine würdige Gedenkstätte auf planiertem Grund zu errichten, fehlt der armen Gemeinde das Geld.

Die Justiz geht bei ihren Verkaufsplänen streng nach dem Buchstaben des Gesetzes vor. Die ersten Opfer von Dutroux, die Mädchen, die er in den achtziger Jahren brutal vergewaltigte, haben nie einen Franc der Entschädigung gesehen, welche das Gericht ihnen zuerkannt hatte. Dutroux gab sich als mittellos aus, obwohl er bestens bei Kasse war. Gerichtlich haben die Frauen inzwischen erstritten, daß ihnen Geld aus dem Verkaufserlös der Grundstücke zusteht. Für das Dorf, das seither zu einer makabren Pilgerstätte geworden ist, bedeutet die Schätzung des Hauses eine weitere Bedrohung. Was und wen wird Dutroux noch nach sich ziehen?

Der dies alles ausgelöst hat, sitzt im Gefängnis von Arlon, im äußersten Südosten Belgiens an der Grenze zu Luxemburg in einer Spezialzelle, die man eigens für ihn entworfen hat. Schon allein aus Angst vor Lynchaktionen wurde Dutroux vollkommen von anderen Häftlingen isoliert. Tag und Nacht wird der prominente Häftling mit Kameras überwacht, sogar auf der Toilette. Diese ungewöhnliche Aufsicht datiert noch aus der Zeit, da man fürchtete, Dutroux könne sich etwas antun und die Geheimnisse seines vermuteten Netzwerks mit ins Grab nehmen. Inzwischen hat sich diese Besorgnis als unbegründet erwiesen. Der Häftling scheint kooperativ und befaßt sich wie schon in den Jahren zuvor mit Börsenzeitungen. Obwohl von der Sozialhilfe lebend, galt eines seiner Hobbys der Aktienspekulation. Zumindest daran, so verlautet aus dem Gefängnis, hat Dutroux das Interesse nicht verloren. Wiederholt hat er sich aus der Zelle zu Wort gemeldet und um die Erlaubnis nachgesucht, öffentlich in einem Parlamentsausschuß auftreten zu dürfen. Psychologen haben daraus geschlossen, daß der Delinquent die Aufmerksamkeit genießt, die ihm durch seine Taten zuteil wird. Der Prozeß, der irgendwann gegen ihn eröffnet werden soll, steht schon jetzt als das aufwendigste Verfahren der belgischen Geschichte fest. Die Akten umfassen mehrere hunderttausend Blatt. Die geschätzten Ermittlungskosten liegen bei über zwanzig Millionen Mark, sofern man die behördlichen Aufwendungen überhaupt beziffern kann. Wie viele Morde Dutroux letztlich zur Last gelegt werden, steht noch nicht fest. Möglicherweise ist er neben den Taten, die er bereits gestanden hat, auch für den Tod eines Autohändlers verantwortlich. Nachdem er mit Dutroux Geschäfte gemacht hatte, starb dieser Mann aus mysteriösen Ursachen. Bei einer Exhumierung wurde nun festgestellt, daß er mit Betäubungsmitteln getötet wurde – der Hauptverdächtige heißt Dutroux. Und auch über zwei unaufgeklärte Morde in Charleroi – es geht um einen Nachtclub-Portier, dessen Fuß man in einem Kanal gefunden hat, und um eine Sechzehnjährige, deren geknebelter Leichnam aus einem Fluß gefischt wurde – ist noch nicht das letzte Wort gesprochen. Die Vermutungen ufern dermaßen aus, daß die Polizei davor warnte, alle unaufgeklärten Verbrechen der Region Dutroux in die Schuhe zu schieben. Die kriminelle Szene sei auch ohne ihn aktiv genug.

Inzwischen nutzen auch andere Branchen den Bekanntheitsgrad des mutmaßlichen Serienmörders. Der »BBC Worldservice« bringt den Radiohörern in aller Welt anhand eines Zeitungsartikels über das Treiben Dutroux' besonders schwere und seltene Vokabeln bei: corruption, incompetence, abducting. Für solche Vorgänge, so fürchten viele Belgier, werden sie nun in der Welt berühmt: »Es ist etwas faul im Staate Belgien« lautet der Titel der Lektion.

Dutroux selbst, der in einer selektiven Nachrichtensperre gehalten wird, bekommt von solcher Aufmerksamkeit wahrscheinlich nichts mit. Auch daß sich inzwischen ein Kreis von Verehrerinnen gebildet hat, die dem Mörder lange und intime Briefe schreiben, enthält man ihm vor. Die Polizei aber weiß von religiösen Zirkeln, die sich vorgenommen haben, den Mörder zum Glauben zu bekehren. Auch gibt es Frauen mit Helfer- oder gar Opfersyndromen, die Dutroux ganz unverhohlen Liebeserklärungen oder Heiratsanträge machen. Juristisch wäre eine Hochzeit durchaus möglich, da ja die gleichfalls inhaftierte Michelle Martin sich schon vor Jahren von ihrem Lebensgefährten Dutroux scheiden ließ, um auf diese Weise mehr Sozialhilfe zu erhalten. Wo die drei gemeinsamen Kinder des Paares untergebracht sind, wird geheimgehalten.

Von den anderen Häftlingen – Lelièvre, Diakostavrianos, Martin –, die zusammen mit Dutroux festgenommen wurden, hört man in der Öffentlichkeit nichts. Ganz anders Michel Nihoul. Er hat in der Haft seine Memoiren verfaßt, einen »explosiven Text« von rund zweihundertfünfzig Seiten im Stile der Boulevardzeitschrift *Paris Match,* wie er durch seine Anwältin mitteilen ließ. Die Drohung, daß durch die Veröffentlichung die Köpfe hochgestellter Persönlichkeiten rollen würden, läßt die Öffentlichkeit kalt. Es ist nicht einmal gewiß, ob sich ein Verleger finden wird. Das Buch, so scheint es, handelt in gewohnter Manier von Nihouls Aufschneidereien; die düsteren Warnungen vor politischen Verstrickungen sollen wohl nur die Auflage steigern. Es ist dieselbe Großsprecherei, die Nihoul ins Gefängnis gebracht hat.

Keine hundert Kilometer westlich von Charleroi liegt die Gemeinde Grâce-Hollogne. Ganz in der Nähe des Lütticher Flughafens, an einer Autobahnauffahrt, wurden die beiden Mädchen Julie und Mélissa von Dutroux entführt. An der Brücke hing monatelang das Transparent mit den Photos der Kinder, Dutroux muß hier auf seinen Reisen nach Osten öfter vorbeigekommen sein. Auch Grâce-Hollogne ist auf seine Art ein trostloser Ort. Die graubraunen, amorphen Schlackenhalden wirken in der Landschaft wie Krebsgeschwüre.

Reihen von anderthalbstöckigen Arbeiterhäuschen ziehen sich ohne erkennbares Zentrum, ohne urbane Richtung die Hänge hinauf. Arm sind die Menschen hier. Irgendwo hinter der nächsten Halde wird es vielleicht eine Schule geben, eine Kirche, einen Supermarkt. Die Geschichte ist hier abgelaufen; die Gegenwart hat noch nicht begonnen. Vom Bergbau, der einmal betrieben wurde, sind nur die buckligen Halden übriggeblieben. Sie teilen den Ort in zwei Hälften. Nur durch eine Umgehungsstraße können die Menschen den anderen Ortsteil erreichen; oben auf dem Buckel liegen eine Betonsiedlung und die Sporthalle. Wenn man hier anhält und die Menschen nach dem Weg fragt, dann wissen sie sofort, worum es geht. Sie sind die Fremden gewohnt, die neuerdings in ihren abgelegenen Ort im Westen von Lüttichs Industriegürtel pilgern. Das Grab von Julie und Mélissa liegt aber nicht in Grâce-Hollogne, sondern im benachbarten Mons-lez-Liège, zu dem die Kirchengemeinde der Familien gehört. In umständlichem Französisch mit starkem italienischem Akzent geben die Menschen an der Hauptstraße bereitwillig Auskunft über den ebenso umständlichen Weg. Hinter einem Schlackenhügel weisen dann selbstgemachte Pappschilder, die trotz schützender Plastikhüllen durchweicht und verbogen sind, den Weg zum Friedhof.

Oben auf einem neuen Hügel hat man eine weite Aussicht über das geschundene Land. Der Lütticher Flughafen ist immer häufiger in den Schlagzeilen zu finden, weil er hohe Zuwachsraten aufweist und der deutschen Konkurrenz in Köln und Düsseldorf die Kunden wegschnappt. Doch anders, als es André Cools bis zum Tag seiner Ermordung geplant hatte, gibt nicht der technische Fortschritt in Wallonien den Ausschlag, sondern die Armut. Lüttich-Bierset, dessen Maschinen man vom Friedhof aus starten und landen sieht, darf auch nachts angeflogen werden und bietet damit für den internationalen Frachtverkehr beste Bedingungen. Die Menschen, die hier wohnen, sind für jeden Arbeitsplatz dankbar und wehren sich nicht mehr gegen den Krach. Die Ruhe, die sie hier satt haben, ist die Ruhe der Arbeitslosigkeit und der Armut.

Hinter dem rostfreien Stahlzaun, der den winzigen, noch jungen

Friedhof begrenzt, liegen am Ende einer Reihe die Gräber von Julie und Mélissa. Am Rand einer frisch ausgehobenen Parzelle breitet sich ein Feld von Plastikblumen aus. Vor den schlichten, braunen Holzkreuzen mit den Vornamen der beiden Mädchen lehnen, wie es hier Brauch ist, Marmortafeln mit herzzerreißenden Abschiedsworten. Überall sieht man die Photos der Kinder. Schulklassen, Gemeinden, Fabrikbelegschaften, Familien haben sich auf schlichte Texte geeinigt, die meist von kindlichen Hoffnungen handeln, von Träumen und dem Wunsch, daß die beiden Mädchen nun endlich Frieden haben. Spielzeug, selbstgebastelte Engelsfiguren, Ewige Lichter, die im Regen längst erloschen sind – das alles wird vom Wind, der über die Abraumhalden streicht, umgeweht und zerzaust.

Auf einer Tafel wendet sich eine gewisse »Madame X« persönlich an Julie und Mélissa, erklärt ihren Tod zu einem Läuterungsopfer für die verkommene Welt. Madame X deutet an, sich bei Séancen in Kontakt zu den toten Mädchen zu befinden. Gleich daneben steckt in verschrumpelter Klarsichthülle ein Brief, dessen anonymer Absender die Höchststrafe für die Täter fordert. Der geballte Zorn auf die »Mitschuld der unfähigen belgischen Institutionen, die man demokratisch nennt«, wirkt auf diesem Friedhof hilflos wie eine Flaschenpost. Wegen des Andrangs, der hier vor allem an Wochenenden und bei gutem Wetter herrscht, hat die Gemeinde einen Friedhofswächter angestellt. Das unverwelkbare, stellenweise schon leicht ausgebleichte Blumenmeer hat sich längst über die Rabatte hinaus auf ein neues Feld ausgebreitet, das noch auf Beerdigungen wartet. Wer sich beim Abschied zum Grab umwendet und den fragenden und zugleich traurigen Ausdruck in den Augen von Julie und Mélissa betrachtet, wird ihn nicht mehr vergessen.

Literatur – eine Auswahl

L'Affaire Dutroux – La Belgique malade de son système, Brüssel 1997
Bert Anciaux, *Kinderen van de Hoop*, Antwerpen 1997
Detlev Arens, *Flandern*, Köln 1997
Nabela Benaïssa, *Au Nom de ma Soeur*, Brüssel 1997
Marie France Botte, *Die Nacht der Krokodile.*
  Kinderprostitution in Bangkok, München 1996
Stéphane Bourgoin, *Serienmörder –*
  Pathologie und Soziologie einer Tötungsart, Reinbek 1995
Nathalie Burnay/Pierre Lannoy/Lionel Panafit (Hg.),
  La société indicible – La Belgique entre émotions, silences et paroles,
  Brüssel 1997
Patricia Carson, *Zauber und Schicksal Flanderns*, Tielt 1991
Hugo Claus, *Belladonna*, Stuttgart 1996
ders., *De Geruchten*, Amsterdam 1996
Léon Dubois, *Hambourg 1798 –*
  la naissance de la révolution industrielle belge, Brüssel 1994
Michael Erbe, *Belgien, Niederlande, Luxemburg –*
  Geschichte des niederländischen Raumes, Stuttgart 1993
Guido Fonteyn, *In de Rue des Flamands – Het schamele epos van Vlaamse*
  migranten in Wallonie, Groot-Bijgaarden, o. J.
Violaine Gelly, *Enfants et Prostitués*, Tournai 1997
Gitti Hentschel (Hg.), *Skandal und Alltag –*
  Sexueller Mißbrauch und Gegenstrategien, Berlin 1996
Axel Honneth (Hg.), *Kommunitarismus –*
  eine Debatte über die moralischen Grundlagen moderner Gesellschaften,
  Frankfurt M./New York 1995
Carine Hutsebaut, *Kinderen houden niet van krokodillen –*
  Pedoseksueel Misbruik en Kindermoord, Berchem 1997
Geert van Istendael, *Het Belgisch labyrinth –*
  Wakker worden in een ander land, Amsterdam/Antwerpen 1996
Geert van Istendael (Hg.), Het nut van Belgie, Amsterdam/Antwerpen 1993
Claude Javeau (interrogé par Laurent Raphael), *Les tunnels de Jumet –*
  les meurtres d'enfants et la malaise belge, Brüssel 1997
Pierre Mertens, *Ein Fahrrad, ein Königreich und der Rest der Welt*,
  Berlin 1996 (franz.: Une paix royale)
Anne Morelli (Hg.), *De grote mythen uit de geschiedenis van Belgie,*
  Vlaanderen en Wallonie, Berchem 1996

Mark Morren/Mike de Mulder, *De affaire Dutroux –*
Van verdwenen meisjes tot de Witte Mars, Antwerpen 1996
1951–1991 – een Tijds Beeld, Katalog zur Ausstellung anläßlich
des sechzigsten Geburtstags und des vierzigjährigen Thronjubiläums
von König Baudouin, Brüssel 1991
Franz Petri/ Ivo Schöffer/Jan Juliaan Woltjer (Hg.),
Geschichte der Niederlande – Holland, Belgien, Luxemburg,
München 1991
Manu Ruys, *Achter de Maskerade – Over macht, schijnmacht en onmacht,*
Kapellen 1996
Hubert Watelet, *Le Grand Hornu –*
Joyau de la Revolution industrielle et du Borinage, Boussu 1993
Jan Willems, *De Luikse Rattenkoning – De moord op André Cools*
en andere stichtende verhalen, Antwerpen 1996

Dieses Buch hätte ohne die Hilfe
von Christoph Hahn, Barbara Herrmann,
Pascal de Laet, Annie van den Oever,
Birgit Pauls und Siggi Weidemann
nicht geschrieben werden können.

Umwelthinweis:
Alle bedruckten Materialien dieses Taschenbuchs
sind chlorfrei und umweltschonend.

Siedler Taschenbücher erscheinen im Goldmann Verlag,
einem Unternehmen der Verlagsgruppe Bertelsmann.

1. Auflage
Vollständige Taschenbuchausgabe April 1999
Copyright © 1997 Wolf Jobst Siedler Verlag GmbH, Berlin
Lektorat: Andrea Böltken
Karte: Ditta Ahmadi und Peter Trampusch, Berlin
Satz: Bongé+Partner, Berlin
Umschlaggestaltung: Design Team München
Umschlagabbildung: T. Orban/Sygma, Paris
Made in Germany 1999
ISBN 3-442-75549-2